近代日本文化人与上海 1923—1946

徐静波 著

上海人民出版社

前　记

本文不算序言,甚至也不是像样的前言,只是觉得有些后记部分的内容需要放到前面来说明,乃曰前记。

与本书主题相关的内容,我在二十年前就萌发了兴趣,那时在早稻田大学访学一年,留意过有关文献。但第一那时我没有相应的学术准备,第二甚至也没有明确的研究计划,结果蹉跎岁月,回国后,只是勉强发表了一篇《本世纪二十年代中日文学家间的交往——以上海为中心》,当然十分的稚嫩。以后是继续蹉跎岁月。20 世纪 90 年代末期,企图重拾这一主题,1998 年春天,去长野大学教书,差不多收齐了大部分村松梢风的文字,在那里的一年间,编选了村松梢风和谷崎润一郎与中国有关的文字,翻译了两本集子,原计划由中央编译出版社出版,不意因诸种原因,手写的译稿至今依然束之高阁。2000 年秋天去爱媛大学教书三个月,利用闲暇继续收集有关文献,回国后发表了一篇《作家村松梢风的中国游历和中国认识的研究》。然而深感愧疚的是,这一主题的研究竟然未能持续下去,虽曰有各种主客观的原因,但我自己缺乏恒心和毅力,或者说学术定力是最根本的因素。其间中途出轨,为云南人民出版社写了一本《东风从西边吹来——中华文化在日本》,又心有旁骛,花了几年时间写了一本三十几万字的《日本饮食文化:历史与现实》,出版之后,才在 2009 年正式沉下心来回到原来的研究主题。2010 年在神户大学教书的一年大概是我于日本期间在学术上最有收获的一年,主要是在文献收集方面。在神户期间已陆续撰写了几篇相关论文,回到上海后笔耕不辍,伏案五年之后,终于有了这本书稿的杀青。

我出生在上海的虹口,并在吴淞路四川北路一带度过了孩童时代,那时，旧日的建筑悉数存在，从长辈的口中朦胧地获知了一些昔日日本人的故事，但基本上没有感觉。直到日后阅读尘封的历史文献，自己孩童时代的记忆才鲜明地复活了过来。十来年前我又迁居至虹口，命运决定了我与这一主题的缘分。

以下，对本书作几点说明。

1. 本书主要依据文献、主要是日文文献，对近代日本文化人与上海及中国的关系进行了论述。除了绪论外，我主要选取了七名日本文化人（第五章包含了若干群体）作为个案考察对象。考察的重点是：这些日本人因何机缘来到上海；他们是如何体验上海的；他们是如何认识上海的；他们是如何表现上海的。当然，这里的上海，其实在相当的程度上涵盖着整个中国，因此，本书同时也非常关注如下两个方面：这些文化人通过上海对整个中国的认识，他们的上海体验在近代中日关系史上的意义。

2. 在近代，芥川龙之介、谷崎润一郎、横光利一三位是与上海关系密切的重要作家，不过这一方面已有诸多前人的研究，我恐有重复的赘述，暂不列入。在本书的写作计划中，原先还有内山完造和出版了小说集《上海夜话》的井东宪，但一来本书的篇幅已颇庞大，二来原先的交稿期一拖再拖，若将两人列入，在时间上至少还需要半年，鉴于上述原因，本书只能暂时割舍，留待日后再作个案研究。本书选取的七名文化人，大部分在国内尚未展开充分的研究，尤其是他们与上海的关系。希望本书的出版，能够引起读书界对他们的充分关注。除了绪论中论及的内容之外，本书设定的年代是1923年至1946年，起始年是村松梢风初次来到上海的那一年，结束年是堀田善卫离开上海的那一年，因此，书的题目虽曰近代，实际的重点是在大正末年和昭和前期。

3. 本书选取的七名文化人中，除了尾崎秀实是媒体人和评论家、名取洋之助是摄影家和出版人外，其他都是文学家，因此所考察和分析的对象，大部分是文学作品。但是本书完全没有文学研究的意图。之所以选取了不少文学家,是我认为他们在客观上扮演了一定程度上的舆论领袖的角色,他们的许多相关文字,大多发表在日本最有影响的报纸杂志上或以单行本的形式出版,他们对于上海乃至中国的认知,与同时代日本人有关上海和中国的认识与舆论是互为因果的关系,或者说他们在一定程度上左右了同时代乃至下一代日本人的相关认识,因而具有典型的意义。这些文学作品,在笔者的眼中,只是历史文本,笔者试图通过这些文本,来寻找出其思想史上的意义。

4. 本书所引述的日文文献,除极少数原文为汉文(书中均有注明)外,均由笔者直接译自日文原文,译文若有错讹,理应由笔者负责。另,明治时期的文献,大多留有日语"文语"的痕迹,除原文为明显的口语文外,一般用浅近的文言译出,明治以后的文献,原则上用语文体译出。为便于读者查对原文,注释中的日语文献名均用原文表示。

5. 作为偏重于历史的研究,我深知所使用的文献应该尽可能是最初刊行者,无奈我身在中国,搜寻不易,除了绪论中的大部分和村松梢风、佐藤俊子等部分使用的是最初刊行的文献外,其他部分较多地使用了他们的全集。好在日本人编辑全集甚为谨慎,除了将汉字词语改为现行的汉字外,一般不会作任何增删,大部分版本连假名都完全遵照战前的样式。只是所谓的全集,却不完全,还有相当的文字并未收录其中,笔者尽管已努力搜寻,却也难免挂一漏万,这是今后需要改进的。

6. 本书出现的日本人名,一般后面标注生卒年,欧美人姓名,后面标注西文原名,中国人名,除少数比较冷僻者外,一般不标注生卒年。另,日文文献的出版年,本书均将明治、大正、昭和某某年换算成了公元纪年,以便于中国读者理解。

7. 在本书的写作过程中,在文献的搜寻、复印、借阅等方面得到了许多师长的热情帮助,他们是京都大学的山室信一教授、大阪学院短期大学的竹松良明教授、东华大学的陈祖恩教授,以及曾在日本或现在仍在日本的李振声兄、许金生兄、艾菁、宋佳、尹月等，还有小女晓纯。在本书的写作过程中，还自始至终得到了家人以及赵蔚华编辑的热情鼓励和支持，赵蔚华编辑为本书的编辑出版付出了很大的辛劳。没有上述友人、家人和编辑的援手，本书无法完成，至少不是如今的面貌。在此谨向各位表示衷心的谢意。另外，本书获得了日本国际交流基金的出版资助，在此予以特别感谢。

徐静波

2016 年 12 月 9 日于复旦大学面向燕园的研究室

目　录

第一章

绪论：近代日本人对上海的认识与研究(1862—1925)

第一节　序言

近代日本人对上海的认识从来就是对中国认识的一部分，或者说日本人对上海的认识始终是与对整体中国的认识紧密相关的。但是，由于上海在近代中国的独特的位置和性格，比如它对外开放的早期性和规模性，与西方殖民主义伴随而来的现代性，以移民为主体的都市居民结构的多元性等，都使得上海表现出与中国其他地域不同的鲜明特质。对开国比上海要晚的近代前期的日本人而言，上海既是一个彼此之间睽违了两百多年后直接了解中国的重要窗口，同时也是透过上海实际感受和理解在武力的背景下近代西洋文明进入东方后激起怎样反应的一个现场，或者说近代上海的演变是日本从前近代国家向近代国家转变的一个重要的参照系，而在中日甲午战争之后，上海则成了日本向中国扩张的直接前沿。从这一角度来说，上海对于近代日本而言，具有特殊的意义。

上海在中国本土的重要性，大概始于清政府于康熙二十二年(1683年)掌控了台湾并于二十四年解除了海禁、在上海设立了江海关之后。但乾隆二十二年(1757 年)清政府又在江浙沿海一带设立海禁，上海港随之关闭。1831 年英国东印度公司为拓展在远东的市场，派传教士探查中国沿海各港口，由此了解到上海在地理上的优势位置，并于翌年派职员林赛(H. H. Lindsay)率领阿美士德号轮船专程到上海对黄浦江水道等进行详细的测量和调查并汇总成了书面文献呈报公司，于是在 1842 年签署的《南京条约》中英方所要求的五个开埠港口内，上海的名字赫然列入其中。

翌年,上海正式对外开放,开始了近代化的演进,它在中国以及远东乃至世界上的地位,日益彰显。

日本在 16 世纪中叶以后,随着大航海时代之后西方势力向东方的扩张,已从或由西方传教士直接带来或经由中国传来的西方人编制的世界地图及全球地理的书志中开始逐渐了解到了外部的世界,1695 年西川如见(1648—1724)依据利玛窦(Matteo Ricci)的《坤舆万国全图》和艾儒略(J. Aleni)的《职方外纪》刊行了两卷本的《华夷通商考》,上卷均为有关中华十八省的中国地志,新井白石(1657—1725)完成于 1713 年的《采览异言》中依然有相当的篇幅是对中国地理的描述,但里面都未提及上海。只有在少量的漂流民记中偶尔会有些语焉不详的记述。这一方面是由于上海其时尚未成为一个通商大邑,另一方面也由于自 17 世纪开始的锁国时代,遮蔽了日本人对外界的充分认识。幕末的日本人开始注意到上海,大概主要源于两个因素。一是鸦片战争的消息通过抵达长崎的中国商人所撰写的"唐风说书"传达到了日本,据此出现的由岭田枫江撰写、1849 年刊行的《海外新话》中,提及了与此次战争相关的上海①;二是 1854 年,尤其是 1859 年日本被迫开国以后,大量欧美的商船开始来到横滨、长崎等开放港口,而这些船只的相当部分是由上海驶来的。此后,幕府意欲模仿西方,以海外贸易来振兴日本②,同时也借此观察因长期的锁国政策而十分疏隔的实际的外部世界。当时的日本人获知,在上海有与日本签订通商条约的美国等国派驻的商馆,适宜于派遣官方的贸易商船。于是有了文久二年(1862 年)的"千岁丸"上海之行③。近代日本人与上海的关联也由此正式开启。

对于幕末明治时期的日本人而言,上海首先是中国的上海,人口十余万人的上海县城是一个典型的中国社会,1855 年 2 月签订的《上海华民居住租界条例》标志着租界华洋杂居格局开始形成;同时上海也是世界,尤其是西洋的上海,1845 年、1848 年、1849 年先后出现的英、美(1862 年英、美租界合并为公共租界)、法租界,代表着一个新的上海,这完全是一个由西洋人开发建设并在司法行政上加以独立管理的存在,虽然日后居民的大多数是中国人,但是处于主导地位的始终是西洋人,这里出现了与此前的中国本土迥然相异的新的样态;再次是与日本紧密相关的上海,1870年代、尤其是19世纪末期以后,出于各种动机和目的,或由官方派遣,或由民间自发,或是两者交杂,各个阶层的日本人陆续来到上海,或短期滞留,或长期居住,在虹口一带形成了日本侨民社会。这样一个多元组合、多重叠加、既相对分离又互相交融、同时其经济政治文化的影响力日益凸显的都市,对于正在走向东亚乃至世界舞台的近代日本而言,无疑是一个巨大的存在。因此,近代日本人对于上海的认识,首先是对于以上海为媒介的中国的认识,其次是对于与上海相关的世界的认识,同时也是对于通过上海所体现出来的中日关系的认识。因此,近代上海对于这一时期的日本人,实际上具有三层意义:观察中国的现场;透视世界的窗口;反观日本本身的参照系。

第二节　幕末日本人对上海的认识(1862—1867)——以"千岁丸"的上海之行与岸田吟香的《吴淞日记》为例

1862年"千岁丸"的上海之行,应该是近代日本人首次造访上海。关于这次上海之行,已有诸多研究成果④,本书不拟详细展开。这次航行的文献记录,主要是随行商人和侍从(多为下级年轻武士)所撰写的航海日志和日记等,多年之后得到陆续刊行,其中有长州藩武士高杉晋作(1839—1867)的《游清五录》(具体为《航海日录》、《上海淹留日录》、《长崎淹留杂录》、《内情探索录》、《外情探索录》,1916年收入《东行先生遗文》刊行);长崎商人松田屋伴吉的《唐国渡海记》(1926年刊行);中牟田之助的《上海行日记》、《自长崎至上海航海日记》、《上海滞在中杂录》(收入《子爵中牟田之助传》,1919年刊行);纳富介次郎的《上海杂记》、日比野辉宽的《赘肬录》和《没鼻笔语》(1946年刊行)。虽然每个记录者的视角和经历稍有不同,但获得的见闻有相当的趋同性。以下,本书依据这些文献对"千岁丸"随员的上海认识进行粗略的考察。

在《上海杂记》中有一对上海的沿革和概况的叙述,译录如下:

> 上海古时位于禹贡扬州之地,属吴。吴灭后划入越,越灭后划入楚。秦时始置郡县,即会稽郡。至元时设松江府,上海隶属该府,至今无改。其地位于海之上方,通往港口之海口处,曰扬子江。此江甚阔大,距左岸之宽度约三十町(日本长度,共约3 270米——译者注),右侧则望无际涯。唯可见三两洲诸而已。但水浅,能行船舰处宽不过一里(日本里,1里约相当于4公里,下同——译者注)半而已,且水色浑浊呈泥浆色。沿此江前行十里许,左侧为吴淞江(疑为黄浦江之误——译者注),沿此前行六里许即至上海沪渎城。上海面向黄浦江。⑤

此段叙述还提到了《上海县志》,显然这是参考了中国文献记载并经作者实地考察而写出的文字,虽然还有些舛误,却是至此日本文献中对上海历史与地理的最初的完整描述。

高杉晋作的《航海日录》五月六日(旧历)条中记述了初入上海港时的感觉:

> "朝早,川蒸汽船来,引本船,左折溯江,两岸民家风景殆与我邦无异……午前渐到上海港,此中国第一繁津港,欧罗波诸邦商船军舰数千艘停泊,樯花林森,欲埋津口。陆上则诸邦商馆粉壁千尺,殆如城阁,其广大严烈,不可以笔纸尽也……黄昏归本船甲板上,极目四

方,舟子欸乃之声与军舰发炮之音相应,其景如东武火花之景,实一愉快之地也。入夜,两岸灯影泳水波,光景如画。(原文为汉文)⑥

1862 年时,沿黄浦江一代的租界也只是雏形初具,但沿江一带的楼房和江面上桅樯林立千帆竞发的繁盛气象,还是令开国不久的日本人惊讶不已。但这只是当时上海的一面,或者说是西洋人上海的一面。上海县城或是中国人集聚区的景象,也同样令日本人感到震惊:"上海市坊通路之污秽难以言说。小衢间径尤甚,尘粪堆积,无处插足,亦无人清扫。或曰,出市街即为旷野,荒草没路,唯棺椁纵横,或将死尸以草席包裹,四处乱扔。炎暑之时,臭气熏鼻。清国之乱象,由此可知。"⑦

"上海中,粪芥满路,泥土埋足,臭气冲鼻,其污秽难以言状。"⑧

"每街门悬街名,酒店茶肆,与我邦大同小异,唯恐臭气之甚而已。"(原文为汉文)⑨

"徘徊街市,土人尾予辈来,土人臭气蒸人。"(原文为汉文)⑩

上海旧城,街巷狭隘污秽,大概原本就有,但如此难以忍受的状态,应该与太平军的进攻破坏以及苏浙一带的难民大量涌入有关。而这一乱象,恰被"千岁丸"一行的日本人所目击,见诸笔端,不免有些骇人。加之本地中国人吸食鸦片现象的蔓延,使得幕末的日本人通过上海现场所获得的中国印象,相当负面。

另一令这些日本人感到惊愕和悲哀的现象,是洋人在上海的飞扬跋扈和中国人的退让低下:

"中国人尽为外国人之使役。英法之人步行街市,清人皆避旁让道。实上海之地虽属中国,谓英法属地,又可也。"(原文为汉文)⑪

"去此到孔圣庙,庙堂有二,期间空地种草木,结宏颇备,然贼变以来英人居之,变为阵营,庙堂中兵卒枕铳炮卧,观之实不堪慨感也。英人为中国防贼,故中国迁圣孔子像他处,使英人居此云。"(原文为汉文)⑫

在上海逗留的两个月期间,"千岁丸"一行考察了英法和中国的兵营和武器,结论是:

"中国兵术不能及西洋铳队之坚强可知也。"(原文为汉文)⑬

经过近两个月的察访,高杉晋作在《外情探索录》的"上海总论"里,归纳了自己对上海的认识:

"上海位于中国南部海隅僻地,为英夷所掠夺,津港虽繁盛,皆因缘于众多之外国人商馆,城外城里亦多外国人商馆,由此繁盛。观中国人之居所,多贫象,其肮脏不洁难以言状,或一年之中皆居船中,唯富有者在外国人商馆内谋事并居住其中。"⑭

这段文字差不多也是"千岁丸"一行的日本人对上海的通识。

此后的 1864 年 3 月至 5 月(元治元年二月至四月),幕府又派遣官府商船"健顺丸"航行上海,目的依然是贸易和实地调查。这次航行留下的记录仅有一份幕吏的上海视察复命书《黄浦志》⑮,从文献的种类以及文字的量而言,远逊于"千岁丸"之行,但依然留下了有关上海的珍贵记述:

二月二十九日(旧历,下同),(部分人)下榻于旅亭(原注:即阿斯托尔宾馆。引者注:英文名为 Astor House Hotel,中译礼查饭店,现名浦江饭店),此上海第一旅亭。其西有新大桥(引者注:现今外白渡桥),乃西人所设,须投钱十五文方可过桥……三月朔日,有旅亭小童,约五六岁,导引我等至街头,途中若遇中国人,小童斥骂,皆纷纷避走。中国人竟如此恐惧西人……三日,至道台馆舍,馆设在城内,抵达后应宝寺(原注:即道台)亲自出迎,引入客室,对话间小吏站立左右,喋喋杂谈,似不知礼……九日,城内散步,城内街道狭窄,难容两人并行。人家重密,苍生数百,杂沓蹂躏……廿一日,在中国人街散步,道路观者如云,道路英国番兵以鞭笞驱散,已而又云集,犹如蚊蚋之趋于残肴……四月一日,观中国剧场(原注:剧场名回美园),与我国歌舞戏略同。场中点五色灯火,客座又点红蜡烛,或五人,或十人,登场,或悲,或骂,或哭,或怒,其形状实令人绝倒,然其衣裳器物颇美丽。⑯

在日记体的《黄浦志》之后,还附有一"见闻书",对上海有简略的概述。现译述其大要如下:

上海江(应为黄浦江——引者)与洋子江(应写作扬子江)源流相异,在吴淞⑰合流。吴淞有法国人阵营及炮台。上海乃外国船辐辏之地,多外国居留人,当今停泊的外国大船百余艘,常滞留于此,六七年前不过五六十艘左右,年年船数大增。上海港于西历一八五零年左右外国人开始来此居住,一八五二年开始渐趋隆盛。奉行(幕府的官名——引者)称道台,管辖一州一府,居住于上海城中,此上为抚台,州府十个为一省,由总督管治。上海城有外濠,积瓦垒土筑成城郭,八方有门可通行,城郭内广约四五町(1 町约 100 公亩——引者),内有繁盛街市,有法国军营,常驻兵卒,道路皆狭隘。城外中国商店亦鳞次栉比,其中大商有十四五家。房屋皆为两层,楼下为商店,楼上居住。其中三层楼房亦有七八家,此为妓楼茶店料理店。⑱

此外还有较为详尽的有关通货、物产、关税等的介绍，这些有关上海的记叙虽有少许舛误，但较之"千岁丸"一行的记述，有较大的补足，在某些领域也更为详尽，对上海的认识，似也更加全面。

以后在幕府时代，还有1865年4—5月的"北京号"（英国邮船）和1867年2—3月的"恒河号"（英国轮船）的两次上海之行，但人员规模要小得多，只是派使者搭船来上海购买船只武器，之后似乎没有留下什么重要的文献，至少笔者迄今尚未发现，也不详一行对于上海的认识如何。

在整个幕末至明治年间，与上海关系最为长久而深远的，当推岸田吟香（1833—1905）[19]，初次至上海时他留下的一部手稿《吴淞日记》[20]是研究早期日本人与上海的最重要的文献之一，也许是因为尘封多年，也许是解读有些不易，此文献不仅在中国几乎无人提及，即便在日本，也未见有深入研究。这里以此为基本文献，对吟香早期的上海体验和中国认识进行梳理和解读。

吟香出生于冈山县美作国的乡村，原名辰太郎，自幼头脑聪颖，胸怀抱负，据其年谱记载[21]，4岁可背诵唐诗选，5岁跟从家乡宝寿寺的住持习字，14岁出外学习汉学和剑道，并在善应寺内开设私塾，授人四书五经和日本外史等，19岁前往当时的政治中心江户，代人至水户和秋田藩邸授课。吟香知学问无止境，25岁时又至当时日本最高的学府昌平黉继续深造。曾尝试过多种事业，屡屡失败，1861年时至江户深川临时建造的青楼当掌柜，对外名曰"银次"，不久成了老板，朋辈皆称其为"吟公"，他便索性改名为"吟香"（"吟公"与"吟香"在日语中发音相同）[22]。1863年，因患眼疾而结识居住在横滨的美国传教士、医学出身的平文[23]（J. C. Hepbern），同时跟从曾在美国待过的贸易商人浜田彦藏（洗礼后改称Joseph Heco）学习英文。1864年5月，吟香与浜田一起创办了日本最早的民间报纸《新闻纸》，吟香此后的人生，有相当一部分与报业相关。

其时平文正在编撰一本英和词典，他见吟香为人能干，又粗通英文，便请他做助手。当时日本还没有假名的活字印刷技术,平文计划去西洋文明进入比日本早的上海印制。他请吟香一同前往上海。于是在 1866 年 9 月 10 日与平文夫妇一起坐船从横滨出发,15 日抵达上海。词典的印制业务交给了美华书馆,吟香参与了假名活字的制作。美华书馆的前身是美国长老会于 1844 年开设在澳门的花华圣经书房,规模很小,1854 年迁移至宁波,并派遣精通印刷技术的传教士姜别利(W. Gamble)来主持,1860 年 12 月自宁波迁至上海小东门外,不久取代墨海书馆成了上海最大、设施最先进的印刷机构,后屡经迁徙,最后转让给了商务印书馆。吟香等来到上海时,书馆设在小东门外。

吟香在上海的第一次逗留时间自 1866 年 9 月 15 日至 1867 年 5 月 1 日,共 7 个半月。因日记第一册已经散佚,登陆之初对上海的印象如何已不可知。他在上海,与平文夫妇分开居住,据其自云,居住在"虹口汤先生家里"㉔,具体住址不详,根据日记所载的自住所至老城的行经路线,似在今吴淞路长治路附近,吴淞路辟筑于 1856 年㉕,吟香抵沪时已有此路,他将日记取名为"吴淞日记",应该与所居住的吴淞路有关。据吟香在日记中的手绘图,住处为江南常见的两层楼的粉墙黛瓦建筑,有一院子,植有树木若干,有竹篱与外界相隔,屋外不远处即是田畴郊野。第二册的日记,起自 1867 年的农历元旦,此前经历不详。从第二册开始的日记来看,吟香交友甚广,有姓名记载的约有四十几人,七成为中国人,三成为来上海的日本人,中国人中多为文人墨客,间或也有商人。他对当地的中国人自称:"卑姓岸,名樱,字国华,别号吟香。"㉖中国人对其大抵称"国华先生"、"吟香先生"。彼此交往,因言语不通,除即时的动作于势外,主要通过笔谈。江户乃至明治前期受过教育的日本人,大抵可以阅读和书写汉文。

其中,吟香颇为欣赏的有张斯桂(1816—1888)。张斯桂,宁波人,秀才出身,年轻时即与传教士丁韪良(W. A. P. Martin)互相教授中英文,阅览西书,曾为丁韪良所著的《万国公法》作序,是较早对外界事物抱有兴趣和学识的清代学人，也是后来洋务运动的主要推进者之一。吟香在沪时，张也在上海居住，时相过从，据日记记载，张在笔谈中赞扬吟香"文章深得欧（阳修）苏（东坡）之骨髓"，而自叹受应试的八股文之误，古文之微妙反不能领悟，吟香则赞扬说："先生文章之妙，弟尝于万国公法序窥其一斑。"张询问吟香："贵国取士以古文策论乎？我国家以八股文取士，士才日下，可叹之至。"吟香答说："我邦不以文章取士，且我邦自有我邦之文字并文章，弟平日所用，亦皆我邦之文字文章。"张问："阁下能仿得泰西文否？"吟香答说："敝国以读书自任者，要博通贵国及泰西诸国之书，至弟，仅解读贵国及英国之文字耳。"[27]后来张又将自己的弟弟张斯椿介绍给吟香认识。吟香归国时，张斯桂等在湖心亭酒楼设宴饯别，席上一位名曰张子祥的画家赠送《松江送别图》一幅以志纪念，张斯桂在画上题词一阕，词云："想当日笔谈聚首，情事依然。江都多少山川……问何日重来申浦，再与留连。"张斯椿也深情地题诗说："那堪好友偏暌隔，莫慰私衷顿别离。一棹汪洋归去也，不知此会在何时。"并题曰："吟香先生立品端方，择交慎重，接谈之下，温厚可亲。"[28]后来，张斯桂于 1877 年 10 月作为副使与正使何如璋一同出使日本，为首批中国驻日本的外交官，1879 年 11 月，吟香曾去当时中国公使馆的所在地永田町看望过张，何如璋公使也在东京的植半楼宴请过吟香。

《吴淞日记》中对上海的记述，大致有在上海的中国人的衣食生活、中国人的新年和婚嫁习俗、以城隍庙为中心的老城区景象、中国戏曲、中国的文字学问等几个方面，从吟香的记述中，可以察见一个正处于变动期的日本文化人对中国的认识和评价。

中国人的衣食生活。

"说起来这边有很多有趣的事。"官吏所戴的帽子都饰有一个孔雀尾，脖子上带着一串珠子，珠子大抵由珊瑚、琥珀、青玉制成。背面绣有一个一尺四方的图案，上面绣有各色图绘。被称为礼服的女装要比往日的服装漂亮。头上的饰物因年岁的大小会有不同,但一般都显得花团锦簇,年轻人较多佩戴玫瑰花、兰花、桃花等人造花卉,十三四岁的女子最为漂亮,头发整齐地梳向一边,玉做的璎珞像帘子一般垂落下来,头发上会插着许多花状的簪子,而有些人则将头发散开,披散在肩部。吟香在上海看到了一个令他有些惊讶的现象,那就是妇女的缠足。"女子最重要的脚有些奇怪。总的来说,女子的脚从小就被绑起来不让它长大。城里的女子都是行走有障碍的人。农家的妇女好像不是这样。女子走路都是有点弓着腰,脚一点点向前伸出去,看上去很疼的,样子很难看。农家的妇女好像不缠足。"㉙西方的传教士,出于人道的视角,对中国女子的缠足,早有批判,缠足的陋习,也从未被日本人接受,吟香的记述,也明显地含有批判之意。其时正值隆冬,"不管是男的还是女的,都穿着厚厚的棉衣,看上去臃肿厚重。女的很多都把手揣在怀里,我觉得很不雅。"有中国人看他的衣服里面没有棉花,就反复地摸着他的和服问道冷吗? 还在纸上写道"东洋棉花无有否?"吟香赶紧答道"有有",还有人表示此前所见的日本人都穿着和英国人一样的衣服,"阁下独大领阔袖,弟所未见",于是疑惑地问道:"未知阁下所披是贵国之服否?"㉚ 由此可知中日两国因中国的海禁和日本的锁国政策,除一小部分中国商人被允准在长崎一隅做贸易外,彼此人员来往隔绝数百年,互相的隔膜不可谓不深。

在饮食方面,吟香专门请了一名中国厨子,除了有时对日本食物表现出怀念外,他还比较喜欢中国饮食。日本自 8 世纪以后,因历代信佛的天皇颁布禁令,大部分日本人已与肉食无缘,但吟香等在海外的日本人对肉食似乎毫无抵触,他屡屡被中国人邀至家中,"言谈不久,就端山了酒和菜肴,开始了酒宴。"㉛旧历 3 月 17 日晚,中国友人带他到老城内的"新新楼"吃饭,"相当不错的酒楼。外观看上去也不起眼,但二楼十分宽敞,我们被带到里侧南面的房间……上菜的顺序与别处也大致相同。开始时台子上放着堆得很高的水果和各色小菜,把盏喝酒后,不断上来了鱼、鸡、猪肉等各种菜肴,最后上的是没有馅儿的馒头,用手取来夹上煮熟的猪肉一起吃。"㉜从上述的叙述来看,他对中国的饮食显然颇为享受。

中国人的新年和婚嫁习俗。

吟香初来中国,恰好在上海度过了新年。1887年的除夕夜,吟香独自在寓所度过,"厨子将猪肉、鸡肉、鱼、青笋、豆腐皮、黄芽菜等做好后连同酒一起端了上来,开怀畅饮。不一会儿门前传来了噼噼啪啪的爆竹声。"㉝丁卯正月元日,早上起来,正想磨墨作画,"门前各处响起了爆竹声,响声不绝,心想为何如此热闹,出门巡视,见一户人家内集聚了许多人,正在敲击着大鼓小鼓和铜锣,人们拍着手,大概就是迎新吧,好像也没有特别的节目,就返身回来了。"㉞只是这一天未能吃到日本的年糕汤,不免有些落寞。这一天吟香先到小东门外的美华书馆,那里已经集聚了黄廷元等二十来位熟人,开始了年初的酒宴,随后又与子巢等去访钱栽棠,吃了酒饭后又一同去游城隍庙。"不管走到哪里,都是一片爆竹声,喧嚣不已。大家将笔管粗细的竹子切成一寸五分长短,往里填塞焰硝,口边装上引线,外面用红纸包裹起来。可以一个个燃放,也有的将一百或两百个整齐地码放在箱子里。一起燃放的话,就会连续爆响……今天是正月元日,家家户户都休息了,但也有几家开着门,在做着生意。看见几处正在卖年画㉟,显然这也是新年的畅销货。不时地可看到从关着的门户的圆洞口伸出一个黄铜做的吹响器㊱,样子像糖果店的喇叭,声音很怪,像是鹤的叫声。此外,有的人家只是在不知所以地敲锣打鼓、击掌。每户人家都传出了开心的笑声,好像是在饮酒吧。只是没见到有日本那样的弹着三味线、吟咏诗歌的人家。不过不时也可见到姑娘们一边弹着琵琶、三弦㊲,一边开心地交谈着。新年的拜年仪式,大家都是拿着自己的名片在走家串户,在红纸上写上自己的名字,手里拿着一百来张,递上这样的红纸,彼此鞠躬作揖,口里说着恭喜恭喜。进入人家屋内,可见和日本的案几一样的器具,在圆盘内盛放着橘子、栗子、柿子干、豆子、桂圆、橄榄、瓜子、茨菰等，整齐漂亮地排放着，另外在台子上也会摆放三样左右，入座后就会敬茶，拿起橘子等请你吃。另外，还有供品，也就是年糕。在中国也有不少制作年糕的店铺。跟日本一样，可见到捣年糕的景象。年糕就像日本的糕团一般。"⑱新年燃放爆竹，是东瀛所没有的，过年的景象也大不相同，但用年糕作祭供，倒是共同的习俗，多半是中国传入的吧。

旧历12月16日，一个名曰吴虹玉的中国友人结亲，吟香也参与了此事。"早上来了十四五个乐人演奏音乐，既显得有些好玩，又有些滑稽，还相当吵闹，让人不知所以。乐曲和唱曲都相当冗长。新娘子乘坐的轿子相当漂亮。新娘子头上所戴的凤冠，也是既漂亮，又滑稽，妙物也。新娘子的装扮也是既漂亮又滑稽。其他女子的扮相，也是既漂亮又滑稽。新娘子的伴娘以及妆奁，也显得有些奇怪。此外，结婚的礼仪和酒宴，也是既美味，又好笑，奇妙的，怪怪的，很好玩。"⑲酒宴进行时，在外屋有一支十五六人的乐队，"中间有一张台子⑳，上面放有各种乐器，台子两边各坐四个人，演奏着声响吵闹的音乐。一开始由一个人吹奏长约四尺的东西，发出海螺般的声音，是用黄铜制作的。然后是猛敲铜锣，发出咣咣的响声，接着是咚咚的敲鼓声，还有吹笛、吹笙、吹喇叭、打竹板的声响。说好玩也挺好玩的，说吵闹却也相当的吵闹。吹打了一阵子后歇一会儿。一般是在酒宴的时候演奏。曲子并不一样，不时会换，中间有人会发出号子声或吆喝声，好像说着什么台词，咿咿呀呀的。这样的场面持续了两天。"吟香也被邀去吃了几回喜酒，有一次是午饭，"一个大房间里放着三张台子，一张台子坐着四五个人在喝酒。一开始台子上放上了做成蜜饯的梅子，枣子，西瓜子，剥了皮的橘子，杏仁，花生，苹果羹。开始喝酒时，就换上了不同的菜肴，都装在大碗中，有全鸭，汤羹类很多。每个人面前都放了筷子和调羹，各自夹取食物。但喝酒时，还有一个繁琐的做法，或者是礼节吧，都用自己的筷子为别人夹菜，直接放在台子上，而且还都用自己的筷子，应该是不礼貌的，但大家都把这看作是礼貌。每人面前有一个酒杯,倒酒的人用放在另一个台子上的酒壶给每个客人斟酒。当有人说酒不喝了,就会上饭,盛饭用跟日本的茶碗一样的碗,这好像是款待宾客时用的饭碗。还会给喝酒的人上茶。这时会端上来五样小菜,相当好吃。"⑪吟香经历的婚宴,自然是上海中户人家以上的场面,与日本婚礼的庄严甚至肃穆的气氛相比,吟香感到中国这边的婚庆场景比较喧闹吵闹,且中国的婚嫁习俗他还是初次经历,自然觉得颇为好玩和滑稽,甚至还感到有些怪异。由此可知,时至19世纪中叶,中日两国虽然共同使用汉字,汉文也大致可通,可彼此的文化内涵其实已经发生了相当的变异。

以城隍庙为中心的老城区景象。

令笔者稍稍有些惊讶的是,尽管上海已在1843年11月正式开埠,吟香在上海时,英法租界也已开设,但与"千岁丸"船员的记述不同,《吴淞日记》中极少提及外国势力或西洋文明的存在。也许是因为其时英法等国在上海尚未大显身手,也许是他对上海的西洋文明尚无敏锐的触觉,也许是因为吟香的传统书画、汉学功底太好,他在上海时交往的,基本上都是中国人,总之,《吴淞日记》中展现的,基本上都是中国人的世界。他自己居住在老城外的苏州河北面,但据其日记,他几乎天天到上海老城来。他行经的路线,大抵是穿过建于1856年10月的苏州河桥(即后来的外白渡桥),经过外滩一带(但他对于外滩几乎没有留下笔墨),从位于现在四川南路人民路口的新北门进入老城。他常去光顾的,不是书画铺,就是曹素功一类的笔墨庄,间或也去古董铺或杂货店。1867年的大年初一那天,吟香与中国友人一同游城隍庙:

> 此庙只有每月正朔两日对外开放。门上有额,篆书也。写着什么不记得了。进门向左,有一个用各种青白色的太湖石垒起来的假山,有池水。我们从假山下迂回穿行,颇有趣。已而穿过小桥,从竹丛处向右拐,有一个十多米的长廊,墙上画有松江图,应是相当高明

的山水画家的作品。穿过一个小门,可见到处都是石碑,应该时常有人来做拓本,都黑黑的了。又走出一个门,向右行,去攀登假山。山都是用太湖石垒筑起来的。山上有一亭,上有匾额,两边有楹联,桌前有两个凳子。游人甚众。亭前有一石,敲击时会发出钟一般的响声,俗称钟山石。我用手杖击打,发出铮铮的声音,而再敲打别的石头,则冈冈的没有回声……下山后,来到庙后面,又进一门,仰视,又见一山,以江户来比喻的话,就像浅草的真土山㊷。乃是假山。下有一池塘。过桥登的一座山筑法甚妙,迂曲向上,登上山顶,在此小憩,向四周眺望,景色甚佳,可望见城外的山林江水㊸……出门又来到庙后,然后穿过时常穿行的弯弯曲曲的桥㊹,至湖心亭,登楼吃茶。我甚爱此茶楼,可一眺周边的远景。且此地的茶器、椅子、台子等器具也相当不俗。悬灯尤为精致。屋内的书画也颇可一观。字是谁写的已不记得,画是竹孙的墨竹。匾上书有隶书的"湖心亭"三字,忘记谁写的了。墙上挂有山水古画,应是元人的作品吧。两边的楹联上写着:"四面峰回路转,是西湖或是南湖。一亭明月清风,在水上如在天上。"㊺

这大概是日本人对城隍庙一带最早的详细描述了。1853年9月,作为太平军一支的小刀会曾攻入城隍庙及中心部的豫园,1855年2月撤出,在与清军的激战中应该会有所损毁,但我们在吟香的文字中没有见到这些战火的痕迹。1862年6—7月间"千岁丸"一行訾议甚多的污浊杂乱,在吟香的记述中也没有显现,大概那是太平军进攻时的一时景象,吟香来上海时,战火已平息,战乱也消除了吧。吟香的记述,只是客观的描写,但我们可清晰地感觉到他对这里风物的欣赏,五十多年后芥川龙之介再来此地,留下的却是有些刻薄的揶揄:

在这条小巷子的尽头,我见到了早就听说过的湖心亭。湖心亭这个名字，听起来很不错，实际上却是一处似乎立即就要倾颓的、极为破旧的茶馆。而且亭外的水池，上面满是绿色的漂浮物，几乎看不清池水的颜色。池水的周边，筑着石砌的栏杆，看上去也是怪模怪样的。正好在我们来到这里时，看到一个穿着浅绿色棉衣、留着长辫的中国人……在我们走回此地时，看见他正悠然地向池中小便。㊻

也许是经历了半个多世纪的风雨沧桑，城隍庙一带的建筑已经颓败了许多，也许是经过了半个多世纪的岁月，中国的形象在日本人的心目中陨落了许多，也许只是两者的心境视角不同，总之，望出去的风景迥然相异。

中国的文字学问。

虽然吟香本人在中国的诗文书画上造诣很深，也因此而受到周边中国人的赞叹和尊敬，但其时已经接触过西学，读过《博物新编》和《地球略说》等新书，且受到江户后期佐久间象山（1811—1864）等人实学思想影响的吟香，已对沉湎于吟诗作文或考据之学的中国旧式学问颇为不满，甚至对于汉字也颇多批判。他觉得要写给中国人看，那自然只能写汉字，但日本人之间用汉字写汉文，却完全没有必要，因为日本人还要倒过来训读，费时费力，且对促进脑力开发，毫无帮助。日本人应该多用假名（所以《吴淞日记》尽量少用汉字）。中国的《康熙字典》，收录的汉字多达数万，而发音就那么一些，同音字不知有多少。"倒是日本的文字，才五十个字，加上浊音，也就七十个字，几乎可以表达天地间所有的事物。日本的文字要方便多了。区区五十个字就囊括了所有的事物，这要比中国人聪明多了。中国的文字字数又多，又难写，实在是迂腐得很。"㊼而且，"中国的那些学者，那些家伙所写出来的东西，大抵都是些没用的书籍。有实用价值的东西，不到十分之一……所谓汉学，你只要仔细想一下，就会明白大多是白费心血。也就是说，中国的学问大多是些废物。那些自古以来被奉若神明的，不管是唐代的李白、杜甫，还是宋代的苏东坡等，一辈子都没有写出什么实际有用的东西就死了……更不用说近来的那些中国先生,他们所写的东西,没有一样是有用的。"⑱像《剪灯新话》、《聊斋志异》、《耳食录》、《山海经》、《搜神记》等,都是些神仙鬼怪的故事,这一类的小说,"作为消遣,也不妨可以一读,但不必劳心费神去创作。"⑲在吟香当时的心目中,所谓有用的书就是"历史、字书、天文、地理、医书、训蒙书、养生书"⑳,由此可知,其时的吟香,对于西洋近代科学,尚无足够的学养。

吟香对中国文字学问的批判,主要是从实学、即实际的使用价值的角度出发的,他还没有对中国思想,尤其是儒家思想本身进行批判,而后汲取了西洋近代思想的福泽谕吉(1835—1901),则以儒家思想为批判的靶的,来企图全面否定落后于近代文明的中国,由此可知,这样的思想,在幕末和明治前期的日本,其实已经形成了一个绵长的脉络。

《吴淞日记》中还随处可见对中国有些陋习的反感。在 1867 年 3 月 22 日的日记中,他将对中国反感的现象归结为如下几项:"在中国觉得最不可理解的是女子缠足,其次是男子头上留长辫,其次是抽鸦片,其次是鞋子的前头往上翘,其次是留长指甲。"㉑他还对在庙中见到的烧纸钱现象进行了抨击:"这种纸钱是很荒唐的东西。中国实在也是个荒唐的国家。烧纸钱这种荒唐事,恐怕会长久持续下去……这种纸钱好像卖得不错,到处都有卖。"㉒有些中国人住所的粗陋也使他感到惊讶和反感。有一个名曰怀卿的画师,寄居在三皇庙后面的一间小室,"脏得出奇,床帐也好,被褥也好,都已经污垢满布,也不叠好。床下有个夜壶。门上破损的地方,就胡乱挂一块麻布遮挡一下。无论画画得多好,住的地方那么脏还是令人讨厌。"㉓吟香自己的居所, 直打扫得很干净,日记中时常可见清扫的记录。

受西洋近代知识的启蒙,幕末的日本人,对中国其实已经摆脱或改变了仰视的姿态。1857 年刊行的《万国一览》,按国家的强弱和人口的多寡为基准,用相扑的名位排列法进行了排序,东西两边的大关(当时相扑中最高的级别)分别是俄国和英国,“清十八省”则被排在了很下面的表示行将退役的“年寄”一列(54)。在上海实地居住了七个多月的吟香,在归国前夕,对中国的评价也越来越负面:“中国的食物不佳,民众不懂礼节,臭气,脏乱,实在令人无语。还是早点回去。若是英国的伦敦,法国的巴黎,美国的纽约,一定会干净整洁吧。当然我也并非很讨厌中国,但对中国真的已经厌倦了。确实,常被称之为中国,上国已经排不上了,不过也不至于是下国吧。听说非洲、天竺、马达加斯加、澳大利亚等是下国。之前曾我(吟香的日本友人)曾到天竺待了很长一段时间,说了那里很多的风俗,那真的是下国呢。”(55)这段话差不多是吟香对上海七个月体验的一个总结。

不过,吟香是一个很世故的人,1867年初他在与张斯桂笔谈时,张对自己的国家用了“中国”一词,吟香问道:“中国是贵国之别名否?”张答道:“是对外说耳。”吟香对应道:“然则贵国自称之语耳,似未可对外国人说。”张喝茶而不答。吟香继续写道:“亦曾闻一说于泰西人,曰凡地球上所有之国,分作三等,有上国,有下国。若贵国,版图广大,文物尽备,宜作上国。而自居中等,盖似谦虚自守也。”(56)而在他的内心,中国也实在只是个“中国”而已,这与《万国一览》中的认识大抵一致。

也许是囿于吟香的交友圈子,也许是因为他的关注焦点在中国社会,《吴淞日记》视野中的上海,基本上还只是个中国人的世界。租界和洋人,几乎没有跃入他的眼帘,唯一出现的,差不多就是当时建在苏州河桥北堍的礼查饭店(57),那时来上海的日本人多在那里下榻,吟香访友时数次去那里,平素也常常路过,他只是记述了日本人在那里吃西餐时的狼狈,对于那边的洋人和建筑,只字未提。

“千岁丸”和“健顺丸”的上海之行,是出于官方的派遣,随行人员有关上海的调查报告,主要是出于官方的需要,而吟香在上海将近八个月的逗留,则完全是个人的业务行为,他与当地中国人的交往,基本上也是朋友间的往来,他的《吴淞日记》也纯粹是私人的记录,他的这部《吴淞日记》,

为我们提供了幕府末年一个民间日本人观察上海和中国的重要文本,也是我们研究这一时期日本人中国认识的珍贵文献。

吟香虽然不怎么喜欢上海和中国,但他同时也是一个精明的商人。1867年5月回日本后,他获得了一种叫"精锜水"的眼药水配方并研制成功,1868年2月再度来到上海,一方面拟在上海购买轮船,一方面在上海开设了出售"精锜水"的店铺,后购船计划落空,一个多月后返回横滨。1874年日本出兵干涉中国台湾,吟香作为《东京日日新闻》的记者前往台湾,发回了许多随军报道,一时名声大噪,并因此而担任过该报的总编辑。1880年1月,为在中国销售"精锜水",他再次来到上海,居住在苏州河南岸,并在公共租界工部局正对面的河南路上开设了一家"乐善堂支店",此后在上海断断续续居住至1889年,总共在上海应该有五年以上的体验,这已是明治时期了,这里不述。

第三节　明治时期日本人对上海的体验与认识(1868—1911)

明治以后,新政府积极推行"殖产兴业"、"富国强兵"的政策,力图将触角伸向海外。1875年2月,在此前已有英国人和美国开设的航线的情形下,明治政府下令三菱汽船会社开设了上海至横滨间的定期航路,一年多之后,以低廉的票价击垮了英美两家轮船公司,垄断了日本各港口至上海的航线,来往于各地与上海的日本人也因此逐年增加,并出现了在上海定居的日本人。据公共租界工部局的调查统计,1870年在公共租界内居住的日本人有7人,1875年增至45人,1880年又增至168人,1885年猛增至595人㊳。有关上海的信息,也以各种方式传递到了日本。

对于这一时期的日本人而言,上海的两个意义正在逐渐凸显。一是日本国内主张中日联手振兴东亚的兴亚派试图以上海作为前沿阵地,扩展日本在中国的影响力;二是上海作为重要商港的价值正在被日本人所认识,试图以上海作为主要的通商口岸,通过贸易来增强日本的国力。

1884 年 8 月,早期具有自由民权思想的九州改进党主要人物日下部正一(1851—1913)等决定在上海设立一所东洋学馆,这是日本有史以来在海外设立的第一所学校,其设立的目的,在其"趣旨书"中有如下的表述:

> 欲保全我国永久独立之体面,须细加考量东洋政策之得失与否。盖东洋之神髓,在于清国之头上,其与我国之关系,可谓辅车相依,唇齿相保……然如此邻近之清国,所闻可谓寥寥,此洵一大欠缺。我辈首先须通晓清国之政治人情风俗言语,方可知活动神髓手足之妙。由此,在此设置一大学校,培养大成有为人士,以达长江一浮千里进、力挽东洋之衰运之理想。⑤⑨

这所学校后来设立在上海虹口乍浦路第 23 号馆。至于为什么要选择在上海建立这样一所学校,在"趣旨书"中作了如此的解释:

> 清国上海,乃东洋之咽喉,金毂辐辏之所,人才荟萃之地,与我国并非远隔,一棹易至。在此置校舍,江湖同感之士来此学习,是乃真正报国之本。⑥⓪

经过二十余年不算很密切的交往,日本人对上海已有了如此的认识。

后来抵达上海办学的大内义映等获悉上海本地人对东洋的理解只是日本,并无日语中的东亚之意,于是在同年 11 月初将名称改为"东亚学校",不久又改为"亚细亚学馆",开设的课程主要有"清学"(中国语文和古典)、"英学"(英语和数学)和世界历史等。其所开设的课程,也很可看出上海在日本人心目中的独特性。后因经营困难等种种原因,一年之后的 1885 年 9 月,学校被迫关闭⑥①。

这一时期来上海的日本人中,以汉学家著称的冈千仞(1833—1914)用汉文撰写的《观光纪游》无疑是值得留意的文献。1884 年 6 月 5 日,冈千仞抵达上海,在上海盘桓将近两个月,留下了《航沪日记》和《沪上日记》,此外还游历了苏杭、京津、粤港一带,共历时近一年。

冈千仞虽是习修汉文儒学出身,却具有世界眼光,留意海外风云,曾与人合作编译了《美利坚志》和《法兰西志》,因此他对上海的观察,比较深刻犀利,感悟也胜常人一筹。他在《航沪日记》的小引中说:"上海为古沪渎……今多单称曰沪。道光廿二年始许欧人纳租居市。西连长江,负苏杭,东南控闽越,万舰旁午,百货辐辏,为东洋各埠第一。"⑥

冈千仞游历上海时,与高杉晋作等的上海之行已相距二十余年,太平军之乱早已平息,租界建设可谓日新月异,华埠市面也较前繁荣:

> 出观市街。分为三界,曰法租界、英租界、美租界。每界三国置警署,逻卒巡街警察。沿岸大路,各国公署、轮船公司、欧美银行、会议堂、海关税务署,架楼三四层,宏丽无比。街柱接二线,一为电信线,一为电灯线。瓦斯灯、自来水道,皆铁为之。马车洋制,人车东制。有一轮车,载二人自后推之。大道五条,称马路。中土市街,不容马车,唯租界康衢四通,可行马车,故有此称。市街间大路,概皆中土商店,隆栋曲榥,丹碧焕发,百货标榜,灿烂炫目。人马络绎,昼夜喧阗。⑥

但上海旧城内的景象似乎尚无根本的改观:

> 观城内。从小东门而入,市廛杂沓,街衢狭隘,秽气郁攸,恶臭扑鼻。得城隍庙,门画人物,庙列塑像,香火熏灼。庙背东园,广数十亩,池水环流。一楼曰湖心亭,石桥盘曲,曰九曲桥。池上列肆,鬻书画笔墨、古器物,稍有雅致。唯不栽一卉木,无些幽趣。⑥

冈千仞 1884 年来上海时，外滩公园已经建成，《沪上日记》中有如下记述：

> 夜与二宫姓步公园，园为洋人游步而设者。大江当前，坡陀迤丽，花卉斑斓，为胜游之地。门置警卒，以中人垢污，大损园观，禁入观。⑥

与冈千仞交往的居住在上海的文人或官吏，虽也长于诗文，不乏才气纵横者，但多有吸食鸦片的陋习，且对外部世界，大多迷糊懵懂，科举一途，扼杀了士人的真才实学，冈千仞对此痛惜不已。

以上引述的，多为日本人来上海的踏访记或考察录，直观的描述比较多。1888 年出现了一部由日本大藏省刊行、井上陈政（1862—1900）撰写的《禹域通纂》，可谓是近代日本研究中国的第一部综合性专著。出生于江户的陈政，少年时只是大藏省造币局制版部的一名幼年三等技生，后在局内开设的教育机构——幼年技生学场中崭露头角，考试成绩屡屡获得满分，频频受到奖赏，尤其是其出色的汉学水准为人所大力赞赏，1878 年 10 月，他获得了"汉学专门修业"的调令，让他进入中国驻日本公使馆驻地跟从何如璋公使、参赞黄遵宪等潜心修习汉学和语言，历时四年。这是他人生的一个转折点，也是他与中国正式结缘的一个始发站⑥。1882 年 3 月，首任中国驻日本公使何如璋期满归国，陈政随其来中国留学。他在中国前后总共 6 年，不仅阅读各类典籍书志，且南起广东，北至直隶北京，东起上海江苏，西及山西陕西，足迹遍布大半个中国，时时注意以典籍稽考实地的勘踏，以实地的考察来修正典籍的记载，最后撰写成煌煌两大卷《禹域通纂》，上卷正文 1 220 页，下卷正文 774 页，附录 353 页，总共 2 347 页。从卷帙上来说，远远超过了 1890 年刊行的黄遵宪的《日本国志》。该书对于上海的记述篇幅不算多，除了在兵器制造部分对江南机器

制造局等有所涉猎外,有关上海的文字主要出现在"通商各口概说"部分,择要译述如下:

上海属江苏省松江府上海县治,位于吴淞江与申江合流处,东经一百二十度二十八分,北纬三十一度十四分。依据一千八百四十二年江宁条约通市,港内水深数寻至十寻以上。船舶直接停靠埠头,货物搬运等尤为方便。港地分为三个租界,港南为上海县城,县城以北为法租界,租界南面以河沟为界,北部至吴淞江为英租界,吴淞江以北港岸一带为美租界。其中英租界地域房屋壮丽,商贾辐辏,居港内之首。其次为法租界,多巨商仓库等,美租界早年颇为荒芜,近来屋宇渐次鳞比,呈繁庶之状。本港位居中国南北之要冲,乃全国货物辐辏之区,贸易繁盛,洵亚洲之冠。故欧美巨商及清国殷商均汇聚于此,驰骋市场。船舶有各轮船公司,所有船舶均可进行沿海运输,进出船舶日益增多。港内人口清民十四万七千余人,居留外国人三千有余,本邦人七百人许。一八八五年进出口总计五千零二十六万二千九百三十八两。⑰

这也许是至此为止日本文献中出现的对上海,尤其是上海港口功能所作出的最为完整的描述,意味着在 19 世纪 80 年代中后期,日本对上海的关注,已经更加集中于它在贸易运输上的国际化地位。

1884—1885 年的中法战争和 1894—1895 年的中日甲午战争,中国均以战败而告终,日本国内对中国的蔑视倾向也由此日益抬头。尽管如此,主张致力于东亚,尤其是中日联手来抗衡西方的亚洲主义思潮或是势力依然在日本朝野赢得了较大的共鸣。上海本身的发展,并未因这两次战争而受到阻碍,至世纪之交,上海在中国、远东乃至世界上的重要性已经引起日本社会的充分关注。

一个重要的明证是日本先后有两个重要的教育机构在上海开设。中法战争之后不久,具有参谋本部背景的荒尾精(1859—1896)和根津一(1860—1926)在获得了朝野一定的支持之后,费尽千辛万苦于 1890 年 9月在上海开设了日清贸易研究所,这实际上是一个教育机构,其开设宗旨大抵与东洋学馆相近,其选择上海作为开设地点,也是因为上海同时兼具了中国的现场和世界的窗口的性质。开设的课程有中文、英文、商业地理、中国商业史、簿记学、经济学、和汉文学、法律学等,初有学生 150 余人,教职员 20 余人。该机构在风雨苍黄中维持了将近 4 年,于 1894 年 8月解散。甲午战争之后不久,1898 年东亚会和同文会统合为东亚同文会。初始因办学设想得到在南京的两江总督刘坤一的大力赞同,1900 年5 月同文书院在南京揭牌,但东亚同文会的领袖旋即意识到该机构在南京难以展开,加之北京发生了义和团事变,日本担心租界之外的中国局势不稳,遂于 1901 年 4 月在上海开设了东亚同文书院,南京的书院并入其内。该机构后来发展为获得日本文部省认可的正式大学,同时也是日本在海外研究中国问题的重镇,一直持续至 1945 年日本战败为止。

上述的两所机构,在明治后期,编撰出版了两部有关中国,尤其是有关中国经济贸易的卷帙浩繁的综合性大著,分别是 1892 年 8 月出版的《清国通商全书》(共三大册、2 324 页)和 1907 年以后陆续出版的 12 卷本的《支那经济全书》。这两部著作的编撰地都是在上海,毫无疑问,有关上海的内容,占了很大的篇幅。

《清国通商全书》的成书过程有些复杂,该书的实际编纂者是后来担任东亚同文书院首任院长的根津一,而发起编纂和实际的组织者为日清贸易研究所所长荒尾精,参与先期资料收集编纂的有集聚在汉口乐善堂周边的松田满雄、广田安太等十余人。1885 年春,下级武士出身、立志振兴东亚并有不错的汉语基础的荒尾,以现役军人的身份被派往中国,实际的使命是在中国做实地调查,收集情报。荒尾到达上海后,立即拜访了已在上海经营多年、以销售眼药水和书籍的商号"乐善堂"的老板岸田吟香，岸田允诺其在汉口开设"乐善堂"的支店(分号)。于是荒尾以汉口"乐善堂"为据点，招募先期来到中国的一批大陆浪人在中国各地进行深入调查，这一时期在中国的实地调查报告后来成了《清国通商全书》的重要基础。后来根津到上海担任日清贸易研究所代理所长，根据荒尾的计划和前期的调查报告以及日清贸易研究所的最新成果，于1892年初开始着手编纂《清国通商全书》，同年8月出版。

《清国通商全书》中，有关上海的记述出现在第一编第三章廿五港中，但相比较其他港口，对上海的记述要详尽得多，共占有46页，因在本书中无法详细引述，只能稍稍截取几个片段，以管窥其一斑：

> (上海)地势极为平坦，四望茫茫，无连天山冈，唯浊流纵横，颇煞风景。人口加上城内几达六十余万，百货辐辏，规模宏壮，港湾良好，帆樯林立，实为东洋第一贸易场。⑱

> 县城位于浦江西岸，周围三里(日本里——引者)，郭门有七，曰大东、小东、小南、大南、西门、老北、新北。大东、小东及新北三门内，为城内大街，颇为繁华，然皆狭隘污秽。上海之贸易，悉在外国人居留地内，县城之买卖，仅止于若干杂货零售而已。⑲

> (经多年规划和建设，租界)已自沼泽草莽之地一变而为楼厦栉比，高耸云霄，道路清洁，车马络绎，设有电线、电话、电灯、瓦斯灯、自来水道，地上地下纵横交错，房屋构造皆壮丽。⑳

在这里，由上海所凸显出来的中国的落后羸弱和西洋的先进强盛无疑已经引起日本人的惊叹和深思。这里所呈现出来的上海的画面，已经不是静止的、平面的、断裂的,而是凝聚了动荡的时代风云,交叠着东方和西方、前近代和近代的多重元素。

此外,出于通商全书的特点,该书对上海租界区域的年财政收支、土地税、轮船公司、银行、货币、码头设施、市内交通、海关税、进出口物品的种类和金额、港口的年吞吐量等都有一定篇幅的介绍。

与通商全书相比,《支那经济全书》更具有实地调查报告汇编的特点,这是在东亚同文书院上百名师生历时十余年的各地调查的基础上编撰而成的百科全书式的大著,有关上海的著述,散见于各个篇章中。如第一辑第二编第二章,记述了上海租界的土地租借和田地房屋的制度;第三编"劳动者"中,记述了上海劳动者的来源、种类、劳动时间、就业年龄、工资及支付方式、劳动者的风俗习惯等,细致而详尽;在第五编"物价"中详细列举了20世纪初期上海的物价表;在第六编"人民生活程度"的第三章中,详细叙述了上海的商人、买办和上流阶层的生活状态;第二辑第一编第二章中介绍了上海的商业习惯;在第三编"买办"的第五章中,详细列出了上海各行各业的买办和外国商人的收入;以及上海的海关制度、厘金税和落地税、上海通往各地的航路、商业会馆和公所等⑦,不仅反映了这一时期日本人对上海很高的理解度,甚至也是今天研究近代上海演变的极具价值的重要文献,限于篇幅,本书无法一一引述。

三大册的《清国通商全书》和12卷本的《支那经济全书》中虽然有不少有关上海的详细记述,但并不是研究上海的专门著作。相对而言,这一时期还出现了好几本以介绍上海为主的资料翔实的著作,主要有藤户计太编撰的《支那富源 扬子江》(1901年),远山景直、大谷藤治郎编著的《苏浙小观》(1903年),平山胜熊编著的《南清的富源》(1908年),上海出品协会编著的《扬子江富源 江南事情》(1910年),其中《苏浙小观》一书的大部分篇幅与上海有关,说其为有关上海的专门著作也不为过,但名副其实的第一部专门介绍和研究上海的著作,当推明治四十年(1907年)出版、由远山景直所著的《上海》。

作者远山景直自号"长江客渔"，据其在例言中所述，1886年时初来上海，之后又时常买棹西渡，1905年秋又再度来到上海，在沪留居将近一年，查阅多种文献（上海县志、日本领事馆报告、工部局档案等）并作实地勘踏，将所闻所见随时笔录，积240余条，遂整理成《上海》一书，共421页，并附20余幅照片和详尽的上海地图。

作者在该书中设立了164个条目，从历史沿革、地理气候、语言、居民、各租界的行政管理体制、公共设施、主要轮船公司和港口设施、银行钱庄、货币一直到上海人的日常衣食住行，包括小菜市场、牛奶棚、各色店铺、酒馆茶楼、戏院书场、妓楼烟馆、上海人的新旧习俗，都有极为周密的记述。比较可贵的是，作者对渐趋成熟的上海日本人社会有较为完备的描述，包括日本人在上海开设的各类洋行公司、教育机构、编辑出版的报纸、日本商店、日本旅馆、日本医院、日本人俱乐部、日本自警队等，尤其是商店部分，可谓网罗了几乎所有在上海开业的日本公司和商店的资讯，具有较高的文献价值。虽然该书称不上是一部严肃的研究著作，但也不是一部肤浅的走马观花式的见闻杂记，它更多流露出的是一个有些旧文人修养，又沾染了些商人习气的普通日本人对上海的态度。就总体而言，他觉得上海是一个独特的存在，对上海的前景持比较乐观的态度，他甚至觉得上海将成为一个单独的邦国：

> 想来在不久之将来，禹迹神州将建成一世界共通之上海国，业有近来公共租界行政之发达、商业机关之完备、因时势之需而渐次勃兴之诸工业、将江南之富连成一体之金陵苏杭铁路，已具备不可轻侮之资质，其前途可瞻；远有人种之混血、风俗及生活交融之趋势，事态若如此演进，浑然一体的上海国亦将渐渐雄踞于世。[72]

透过上海，作者期望中国能发生基于外部压力的国运改革。从这些文字中，我们也许可以窥见一般日本人对于当时上海的感觉。

第四节　大正时期日本人对上海的认识与研究(1912—1925)

中华民国成立的 1912 年，也正是日本年号更改的一年。明治天皇去世，大正天皇继位。1914 年 6 月以欧洲战场为主的第一次世界大战爆发，日本趁机出兵中国胶州半岛，并在翌年 1 月向袁世凯政府提出了企图全面控制中国的"二十一条"。这正是明治中后期以来日本对华政策的延续和强化的表现，也是日本对外政策日益显出帝国主义色彩的标志。利用西方列强忙于欧战的空隙，这一时期日本资本大举进入中国，换言之，这一时期是日本在中国扩大势力范围的重要阶段，在上海所体现的，就是开设在杨树浦和小沙渡一带的、以内外棉、日华纱厂等为代表的日本纺织业的蓬勃兴起，至 1925 年，日本资本已经超越英国，在上海纺织业中独占鳌头。随之而来的，是日本侨民在上海势力的增大。1914 年 3 月，上海日本人俱乐部新大楼在文监师路(今塘沽路)落成，成了日本中流阶级在上海的活动中心，同年 10 月，日文的《上海日日新闻》开始发行。因虹口一带日本人数量的增加，工部局成立了"日本巡捕队"，加强该地区的治安管理。1918 年，三井、三菱洋行和日本绵证券商社在上海联合设立了上海最早的证券交易所——上海交易所。1924 年和 1925 年，在上海已经营多年的横滨正金银行和日清汽船会社在外滩建造了宏伟的支店大楼(分别位于今中山东一路的 24 号和 5 号)。

与明治时期一个较大的不同是，作为近代西方思想的一支，社会主义乃至共产主义(早期夹杂了一定程度的无政府主义)的思想在 20 世纪初传入日本，在大正中期得到比较广泛的传播并产生了劳工运动，并于大正后期在共产国际的指导下建立了共产党组织(1922 年 7 月)，作为革命实践的一环,20世纪20年代以后陆续有一些左翼的知识分子甚至共产党领袖来到中国考察,而上海正是他们的一个主要着眼点。因此,我们在考察大正时期日本人的上海认识时,也不应忽视这样的一个观察眼,虽然他们也许更多的是出于国际主义或国际共产主义的视角,但在他们的视线中,无疑包含着浓厚的日本色彩。

大正时期的1920年前后的上海,在日本人的眼中呈现出怎样的面貌呢?日本大学夜校部毕业后当上了律师、后来成为日本共产党领袖之一的德田球一(1894—1953),1921年10月上旬在中国共产党早期重要的活动家张太雷的暗中相伴下坐船来到了上海。自长江口进入黄浦江后,一路上对上海的描绘,大概是这一时期日本人初次抵达时对上海的最为详细而完整的描述,与明治初中期的面貌迥然不同,这里择要译述如下:

终于来到了黄浦江口,从右舷看到了吴淞的街景。有很大的炮台,不过很大的炮台连同炮身一起显露无遗。此外,可见到一条防波堤和一个港口。在江岸建有一长排仓库,大概是从上海开过来的吧,一长列火车在前面驶过……随着轮船的前行,在南北两侧出现了街道和房屋。北面是真正的上海,南面则是浦东。船的左右两侧都是长长的岸壁,沿岸停着无数的船只,江中心有许多浮标,周边也系着大大小小的船只。在我们轮船驶进来的时候,两岸和江心大概停泊着上百艘船只吧。在上海的一侧,可见有许多仓库,在其后面是规模颇大的工厂,一看就知道是纺织厂。还有两三家规模较小的造船厂,在建造着吨位较小的轮船和货船。厂房的墙面上写着该公司的名字,除了两三家英国工厂外,都是日本工厂。在浦东一侧,可见到七八个壳牌石油、美孚石油公司的储油罐,沿岸停靠着三四艘万吨级的油轮,再往前一点,是英亚石油公司的五六个储油罐,比起壳牌和美孚来,相形见绌。此外还有日本石油的储油罐,显得很小。大概只有供给日本轮船的重油和日本人使用的油量吧。再往前是日本邮船公司的码头和一大排仓库。码头上停着两三艘六千吨级的轮船。这是棉花运输船及其仓库，向在上海的日本棉纺厂提供原料。接着是排列着五个左右大船坞，都可建造一两万吨级的大轮船。都是英美的。在这一领域，英国显然是霸主。⑦③

我们有必要再来看一下上海一侧。这里驶过了工厂地带后，全都是一片仓库。仓库前是各自所属不同的码头。日本方面的码头分别是"满铁"、大阪商船、日本邮船，其他大抵都是英国的。也有不少与中国本土资本合办的冠以中国名字的仓库。过了仓库群，就是沿江而建的各国领事馆了。德国、日本、美国、苏联等。其中日本领事馆显得相当寒碜。前面有日本邮船的码头，但已颇为老旧，规模也不大。其他还有各国共有的很大的码头，过了这里就是苏州河口了。河岸上也是仓库，河边停着各种船只。河面上的桥梁就是外白渡桥了，号称上海最壮伟的大桥。过了桥是外滩公园，这是一个国际性的江滨公园，相当好。如今上海市内已经有几处公园了，这恐怕是占领上海初期外国人专用的公园吧。我们去的时候还到处挂着"华人不得入内"的牌子。这是一个显示了帝国主义的狂暴、视中华民族为奴隶的象征，也是上海的大门。⑦④

从外白渡桥向南，隔着很宽的道路，是沿着苏州河的带有宽广花园的英国领事馆，仿佛在睥睨周边似地耸立在那儿。英国在上海具有何等君临天下的地位，从这领事馆的建筑就可充分看出来了。再往南就是外滩了。这边停着通往黄浦江和长江的船舶，还有中国特有的舢板船，密密麻麻的，像苍蝇一样。这是将客人接送至大船上的上海特有的舢板。外滩一直延伸至法租界，在快到尽头处有一小块面积是中国人专用的,那里被称作龙华,停泊着许多简陋的帆船,这正显示了中国尴尬的地位。外滩一带建造着一大排洋楼,四层是最低的,还有五六层甚至是十二三层的大厦。但这些大厦都是外国人的建筑,尤以英国的鹤立鸡群。汇丰银行位据中央,傲视群雄,当然也有美国花旗银行、日本银行、日本邮船、大阪商船的大楼。还有三井、三菱、台湾银行的大楼,但相对而言显得矮小,到底不能与英美相比。⑯

船靠码头上岸后,张太雷叫了一辆轻便马车,两人坐车前行:

　　道路都铺设了柏油,清扫得很干净,没有一点尘土。出了仓库群后,看见有轨电车在行驶,这一带都是中国人的区域,街两边是一些两层楼的商店……我们穿过了长长的中国人街区后,来到了虹口。这里原本就是日本侨民集聚地,可见到很多日本人。此前经过的还有白俄人集中居住的区域,但几乎没有见到一家白俄人开的商店和工厂。但在虹口,可以说是日本人的天下。他们雇用中国人经营着买卖、旅馆和商店,还看到了日本的邮局、电信局和警察等,这里大概是虹口的中心区。过了这里,我们穿过外白渡桥,沿外滩的楼房向右拐到了著名的南京路,这是上海最繁华的马路。里端有中国人开的三大百货公司:永安公司、先施公司、新新公司,周围集聚了电影院、剧场等各种娱乐设施和餐饮店。⑯

　　明治日本人的笔下,我们虽然也见到了租界的日渐发展和中国人街区的狭隘肮脏,却没有见过如此的都市画面,在西方列强主导下的上海,日本的势力迅速崛起,中国本地的资本也在顽强地生长,作为一座现代都市,上海显然已在远东位居第一。
　　日本势力的迅速崛起,我们在稍早的德富苏峰(1863—1957)的旅行记中也获得了印证。苏峰是明治时期著名的媒体人和评论家,曾经鼓吹过平民主义和欧化主义,具有相当的舆论影响力,一度当选为贵族院议员,甲午战争开战之际,思想逐渐转向帝国主义,出版了《大日本扩张论》。苏峰已在 1906 年 5 月经朝鲜到中国来进行了三个月的考察,当年出版了一部《七十八日游记》,1917 年 9 月,又经朝鲜至中国旅行,12 月归国。在上海的期间是 11 月中旬。其间画家吴昌硕来访他,他应邀在孙中山宅邸会见了南方派重要人物孙洪伊、柏文蔚和戴季陶,还会见了曾出任两广总督、民国后担任广东军政府主席总裁的岑春煊等各路要人。在上海期间,他明显感受到了日本势力的增长:"参观了日本人俱乐部,这是一幢投入了三十万元资金建造的大建筑,足以代表在上海的日本人,听说这里使用频率最高、使用效率也最佳。"[77] 在俱乐部内举行的一场日中记者晚餐会上,他深深感到:"作为日支亲善的捷径,日本人要多习中文,中国人要多习日语,在日常的交际应接中,不使用通译,各用自己的语言交流,在疏通情意方面,可谓方便许多。"[78] 一日,苏峰被带往跑马厅观战,苏峰自己觉得英国人和中国人都好赌,英国人多赌马,中国人多赌牌,"但是令人惊讶的是,场中可见云集的日本人,这是由于上海的日本人众多的缘故呢,还是日本人投机心亢奋的征兆呢?"[79] 11 月 16 日他去日本人开设的内外棉访问,"工厂开在苏州河畔,有新旧两所,合计十二万锭,可知是一家大厂……日本人到上海来兴办工业,不管是独自经营,还是与中国人合营,都是应该鼓励的。"这一论点与苏峰的扩张思想是相一致的。阔别十年有余,他也发现了上海的变化:"坐汽车去龙华寺,一观寺塔,再在门外一览江南机器局而归。上海的近郊,道路开阔,沟渠畅通,桃园菜圃相接,春色骀荡之日,其景象可以想见也。"[80]

大正时期日本在上海的势力扩张,这一点即便连政治意识不是很强烈的俳句作家河东碧梧桐(1873—1937)也充分感觉到了。河东年少时跟从俳句革新家正冈子规(1867—1902)学习俳句创作,日后成了日本近代最出色的俳句作家之一,对中国古典也有相当的造诣。1917 年 4 月来中国旅行,在上海的新公园(后改名虹口公园,又改名鲁迅公园)内,他见到了这样的景象:"说是公园,只是一大片开阔的草坪而已。但在这宽广得像师团的练兵场一样的草坪的广场中,一眼望去,是无数的网球场,几乎占满了所有的空间……除了离我很近的两对人是西洋人之外,其余几十对都是同胞。我用手轻轻地触摸池塘边的水晶花,慢慢在公园内走了一圈,发现打网球的人,外国人居三分,日本人占七分,在人数上完全处于优势。在日前上海纺织的 K 君举行的晚餐会上,他告诉我,上海的工业领域的优势地位,由于欧洲战争的缘故,已逐渐转移到了日本人的手里。与战前相比,现在日本人的人数增长了四倍。这不是在殖民地中的无赖游民,而是因为职业的需求而自然增长的。日本人在工商方面的势力,已经如此浸润到了上海的财界。晚餐会上有人情绪激昂地表示,媾和以后,即使欧洲的势力一时想要挽回战前的地位,我们也已完全取得了与他们平等竞争的主动权。"[31]河东也觉得,欧美国家经济已相当发达,又有充裕的资金,这些都不是日本的长处,"贫穷而人口又多的日本,难以与他们相对抗,迄今为止一直不得不处于雌伏的状态。但是,唯一可以与之对抗的,只有投入多余的人口。与其投入金钱不如投入人力,这依然是我们殖民政策的第一要义。"不过他内心也明白,"今天日本人虽然在这里获得了发展,但这毕竟不过是老虎暂离时猴子称大王的景象。"[32]不意日本却因此而在上海占下了地盘,其势力逐渐与英国并驾齐驱,在某些领域甚至还略占上风。

不过,无论是政论家的苏峰,还是文学家的河东,他们只是看到了日本势力在上海的增长,并因此而欢欣鼓舞,而没有察见到在外国帝国主义势力的压迫下中国人民族意识的觉醒以及对外来帝国主义势力的反感和反抗,即中国民族解放运动的萌芽和兴起,因为苏峰他们既无意愿,也无机会接触到中国的一般大众,尤其是底层民众的生活,对于他们的生活状态和欲望诉求并无直接的了解。这一点,同样处于被压迫阶级的左翼思想家或活动家,却是敏锐地感觉到了。

上面提及的日本共产党活动家德田球一,抵达上海后,张太雷就带他去寻常劳动阶级光顾的小饭馆吃饭,"桌子是黑乎乎的,而且上面停满了黑压压的苍蝇,就显得更黑了,这让我大感惊讶。"⑧张太雷在天津北洋大学上过学,英文很不错,而德田却无法用英语与他交流,通过笔谈(德田已无法写完整的汉文,只是写些汉字词语而已),他了解到在上海大约 150 万的人口中,产业工人和码头工人已占了相当比率,他们一天要劳作 12 个小时,而工资极为低廉,每天只有一毛五到两毛,童工更低,刚成立不久的中国共产党及其外围组织正在计划宣传鼓动工人,策划劳工运动,根据他们的愿望来改善他们的劳动条件⑧。

年轻时依靠艰苦奋斗从美国耶鲁大学毕业的片山潜(1859—1933),后来投身社会主义运动,曾在第二国际上与普列汉诺夫一起当选为副主席,回到日本后一直鼓吹议会道路的社会改革运动,一度曾被投入监狱,1922 年前往苏联,当选为第三国际的执行委员。作为一个具有国际主义胸怀的社会主义者,他一直非常关注中国的社会变动,曾撰有《支那的经济发展》发表在日本报刊上,1925 年 5 月中旬他前往中国考察,重点就是上海。他在上海登陆时,恰是日资企业内外棉发生罢工的时候,工人们抗议薪水的低廉、劳动条件的恶劣和厂方随意解雇员工,这场运动后来演变为震惊中外的"五卅事件"。片山分析道:

> 中国的工人运动,越来越有发展的希望。首先,今天的学生是劳工问题及社会问题的先觉者。他们具有学术的自由、思想的自由和活动的自由。他们不会像美国和日本的学生那样去做破坏罢工的事。至少在近几年发生的著名罢工风潮中没有出现那样的情况。他们往往成为罢工运动的实际领袖。⑧

片山指出,日本的纺织业在国内的发展遇到了瓶颈,于是转移至中国寻求发展的空间,"日本的棉纺业今后在中国确实具有很大的发展余地。因为中国的原料和劳动力低廉,而对棉产品的需求则是无限的。然而其困难之一就是如何来使用这些廉价的劳动力。如果想要用压迫虐待的方式、压低工资的方式来剥削的话,那么官方和警察未必会像日本那样站在雇主的厂方一边,罢工的时候,罢工者中间排外的感情只会日益高涨。像吴佩孚那样试图彻底镇压也无济于事,劳工运动反而更加深入人心。(从世界范围来看)中国的工人运动虽然发生较晚,但那些知识阶级出身的领袖都是拥有坚定信念的人,他们是奋不顾身的人。中国共产党能够在国民党中形成左派的势力,绝非偶然。这次上海棉纺业的罢工运动,国民党的领袖在当地发挥了很大的作用,而罢工干部的大多数是共产党员,这使得日本的工厂主胆战心惊。"⑧⑥片山认为中国的工人运动因为有了共产党等的参加,其水准在日本之上,中国的共产主义者与日本的共产主义者也大异其趣。片山还部分看到了中国当时社会问题的实质,他说:"今天中国的困难问题当然在于军阀的跋扈横暴,但是军阀的横暴倘若没有外国的支持几乎都难以成立。"⑧⑦"因此今天中国的当务之急就是打倒军阀,修改关税,废除治外法权。"⑧⑧这差不多正是国共合作时提出的国民革命的口号或目标。这里,片山没有明确地针对日本的对华政策进行批判,但是站在被压迫民族或是被压迫的劳工阶级的立场,至少他对于以上海内外棉为首的日本资本家阶级压榨中国劳工阶级的做法提出了严重的警告。

德田球一和片山潜那样对中国的认识,虽然在当时的日本社会并未成为主流,但我们必须看到,在德富苏峰和河东碧梧桐那样的主流意识之外,至少还存在着这种具有国际共产主义色彩的中国观。顺便说及,德田后来因参加社会主义运动而在日本两次入狱,1928年那次被一直关到了战争结束以后,出狱后继续组建日本共产党并担任总书记,后受到以麦克阿瑟为首的美国占领当局的迫害,出走中国,死于北京。片山潜则死于苏联,受到了国葬的待遇,他的一部出版于 1922 年的《自传》,是日本近代的名著。

因进入 20 世纪以后上海在中国乃至东亚的地位日益崛起,以及日本在上海势力的日趋增大,除了有大量的各色人物访问上海并留下有关记述之外,大正时期研究上海的专门书籍也较明治时期明显增多,由此可看出上海在这一时期日本人心目中存在感的放大。

明治末期曾出现了远山景直撰写的第一部直接以上海为书名的著作《上海》,相隔 8 年之后的 1915 年又出现了一部论述上海的专著《大上海》,作者共有三位:内山清、山田修作和林太三郎。内山长期在日本驻上海总领事馆担任调查报告的撰写,兼有实地考察和文献调查两方面的优势,在中国居住 10 年左右;山田毕业于上海东亚同文书院,是日本农商务省派遣在上海的专员,主要担当制作有关上海和中国中部的商务资料,而林则在上海和中国居住十多年,富有实际生活经验。该书有时任上海总领事的有吉明、东亚同文书院院长的根津一、上海侨民团行政委员会议长的石井彻等人的序言,根据著者的小引,该书主要供来上海旅行访问以及居住在上海的日本人阅读,相比较远山个人撰写的《上海》来,《大上海》更具有官方的背景。

《大上海》一书共 627 页,分为第一章“地理”,对上海的城市格局、人口等有详细的记述;第二章“沿革”,着重介绍上海开埠以来的历史发展,令人瞩目的是,这一章特别论述了历次政治动荡如太平天国战争、甲午战争、义和团动乱、日俄战争乃至辛亥革命和爆发不久的欧战与上海的关系,也就是说作者始终将上海的发展置身于整个国内和国际背景中来论述,这是远山的《上海》所缺乏的;第三章“气候及卫生”,着重叙述了作为一座现代都市对于城市垃圾的处理、流行病的防治、卫生检疫等措施,而这些对于正在实现社会转型、现代都市逐渐出现的日本具有相当的借鉴意义;第四章“风俗”,有意思的是,这章分为三节分别论述了中国人、日本人、外国人㊽的风俗,也就是说,在当时日本人的眼中,这三种人在上海几乎具有同等的存在意义;第五章"政治",只介绍了公共租界(包含了法租界)的行政和司法机构"会审衙门",而对上海本地的行政体系却不置一词,可见对于中国本土行政存在的轻视(虽然会审衙门的正会审官由中国人担任,但实际的运作体系基本上都按照西方的司法原则);第六章"公共及公益设施",内容主要也是外国人及日本人经营的学校、博物馆、图书馆、消防事业、报纸杂志等,中国人的内容不及三分之一;第七章"交通",虽然叙述较为全面,但重点仍在外国人和日本人的事业;第八章"关税及通信",论述也相当详尽,遗憾的是,这里的主角也依然是外国人和日本人;第九章"金融机构",除了介绍外国银行外,也用了不少篇幅叙述中国传统的钱庄、票庄以及20世纪初迅速兴起的中国本土的新式银行,因为日本人若与中国人做贸易,必然会涉及中国的金融机构;第十章"贸易"也许是本书中篇幅最长的一章,详尽罗列了各贸易物品的大类甚至是细目,由此也可看出本书的重点所在;第十一章"商业机构"中,欧美和日本的机构介绍占了大半;第十二章"工业",对上海的水电煤等近代产业和各种制造业都有详细的叙述;第十三章"土木建筑及度量衡"篇幅最为单薄;第十四章"农牧渔业"篇幅虽然不长,但特别介绍了日本人经营的蔬菜园和日本产的鲜鱼;最后一章"军事及宗教",除军事组织和防备外,较多地介绍了日本和欧美在上海的宗教组织和寺院教堂,本土的寺院只有极小的篇幅。统观全书,在这一时期日本人的眼中,欧美和日本的元素在上海几乎占据了主导的地位,尽管绝大部分的生活者和具体的产业操作者都是本土中国人,但在日本人的眼中,在上海的中国人是处于被支配的地位(事实上20世纪以来中国本土的近代产业和教育事业等都获得了长足的发展)。笔者之所以不惮冗赘来介绍该书的概要,主要是为了由此来凸显日本人观察上海的视角和视线定位。顺便说及,由于该书是在大量调查的基础上精心撰写的,在研究上海近代史方面,它依然具有相当重要的文献价值。

在《大上海》出版之前和之后,大正年间还出版了两种由民间人士撰写的类似综览和指南的《上海指南》和《新上海》,前者初版于1913年1月,后来屡次修订,至1922年发行了第九版,作者是岛津长次郎,居住在上海北四川路第二长安里二号,书也一直在上海印制,但由大阪的金枫社在日本发行;后者的作者为在上海长期营生的当时最大的书店兼出版社"日本堂书店"的老板杉江房造,该书便由他自己经营的日本堂于1918年7月出版。作者自己坦言该书乃是根据自己在上海多年的生活经历并参考了远山的《上海》、岛津的《上海指南》及商务印书馆出版的相关书籍后撰写的。相比较《大上海》,这两部书在体例和文笔上显得比较轻松随意,它更多的是面向对上海有兴趣或来上海的旅行者,因此对上海本土的风俗也更为留意,比如《上海指南》收录了上海的68幅图片,从外滩的洋楼到落成不久的三角地菜场,从日本人俱乐部到建成不久的上海(火车)北站,从外滩公园到城隍庙的湖心亭,并有相当的图片表现了上海人的婚丧嫁娶和划龙舟等民间节日的场景,有较多的篇幅描绘了上海人(或居住在上海的中国人)一年四季的节庆活动,当然,对于上海的日本人社会也有十分详尽的记述,《新上海》的附录《日本人职业别事业指南》则对当时在上海的日本人所经营的各种行业、具体的商业企业单位按照商号、经营者、地址、联系电话等分门别类一一收录,极为详尽,不仅对当时的相关者一目了然,对于我们今天研究这一时期日本人在上海的活动也具有很高的史料价值。另外,《新上海》还附有"苏州杭州南京指南",显然,作者很在意此书的旅行指南的功能。

1921年12月由上海日本堂出版的、池田信雄所著的《上海百话》,在文风上更为轻松随意,大抵是此前在报纸杂志上所发表的文章的汇集,大概有两成描述在上海的日本人生活,而大部分的笔墨则是投向了上海的庶民生活,甚至不乏猎奇的心态,书中的一部分出于久居中国的井上红梅之笔,井上自己曾刊行有上中下三卷的《支那风俗》,大抵都以上海的中国社会为描写对象,相对格调不高。值得注意的是,在该书的"社会六题"中特别谈到了中国的工人运动,虽然目光比较浅薄,但也指出了新近成立的中华劳动公会是中国工人阶级的一件大事,标志着工人阶级将正式走上政治的舞台⑨。这是除了左翼活动家之外,大正时期少数涉及中国劳工运动的文字之一。

日本驻上海总领事馆编撰的、1924 年 10 月由日本外务省通商局刊行的《上海事情》(即上海概况),则完全是一部日本官方对上海的调查报告总汇,该书基本沿袭了《大上海》的格局和视角,只是在资料上作了较大的更新,它对上海的定位是:"中国第一的贸易港,扼守扬子江之咽喉,不仅位居对外交通的要冲,且以中国的富源扬子江一带的广大腹地为背景,是内外通商交通的中枢。"⑨日本官方对上海的着眼点,还是在于它的经济和贸易价值,这与井上陈政的《禹域通纂》开启的思路可谓一脉相承。只是这部文献的第三章题为"衣食住的状态",较为生动地介绍了以中国人为主体的上海人的日常生活样态,在严肃和正经中加入了若干鲜活的气息。

相比较而言,东亚同文书院中国研究部于 1928 年刊行的《支那研究》的"上海研究号",最具有学术水准。1901 年开设在上海的东亚同文书院,命运远胜于此前短命的东洋学馆和日清贸易研究所,1917 年在虹桥路建成了相当规模的新校舍,生源也不断扩大。这所民间在海外创办的学校于 1921 年被外务省正式指定为专门学校,1939 年又取得了正规大学的资格。该校十 1918 年设立的中国研究部,是日本在海外设立的最重要的中国研究机构之一,大正以后继续编纂的《支那经济全书》和 1920 年开始发行的《支那》(后改名《支那研究》)杂志以及师生共同参与的大旅行报告是其主要的研究成果。这部"上海研究号",收录了以该校教师为主体的 17 位作者撰写的 20 篇论文,参考了大量西文和中国文献,所有重要的引述均注明出处,是学者的学术研究成果,共 804 页,可谓卷帙浩繁,内容包含了除生活习俗之外的几乎所有的领域,偏重于经济贸易,因已逸出大正的时间范围,这里只是稍加提及,不再详细展开。

注释:

① 王晓秋:《近代中日关系史研究》,中国社会科学出版社 1997 年版,第 127—136 页。

② 在安政六年(1859 年)2 月 12 日箱馆奉行致幕府的申禀中有"以万国互市为富国之本"的语句,幕府后来采纳了这一建议。见春日徹:《一八六二、幕府千年丸の上海派遣》,载田中健夫编:《日本前近代の国家と对外関系》,东京,吉川弘文馆 1987 年版,第 561 页。

③ 同上书。

④ 除以上引述的春日徹:《一八六二、幕府千年丸の上海派遣》之外,外山军治为《文久二年上海日记》(大阪全国书房 1946 年版)所做的"解说",佐藤三郎:《近代日中交涉史の研究》第三章"1862 年幕府貿易船千年丸の上海行き"(東京吉川弘文馆 1984 年版)等都是这一课题的重要研究成果。中国则有王晓秋的《幕末日本人怎样看中国》(载《近代中日关系史研究》第一编,北京,中国社会科学出版社 1997 年版),冯天瑜:《"千岁丸"上海行——日本人一八六二年的中国观察》(商务印书馆 2001 年版),记述甚详。

⑤ 纳富介次郎:《上海杂记》,载《文久二年上海日记》,大阪全国书房 1946 年版,第 12—13 页。本论文所引述的日本文献,除原文为汉文外,均由笔者直接译自原文,考虑到幕末和明治时期的文体风格,大多译成浅近的文言文。

⑥ 高杉晋作:《游清五录》,载《高杉晋作史料》第 2 卷,东京マツノ书店 2002 年版,第 84 页。

⑦ 纳富介次郎:《上海杂记》,《文久二年上海日记》,第 15 页。

⑧ 峰洁:《清国上海見闻录》,收于小岛晋治监修《幕末明治中国見闻录集成》第 11 卷,东京ゆまに书房 1997 年版。

⑨ 高杉晋作:《游清五录》,《高杉晋作史料》第 2 卷,第 84 页。

⑩ 同上书,第 86 页。

⑪ 同上书,第 87 页。

⑫ 同上书,第 89 页。

⑬ 同上书,第 90 页。

⑭ 同上书,120 页。

⑮ 该报告的手稿本藏于东京帝国图书馆(现演变为国会图书馆),后被语言学家、文献学家新村出所发现,将其整理并稍加注释发表于长崎高等商业学校编辑出版的《商业与经济》第五年第 2 册(1925 年 2 月)上,另取名为《元治元年に於ける幕吏の上海视察記》,本书的引文即源于此。

⑯《元治元年に於ける幕吏の上海视察記》,《商業と经济》第五年第 2 册,第 133—142 页。

⑰ 原文汉字为"胡桑村",但据其汉字旁所注的读音假名,应读作 Wu-song,我认定应为"吴淞"。

⑱《元治元年に於ける幕吏の上海视察記》,《商業と经济》第五年第 2 册,第 149—150 页。

⑲ 关于岸田吟香，陈祖恩在《寻访东洋人》中设有专章介绍，该书中已有的内容本书一般不再赘述。

⑳ 《吴淞日记》手稿原有 6 册，第 1 册已散佚，第 2、3、5、6 册经圆地与四松整理，分别发表于 1931 年 7 月至 1932 年 11 月的各期《社会及国家》杂志上。日记用口语体记录，多用假名，少有汉字，且悉用当时的假名表示法，颇不易辩读。外国国名及人名、地名亦用平假名，间或也有笔谈的汉文夹于其中。

㉑ 《岸田吟香年谱》，载杉浦正：《岸田吟香——資料から見たその一生》，东京汲古书院 1996 年版。

㉒ 岸田吟香：《吴淞日记》第 2 册（下），东京《社会及国家》第 190 期（1932 年 1 月），第 106 页。陈祖恩《寻访东洋人》中说吟香一名取自陆游诗句"吟到梅花句亦香"，大概是对日记的误读。这一误读，也见于有些日本读物中。

㉓ 依其原文的发音也许可译为赫本，但其本人在日本自称"平文"，日语中"平文"的发音与原文相近，吟香的《吴淞日记》中用汉字写作"郏文"。本书写作"平文"。

㉔ 岸田吟香：《吴淞日记》第 5 册（中），东京《社会及国家》第 198 期（1932 年 9 月），第 97 页。

㉕ 见熊月之主编：《上海通史》第 15 卷（附录），上海人民出版社 1999 年版，第 298 页。

㉖ 岸田吟香：《吴淞日记》第 5 册（中），东京《社会及国家》第 198 期，第 98 页。

㉗ 岸田吟香：《吴淞日记》第 2 册（上），东京《社会及国家》第 154 期（1931 年 7 月），第 136—137 页，原文为汉文。

㉘ 原载 1887 年 12 月 26 日《東京日日新聞》，见杉浦正：《岸田吟香——資料から見たその一生》，东京汲古书院 1996 年版，第 265—266 页。

㉙ 岸田吟香：《吴淞日记》第 3 册（上），东京《社会及国家》第 192 期（1932 年 3 月），第 99 页。

㉚ 岸田吟香：《吴淞日记》第 2 册（中），东京《社会及国家》第 158 期（1931 年 11 月），第 91—92 页。

㉛ 岸田吟香：《吴淞日记》第 5 册（上），东京《社会及国家》第 197 期（1932 年 8 月），第 98 页。

㉜ 同上书，第 99—100 页。

㉝ 岸田吟香：《吴淞日记》第 2 册（中），东京《社会及国家》第 158 期（1931 年 11 月），第 109 页。

㉞ 岸田吟香：《吴淞日记》第 3 册（上），东京《社会及国家》第 192 期（1932 年 3 月），第 89 页。

㉟ 原文是"にしきゑ"，汉字可写作"錦繪"，是一种诞生于江户中期的多色彩印的浮世绘版画，又称为"江戶繪"，这里根据中国的情形姑且译为"年画"。

㊱ 原文的汉字是"角"，注音假名为"ふえ"，"ふえ"的汉字可写作"笛"，根据描述，应该是唢呐吧，也许是吟香此前未见过此种乐器，无以名状。

㊲ 原文为"蛇皮線"，是中国的三弦传入琉球时的名称，大约在 16 世纪末传到日本，经改良，成了现在日本的"三味線"。日语中"蛇皮線"和"三味線"发音很相近。

㊳ 岸田吟香：《吴淞日记》第 3 册（上），东京《社会及国家》第 192 期（1932 年 3 月），第 92—94 页。

㊴ 岸田吟香：《吴淞日记》第 2 册（中），东京《社会及国家》第 158 期（1931 年 11 月），第 85 页。

㊵ 原文写作"台子"，注音假名显示是上海话的发音，罗马字勉强可写作 deizi，今日上海人仍称桌子为"台子"。日语中也有"台子"一词，据云是 13 世纪中期时的南浦绍明和尚自中

国杭州附近的径山寺带来的,日语发音为daisu,后来主要用于茶道的场合,形状与今日的台子不同,为长方形,上下各有一块板,中间由四根木头或竹子作支撑,并不用于日常生活。在近代以前,日本人饮食基本不用桌子或台子。

㊶ 岸田吟香:《吴淞日记》第 2 册(中),东京《社会及国家》第 158 期(1931 年 11 月),第 86—88 页。

㊷ 真土山在今天的东京隅田川西岸,为一小山岗,上建有一同名寺院,在江户时期是远眺的名胜地。

㊸ 原文如此,上海老城外一带应该没有山林,估计此地大概是豫园内的望江亭。

㊹ 这显然是九曲桥。

㊺ 岸田吟香:《吴淞日记》第 3 册(上),东京《社会及国家》第 192 期(1932 年 3 月),第 90—92 页。

㊻ 芥川龙之介:《上海游记》,《芥川龙之介全集》第 11 卷,岩波书店 1955 年版,第 16 页。

㊼ 岸田吟香:《吴淞日记》第 2 册(上),东京《社会及国家》第 185 期(1931 年 8 月),第 132 页。

㊽ 同上书,第 131 页。

㊾ 同上书,第 132 页。

㊿ 同上书,第 133 页。

51 岸田吟香:《吴淞日记》第 5 册(下),东京《社会及国家》第 199 期(1932 年 10 月),第 108 页。

52 岸田吟香:《吴淞日记》第 5 册(上),东京《社会及国家》第 197 期(1932 年 8 月),第 90 页。

53 岸田吟香:《吴淞日记》第 3 册(下),东京《社会及国家》第 194 期(1932 年 5 月),第 95—96 页。

54 鸟井裕美子:《近世日本のアジア認識》,载沟口雄三等编:《交錯するアジア》,东京大学出版会 1993 年版,第 232—247 页。

55 岸田吟香:《吴淞日记》第 5 册(中),东京《社会及国家》第 198 期(1932 年 9 月),第 113 页。

56 岸田吟香:《吴淞日记》第 2 册(上),东京《社会及国家》第 154 期(1931 年 7 月),第 136—137 页,原文为汉文。

57 《吴淞日记》的原文是"あすとルはうす",查原文应该是 Astor House,初建于 1846 年,名曰 Richards Hotel,1861 年改为此名,为两层西洋建筑,1906 年为修建现在的外白渡桥而拆除,翌年重建,为现在的浦江饭店。

58 Annual Repot of the Shanghai Municipal Council(上海工部局年报),1925,p. 176.

59 《東洋学館趣旨書》,载《東洋学館設立一件》,东京外交资料馆所藏。

60 同上书。

61 有关东洋学馆的部分,参考了佐佐博雅《清仏戦争と上海東洋学館の成立》,载国士舘大学文学部:《人文学会纪要》第 12 号(1980 年 1 月);小松裕:《中江兆民とそのアジア認識—東洋学館・義勇軍結成運動とその関連》,《歴史評論》第 379 期(1981 年 11 月)。

62 冈千仞:《观光纪游》,1886 年 8 月初版,见中华书局 2009 年版(张明杰整理),第 9 页。

63 冈千仞:《观光纪游》,第 16 页。

64 同上书,第 19 页。

⑥⑤ 同上书,第72—73页。

⑥⑥ 关于井上陈政的生平事略,本书主要参考了东亚同文会编的《对支回顧録》(下)(东京东亚同文会1936年版)中的"楢原陳政伝",第244—247页;米泽秀夫撰《楢原陳政》,载其所著《江南雑記》(上海内山书店1944年版)第88页,以及陈政自撰的《留学略记》。

⑥⑦ 井上陈政:《禹域通纂》下卷,东京日本大藏省1888年刊行,第623页。

⑥⑧ 日清貿易研究所编:《清国通商大全》第1编,东京丸善商社书店1892年版,第73页。

⑥⑨ 同上书,第73—74页。

⑦⓪ 同上书,第80—81页。

⑦① 在上海東亜同文書院調査部:《支那経済全書》,东京東亜同文会1907年版。

⑦② 远山景直:《上海》,东京远山景直1907年版,第4—5页。

⑦③ 德田球一:《わが思い出・革命の動力上海》,东京书院1948年版,第79—80页。

⑦④ 同上书,第81页。

⑦⑤ 同上书,第82—83页。

⑦⑥ 同上书,第85—86页。

⑦⑦ 德富猪一郎(苏峰):《支那漫遊記》,东京民友社1918年版,第248页。

⑦⑧ 同上书,第250页。

⑦⑨ 同上书。

⑧⓪ 同上书,第255页。

⑧① 河东碧梧桐:《支那に遊びて》,大阪屋号书店1919年版,第156—158页。

⑧② 同上书,第158—159页。

⑧③ 德田球一:《わが思い出・革命の動力上海》,东京书院1948年版,第87页。

⑧④ 同上书,第89页。

⑧⑤ 片山潜:《支那旅行雑感》,东京《改造》1925年6月号,第190页。

⑧⑥ 同上书,第191页。

⑧⑦ 同上书,第194页。

⑧⑧ 同上书,第195页。

⑧⑨ 原文为"外国人",与中国相同,在东亚诸国的眼中,"外国人"一般是指西洋人。

⑨⓪ 池田信雄:《上海百话》,上海日本堂1921年版,第33页。

⑨① 《上海事情》(在上海帝国总领事馆调查),外务省通商局1924年10月,第1页。

第二章

村松梢风："魔都"意象的制造者

第一节　从上海开始的中国因缘

村松梢风(1889—1961)的作家地位在 20 世纪的日本文坛大概连二流也排不上,尽管他生前发表过几十部小说和人物传记,曾经有过不少的读者。他撰写的六卷本《本朝画人传》被数家出版社争相出版,一时好评如潮,1960 年中央公论社在建社 100 周年时又以精美的装帧将其作为该社的纪念出版物推出。日本出版的各种文学辞典和百科全书,对他也有颇为详尽的介绍。不过对于梢风的小说,评论界一直很少给予关注,他撰写的作品,大部分是历史人物故事,人文的内涵比较浅,除了作为大众文学作品集出过寥寥两种选集外,在文集、全集汗牛充栋的日本出版界,迄今尚未见到有梢风的著作集问世。这大概可以映照出梢风文学作品的内在价值指数。

但是,每当人们提及至今仍然非常鲜活的凝聚了上海的复杂意象的"魔都"一词时,都会联想到村松梢风,是他在 90 年之前创造出了这一词语和这一意象,当年也许只是不经意间创造的这一词语,由于内含了太多难以言说的复杂的元素,或者说是较为准确地概括了混沌叠合的上海的各种因子,不仅在今天的日本,乃至在上海本土,也得到了越来越多的人的认同,而频频出现在各种媒体中①。梢风以自己的中国游历为素材所撰写的两部长篇小说《上海》和《男装的丽人》,最近被东京的大空社作为"重刊'外地'文学选集"的两种分别按原版本影印出版,可见在这方面的影响至今不衰。

其实,与同时代的谷崎润一郎(1886—1965)、芥川龙之介(1892—1927)、佐藤春夫(1892—1964)等相比,村松梢风在中国文史上的学养以及原本对中国的兴趣,都要弱得多。梢风于 1889 年 9 月出生于静冈县的一户地主家庭。从现有的史料来看,未能找到青少年时代的梢风曾对中国或中国文史有兴趣的记录,他后来提到的孩童时代唯一跟中国相关的记忆是,当年风行一时的所谓"壮士剧"中经常会出现作恶多端的中国人的形象,小孩要是不听话的话,大人就会用"小心被中国人拐骗了去"的话来镇住孩子②。梢风在家乡的中学毕业后,来到东京进入了庆应义塾理财科预科学习,此时他才接触到日本的新文学,并由此萌发了对文学的兴趣。不久因父亲的猝然去世,作为长子的他只得返回家乡看守田产。其间在家乡的小学和农林学校担任过教员,读了大量的文学作品,颇为倾倒的作家有永井荷风和谷崎润一郎等,而卢梭的《忏悔录》更是他的不释之卷。从个人习性上来说,梢风不是一个安分稳静的人,他不顾自己已娶妻生子,常常一人跋山涉水,四出游行。"什么目的也没有,只有想到陌生的土地上去行走。喜爱漂泊,喜爱孤独。"③这一习性,与他后来的中国游历很有关系。他忍受不了乡村的沉闷,1912 年又来到东京入庆应义塾的文科学习。这一时期他坠入了东京的花街柳巷,家中的田产也被他变卖得所剩无几,他一时感到前途困顿。

恰在此时,第一次世界大战爆发,日本乘机出兵,于 1914 年 11 月占领了原属德国势力范围的青岛。前途迷茫的梢风不觉将目光移向了中国。他想到这一陌生的土地去闯荡一下。这时他的一位师长辈的人物洼田空穗劝阻了他。洼田劝他不必急着到中国去,在这之前不如先锻炼一下文笔,在文学上辟出一条路来。于是梢风暂时打消了去中国的念头,一边写稿,一边帮朋友编杂志,以后又进入日本电通社做记者。1917 年,他将写成的小说《琴姬物语》投到了当时最具影响的综合性杂志《中央公论》,得到主编泷田樗阴的赏识,在 8 月号上刊登了出来。由此梢风在文坛上崭露头角,作品频频刊发,知名度也日趋上升。梢风写的大多是传奇故事类的大众文学,渐渐他感到可写的素材已捉襟见肘,于是想到在人生中另辟一条生路,这就是使他 35 岁以后的人生发生了重大变化的中国之行。

梢风后来在以第三人称撰写的自传《梢风物语——番外作家传》中这样写道,1923 年的上海之行,"从某种意义上来说,是受了芥川中国之行的刺激,但主要是他自己想去上海寻求自己人生的新的生路。从这意义上来说,他的意图可谓获得了完全的成功,而结果是梢风将 35 岁以后人生中的十几年生涯沉入到了中国之中。"④这里所说的芥川的刺激,是指芥川龙之介作为《大阪每日新闻》的特派员于 1921 年到中国作了近四个月的旅行,回国后在报上陆续发表了《上海游记》等多种游记,后来集成《支那游记》一书出版。芥川那稍稍有些夸张的、多少有些寻奇猎异的文字无疑打动了梢风的心。梢风为此曾专程去访问芥川,芥川告诉他,写旅行记的要领是,仔细观察,随时在笔记本上详记所有的见闻。⑤从梢风日后所写的游历记来看,可以说是深得其中三昧。

去上海之前,梢风还去见了佐藤春夫。梢风与佐藤虽是庆应文科预科时的同学,平素却颇少交往,相反,当梢风的通俗小说大量刊载在《中央公论》时,佐藤曾与芥川等联袂发起了一场抗议运动,要求《中央公论》保持自己的品格。不过这场不愉快的经历彼此似乎都没有太在意。佐藤闻悉梢风将往上海,便给在上海的田汉写了一封介绍函。田汉在东京高等师范学校留学时,颇慕佐藤的文名,先是给他投书,后来又几次去访他,均不值,1921 年 10 月两人才得以初次相会。1922 年秋田汉回国后就职于中华书局上海编辑所,与佐藤仍常有书函往返。⑥于是梢风怀揣着佐藤的介绍函,登上了长崎开往上海的轮船。"说起我上海之行的目的,是想看一下不同的世界。我企求一种富于变化和刺激的生活。要实现这一目的,上海是最理想的地方了。"⑦

1923年3月22日清晨，轮船驶近了长江。梢风在几年后写的《支那礼赞》中追述了自己当时的情感，这段话有些长，但对我们理解梢风的中国观非常重要，姑且全文译出：

"宫崎滔天在他的《三十三年之梦》中曾写到他22岁初渡中国时，当船进入扬子江目接到中国大陆的风光时，他不由得百感交集，不能自已，站在船头顾望低回不禁泪湿衣襟。我读到此处时方感真正触及了滔天的内心世界，对他平生出一种信赖感，于是将此书细细读完。

我每次溯入扬子江时也有一种同样的感受。不知何故，此时无限的亲切、喜悦、感激等诸般情感一下子都涌上了心头，最后变成了一种舒畅的伤感，禁不住热泪盈眶，怆然而涕下。

我不知道世人是否都有我和滔天这样的感觉，不过我在此处见到了我们这些热爱中国的人的纯澈的心灵。这似乎并不只是广袤无涯的大陆风光使我们产生了盲目的感动。我觉得这是由于中国广阔的土地唤醒了潜意识般长期深藏于我们心灵深处的远祖传下来的梦。这种内心的感动有时会比较强烈，有时会比较朦胧，但当我们去中国旅行，双脚踏在中国的土地上时，这种感动便一直持续着，不会消退。像我这样缺乏汉学修养的人，并不是在学艺知识上被中国所深深吸引的。尽管如此，每当我踏上中国的土地，我心头立即会强烈地涌起一阵从未有过的来到了梦寐之乡的情感，说来也真有点令人不可思议。

长年居住在中国，这种感觉自然会变得日渐稀薄。但是我想基于我最初的印象来思考中国的诸般万象。"⑧

梢风这里提到的宫崎滔天(1870—1922)初渡中国进入长江口时的感想，原文是这样的：

我（自长崎）搭乘西经丸轮船前往上海。航行两日，望见了吴淞的一角。水天相连，云陆相接，陆地仿佛浮在水上一般，这就是中国大陆！也就是我在梦寐中憧憬已久的第二故乡。轮船愈向港口前行，大陆风光愈益鲜明，我的感慨也愈益深切。我站在船头，瞻望低回，不知何故，竟然流下了眼泪。⑨

宫崎滔天比梢风年长将近20岁，年少时读过不少中国古典，又受过自由民权运动和基督教思想的熏陶，受其兄长的影响，没有那个时代的日本人对中国的歧见，他望见长江时的感想，是出自内心的感动。他后来半生追随孙中山，在同盟会创建的过程中作出了卓越的贡献。梢风的感动，虽然稍稍有些突然，但这是一种基于地缘、血缘（自史前至6世纪中叶，陆续曾有数万的中国大陆移民登陆日本列岛）和潜在的文化血脉的感动，应该也是很真切的。这一刹那间自心灵深处涌发出的"怆然而涕下"的感动，差不多成了梢风以后较长一个时期接触中国、感受中国、观察中国和了解中国的一个基本支点。

据对各种文献的梳理考证，可知在1930年前，梢风总共到上海来过4次。

第一次是1923年3月22日至5月中旬，约两个月，据梢风自述，初抵时寄宿在西华德路上的日本旅馆"丰阳馆"⑩。对初到上海的印象，梢风曾有些这样的描述：

（随着轮船慢慢驶入黄浦江），沿岸的风景也变得文明化起来。大约过了一小时左右，在我们面前，出现了一座临江的纯西洋风的大都市。（我们乘坐的）长崎丸抵达了汇山码头⑪……第一次见到了上海的街市。街边的房屋基本上都是西式建筑。路上到处蠕动着拉洋车的苦力。人们在街上慢慢地行走。头上缠着包布的印度巡查拿着指挥棒在指挥交通。每一个巡查都留着黑黑的胡子,个头高高的,身躯魁伟的,有着泰戈尔一样的风采……不一会儿,路上出现了一支送葬的队伍,前面是穿着鲜红服装的西洋乐队,后面跟着穿着丑角一样服饰的中国乐队。载着棺木的马车装饰得很漂亮。⑫

在上海,主要接待他的是当年也曾接待过芥川龙之介的《大阪每日新闻》特派员村田孜郎⑬,通过村田认识了曾在大阪待过两三年、日语说得不错的商人朱福昌(在本章第三节详细展开),又经过朱认识了其时在上海颇为红火的京剧名伶绿牡丹和演剧界的人士。跟着朱福昌,梢风领略了大马路和江湾的两处跑马场的景象,常去三马路上的大舞台等地看戏,一度沉溺于跑马和猜诗谜等赌博样式,还跟着朱见识了三马路四马路上的"小花园"、"惠乐里"等青楼云集的场所。

大约在 4 月 10 日左右,他移居到老靶子路(今武进路)95 号一处房东为俄国人的公寓(此建筑今日仍然留存)内。其间认识了在上海教授交谊舞(实际上是在西洋人开的舞厅内当舞女)的日本女子赤城阳子,两人迅速坠入爱河,同居在一起。对老靶子路公寓一带的景物他有这样的描绘:

那条街的人行道上种植了许多法国梧桐,枝叶茂盛,树枝已经长得很高,比一般房屋的屋顶还要高,而在茂密的绿荫下,有点煞风景地行驶着有点脏兮兮的电车。街的北侧,排列着红砖建造的三层楼的有些旧的房子,沿人行道一边有低矮的砖墙,门外有铁门,从墙内伸出了蔷薇花呀绿色的藤蔓等植物,与有些古旧的房屋很相配,给人一种古风的感觉。⑭

这一年的 5 月 1 日,他偕同赤城阳子坐火车去南京游览,下榻在当地设施简陋的日本旅馆"来宾馆",南京城内的景象使他们颇为惊骇:

进入城内,四围的景色为之一变。这边是起伏的丘陵,而那边是一片开阔的青葱的麦田。马车在杨柳的林荫中穿行,沿着美丽的竹林前行。看到一处宏大的朱色的楼阁。在湖沼的岸边无数的杨柳低垂婉娜。农夫在田地中劳作。有一座相当高大的山。山顶上树木蓊郁,在树林的掩映间可见墙壁涂成红色的古代的建筑。⑮

　　以至于阳子要困惑地问道,南京市区在哪里呀?

　　当时的南京,经历了太平天国运动的兴起和清剿之后,城市建筑毁坏大半,人口也急剧减少,萧索中透发出宁静,闲静中显得寂寥。梢风他们游览了夫子庙秦淮河,仰望了紫金山,凭吊了明孝陵,然后又坐火车回到了上海。

　　不数日,两人又去杭州游历,下榻在湖畔的"新新旅馆",西式建筑,设施完备舒适,推窗即可见旖旎的湖光山色。杭州虽然没有上海那样喧嚣芜杂,却比南京要富有活力。云林寺(俗称林隐寺)、岳王庙、玉泉、钱王祠等都留下了他们的足迹,梢风对玉泉有如是的描绘:

　　从岳王庙开始走入了山路。疏疏落落生长着树木的山冈的斜坡上,是一大片繁茂的山蕨菜……沿着相同的道路前行不久,来到了一座名曰清涟寺的禅寺前。门前古老的石碑上镌刻着'玉泉古迹五色巨鱼'几个字。寺内有一个长方形的很大的泉水池,池水颇深,水色犹如玻璃一般澄澈。无数尾硕大的鲤鱼在池内游泳。有很多是长达三四尺的鲤鱼。围着泉水池的是一座古老的建筑,有人坐在那里喝茶。上悬雕有'鱼乐园'字样的木匾。⑯

　　大约在5月中下旬,梢风带着阳子一起从上海回到了东京,一段时期后,阳子离他而去。

回到东京后,梢风撰写了《不可思议的都市"上海"》和《江南的风物与趣味》两篇长文,分别刊登在发行量很大而档次颇高的《中央公论》当年的8月号和9月号上,翌年,他将《不可思议的都市"上海"》改题为《魔都》,又收录了《南京》、《西湖之旅》、《江南杂笔》等诸长文,合成《魔都》一书,由小西书店在1924年7月出版,出版后销量颇好,屡屡再版,上海的"魔都"意象也逐渐在日本传开和放大。

梢风第二次来上海,是在1925年4月初至5月10日左右。此次来沪的目的,是为了斡旋联系绿牡丹一行到日本演出的事宜。第一次来沪时已经谈妥,绿牡丹一行将于当年的10月1日起在东京的帝国剧场开始公演,不料9月1日东京等地发生大地震,帝国剧场也遭到严重损坏,整个东京处于百废待兴的状态,公演的事自然未能成行。1925年春,东京已逐渐恢复元气,帝国剧场也出乎意外地迅速地得到重建,于是,两年前的旧话再次提上议程。此次在上海期间,经朱福昌的推荐,梢风住在"一品香"旅馆⑰,对该旅馆以及周边的景物梢风有如此的描绘:

> 是一间三楼最靠里面的面向走廊的房间,墙壁和地板都很脏,而且光线幽暗,但听说中国旅馆都是这样,也没办法了。不过房间相当宽大,还带有浴室。挂着白色帷幔的很大的中国床就放在正面。房钱一天四块大洋,想到从今天起我就要在这里起居,心里倒也没有不愉快的感觉。⑱

一品香这家旅馆感觉不错。地点在西藏路上,这条路人慨有两三百米是单边有房屋的街道,另一边是跑马场。街上基本上没有商店,都是一些公司模样的建筑,有一家小小的女校⑲,也有挂出医生招牌的。沿街是一长段长出了苔藓的砖墙和灰褐色的外墙。在马路的对面是高高的铁栅栏,里面一大片草坪的跑马场仿佛开阔的原野一般,远处在树木的掩映中排列着许多外墙红色的建筑和砖瓦结构的房屋,如同玩具一般,在这万里晴空阳光灿烂的四月里,令人觉得心旷神怡。这里不通电车,行人也很稀少,四周很安静。⑳

这次梢风来上海,一半是接洽联系绿牡丹等去日本演出的事,一半却是游历,这一时期,他较多地与上海的一般市民,尤其是伶人等交往,对上海的各色世相也有了较为深入的了解。在向朱福昌交付了一万元的预付金后,最后商定绿牡丹一行于7月初开始在日本进行为期一个月的公演。大约在5月10日左右,梢风坐船先回到长崎,沿途在长崎、宝冢(靠近大阪的一个城市,以宝冢歌舞团出名)、京都、名古屋诸城市停留,接洽中国京剧团公演事宜。

第三次来上海,是1925年6月10日左右至6月底。因朱福昌侵吞演出定金以及爆发了五卅事件,绿牡丹一行的访日演出出现了危机,而日本的剧场方面已经做好演出的安排,作为中间人的梢风为此寝食不安,再次坐船赶到了上海,下榻于日本旅馆"常盘舍"㉑,"赫司克而路是一条安静的住宅街,两边是砖瓦建造的四层楼左右的宏大的建筑,旅馆本身也是一幢纯粹的西式建筑,只是房间里面是榻榻米的格局,放着红木的柜子和桌子。"㉒经他的努力,绿牡丹一行终于顺利成行,6月底梢风带着他们前往日本,公演也算比较成功,8月10日从神户坐船回上海,梢风在码头为他们送行。

第四次来上海,是1925年11月初,此次来沪的目的主要是向朱福昌追讨一万元的预付金,下榻在丰阳馆,约一周后,移至"一品香"住宿,经人介绍一度又曾短期入住爱多亚路(今延安路)北侧小路上的名曰"平安里"的一户中国人家里,不久因与对方语言不通脾性不合而离开。为追寻朱福昌,他在通中国话的木下的陪伴下,一直坐船追到朱的老家舟山定海以及宁波去寻找,最后终于与陷入生活困境的朱握手言和,坐火车返回上海的途中在杭州停留数日,大约于11月底或12月初归国。

1926年,梢风又在《中央公论》3月号上发表了《上海风俗印象记》的长文。这一年4月,梢风自己创办了名曰骚人社的出版社,并创刊了《骚人》杂志,自创刊号起至9月号止连载发表了以1925年在上海的经历为题材的纪实性长篇小说《上海》的前编,翌年的1月至3月又发表了同名小说的后编,1927年4月,加上《南京》,由自己的骚人社出版了《上海》,至1929年5月,已发行了第七版。

第二节　在上海与中国新文学家和政治活动家的交往

在近代中日文学关系史上,日本作家与上海新文坛的关系发生,大概肇始于1923年3月末村松梢风与田汉等的交往。1918年10月,作家谷崎润一郎(1886—1965)自北而南来中国游历,试图在上海寻访中国新文学作家而未果(其时创刊于上海的《青年杂志》已移往北京,北京文坛上开始出现了一些新气象),失望而归。1923年3月末作家芥川龙之介(1892—1927)受《大阪每日新闻》派遣来中国踏访,虽然后来在北京见到了胡适,但在上海还是未能接触到新文坛,只是会见了章炳麟、郑孝胥和李人杰(即中国共产党创始人之一李汉俊)三人。而且与此后大部分日本文人是通过内山书店的媒介与中国新文坛发生接触的情形不同,村松是自己径直寻找到田汉的,日后在田汉举行的家宴上又认识了郭沫若等一批创造社的新锐作家,彼此间的交往,一直持续到20年代末期。

在初次来上海的途中,梢风怀里揣着作家佐藤春夫(1892—1964)为他写给田汉的介绍函,自然,他原本与田汉并不相识。事实上,有一个时期他与佐藤春夫的关系也不算十分和睦。当他在《中央公论》上大量发表作品时,曾遭到芥川龙之介和佐藤春夫的訾议,认为他大众色彩浓郁的通俗小说降低了该杂志的品格。不过彼此间依然还有往来。这次获悉梢风将往上海,佐藤想起了上海有他的熟人田汉,便给他书写了一通介绍函。田汉与佐藤的相识,始于田汉对佐藤的投书和面访。田汉于 1916 年 8 月自家乡湖南经上海东渡日本求学,入东京高等师范学校,受世风熏染,钟情于文艺,不久与在九州帝国大学学医的郭沫若等结为同志,1920 年在东京创作了《梵娥琳与蔷薇》、《咖啡店之一夜》等剧本,并在东京上演。田汉颇慕佐藤春夫的文名,对其《田园的忧郁》等尤为心醉。据田汉的早年作品《蔷薇之路》和佐藤春夫的纪实小说《一旧友》、《人间事》㉓的记载,田汉曾投书佐藤,未获回音,后又曾径直造访,未遇。后依约定,于 1921 年 10 月 16 日在东京市外上目黑冰川五九三佐藤的寓所初次与其相会,交谈愉快,后又曾伴同郁达夫数度往访。1922 年秋,田汉自日本回国,经少年中国学会的左舜生(1893—1969)介绍,供职于上海的中华书局编辑所,与佐藤间似仍有书函往返。

据《不可思议的都市"上海"》(后改名《魔都》)的叙述,到达上海几天后,梢风独自一人找到了田汉供职的中华书局。将名片和佐藤的介绍函递给了门房后,他被引进了会客室。不一会儿,田汉迎上前来,说一口流畅的日语。当得知梢风现居住在西华德路(今长治路)上日本人经营的旅馆"丰阳馆"时,田汉热情地邀请他住到自己的家里来。梢风这样记述了他当时对田汉的印象:

> 我们俩仿佛一见如故。田汉君约有二十六七岁,是一个瘦瘦的高个子青年。长长的头发不是用梳子,而常常是用手指往上挠抓,因此都乱乱蓬蓬地缠绕在一起。苍白的神经质的脸上,一双大眼睛总是忧郁地、似乎有点惊恐地不住眨动着。其身上上下都穿着浅绿色的棉衣裤。㉔

下了班后,田汉热情地邀请梢风一起去他在民厚北里的寓所。"折入一条弄堂一直往里走,在尽头处有一扇大门,一丈左右高的木门半掩着。约有门两倍高的围墙将邻家隔了开来,其处有一棵似是朴树的古木枝叶繁茂。田汉噔噔地快步走上了狭窄的楼梯,将我带到了二楼他自己的书房。书房内有一张简朴的床,书架上放满了英文的小说和日文的文学书等,书桌上放着一部文稿的校样。"㉕田汉向梢风滔滔讲述了自己的身世和经历,以现在我们所知的田汉的生平事迹来参证,梢风的记述大抵都十分准确。谈话间,话题转到了中国的文坛,田汉向梢风讲述说:"现在中国的文坛死气一片。传统的文学几乎都徒具形骸,毫无生命力。现在势力最盛的是在上海出版的通俗文学的杂志和书报,都是些低级庸俗的东西。我们的一批朋友聚集起来创办了一份《创造》杂志,其中有中国最新锐的小说家郁文(达夫),诗人、剧作家郭沫若,批评家成灏等。什么时候我把他们介绍给你。我自己呢,以前主要是在做翻译,今后想主要从事创作。"㉖两人又谈到中国戏剧界的诸种情形。田汉还向梢风介绍了当年曾与自己一起去日本留学,后来成了夫人的易漱瑜,在梢风听来,易的日语发音似乎比田汉更漂亮。

随后田汉又陪同梢风外出,在电车上兴致勃勃地向他介绍中国的各类民众艺术的种种特点和魅力,说得梢风怦然心动,当晚即央请田汉带他到新世界去观看。在田汉的影响下,后来梢风竟成了大鼓迷,虽然其唱词并不能听懂。他感慨地说:

　　最初是从田汉君那里听说了大鼓的妙趣,此后为了听大鼓,我又曾数度到新世界去,慢慢听熟之后,其内含的妙趣也就渐渐能领会了。不过那儿不仅见不到洋人,连日本人的踪影也难以寻觅。夹杂在中国人的人群中,品味只有该国的人才能欣赏的特别的艺术,我觉得自己已经完全融入他们的生活。想到这一点,我感到了一种他人难以体会的愉悦和满足。㉗

几天之后,梢风接到了田汉的书函,邀请他去家里吃晚饭。梢风带了一名在上海相识的名曰"赤城阳子"的日本女子一起去了。在这次湖南风的家宴上,他认识了郭沫若、成灏、林祖涵等一批创造社的同人。他对郭沫若的印象是"肤色白皙,高度近视眼镜内的一双有点外凸的眼睛中,荡漾着一种艺术家式的纯真和阴郁的苦恼。"席间,郭用一种和蔼而又带些韧劲的语调对他说:"在去日本留学前,我对新文学诸事都不懂,所以大家都进了各种不相关的学科,但自高等学校时代起,我们对文学开始产生了兴趣,进了大学后对文学的热情就更加高涨,虽然勉勉强强在学校毕了业,但现在什么是我们的本职,自己也搞不清了。"㉘说着郭笑了起来。饭后,郭又热情地邀请酒酣耳热的梢风到他在民厚南里的家里去坐坐,在这里,梢风认识了"温柔可爱的"郭夫人安娜。

　　这应是梢风与郭沫若的第一次见面。也就是说,郭是通过田汉认识梢风的。郭在时隔二十多年的 1947 年写成的《跨着东海》的回忆文中,说及梢风时说"在北伐前,由内山老板的介绍,在上海曾经有过一段的交游。"㉙这应该是不确切的。内山书店是在 1924 年从住家独立出来后才逐渐成为中日文化界人士交流交往的场所,1923 年的 4 月,内山书店应该尚未成为这样一种媒介㉚。梢风自上海回国后,立即撰写了如上记述,当不会有误。确实,梢风后来又多次西渡上海,与郭沫若也有些交往,据梢风的回忆,一直持续到郭南下广东(1926 年 3 月)之前,这一段时期的交往,也许会有内山完造的一同参与。因郭在回忆文中有这样一段文字,因此日后的所有郭沫若的年谱和传记都沿用此说,将梢风与郭沫若的认识说成是经由内山老板介绍的,这一点似乎应该加以更正。

　　这次家宴之后过了两三天,郭沫若与田汉、成灏一同去看望了住在靶子路(今武进路)上的梢风,并由郭沫若做东,一起到三马路(即汉口路)上的"美丽"酒家去吃四川菜。沿路顺便去了四马路(即福州路)上出版《创造》的泰东书局,梢风在那里购买了一册郭沫若的《女神》,并在日后撰写的《不可思议的都市"上海"》(即后来的《魔都》)中介绍了郭沫若的新诗,还全文引述了其中的一首《上海印象》。这次在"美丽"举行的晚宴,上次因有事未能参加的郁达夫也赶来了。"于是一下子增添了很多热闹。他实在是一位令人愉快的才子。今日大家都穿了西服,但郁君的模样尤为清新脱俗。他的日语极其流利,语调流畅圆润。"㉛在这次酒宴上,田汉演唱了一曲湘剧《空城计》,"他唱得很精彩,而且从丹田之中发出的那种悲痛的腔调,最易使人联想起中国古代的故事。"㉜

此后他们之间又曾有数度交往。有一次梢风感慨地说郁达夫真是一位才子,"郭沫若笑着接口说,'真是一位才子,我们之间都把达夫称作为江南才子。'郭君是一位真正的诗人。他出生于四川,现在携妻带子来到了人生地不熟的上海,他对上海喧杂污浊的空气非常厌恶,他真切地对我说,再稍过一段时间想到乡下去生活。"㉝参照郭沫若这一时期发表的文字和其他有关文献,这一想法应该是郭的真情流露。

其间田汉与梢风一直保持着较为密切的联系,时有信函往返。1926年,梢风将田汉于该年4月26日给他的日文书信全文登在了自己主编的《骚人》杂志上,并撰写了如下的编者按:"田汉君目前是中国屈指可数的新进剧作家,同时也是新兴艺术的先驱者之一。他数年前在东京高等师范学校留学,半途中走上了文学道路。当时交往的友人中有秋田雨雀(1883—1962)、佐藤春夫氏等。去年丧失爱妻易氏,现在上海活动。此通信乃是他致我的私人信函。"㉞田汉在长信中回忆了彼此既往的交谊,谈及自己阅读梢风长篇小说《上海》的感想,也谈到了对最近来上海的谷崎润一郎的看法和近来自己的文学活动。此信若能译成中文发表,亦不失为研究田汉的重要资料。

1927年5月,田汉赴南京担任刚刚获取政权的国民政府总政治部宣传处艺术科顾问,主管电影股。6月,以电影股长的身份偕同雷震前往日本访问考察。在田汉同年9月30日发表的《日本印象记》㉟中将轮船抵达长崎的日期写为 8 月 21 日,不知是排印错误还是田汉笔误,据日本方面当时的媒体记载以及相关人士的当时记述,应该为 6 月。张向华编的《田汉年谱》记为 7 月,大概是根据田汉的《我们的自己批判》一文的叙述,但该文是刊载在《南国》月刊 1930 年 1 月号上的,约写于 1929 年的年末或 1930 年的年初,恐怕是田汉的记忆有误。

据《日本印象记》记载,田汉在启程前委托内山书店给作家谷崎润一郎和村松梢风发了联系电报。谷崎 1926 年 1 月曾再度来到上海,通过内山完造与田汉等上海的新锐作家有过较深入的交游。田汉 1927 年 6 月 22 日抵达神户,居住在此的谷崎带他在关西地区盘桓了数日,本书在此不详细展开,只是稍稍引证《朝日新闻》1927 年 6 月 23 日的一则报道,以证实田汉确为 6 月访日:"中国新进作家以及作为南国电影公司的新人而闻名的田汉偕同其后援者雷震氏于二十二日下午三时乘坐长崎丸邮船抵达神户"。

在知晓田汉来到日本的消息后,梢风于 23 日撰写了《来朝(即"访日"之意——引译者注)的田汉君》一文,发表于两天后的《读卖新闻》。梢风在该文中写道:"我与田汉君初识于此时(指田汉供职于中华书局的时期——引译者注),我是带着佐藤春夫君的介绍函去访田君的。田君与易氏在静安寺路安了家,并将老母接来同住,夫妇间还诞生了一个可爱的孩子。当时被视为南中国新兴文坛牙城的《创造》同人,其同志有现在广东大学的郁达夫、成灏,在汉口政府担任政治部长的郭沫若(实际上曾于 1927 年 4 月 29 日被国民党武汉中央任命为军事委员会总政治部副主任——引译者注)诸君……田君在创作之外还从事外国文学的翻译,翻译了莎士比亚的作品作为少年读物的丛书由中华书局刊行,在日本文学中翻译了菊池宽的《父归》和其他数篇。田君自己的创作,剧作比小说多,且剧作好像更出色。用日文撰写的发表于《改造》中国专号上的有《午饭之前》。用本国语撰写的作品中,《咖啡店一夜》等似较有名。最近一年多来参与电影公司的工作,主要埋首于拍摄少年电影……在我所交往的中国文学家中,田汉君可谓是最质朴的一个人。他的作品即使拿到日本文坛上来,无疑也是在水平线以上的。"㊱

抵达东京以后的行踪,在田汉《我们的自己批判》中引述的日记中有较为详实的记述,日本方面较为重要的文献有村松梢风的《骚人录》(一)、《骚人录》(二)(分别刊载于 1927 年 8 月和 9 月发行的《骚人》杂志第 2 卷第 8 期和第 9 期),佐藤春夫的《人间事》(先后刊载于 1927 年 10 月和 11 月发行的《中央公论》杂志)和小堀甚二的《佐藤春夫氏和田汉君》(刊载于《文艺战线》1927 年 12 月号)等。参照诸种文献,在田汉访日活动的行程记录上,几乎都是一致的,但每人的角度立场不同,叙述也会有些差异。这里主要考察梢风与田汉的交往。

因梢风在上海期间曾受到田汉等的热情接待,在田汉逗留东京期间,梢风几乎一直陪伴在侧。田汉抵达东京时,他即去车站迎接,后又陪同田汉至下榻的位于东京小石川关口町的佐藤春夫寓所,当日下午与佐藤等一起陪同田汉坐船游览了玉川(河名),随后梢风带田汉去参观了他自己所经营的位于东京神田的骚人社,晚上梢风夫妇在日比谷附近的中餐馆"山水楼"宴请了田汉,山水楼的老板宫田武义早年毕业于上海的东亚同文书院,喜爱中国,请田汉在纪念册上留下墨迹,田汉即兴抒发了下午游览玉川时的感怀:

民国十六年六月二十六日,予由京都重来东京。旧友佐藤、村松诸氏,远道相迎,握手驿头,欢悦无量。佐藤氏携其夫人女公子邀游玉川,红灯画舫,绿波容兴。举网得鲇鱼若干,烹而食之,其味至永。村松氏谓予曰:君昨晚在京都,岂料及今日与吾辈网鲇鱼于玉川耶?予慨然曰:予六年前居东京时,曾携予妻易漱瑜氏同游玉川,水边双影,仿佛鸳鸯。岂料及五年后重游玉川,独向水中,悼孤影耶!好事

不常,旧游如梦,思之思之,令人泣下。晚与村松氏饮于有乐町之山水楼。楼主宫田先生请留数字,因书今日所感如此。㊲

翌日(27 日)中午梢风与佐藤、田汉等相约在山水楼见面,饮食间,梢风所联系的《读卖新闻》社的文艺部记者至,拍纪念照,并向田汉约稿。然后在小雨中梢风与佐藤带田汉造访了日本大正和昭和前期影响甚大的改造社,社长山本实彦(1885—1952)会晤了他们。改造社自 1919 年创刊起,就颇为关注中国,就在一年前的 1926 年 7 月,《改造》杂志出版了夏季增刊"现代支那号"特辑,收录了田汉和郭沫若等的戏剧和小说作品。因此社长山本对田汉的到来颇感高兴,表示翌日晚上将为田汉举行欢迎晚宴。随后梢风和佐藤陪同田汉参观了《报知新闻》社和《朝日新闻》社。晚上,梢风陪同田汉去筑地剧场观看左翼剧团前卫座演出的美国左翼作家辛克莱的作品《哈琼亲王》。

28 日晚,山本社长在赤坂的某家日本料理屋宴请田汉,梢风和佐藤也出席作陪,田汉在宴席上第一次见到了芥川龙之介。29 日中午,小说家武者小路实笃(1885—1976)在山水楼为田汉访日举行餐叙会,梢风和佐藤等再次同席。当日晚上,田汉即离开东京前往关西。

从上述行程可看出,田汉在东京期间,梢风每日陪同他四处参观访问,竭尽地主之谊。田汉回中国后,梢风撰文谈论田汉道:"田汉君之事,日前我曾在读卖新闻上稍有所介绍,这实在只是一个粗浅的轮廓。总之,这是一个作为一名斗士在中国新兴文坛上大放异彩的人,眼下就任南京政府的艺术顾问,担当电影股长。他的亲密朋友郁达夫君逃离了上海,郭沫若君活跃于汉口政府的政治部,而田汉君却在蒋介石政府内谋得一官半职,似乎有转向之嫌,实状却绝非如此。田君也罢郁君也罢郭君也罢,他们都不是单纯的艺术家,也不是单纯的政治青年。以我所见,他们都是在为艺术而利用政治,同时也在为政治而利用艺术……因此,田、郁、郭诸

君相聚一堂时,他们依然是最好的朋友和同志。"⊗

从现有文献中看,东京一别之后,梢风与田汉之间似乎未再有深入的交往。

郭沫若在1926年3月南下广东出任广东大学文科学长,之后又投笔从戎,在北伐军内任政治部副主任。就在郭南下之前,梢风还在上海与其见过面,但南下之后彼此就未再保持联系。1927年郭沫若因发表揭露蒋介石反共面目的《请看今日之蒋介石》等文之后,遭到蒋的通缉,原本准备逃往苏联,后因患病未能赶上去海参崴的轮船,而不得不在1928年2月流亡日本。

据郭沫若在1947年发表的《跨着东海》和《我是中国人》的记述,他们一家抵达日本时,先是投宿在安娜的朋友花子夫人的娘家、位于东京品川附近的斋藤家,但这里显然不是久留之地,在困顿之际,他想起了以前在上海相识的梢风,便通过《骚人》杂志社提供的地址,找到了梢风。此后的情形,郭文中有详细的记叙,因是中文文献,国内容易查寻,此处不再引述。同一段历史,梢风在1953年发表的第三人称的自传《梢风物语——番外作家传》中也有出自梢风视角的记述,这里译述如下,虽然有些冗长,但作为史料,也弥足珍贵:

> 昭和三年(1928年)春天,在骚人社突然出现了一个意外的人物。是郭沫若。郭在数年前去广东大学出任文科部长,后参与政治,北伐时从军,担任了北伐军的宣传部长。针对蒋介石的南京政府,以鲍罗廷为领导的共产派发起了所谓的武汉工作,反对南京政府。武汉派向中外揭露了蒋介石的十大罪状。这篇文章便是由郭沫若起草的。武汉工作最后以失败告终。郭和毛泽东、朱德等一起转入农村革命。蒋介石对以极为激烈的文辞揭露其十大罪状的檄文的起草者郭恨之入骨,以五万大洋悬赏他的头颅。梢风在郭前往广东赴任前

于上海相会过后便失去了联系。如今，郭突然出现在了骚人社。

郭是一个高度近视眼，原本肤色白皙漂亮的人。可如今却脸色黝黑、瘦削，头发也比原先稀疏了。我差点有些认不出来了。而且耳朵非常重听，声音不响一点他都听不见。梢风叫其他几个职员退出，与郭两人单独谈话。

郭因南京政府的严厉追究，无容身之地而流亡到了日本。郭一个人坐船过来，而妻子小孩则另外坐船过来。两三天前在目黑那边落了脚，但无法在那里长期居住。于是来与梢风商量，看梢风能否想些办法。他耳朵之所以重听，是因为在农村参加革命时患上了严重的伤寒的后遗症。他告诉说，自己曾是医生，知晓高热会导致听力下降。

梢风虽然束手无策，但他二话不说便应允了下来。这时他脑海里立即浮现出来的是一位居住在市川的〇姓（郭文中说明是横田兵左卫门——引译者注）绅士。他出生于仙台，是一位东大毕业的法学士，又擅长剑道。但后来患了肺病，好在家有资产，不工作也可过着悠然自得的生活。他是一位讲究义气的人，富于同情心，因某种机缘而与梢风相识，常来造访骚人社。梢风虽一次也未至其府上拜访，但知晓他是一个值得信赖的人。可以开口的另一个理由是，迄今为止梢风还从未接受过他金钱上的帮助。于是赶紧给〇氏发了个电报，他马上就赶了过来。梢风将郭沫若的情况告诉了他，请他想想办法能否在东京将郭一家安顿下来，生活费则由我来承担。〇氏听罢非常爽快地立即答应了下来，并说，我附近正好有一处空房，与房东关系很好，今日回去后立即与他签约，明日就可搬过去住，而且千叶县（市川属于千叶县，但距东京很近——引译者注）当局内也有很多朋友，我来跟他们打招呼。于是按照〇氏所说的，郭一家住到了市川。恰好那时千叶县的检察官跟〇氏是大学的同学，先请那边给予照顾，然后又跟市川的警察署长和小学校长打了招呼,郭夫妇和三个孩子都稳妥地在市川町住了下来,对外以他夫人的姓氏佐藤相称,两个男孩进入了市川的小学。幸好郭的家中都用日语,小孩进日本的学校也毫无障碍。㊴

参照郭沫若的《跨着东海》,梢风的这段叙述与该文基本上是吻合的,但明显,也具有梢风的视角。

回忆这段往事的1947年时的郭沫若,似乎已明确具有了阶级意识,他是将写大众文学(或曰通俗小说)的梢风列入封建文人一列的,在事后的回忆中,似乎对他没有多少好感,甚至带着一种轻视的口吻。但在梢风的回忆文中,仍将郭视作旧友,言语中充满着情感。不过,对于郭的入狱及释放经过,郭的回忆和梢风的叙述存在着较大的差异。

根据郭的说法,他抵日本半年后的8月1日,遭到了日本警方的逮捕,其间因搜出的成仿吾给他的信函中对苏联颇多微词,因此警方觉得他并不怎么左倾,再加之安娜的奔走,于是关了三天后被释放了。梢风的叙述与此明显相左,兹译述如下,以资研究者参证:

> 郭沫若来到日本大概过了半年的时候,有天晚上十二点多梢风回到骚人社时,在宽广的街道上突然被二十来人穿制服和便服的警察围住,要他去警察局走一趟。梢风说自己还穿着夏季浴衣,要换一下衣服,于是走入屋内,这时一个认识的万世桥警署的特高问道:"你心里明白怎么回事吧?"他答道:"明白。"他立即感到是郭的问题。但却并不清楚郭在日本到底做了什么。但到了警署后却并没有向他进行任何调查,直接关进了拘留所。拘留所里每个房间都关满了人,一个六平方米的屋子关了六个人。翌日被叫了出来,两名检察官对他进行了讯问。果然是郭的事情。郭被带到了别的警署。梢风说明了

一切,心想说完了应该就没事了,但事实却并非如此。梢风自己也受到了嫌疑。何以会如此,乃是因为在上海日方发现了郭流亡日本的事。于是上海的日本领事馆大为狼狈,赶紧派了警察向本国的警视厅报告,经搜查发现郭居住在市川,于是将郭抓了起来。郭与梢风的关系郭本人也已交代,并且在郭的家里搜出了几封梢风的信函,于是也立即将梢风抓了起来。梢风不大懂法律和国际法,他只是懵懵懂懂地相信,外国的政治犯流亡到某国,只要不在该国参与危险的政治活动,就应加以保护。因此他认为没有理由逮捕郭。特别是郭的情形已经通过O氏向千叶县当局打过招呼,应该可以安心居住,但后来才觉得也许应该再向警视厅方面打招呼。总之,现在的调查似乎是以梢风为重点在展开的。警方向他出示了他写给郭的批评日本政治制度的信函,梢风也无言以对了。其实他既不是共产主义者也不是共产党员,只是作为一个人,总有自己的想法。梢风的嫌疑若不得消解,郭也无法释放吧。

对于梢风而言,拘留所的情景实在是一次稀有的体验,满足了他的好奇心,但其空间的狭小和肮脏也令他有苦说不出。万世桥的拘留所紧对着神田川(河名),就在窗户底下每天停泊着几艘粪肥船,臭气直冲。而且经过了一两天后,同室的人似乎马上就知道了他为何被关进来,大家都深信他是中国共产党在日本的大佬,口口声声对他尊称为先生,其他牢房里的人每当梢风在面前经过时,都会对他鞠躬行礼。因为即使受到了些压迫,左翼运动也不会停息。梢风只是难以咽下拘留所的饭食,每天向刑警要盖浇饭吃。多少也有些特殊待遇吧。他让骚人社的人把杂志的文稿拿过来,在里面做些编辑工作。

梢风被抓的事让有些人知道了,于是为他的释放四处奔走,结果没能见效。这时梢风突然想到了警视厅书报检查课资格最老的大谷警部(一种中上级的警职——引译者注)。大谷跟他是同乡,虽无私交但为人宽厚,以前杂志遭到禁售时曾帮了好几次忙,对梢风比较了解。于是他向讯问官说:"我的事你可问一下大谷警部。"果然大谷数次为梢风作了辩解。原本就没有什么根据,经大谷警部的证明,梢风在过了一星期后被释放了。

出来后梢风立即奔到了警视厅向大谷表示了感谢,然后要求会见外事课长。因为郭的问题尚未解决。梢风向课长原原本本地说清了整个事情的原委,坚称郭在日本没有做过任何违规的事,只是埋首研究金石文字而已,外事课听了后说:"哦,是这样呀,上海(日本领事馆)方面未免把事情说得严重了。"于是立即拿起桌上的电话指示堀留警署释放了郭。⑩

以上是梢风方面的详细叙述。

郭沫若与梢风的说法哪一种更贴近事实,这里不宜妄下定论,因为都是相隔多年后的回忆。至少梢风的叙述提供了一种还原事实的重要参考。时隔多年之后,读过《梢风物语》的梢风的长子、后来是庆应大学中国文学教授的村松瑛在读到郭沫若的《流亡十年》的日译本后,颇为梢风感到不平,对梢风说:"郭先生似乎对你的态度的突然转变深怀怨恨呢。"梢风听罢说道:"从郭先生的立场来看,也许会是这样吧。"据村松瑛的记述,梢风甚至对《流亡十年》的日译本连看都不想看一下⑪。

尽管如此,在上海及日本与中国文人的交往,对梢风的一生来说都是很重要的。他的长孙、后来成为作家的村松友视于 1983 年带了母亲到上海来寻访他父亲的最后生活之处、也是他祖父浪游的旧迹后写道:"被上海所迷醉的梢风的感动,当然并不只是魔都上海的形象,与郭沫若、郁达夫等中国文人的交往,肯定大大改变了梢风(的一生)。"⑫

1923 年在上海期间,除了与中国新文坛的人士交往之外,出于对政治的兴趣,尤其是对中日关系的关注,梢风还通过日本在华的媒体人士与当时总部设在上海的国民党人士进行了交往。

4月23日下午,梢风与日本两家媒体的特派员和上海领事馆的一名海军中佐、一名陆军少佐等,分乘两辆汽车去访问位于法租界环龙路(今南昌路)45号上的国民党总部。1905年建立的中国同盟会(源头可追溯至1894年成立的兴中会),在1912年联合其他几个小党组成国民党,一度成为国会中的第一大党,后遭袁世凯强行解散,1914年7月,孙中山等在东京另组中华革命党,1919年10月孙中山在环龙路45号的中华革命党本部举行会议,决定将中华革命党改组为中国国民党,本部设于上海,即在原中华革命党党部的原址。1923年1月,孙中山在上海发表《中国国民党本部元旦宣言》,确定"三民主义为立国之本愿",并在党务改进会议上通过了《中国国民党党纲》和《总章》,该月下旬,孙中山与苏联代表越飞在上海举行会谈后发表《孙文越飞联合宣言》,表明了与苏联合作的意向。梢风等访问的国民党,当时尚未实际执掌政权,距第一次全国代表大会的召开和"联俄容共"政策的提出还有大半年时间。

出来接待梢风等的是国民党元老张继(1882—1947)和居正(1876—1951),都是中国同盟会最初的主要成员。张继在1899年赴日留学,1903年归国,后来又数度前往日本,曾任留日学生会总干事,1913年曾任第一届国会的参议院议长,梢风等去访问时的1923年,张继任国民党广州特设办事处的干事长,在翌年1月举行的国民党一大上当选为国民党中央监察委员和中央宣传部长,在对日问题上倾向于妥协。居正也曾留学日本,1912年曾任中华民国临时政府的内务次长,1914年任中华革命党的党务部长,1922年任护法军政府的内务总长,在国民党的一大上当选为中央执行委员,在对日问题上比较强硬。

梢风一行被引进了接待室。"房间大概有三十几平方米,中间挂着放大了的孙逸仙的画像,两边是有些旧了的约有两平方米大小的革命旗帜⑬,左右两边的墙上挂着许多去世的同志的肖像,还有比较小的革命旗帜……张继大约是四十五六岁的年纪，皮肤白皙，嘴唇较厚，平时的眼神显得极为亲切，留着稀疏的胡须，头发没梳理过，任凭其自由翻腾缩卷。初见时给人稳重敦厚的感觉。"㊹张继会说一口流利的日语，双方讨论了当前的政治局势，他向梢风等表示，中国国土太广大，目前无法由一个政权实行统一，眼下可将中国划成几个区域由数个政权分而治之，等待合适的时机再实行统一。这一见解，与孙中山 1923 年 1 月 26 日发表的《和平统一宣言》的宗旨比较相近。"坐在张继对面的居正，则给人完全相反的印象。肤色黝黑，头发剃得短短的，像乡下人一般，在龟甲边的眼镜里面，目光炯炯如射。灰褐色的内衣袖口上，污迹斑斑，相当显眼。最多四十岁左右了，面相看上去精悍凶险，像一只斗犬。他好像不大会说日语，但看模样像是听得懂，大部分时间只是默默地听着，不时地像想起什么似的用中国话插上一两句。"㊺

梢风挑起了一个比较敏锐的话题，他询问张继等，当前的排日运动与国民党有无关系？梢风口中的所谓"排日运动"，指的是 1915 年日本向中国提出的蛮横的二十一条及强行租借旅顺大连港口的要求引起中国人民强烈愤慨的反对日本帝国主义的运动。针对梢风的问题，张继居然王顾左右而言他，最后彼此说了一通诸如双方应以东亚的和平大局为重、着眼于将来、一旦双方的互信建立起来了，二十一条等枝节末梢的小问题也就会迎刃而解了等一番空话。梢风觉得这些外交辞令太过四平八稳，他心想："东亚的和平、国际主义这样的话语，在讴歌人类的理想方面是合适的，富有宏大的启示意义，但这样理想的时代在地球上何时会出现呢？日本人是日本人，中国人说到底是中国人，美国人是美国人，既然如此，国际间的争斗就永远不会消失。即便个人和个人之见，也会有兄弟阋于墙的现象。在利害和感情发生冲撞的时候，人类间怎样丑陋的争斗都会发生。所谓友爱、理解等这样的词语，只有在彼此关系和睦的时候才可通用。更何况种族、生活、人情全然不同的国家与国家之间，怎么能保证有永远的和平与和睦呢?"⑯他憋不住内心的疑惑,向张继滔滔讲述了自己的观点:"你以及其他几位所说的时代永远都不会到来吧?看一下朝鲜就明白了。那就是朝鲜的命运。我难以想象日本会跨过朝鲜独独对中国采取讲道德的政策。"他又想起了3月间发生在日本的所谓受歧视的部落人为争取平等权利而组成的水平社与对立的国粹社之间发生的剧烈的械斗事件,于是向在场的中日双方质疑说:"对如此怀有歧见的日本国民及其政府,企求他会对其他国民有真正的亲善和谅解,这无异于缘木求鱼。"⑰他又举出了朝鲜问题,发表了一通所谓书生之见,使在场的人都很尴尬。后来日本领事馆的海陆军武官因梢风的此番言论而勒令他离开上海,经几个记者朋友的从中斡旋才幸免于难⑱。顺便提及,张继和居正后来都是反共的西山会议派的主要人物,张继后来官至国民政府的立法院长和国民党中央常务监察委员,居正一度因反蒋而被监禁,后来官至立法院长和国民党中央常务执行委员,1948年4月在国大上与蒋介石同被列为总统候选人。

在这次会见中,梢风表示很想看一下中国的学校,"我之所以想看一下学校,主要的目的是想了解中国中流以上家庭的小孩的情况"⑲。于是在4月26日,张继安排了国民党交际部副部长周颂西陪同梢风去参观了"中西女塾"和"神州女学"两所女子学校。这两所女校本身与国民党并无直接的关系。周颂西英语很好,而梢风的英语大致可以听懂而无法流畅地表达。

中西女塾是由美国卫理公会传教士林乐知(Y. J. Allen)于1892年创办的一所教会女校,最初的校址在今汉口路沐恩堂的一侧,1917年经多方筹款购得占地89亩的经家花园(今江苏路155号)作为新校园,当时能用的建筑唯有一幢原有的四层住宅楼,被改作教室和办公室等,1921年和22年又分别建造了两幢楼房用作外籍教师的宿舍和礼堂、学生宿舍、饭堂等⑳,梢风来参观时的校址校园应该就是这样的地点和格局。梢风与周颂西坐马车抵达学校时,恰逢一位 70 岁左右的和蔼的老妇人从人力车上下来,此人就是当时的校长。从建校的历史和老妇人的年龄上来看,应该是第一任校长海淑德(L. Haygood)。老夫人陪同他们参观了一程后,又有一位女教师接着陪同。梢风总的感觉是这是一所规模不大、建筑不甚整齐的学校:"正面有一栋砖瓦结构的两层校舍,其他都是些木结构的平房,比较粗陋。"⑤①"除了本馆的教室比较像样外,别的旧校舍内的教室都比较狭小幽暗,建造得很粗陋。在花坛的对面有一幢像是仓库一般的小房子,那也是教室。学生的人数非常少,最多的教室里有十五六人,少的只有三个人在上课……老师男女各半,女老师每个人都显得活泼有生气,而且令人难以置信的漂亮。学生也长得很漂亮,与日本的女生相比,都显得很洋气,聪敏伶俐。学生的脸上充满了愉快的神情,洋溢着亲切自由的空气。"⑤②

中西女塾 1930 年向中国政府立案后改名中西女子中学校,1952 年改名上海市第三女子中学。

出中西女塾后,周颂西带梢风坐马车来到了神州女学。笔者目前尚未查寻到有关神州女学的确切资料。据《谢六逸年谱》所记⑤③,1923 年时的校长为曾任国民党中央执行委员会常委、立法院代院长、在西安事变中死于乱枪的邵元冲(1890—1936)的夫人张默君。张默君(1883—1965),湖南人,少时即聪慧而富有才华,从事教育事业,创办《神州日报》,1918 年去美国考察教育,1920 年回国后出任江苏省第一女子师范学校的校长,又任神州女学的校长,但与邵元冲完婚是在 1924 年,1923 年时尚是单身⑤④。不过陪同梢风访问的周颂西则向梢风介绍说,该校由蒋作宾的夫人经营。蒋作宾(1884—1942)也可谓是中国近代史上一个风云人物,曾任中华民国临时政府的陆军部次长和湖北省总监,后出任过国民政府委员和驻德国、日本大使,年轻时张默君曾与蒋作宾情谊笃厚,但蒋后来却看上了张默君的三妹张淑嘉并结成家庭。也许是周颂西误将张默君当成了蒋作宾的夫人，也许是张淑嘉也参与神州女学的经营，待考。据梢风的记载，学校坐落在一条有些杂乱的小马路内，路边开着一些杂货铺、馒头店、铁匠铺等面向普通庶民的小店。不过，学校的规模倒是要比中西女塾大。一位二十七八岁的男子将他们引到了接待室，递上来的名片上写着"谢六逸"。"谢六逸的日语相当好。我觉得自己好像回到了日本人中间。谢先生带我们参观了各处的教室，热心地向我们介绍了学校的组织和教学方针等。这所学校的水准基本上是从小学到中学，在此之上还设有专门部，并且还有美术科。有十七八个美术科的学生在画石膏像。"

　　梢风询问谢六逸有否去过日本，谢答说一次也没有。但实际上，贵阳出生的谢六逸（1898—1945）1918年即赴日本留学，在早稻田大学政治经济科毕业，获学士学位，1921年即加入文学研究会，与沈雁冰、郑振铎等人甚为稔熟，1922年4月上旬返回上海时，曾在商务印书馆编译所供职，同年底离职，转入神州女学任教务长，在文学评论和日本文学的翻译研究上卓有贡献。谢六逸在神州女学担任教务长后，聘请了郑振铎、叶圣陶、周建人等到神州任教，后来神州毕业的女生孔德沚、高君箴、王蕴如分别成了沈雁冰、郑振铎、周建人的夫人，由此可知，神州也培养了不少英才。不知为何谢六逸要向梢风隐瞒他在日本的留学经历。1926年1月作家谷崎润一郎来上海访问时，内山完造曾介绍谢六逸与谷崎认识，谷崎在他的《上海交游记》中这样写道：

　　　　接着谢六逸君来了。穿一套薄薄的、似是春秋季西服般的浅色的西装，上衣的里面露出了羊毛衫。这是一位脸颊丰满、大方稳重、温文尔雅的胖胖的绅士。内山氏向谢君介绍了郭君。党派不同的两位头脑藉此机会互致初次见面的寒暄。然后开始了非常流畅的日语谈话。谢君说：'我认识您的弟弟。我在早稻田时曾师从他。精二先生是我的老师。'我一看他递过来的名片，背面印有MR.

LOUIS L. Y. HSIEH M. A. (DEAN OF SHEN CHOW GIRLS'
HIGH SCHOOL, PROFESSOR OF SHANGHAI UNIVERSITY)。
即谢君在从事文艺的同时,还担任上海大学的教授并兼神州女子高
中的教务长。看这名片,以及从他稳重得体的举止和有些稀少的头
发来看,使人感到已有相当的年纪了,但他说曾是精二的学生,一定
还很年轻吧。但不知精二是否知道他的一个学生已在上海取得了如
此的地位。⑤⑤

当谢六逸向梢风表示日本的教育已经相当发达,校舍也相当整齐,而
中国的学校还很不完备时,梢风却认为:"我的想法倒是跟你相反。不错,
日本的学校规模很大,校舍也很气派,而且因为实施义务教育,学生的人
数也很多。但是在这些地方所施行的教育都太注重形式,没有根据个性
来因材施教。我倒是觉得在这样自由的学校由你们来施教的这些学生是
幸福的。"⑤⑥相对而言,梢风是一个十分注重自由的人,他对日本学校的批
评并未言过其实,日本的近代教育虽然起步很早,但教育的气氛却相当刻
板严肃,除知识的传授外,学校还是一个国家主义和皇道思想灌输的场
所,1890 年以天皇的名义颁布的所谓《教育敕语》,命令所有的学生时常
诵读,在精神上成了天皇制的支柱。因此,他在上海看到的情景,虽然校
舍还颇为简陋,但学校的气氛和学生的精神面貌却是相当的活泼自由,这
让他暗生羡慕之意。

第三节 "魔都"意象与长篇小说《上海》

梢风无疑是一个与上海很有缘分的文人。自 1923 年 3 月至 1925 年
11 月,他 4 次来到上海,总共居住了大概半年时间,1928 年 10 月又再度
来到上海。在此期间撰写的有关上海的文字达 30 余万。对于上海,他说

过这样一番非常沉痛而真切的话语：

    我觉得像上海这样好玩的地方，恐怕寻遍全世界也不可得……我之所以觉得上海好玩，绝不是因为上海人的生活有多么文明，或者景色如何美丽，气候如何宜人。倒不如说在这些方面上海是最不尽如人意的了。不错，无论到哪里，到处都有成排的宏大雄伟的欧式建筑，有漂亮的公园。道路不管是小巷还是弄堂，都有水泥铺设，不像日本的许多道路，需要担心会踩到没膝的泥泞。而且上海具备所有文明的设施。但是，这又怎样呢？这不过是在人们的生活上披上了一件物质文明的华丽的外套而已。而最关键的构成生活基调的精神文明，上海却没有。说没有，也是很正常的。因为这里虽说是在中国国内，政治上的主权却并不属于中国政府，除了老城厢之外，都是外国的租借地。于是乎世界各国的人都来到此地，按照自己的喜好来任意地经营自己的生活。世界上所有的种族都聚集到这里，于是创造了上海这座都市。当地人不仅丧失了政治上的主权，而且这里既无中国传统的文明也无传统的精神。在这里过着既非中国也非西洋的变形生活的中国的国民，只是在人数上处于绝对的优势而已。在这样芜杂混沌的空气中，不可能产生优秀的文明和良好的生活。男人沉湎于利欲，女人耽溺于奢华……但是站在其间的我，却发出了类似欢喜的叫声。目迷于华美，糜烂于淫荡，在放纵中失去了灵魂的所有的恶魔般的生活中，我越陷越深。于是，一种或者说是欢喜、或者说是惊异、或者说是悲哀，总之是难以名状的感动打动了我。那到底是什么呢？现在的我，自己也说不清。只是，吸引我的、令我向往的是，人的自由的生活。这里，在失去了传统的同时，所有的束缚都被解除了。㊼

这段话颇为真实地揭示了梢风作为文化人和浪荡子的内在两重性，作为文化人，他有思考，有观察，有想法，作为浪荡子，他喜好声色犬马，追求感官刺激，也因此，他沉入到了普通上海人的日常营生中，接触到了一般日本文人所不知晓的庶民生活圈，也目睹了光怪陆离的上海影像的各色图景。从这个意义上说，尽管他在上海的生活仅有短短的半年，但他对上海了解的广泛程度，可谓超出了同时期来上海的文人芥川龙之介、谷崎润一郎、佐藤春夫、横光利一和金子光晴。但同时，由于村松梢风缺乏深厚的思想底蕴和犀利敏锐的洞察力，他在对上海意象的感受和传递上，往往会止于外在的层面，流于表象的叙述。

他在第一次上海之旅后回去写的第一篇印象记的题目是《不可思议的都市"上海"》，后来似乎觉得不贴切，他创想了一个名词"魔都"，在收录成书出版时，长文和书的名字都改成了《魔都》。我们且来考察一下梢风的"魔都"意象。需要说明的是，根据梢风自己的记述，他在上海的活动空间，大抵在公共租界和法租界（包括准租界的"越界筑路"区域）一带，应该没有去过上海的老城厢和闸北、杨浦等底层民众生活的区域，与虹口的日本侨民居住区交往也不多，因此他的"魔都"意象，主要来自租界。

构成梢风"魔都"意象的，有两个基本的层面："明亮的上海"，"黑暗的上海"⑱。

明亮的一面是，欧化的街道，欧化的公园，欧化的楼厦和繁荣的市面，多彩的生活。

从静安寺到极司菲尔公园去的路上，梢风见到了如此的街景：

这一带是新开辟的开阔的住宅区，街两边是庭院宽敞的漂亮的住宅。和日本所见到的西洋建筑不同，材料有些粗糙，但式样却很繁复，屋顶、墙壁和窗户等的色彩富于变化，显得相当协调，每一幢房屋都给人艺术的感觉。没有去过西洋的我，当时就在想，至少也想在这样的地方过一下所谓有文化品位的生活。⑤⑨

　　这一区域严格来说已在公共租界的领域之外了,史称"越界筑路",而实际上却在租界当局的管辖之内,一般称之为所谓的"准租界",域内的建筑,大多由外国人和有地位的华人所建。
　　他对极司菲尔公园⑥⑩(Jessfield Park)有如此的描写:

　　　　公园前有几家颇为时尚的咖啡馆。许多汽车停在路边,形成了一个长长队列,正在等待着主人的回去。门口有印度警察站岗。公园相当广大,因园内模仿自然的景象建造,看起来比实际的占地更开阔。尤其是树林间通往最里面的行道让我很喜欢。小鸟不住地鸣唱,蝴蝶穿梭起舞。路边开满了红色和白色的鲜花。有全家一起来的,有全是女伴的,也有男女恋人的,形态不一。⑥⑪

　　需要指出的是,1928年之前,工部局在租界等处所开设的公园,不对华人开放,所以门口有巡捕房的印度警察站岗看守,梢风所描述的景象,其实与本地的中国人无缘。
　　上海的舞厅也是梢风颇为赞赏的:

　　　　上海现在交谊舞大为流行。在这里,中国的戏曲姑且不论,说起外国人的娱乐,就只有电影了,所以交谊舞流行也自然有它的道理。大的宾馆和咖啡馆酒吧,一定有舞厅的设施,每天夜晚有很多男女聚集在这里通宵达旦地跳舞,使上海人的生活显得最为华美、色彩最为浓郁的是交谊舞。其中最高级、规模最大的一家是卡尔登大戏院⑥⑫,那里既有电影院,也有餐厅和舞厅……像我们这些人,从小浸淫在所谓的东方趣味中,说老实话,像交谊舞这种洋人玩的柔软的玩意儿,与我们的习性并不相合，但是即便如我这样怪癖的人，瞧着那些伴随着快活的狐步舞、优雅的华尔兹而依偎拥抱的男女翩翩起舞的景象，自己的心魂也不知不觉地浮荡起来，也想跳入舞池与他们一起舞蹈。㉓

南京路是比东京的银座更为繁华的所在：

> 称之为大马路的大街，就是所谓的南京路，是超过东京银座的上海第一的繁华大街，各种大商店鳞次栉比，有先施公司、永安公司等，其他著名的百货公司大抵也在南京路上。街中央通有轨电车，车道上各色汽车络绎不绝。㉔

但是，"在所有文明的设施都完备、光华美丽，而且可以尽情寻欢作乐的上海这座都会里，一旦当你踏进它的内侧，就立即会被一层阴森的大幕所包裹。那里猖獗着所有的犯罪行为，充满了所有的罪恶。偷盗、杀人、欺诈、赌博、绑架、走私者、秘密帮会、卖淫、恐吓、美人计、吸食鸦片以及各种大大小小的犯罪，不分昼夜，部分区域，一年四季都在上演。"㉕事实上，当时的上海，确实是一个犯罪率高而破案率低的都市，上海的地盘，大致可分为公共租界、法租界和华界三大块，各自为政，各有各的法规，各有各的警察（甚至主要国家的领事馆内都有人数不少的警察组织），彼此间只能管辖自己的区域范围，于是犯罪者就在这三者之间翻越腾挪，纵横捭阖，在华界犯罪的，只要潜入租界，就天高皇帝远，反之亦然。除了巡捕警局、外国大亨外，还有本地的各种帮会组织在暗中翻云覆雨，于是编织起了各色错综复杂的网络，局外人跌入其中，往往会如入五里雾中，动辄得咎。

梢风在《魔都》中绘声绘色地叙述了某个妇人在光天化日之下的南京路上被几个西洋人悄无声息地用麻药醉倒，然后携入车内扬长而去的故事，一对日本夫妇分坐两辆黄包车前往某地，途中男的回头相望，载着其夫人的那辆车已经不知所踪,事后再也无法寻到她的踪迹。自然,这些都是来自他的听闻,但是用笔墨渲染之后,就不免使人徒生恐惧之感。喧阗芜杂的上海街市,在梢风的笔下则成了如下的场景:

> 总之,上海是一个十分喧嚣的城市,想一下都会令人感到毛骨悚然⋯⋯在街上行走时,不可神情恍惚。狭窄的马路上,电车、汽车、马车、人力车如梭如织。在路上行走彼此间差不多都要推推搡搡。真不知道这么多的人是从哪里出来的。人群在密密麻麻地蠕动。稍不留神,钱包呀手表呀就会失踪。而且不小心的话,即便不被汽车撞死,也会让黄包车的拉手棒捅伤了腹部。在上海,即使汽车、电车轧着了人也不会受什么大的处罚。⑥⑥

如此这般,魔都的意象就慢慢地晕染出来了。

作为浪荡公子的梢风,对于上海的妓院和赌场是相当熟悉的,他甚至夸大地说:"上海全市无论走到哪里,都有成群的卖春妇。在街头也罢,公园也罢,咖啡馆也罢,剧场也罢,电影院也罢,都有⋯⋯色彩浓郁地装点着夜上海的,是'长三'和'幺二'这种所谓的妓和'鸡'。长三只是纯粹的艺妓,被叫到酒席上卖唱,除了自己的丈夫外绝不向外人卖淫,而幺二则既卖唱也卖淫。其次就是鸡了,这也分普通的鸡和野鸡。普通的鸡是所谓的高等内侍,去一定的场所,为客人服务,而野鸡则徘徊在茶馆、娱乐场和马路上拉客。"⑥⑦梢风还津津乐道地叙述了自己在四马路上的"青莲阁"、"小花园"、"惠乐里"等妓馆云集的场所游荡的经历,介绍了他去大世界附近一家赌馆的见闻:"沿着水门汀的走廊往里走,来到了一间满是人的房间。房间里分放着两张大桌子,两边都在赌钱。桌子的周围挤挤的坐满了人,在其后面站满了人,在其外侧放着长凳子,这上面又站着很多人。放赌抽头的局东大声地报着数字。哗啦哗啦理筹码的声音、银元的碰击声、难以言状的紧张的噪音充溢着整个房间。"⑱除了正式的赌场外,在新世界等地还聚集了许多所谓猜诗谜的貌似有些文雅的赌博场所,粗通汉字汉诗的梢风,也常常在此流连忘返。

当时上海还有两家规模很大的跑马场,一处是由租界当局经营的旧址为今人民广场的跑马厅,另一处在郊外由中国人经营的旧址为今江湾体育场的跑马场,每逢周末皆有赛马,梢风两家都有光顾,对江湾的那家叙述甚详,结果当然都是输钱。

差不多时隔三十年,梢风在以第三人称撰写的自传中再一次概括了魔都的内涵:

> 上海是一个世界各国的人种在各自的国旗下经营自己随心所欲的生活、世界上独一无二的国际大都市。它是一座被称为魔都的罪恶的巢窟,但同时它又具备了所有可以满足人类本能的物质条件。凡是人们能想到的东西,上海都实际存在。⑲

上文已经述及,与同时代的日本文人相比,梢风在上海的沉潜是比较深的,他所接触和涉猎的范围也是相当广的,他以一个外来者的身份和好奇者的目光,对当时五色杂陈的上海作了仔细的观察,然后通过《魔都》等进行了相当生动而详尽的描述,显示出他作家的才华。但在本质上,他对中国的历史和文化缺乏足够的知识准备,对近代以来中国社会的剧烈变迁也缺乏深刻的理解,就"魔都"意象本身而言,他也许成功地传递出了一个各色元素叠合交叉的混沌的综合图像,但却未能把握形成近代上海的内在肌理和内在脉络,在混沌的万象之中,帝国主义的侵略和近代西洋文明叠合在一起,中国的农耕文明、现代愚昧和民族主义意识的觉醒交错在一起,构成了魔都上海背后的两股主要的底流。遗憾的是,具有作家的灵敏而缺乏哲学训练和史学眼光的梢风,对上海的体验和感受乃至表述,很多还只是停留在表象的层面。

据我有限的知识，在近代日本文学史上，以《上海》为书名的长篇小说共有两部，一是梢风自 1926 年 4 月开始连载、1927 年 4 月出版的《上海》，另一是横光利一于 1928 年 11 月开始连载、1932 年 4 月出版的《上海》，后者以其复杂的内涵和新感觉派代表作家的第一部长篇作品，一直受到后人的关注和研究，而梢风的《上海》，虽然在当时连续印行了近 10 次，一度成为畅销书，但因梢风本身的文学地位和作品的文学价值，后来几乎为人们所忘却，只有梢风自己，在战后还对此念念不忘，对此稍作修改，以《记忆中的上海》为题，1947 年 2 月由东京自由书房出版。且不论这部作品的文学价值如何，2000 年 10 月，东京大空社将梢风的《上海》列在"旧作重印'外地'⑰文学选集"的第 12 卷再度影印出版，也足以证明这部作品的历史文献价值。基于这一理由，本书拟从文本解读的视角，对该长篇小说稍作评述，重点仍在梢风在上海的体验、观察和对上海的理解。

参照梢风有关上海的其他作品、尤其是战后所写的具有回忆录性质的自传《梢风物语——番外作家传》以及笔者对《上海》具体内容的考察，可以确定这是一部纪实性的小说，主要记述梢风自己 1925 年三次来上海的经历，虽有故事，却并无扣人心弦的情节，在更大的程度上，这是一幅梢风眼中的 1925 年前后的上海风情画和浮世绘。除了大部分日本人的姓名为虚构外（因为此书在日本出版），几乎所有出场的中国人的姓名均为真姓实名，主人公即为第一人称的村松梢风。以下，参照各种史料，简略叙述小说所展开的历史事实。

1923 年 3 月 22 日梢风到达上海后的当日，通过大阪每日新闻社的特派记者村田孜郎⑰（小说中的名字是山田）认识了在上海的朱福昌（正式姓名为朱启绶）。朱福昌乃原籍为浙江省定海县、后在上海创业发展的实业家朱葆三（1848—1926）兄弟的孙子。朱葆三 14 岁来上海，从商店学徒开始刻苦奋斗，创办了各种实业和金融企业，曾任上海总商会会长、上海都督府财政总长,并担任了中华商业银行董事长、浙江兴业银行董事总经理等职,是宁波出生的上海商界领袖⑦²,朱氏弟子受其庇荫,在上海已俨然成一大家族。朱福昌中学毕业时,他的叔父、也是他的岳丈,那时正在大阪做生意,于是朱也随之去了大阪,在那里生活了两三年。梢风见到他时,他正在虹口的日本俱乐部里打台球,递上来的名片是"浙江省实业厅顾问",其时的年龄28岁,说一口流利的带大阪口音的日语,"只是他的容貌端庄俊秀,很遗憾不是日本人种所能及得上的……身材高挑,皮肤白皙光滑,一双眼睛楚楚动人,令人迷醉,殷红的嘴唇带着女性般的香艳。"⑦³梢风立即喜欢上了这个年轻人。当晚朱带着他们去见识了开张不久的卡尔登舞厅,朱在那里顺风顺水的样子,使梢风确信了他在上海的地位。以后朱带着他去玩赌场,逛妓院,猜诗谜,看戏曲,两人立即成了好友。其时朱正在捧一个叫绿牡丹⑦⁴的京剧旦角,"绿牡丹当时还是一个年仅16岁(虚岁18岁)的少年伶人,被称为上海花旦第一人,在开封路上的春华舞台演戏,福昌带我去后台第一次见绿牡丹时,那带着化妆的脸面实在是让人神情恍惚。"⑦⁵后来朱向梢风提出,希望梢风从中斡旋,让绿牡丹一行去日本公演。梢风恰好认识东京帝国剧场的经理久米秀治,经联系,确定当年秋天去日本演出。不料1923年9月1日关东发生大地震,剧院也损毁大半,演出一事因此而流产。一年半后,剧院修复重新开张,朱福昌获悉后致函梢风,希望两年前的夙愿能够如愿,因为他已经为此垫付了不少欠款。梢风再度与帝国剧场商量,决定7月来东京演出,并预付了一半的经费12 500日元。

1925年4月初,梢风坐船再次来到了上海,经朱福昌的安排,下榻在西藏路近汉口路的一品香旅馆,房钱一天4元。在村田孜郎的见证下,梢风将从银行里汇兑来的相当于日元12 500的10 000元大洋交给朱,朱从中取出1 000元给梢风,作为他的盘缠和劳务费。其时朱自己的家在浙江路的保康里,梢风曾一度造访,妻子是一位年纪与朱相仿、肤色稍黑品貌端正的女子,有两个分别为 3 岁和 7 岁的儿子,但朱常年不住在自己家里,而是在爱多亚路北侧的"芝兰坊"另蓄有一名曰高彩云的小妾,该住所其实是高彩云姐姐高弟和姐夫王瀛佐的家,眼下高氏姐妹每晚都在大世界唱戏,梢风有时候随他们一起去听戏,但更多的时候是在夜半十二点左右他们演完戏归家后到王家去消遣,那时绿牡丹父子也在卸妆后到王家来小坐,谈话的内容每每会触及 7 月日本公演的事。梢风不谙中国话,交流大抵都要通过朱福昌,而芝兰坊的王家,专门安排了一间供朱和高彩云下榻的大房间。

赴日演出的事大抵谈妥后,约在 5 月中旬,梢风返回了日本。这时从报上获知,绿牡丹突然患了重病,7 月恐怕无法如期去日本,于是经由朱福昌和村田孜郎商议,另派村田喜欢的程艳秋(1932 年更名为砚秋)来日本,不久村田发电报给梢风,告知了此事。梢风觉得有些蹊跷,而此时绿牡丹的父亲,也是他经纪人的黄吉人给梢风写信,诉说事情的原委,原来并非绿牡丹患病,而是朱福昌未能将演出的预付金发给他们,一行的路费等均无着落,因而出现了眼下的僵局。而且在此时,上海发生了"五卅惨案",日本纱厂(内外棉)的经营方打死代表工人利益与厂方交涉的顾正红,于是学生和工人上南京路举行示威抗议,又遭到英国巡捕的枪杀,酿成血案,一时反抗英帝国主义和日本帝国主义的运动形成高潮,群情激奋。在这样的背景下,绿牡丹一行的访日演出已非常不合时宜。而担负此次演出中介的梢风,深感压力重大,夜不能寐,为了对中日双方作出交代,他 6 月初在肃杀的气氛中再次来到了上海。

这次他请村田原先的助手、也是东亚同文书院毕业、在上海生活了十来年的山下来当自己的随从和翻译,四处寻求朱福昌的踪迹,但人海茫茫,一切皆渺无头绪。他赶紧与绿牡丹父子接洽,重新落实资金,安排了他们一行的赴日演出。尽管当时气氛有些紧张,但京剧公演还是如期进行,6 月底梢风率领一行前往日本,巡演约一个月后,于 8 月 10 日返上海,在神户码头为他们送行的梢风,有如释重负之感。

梢风本欲9月时再度去上海追讨预付给朱的资金,但当年助他在文坛上崭露头角的《中央公论》主编泷田樗阴(《上海》中用T来指代,而泷田的罗马字拼音是Takida)正患重病,梢风不忍离开,一直侍奉在侧,泷田病故后,他于11月又一次来到上海。他向租界巡捕房的日本警探报案,还找了律师,试图让朱交还预付金。但朱的一家已从浙江路迁走,芝兰坊的王家内,连高彩云也离开了上海。后来听说朱曾在宁波出现过,梢风就与山下一起坐船赶到舟山的定海,虽感觉到了朱家在当地的气势,却未见朱的踪影,无奈之下,又赶往宁波,守候在当时宁波城内唯一的一座横跨甬江的船浮桥边,竟然发现了朱的身影,一路悄然尾随,在一条湫隘的小巷内的一处破旧的住房内,找到了朱福昌,可其时,朱已落魄穷困,正守护着因患肺病而气息奄奄的高彩云。梢风与朱毕竟还有旧谊,见此情状,也不忍心穷追猛打,朱也答应待家族中的遗产纠纷了结后,将其一部分偿还预付金,"于是,对朱的怨愤、不快和所有的仇恨都在那一瞬间消失了。"⑦⑥

梢风在1947年出版的《回忆中的上海》的最后部分追记道,数年后他途经杭州时,从日本驻杭州领事那里获知,朱福昌已经遁入宁波郊外的天童寺做了和尚。

《上海》还用了相当的篇幅记述了他与赤城阳子在上海的情爱纠葛,因与本书主旨无关,此处不赘。

梢风的《上海》和横光利一的《上海》的最大区别之一,就是横光利一是根据他在上海一个月的逗留体验以及他对五卅事件的理解、以其新感觉派的文学理念杜撰出来的一部虚构作品,而梢风的《上海》,与其说是小说,不如说是一部纪实之作。横光利一同名作的场景和细节,大多出于作者的臆想,而据笔者在上海五十多年的生活阅历和儿时对宁波(今日的宁波与梢风的时代已经相去甚远)的印象以及对多种文献的考究,梢风作品中的每一个细节,几乎都是实录(包括以真名出现的中国演剧人,都实有其人),作品中提到 T 的患病和病故,而实际的泷田樗阴的去世是在 1925 年 10 月 27 日,作品在所有时间的细节上均无懈可击,其大部分的叙述,都具有很高的真实性。

因为其具有很高的真实性,因而我想据此来进一步考察梢风观察上海的视角和他所关注的焦点。

1923 年至 1925 年期间的上海,在西方列强倾力投入一战的时期中国的民族产业和日本在华的工业有了长足的发展,近代大都市的格局已经完全形成,近代西洋文明的元素与中国传统文化的因子互为交杂,而此时,也正是各种政治力量(南北军阀、国民党、共产党、各国列强、本地帮会等)在上海交汇、角逐和较量的时期,上海是一个体验和观察中国政治风云的绝好的窗口。梢风是一个作家,当然是一个文化人,但他却并不具有足够的知识人的素质,他对上海的兴趣,主要出于上海的"魔都"的魅力,他更看重的,是相对于当时日本所比较匮乏的"自由"。他本是一介平民,又沾染了一些浪荡子的习性,虽然他也留意政治,但其时似乎还不具有足够的敏锐性和强烈的兴趣。我们在他的《上海》、《魔都》、《支那漫谈》中,读到的更多的是一般上海市民的日常生活场景,也就是说,他更有兴趣的、更关注的,是生活在上海地域的中国人的日常营生:唱戏、听戏、中等阶级家庭的摆设和衣着、茶馆和菜馆、乞丐众生相、赌博(麻将、猜诗谜、跑马等)、黄包车、卖春妇、算卦、街头吵架等。在这方面,他都具有相当良好的观察力,比如他对芝兰坊王家的描述:

王家住的是一处两层楼的房子,窗户很高。房子很不错,问了一下房租,月租八十元。楼下的房间虽只有两间,但其中一间很大的长方形房间是给福昌住的。墙壁涂成美丽的浅绿色,挂着粉红色丝绸质地窗帘的房间内,有一张西式的大床,衣橱柜子和梳妆台等,都还很新……二楼有四五间房间,最大的一间是王夫妇的卧室兼起居室,那里摆满了镶金的红木家具。玻璃柜里放满了各色银器装饰品。⑦

他觉得,在上海若要了解中国人的日常喜好,大世界和新世界是最佳之选:

> 大世界和新世界里有所有的中国民众艺术。有所有的中国国民性。有传统,有流行。若从一眼便能看到古往今来色彩缤纷的中国面貌这一点而言,那没有比这两个"世界"更佳的地方了……(在十三个演艺场)上演的有新旧戏曲、电影、儿童戏、评弹、对口相声、滑稽戏、戏法武术和各种地方戏,还有女艺人唱的各种俚曲小调、京剧昆腔梆子戏等,还有各种其他形式种类,难以一一枚举。这些剧目都在规定的时间内在各个戏场上演,白天和晚上的戏目各不相同,同样的内容一天之内不会上演两次。因为是这样的娱乐场,因此戏剧和电影都极为低级庸俗,不值得一看,而其他的演艺类都各有自己的特色,如宁波滩簧和苏州评弹等,大部分是只有在此才能一饱眼福的。⑱

在他笔下的三马路和四马路一带的"小花园"、"惠乐里"是这样的风景:

> 这种地方的弄堂很少有走不出去的,往里走总会有几条支路,可谓四通八达。进进出出的人很多,有些纷纷扰扰的感觉。开着一些卖小吃的算卦的店铺。载着年轻妓女的黄包车在狭隘的弄堂里驶进驶出。不时地从一些人家的屋内,传出了哀婉动人的胡琴声。在有些昏暗的天色中,弥漫着小便的气味。每一家妓馆都门户洞开,门口的头顶上挂着写有妓女名字的四角形的轩灯。从外面望进去,底楼

的房间正面有一个祭坛,点着红蜡烛。房内贴着一些对联和写着字的红纸。祭坛前面围聚着几个脸相凶恶的男人,不知在做什么,屋内亮着一盏昏黄的电灯。⑦

他后来和山下一起去保康里寻找朱福昌,不遇,却在邻近处看到了一处算卦的,贴着相貌姣好的年轻算卦师的相片,阅读旁边的文字,得知该女子是杭州的宦官世家出身,幼时饱读经书,尤通易经,后随退出官场的父亲云游四方,拜高明为学,现在此设室观相,名曰"清菱女士":

> 到了屋内,女主人清菱女士正坐在一张红木桌边与一个男客说话。我在墙边的一张椅子上坐下,先观察一下女士的风貌。女士的容颜虽比照片上显得稍老,但长得很漂亮。好像是才起床,一点都还没化妆,一张脸和一双手是中国人特有的富有脂肪感的黄色肌肤,肉体发育良好而丰满。头发用簪子拢起来,戴着一副圆圆的大眼镜,穿着一件日本制的镶边的布上衣,搁在桌子上的手腕上,带着一只白金表。翡翠的耳坠可爱地晃动着。最吸引我的,是她的口才。她面前的商人模样的四十来岁的男子,是来找她看相的,她对着那个男的正滔滔地说着什么,她说的话我虽然只能听懂几分之一,但那清脆动人的声音、流畅的语调,在我就像听着美丽的音乐一般,不觉恍然若醉。⑧

以上的引述,都具有浓郁的上海庶民风情,或是像上海的一幅浮世绘。事实上,梢风确实参与到了他们的生活里面,有一段时期他每晚到王家去消夜,有一次遭遇了朱福昌与高弟和高彩云姐妹的剧烈争吵,他曾一度入赘一户绍兴出身的卖笑人家,在那里度过了数日言语不通的女婿生活,目睹或体验了那一时期上海小康阶级的日常营生。不要说短期来上海旅行的日本人,即便是那些长期居住在虹口的日本人,也未必有他那样沉入中国人生活圈的经历。这体现了大众作家的梢风,对生活,尤其是未知的异国生活的好奇心和探险精神,作为平民出身的故事写手的他,也很享受这种有些温馨、有些刺激、风情浓郁气味怪异五色缤纷的上海庶民生活。对于这样的上海,他有些抱怨,有些责难,但更多的,似乎是如鱼得水般的自在,因此,与芥川龙之介不同,他笔下的上海,虽然五色杂陈,却绝无冷眼和嘲讽。

第四节 "一·二八事变"与村松梢风的日本人立场

1923 年至 1925 年间的四次上海之行,梢风虽也曾与国民党元老张继等就中国当时的政治形势和中日关系进行过访谈,与以创造社为主体的中国新文学家之间有过交往,但他更多的兴趣,似乎还是在于一般中国庶民的日常风景。

1928 年秋,梢风又一次来到中国。这次虽也在上海待了些时日,但他将更多的目光和精力投向了南京。"我是第一次观察北伐成功、所谓国民革命胜利后的中国,这种世态的变化尤其令我感兴趣。""在最近的世界历史中,最令人关注的地方应是南京吧……在南京,汇聚了现代中国的所有的精神。因此,要理解新的中国,首先必须要了解南京。"[31]

1923 年他曾游历过南京,这次他更多留意的是国民党政府定都南京后的变化。梢风既徜徉在庶民气息浓厚的茶馆和书场之间,在六朝遗迹中留下了屐痕处处,同时也去访问了曾留学日本的国民革命军军医总监陈方之、南京市市长刘纪文,去参观了初步建成的宏大的中山陵,对国民革命后的新气象颇有赞叹。但他同时也敏锐地感到了新政权之下弥漫着的各种浮弊之风,最为显彰的一是跑官猎官之风的盛行,一是标语口号式的政治宣传铺天盖地,且新政权在大兴土木之时,不惜粗暴地毁坏旧有的古迹遗物,这也使他感到痛心疾首。总之,他感到的一种新,基本上是一种虚饰的气象。他一方面感到某种鼓舞,一方面却有一种怅然若失之感。

梢风将在南京的所见所闻所感写成《新支那访问记》,先在《中央公论》上连载,后由其自己创办的骚人社书局出版,在序言中他表示,自己将以南京为窗口来进一步探究中国,以后还会有第二、第三次的南京之旅,这本书只是一种总论性的序文。可惜,梢风的这种愿望始终只是一种愿望。

南京之行两年后的1930年4月,梢风又开始了他的中国之旅,这次去了中国的南方,其目的我在上文已经述及。这次旅行前后历时两个月。一路经日本和中国友人的安排和介绍,看了都市、乡村和各地的名胜及各类学校,为探寻近代中国革命的源流,还特意去看了孙中山和洪秀全的故乡。与1923年初到上海时所写的见闻记相比,这一时期的旅行记已使我们感到,梢风对中国的了解无论是历史还是现状,其程度都较前大为深入。1930年春,正是李宗仁等在广西举兵反蒋的时期,广西与蒋掌握的广东处于战争状态。作为外国人的梢风也许一时还不能对中国政治犬牙交错的派系争斗的内幕有透彻的了解,但对两广的局势却非常清楚。他曾去访问过时任广东省主席的陈铭枢,5月11日又随日本驻广州总领事须磨弥吉郎等一同坐船去广西参观过已为广东军占领的梧州。对于这场两广纷争或是国民党中央与广西的龃龉,局外人的梢风自然不便随意置喙,只是他在身临其境后对当时当地的各类人物和风土场景的生动细致的描绘,令今天的我们读来依然感到兴味无穷。

梢风感到他在广东的另一个收获是见到了老友欧阳予倩。自上海相识以来,他与欧阳一直保持着很笃厚的友情。欧阳当时在广东开办"广东戏剧研究所",推动戏剧的改革和创新。说是研究所,实际是一所学校性质的机关,重在培养戏剧人才。梢风在欧阳的陪同下参观了研究所,并在翌日观看了由师生们公演的《茶花女》。

1931 年 3 月,大阪屋号书店出版了这次游历的结晶《南华游踪》。由此可知,"一·二八事变"以前的梢风的中国游历主要在江南一带和闽粤一带的南中国地区,除了上述的著作集之外,这一时期他有关中国的记述结集出版的还有《支那漫谈》(骚人社 1928 年 5 月),做了大幅度增补的《支那漫谈》新版(改造社 1937 年 11 月),《续支那漫谈》(改造社 1938 年 4 月),后两种虽出版于一·二八事变以后,但谈的大多是往事,其中以上海居多。

自 1923 年 3 月踏上上海的土地,一直到 1930 年 4、5 月间的华南之行,这七八年间,对于中国,梢风是从生疏到熟识,从朦朦胧胧的憧憬到几近热恋似的痴迷,这样的情形,在同时代的日本文人中并不多见。1928 年 5 月,他在《支那漫谈》序中说:"说句老实话,我有点几近疯狂地喜欢中国。喜欢也有好几种,我是恋爱的那一种。中国是我的恋人。""有人说,你赞美中国也无不可,但那样地心醉神迷,恐怕就无法有真正的研究,会失去中肯的批评。这话也许有道理,但我还是认为倘若不心醉神迷,就难以抓住对方的真相。冷静的观察未必就能触及真实。热情和爱恋常常是理解的前提。"[32]在与中国有关的日本人中,梢风最感到共鸣的是一生支持孙中山革命的宫崎滔天。"但滔天自己决不是一个革命家。他也不是政治家,也不是学者。他只是一个诗人,热情洋溢的诗人。他与中国发生关系的理由,就是因为他喜欢中国。"滔天在初次见到浩浩长江时,感动得怆然涕下,"我对滔天的这种心情比谁都能理解……倘若我与滔天生在同时代的日本,或许我也会追随滔天投奔到孙文那里去。"梢风甚至幻想,若无家累,"我就自己一个人到中国去,寻找一处自己喜欢的地方,在那儿做一个无名的中国人而终老一生。"[33]在同时代的日本人中,梢风常常引后藤朝太郎为同志。"大正昭和年间,在文人里对中国心醉神迷者中有后藤朝太郎和梢风。"[34]后藤朝太郎(1881—1945)原是一个研究汉语语音的语言学家,从 1918 年到 1926 年间,二十几次访问中国,仅在 1927 年到 1930

年间,就写了28本有关中国的著作。在后藤的笔下,中国简直成了田园牧歌式的理想之邦,而事实上那时的中国决不会只是一片田园牧歌。梢风虽自认为是痴恋着中国,但他笔下的中国,倒是五色杂陈的。对上海,他写它的繁华,它的温情,也写它的喧嚣,它的芜杂和它在黑暗中的肉欲横溢。但上海确是他热爱着的都市,以至于他的长子才成婚不久时,他就竭力推荐他到上海每日新闻社去谋职。他尤爱江南的风物,他说:"我确信世界上没有一个地方有中国的江苏浙江一带那么美丽的自然和人生。"⑧他有一段文字,写自火车上见到的沪宁线沿途的景色:

> 昨日夜半时分下起来的雨今日早晨已经停了,但还没有完全放晴,四周升腾起了浓重的朝雾。在弥漫的晨雾中,有座百来户人家的村庄寂静地横现在眼前。村里有条河,有小桥,有杨柳的树荫。在所有的国度,乡村里的人似乎都是早起的,可见戴着帽子、穿着长衣的农夫在田里耕作,身穿淡青色宽大衣服的老妇人来到河边洗菜。在尚未完全苏醒的早晨的光线中,我望着所有的这些景物。⑧

然而他也写苏州旧城的逼仄,古迹的颓败,写南京城区出奇的黑暗,写南京城门口人声鼎沸的杂乱和壅堵,写广州珠江上船民生活的诸种实相,写黄包车夫谋生的艰难。大正昭和时期出版的日本文人的中国游历记,多达几十种,相比较而言,梢风这一时期对中国的描述不管是怎样的五色杂陈,却始终是带着一种温情,没有芥川那样的冷眼。这种笔下的温情,构成了一・二八事变前梢风中国观的基本色。

需要指出的是,1932年1月28日爆发的一・二八事变,成了梢风中国认识或者说对中国态度的一个分水岭。梢风从此前的中国赞美者,骤然变成了日本当局的同调者。严格地说,一・二八事变以后梢风到中国来已不是纯粹的游历了。这一时期他有关中国的著述结集出版的有《话说上海事变》(1932 年)、《热河风景》(1933 年)、《男装的丽人》(1933 年)和重新编定的《支那漫谈》(1937 年)、《续支那漫谈》(1938 年),在战后有将以前的长篇小说《上海》和《男装的丽人》稍作修改后重新出版的《回忆中的上海》和《燃烧的上海》。

19 世纪中叶以后,随着西方势力在东亚的迅速进入,以朝贡体系为核心的前近代东亚国际秩序逐渐瓦解,明治以后日本在东亚的崛起,改变了东亚的形势格局,自明治中期前后开始,无论是"脱亚论"者,还是所谓的"亚洲主义者",都已开始以俯视的姿态来对待中国,即便是主张与中国携手的亚洲主义者,也明确地认为在与西方列强对抗的阵营中,日本是东亚的盟主,是主导者和领袖,负有对中国实行改造的使命。19 世纪末以来,素有"中国通"之称、对中国的历史和文化造诣甚深、著有《支那绘画史》的内藤湖南(1866—1934)竟然也认为:"倘若因什么样的情形,日本与中国成了同一个国家,那么文化的中心就转移到了日本,日本人在中国的政治上社会上发挥重大作用,中国人也不会觉得有什么奇怪。"[87]他认为,如果没有所谓"五胡乱华"和后来蒙古人、满人的入主中原,给中国输入了新生命,也许中国文化早就衰败了,"事实上,中国之所以能够维持如此长久的民族生活,完全是因为屡屡有外族人入侵的缘故。"[88]言下之意,就是如今到了日本给中国输入新生命的时候了。从这样的逻辑出发,号称思想比较开明的、曾著有《东西文明之调和》的大隈重信(1838—1922),在他担任首相时会对袁世凯执政的中国提出具有领土、政治和军事野心的"二十一条",在日本人看来似乎也并非过分之举。

在这样的思想背景中成长起来的村松梢风,他来上海之前对中国的认识,无疑会受到这种主流意识的潜移默化的影响,只是他此前对中国似乎并无表现出太多的关注,我们也无从探讨他来上海之前的中国认识。他来上海,更多的是出于对多元自由世界的向往。但他坐船进入长江时,却不由自主地涌上了一阵感动,出于他的个性和习性,他喜欢上海富有刺激的生活,喜欢江南的温润、富饶和美丽,对镌刻着古老时代印记的中国旧迹,他也表现出了相当的兴趣,由此产生了对中国的"痴恋之情"。但即便在那一时期,他却并未忘却自己日本人的立场,当上海发生五卅事件时,他把事件的起因归结为中国人的"排日",指责中国人行为的过激,当他在五卅事件的余波尚未平息的 1925 年 6 月上旬坐船进入长江口时,看到了"日本的三艘驱逐舰劈风斩浪勇往直前地驶过了我们的轮船",心里觉得一阵安心。虽然这是一个很小的细节,却也能解释为何在一·二八事变发生时及以后他竟然会成为日本当局的舆论先锋。其实,明治中期以来日本对华的主流意识在不同的程度上一直影响着每一个日本人。

昭和时代开启之后,日本的对华政策越来越具有侵略性。1927 年 4 月田中义一(1864—1929)内阁上台,紧接着召开了进一步向中国扩张的东方会议,提出了所谓《对支政策纲领》,计划先占据中国东北,进而控制整个中国大陆,并在 1927 年和 1928 年借口保护日本居民而蛮横地两次出兵山东,试图以武力来阻止北伐军对张作霖地盘的进攻,确保日本在中国东北的既得利益。继被日本人炸死的张作霖而掌控了东北的张学良,在 1928 年年底通电全国,表示服从南京国民政府,"改易旗帜"。这使日本当局感到向东北扩张的计划受到严重阻碍,终于导致九一八事变的发生和东三省的沦陷。与此同时,中国国内的抗日反日情绪也越来越高涨,使日本在华的经济利益受到巨大的打击。为转移世人对中国东北局势的关注,1932 年 1 月 18 日,关东军通过上海公使馆陆军副武官田中隆吉中佐(1893—1972)、并勾结川岛芳子(金璧辉)雇佣中国无赖策划了日僧被殴事件[89],企图借此扑灭上海的反日抗日运动,28 日夜里,在上海市长吴铁城已经屈辱地答应了日方提出的所有条件之后,依然悍然出兵攻击中国的闸北守军,一·二八事变于是爆发。以十九路军为主体的中国守军与日本驻上海海军陆战队及其援军发生了激烈的战斗,血腥的攻防战持续了近两个月,5 月 5 日在英、美、法、意四国的调停下签署了停战协议。

据梢风自述,闻悉一·二八事变的消息,他大感震惊。他对上海怀有不同寻常的感情。他决定冒着战火去上海实地察看。1932年2月7日凌晨,他作为《朝日新闻》的临时特派员(现无资料证实是否为正式的委派,但梢风赴上海前,已有为该报写通讯稿的允诺㉚)从长崎启程,8日抵上海,先是住在西华德路上的日本旅馆"万岁馆",后一度到华懋饭店(今外滩的和平饭店)避难,第一次在上海待了近20天。1930年梢风去广东时,曾与第十九路军的长官有些接触,与该军的原主要将领陈铭枢(一·二八事变发生时,陈已调任京沪卫戍司令)有过访谈,参谋长黄强也多次与他交往,从内心而言,他自然不愿意看到第十九路军与日军作战。梢风在战后披露了这样一段内情。有一次从广东回到上海的旧识欧阳予倩来访他,希望梢风从中斡旋,促成第十九路军与日军之间的停战,并表示只要日军给予中方适当的面子,中方可做大幅度的后撤。"第十九军是梢风过去蒙受过照顾的军队,他自然极为赞成停止战争,于是应允起一个桥梁作用。他通过特务机关的田中隆吉中佐,热心地去游说此事,却并无结果。对于日本的军部而言,战争已犹如日常食物那么不可缺少。于是便将此意向予倩做了转达,回绝了此事。"㉛此事是否确实,因是一家之言,暂时无法确定,但梢风披露此事时,当事者均尚健在,应该不会杜撰。

抵达上海不久,他就立即给《东京朝日新闻》写稿,最初刊登在《东京朝日新闻》上的几篇通讯,虽已有明显的日本人的立场,但大抵还算如实。从内山完造的口中得悉鲁迅和欧阳予倩(那时欧阳予倩应该还未来访他)等平安无事,他不觉松了一口气:"像鲁迅、欧阳予倩这样的人若有个万一,那才真是千古的恨事,听说都平安无恙,我感到十分欣慰。"㉜在《流浪的小姑娘》这篇通讯中,他记述了一个居住在闸北、家已在战火中烧毁的小姑娘,为寻找失散的家人,在街上流浪徘徊的情景,"不管怎么说,她是在战祸中流离失所的一个羔羊。"出于同情,梢风塞给了她一块银元㉝。在《吴淞战争风景——俘房和间谍》一文中,他叙述了原居住此地的一家三人冒着战火来察看自己的老屋时,却被宪兵队当作间谍抓获。"我可以想象,一旦被认定为间谍后,他们将会是怎样的命运。我还想到了他们三个可爱的孩子今后的命运。"⑭虽然文章的笔调一直比较婉转,但还是流露出了梢风对遭受战火之苦的中国民众的同情。

但是,从整体而言,梢风的日本人立场是坚定而明确的。2月下旬他一度回到东京,立即将此前撰写的通信和文稿进行了整理,著成《话说上海事变》一书,由平凡社在3月15日(3月10日即已交付印刷)出版。在《话说上海事变》的序言中他写道:"中国的排日运动,其本身就已经是一场很厉害的战争了。虽然导致直接的交火是由中国方面对我陆战队警备区域出动进行开枪挑战引起的,但事实上,上海抗日救国会的行为,已经超越了经济绝交的范围,与公然对日本宣战已没什么两样。"⑮梢风的这些话写于3月3日。具有讽刺意味的是,我上文所引述的表现了梢风对中国无限眷恋的《我与支那》一文,竟也是发表在《新潮》杂志同年3月号上。这篇文章写于何时暂不可考,但依日本的情形,实际的执笔时间与发表的日期应该不会相距太远,这实际上表现了梢风复杂而无奈的心境,下文再详细分析。

平心而论,在当时日本国家主义甚嚣尘上的氛围之中,就梢风当时所能获得的信息,《话说上海事变》这本书还不算写得太偏激,他对一·二八事变发生的历史轨迹叙说得还算比较清楚。只是因为他的日本人立场、准确地说是狭隘的日本民族主义者的立场,在客观上,他误导了一般的日本民众。对于成为引发一·二八事变导火线的日本僧侣遭殴事件,限于当时日本的单方面报道(中国方面其实也完全被蒙在鼓里),他的整个叙说自然会激起日本民众对中国人的强烈憎恨,这一罪责也许不应归咎于梢风本人。但限于他知识储备的不足、方法论上的缺陷和视点的偏颇,他对近代中国,尤其是国民革命发生以后民众反对帝国主义列强(一战以后日本已经取代英国成为在中国势力最盛的头号列强)的民族解放运动基本上缺乏正确的认识,他把国共两党达成共识的"打倒帝国主义、废除一切不平等条约"方针的提出看成是从单纯的抵制日货演变为政治上反抗日本的转折点。梢风认为,明治以后的日本,在近代产业和法制体系等的建设上稳步发展,终于达成目前的水准,因而才可以与列强要求废除不平等条约,而"中国的国民生活状态、国内政治的不统一、治安的混乱、法律的不完备,所有的这一切,跟以前都没有两样,唯一的变化就是前面提及的打倒帝国主义思想的普及"⑩。依照明治以来日本对华的主流意识,梢风觉得目前的中国还不具有"打倒帝国主义"的资格。中国国内反对帝国主义运动的兴起,在梢风看来,中国却因此变成了世界上的麻烦制造者,他指责其根源在于一部分青年知识人的民族意识觉醒。1927 年 1 月北伐军攻陷武汉后对汉口英租界的强行收回,1927 年 3 月进入南京时对于外国设施的攻击,也许确实带有一般民众运动的暴烈倾向,但其诉求本身,却是出于民族的正义。至于 1931 年年末以上海为中心兴起的抵制日货、反对日本的商业扩张,其本身的起因,却主要是由日本占领中国东三省的侵略行径所激起的,目的在于救亡图存。碍于狭隘的民族主义立场,梢风对于近代以来日本的对华政策和行径,几乎没有反省。在他看来,如今对中国的军事打击,则是为了对反日运动日益高涨的惩罚。纵观《话说上海事变》,其基调就是对日本军事行动"正义性"和日军士兵作战"勇敢"的颂扬,虽然书里也提到了上海日本侨民狂热的民族情绪和一部分所谓的"壮士"对三友实业社内中国人的袭击行为。

在参与十九路军与日军停战的斡旋过程中,梢风通过田中隆吉结识了军部特务川岛芳子。川岛芳子是田中的情人,但她好强求胜的性格,与田中之间也不时产生摩擦。作为一个小说家,梢风对这个传奇人物产生了兴趣,决定将她作为小说的主人公。一方面是为了对川岛芳子作进一步的采访,一方面也是心里牵记着上海,1932 年 5 月下旬他又来到上海,在静安寺西侧洽德路上川岛芳子的寓所与她同室居住了近一个月,回日本后,一是写了一篇《战后的上海》刊在《中央公论》上,另一是在《妇人公论》上开始连载《男装的丽人》。川岛芳子本身就是个传奇性的人物,写成小说就更富有传奇色彩,从意识形态上来说,大概也符合当局的"国策文学"的方针,一时颇为走红,"男装丽人"因此而成为一句流行语,甚至被改编成戏剧,在新落成的东宝剧场作为首演剧目上演。但川岛本人却对梢风颇感不快,据梢风自己说,一是因为在采访芳子的过程中虽与芳子长期同居一室,但颇爱女色的梢风对芳子却一次也没有特别的表示,这使芳子觉得有一种羞辱感,另一是芳子曾邀梢风到旧满洲去,梢风却没有应允。芳子对此颇怀恨在心,两三年后曾想在东京的御茶之水公寓中毒杀梢风⑨。多年之后梢风的儿子曾向他问起此事,但梢风却没有细说详情,这件事多少也成了一段无断的公案。⑧

1933年2月至5月,日军以热河省属"满洲国"领土为由,公然向当时的热河省和河北省发动进攻,占领了承德周围的地区。承德内有昔日清廷的行宫避暑山庄及众多的喇嘛教旧迹,极少有外人进入,对绝大多数的人来说都是一个充满神秘色彩的地方。对未知的世界一直有浓厚兴趣的梢风便向当局申请去承德作文化考察,获得了允准。1933年6月经朝鲜半岛、伪满洲国进入承德,在承德待了10天,考察了避暑山庄和八大喇嘛庙,7月3日坐军部的卡车在崎岖泥泞的道路上奔波了4天后来到了北京,在北京游历了半个多月,在日本公使馆翻译原田的安排和陪同下,会见了国民政府军政部长何应钦和外交部长黄郛。离开北京后又南下济南,特意去青岛看望了以前在上海相识的旧情人赤木芳子,然后再从青岛经大连回到了日本。梢风将这次游历的文字整理成《热河风景》一书出版。

朝鲜、中国东北乃至热河省、察哈尔省⑨的一部分,其时都在日本的占领之下,一路过来,都有日本军政当局的接待,日语通行无阻。这种体验,进一步刺激了梢风的"大日本帝国臣民"的自豪感,以至于他在《热河风景》的序言中都有些得意忘形的言辞了：

> 这次在朝鲜、满洲、华北匆匆走了一圈，首先深有感慨的是，日本也终于强大起来了呀！（如今，台湾、千岛列岛、库页岛、朝鲜、满洲都并入了日本的版图）这是一个多么了不起的帝国啊！我在朝鲜、满洲旅行，充分感受到了这个令人惊讶的伟大帝国欣欣向荣、光辉灿烂的机运……我觉得是因为全体日本人的伟大。正因为日本人的伟大，军部才能有如此的伟业。我觉得世上没有比日本人更勤勉、更富有效率的国民了……中国人虽有储积之心，却无建设之力。这是中国人最根本的缺陷。没有建设之力，就是因为没有计划和效率。人们常说中国的政治混乱，但国民若是优秀的话政府就不会糟糕。现在中国的政治恰好与中国的国民相吻合。政府并不见得比国民更坏。满洲这样的地方，若交给中国人自理，就等于要等待百年才能盼到河清之日。但是，依靠日本人的力量建立起来的满洲国，成立才不过一两年，但建设整顿已井然有序地在展开了。这种建设的干劲，无论是欧美人还是任何其他民族，都远远赶不上日本人。[100]

这些文字清楚地表明，在以前的中国游历中梢风的头脑里并不十分彰显的"日本人"意识，在战时的特殊背景下，或者说在高举红灯笼庆祝战捷的大游行的氛围中，在充溢着全日本的那种闹哄哄热腾腾的"万岁"声中，竟然如此急剧地膨胀了起来。需要指出的是，这决不是出现在梢风个人身上的一种孤立的现象。曾用日文改写了许多中国古代的小说，参与过《大鲁迅全集》的翻译，与郁达夫、田汉等曾相交颇厚并两次来中国游历的佐藤春夫（1892—1964），在一·二八事变后不久，就逐渐沦为"大东亚战争"的吹鼓手。20年代以后作品被大量译介到中国来、在中国人的心目中有着良好形象的武者小路实笃（1885—1976），后来竟也会写出《大东亚战争私观》这样公然为侵略者帮腔的东西来。1938年林芙美子（1903—1951）等22名作家积极报名参加从军记者，一路深入中国内地来欢呼武汉会战的日军大捷，连以左翼作家出名的佐多稻子也多次到中国来进行战地慰问，以至于1942年诞生了由内阁情报局一手操纵的"文学报国会"时，几乎全日本的作家都归顺在了它的麾下。这实在是一段令人深思的历史。

收录在《热河风景》中的《黄郛、何应钦访问记》，是梢风在1933年7月上旬抵达北京后去中海的居仁堂春藕斋和丰泽园颐年堂访问黄和何的记录，当即发表在《朝日新闻》上，今天读来仍有其史料价值，在此结合相关背景择其大要简述如下。

黄郛和何应钦当时的官职分别是政务院北平政务整理委员会委员长和国民政府军政部长、北平军分会代理委员长，可谓是国民党政府在北平地区的最高行政长官，两人均有留日经历，黄郛约在1904年入东京的振武学校，是东京成立的中国同盟会的最早成员，后又入日本陆军测绘局地形科学习，前后约待了6年；何应钦1913年肄业于东京振武学校第11期，1916年毕业于日本陆军士官学校第22期。黄郛此前曾担任过国民政府的外交部长，在梢风去访问前的5月31日，黄和何代表中方与日方签署了向日方作出了重大退让的《塘沽协定》。

何应钦与梢风的访谈一开始带有译员，后来索性用日语进行，而黄郛则自始至终用日语进行，梢风对他日语水准的评价是没有口音的非常标准流畅的日语。何应钦谈话的要旨是，此前中日之间所发生的军事冲突，并非战争，只是吵架而已，中国无意与日本发生战争，若说战争，目前倒是与共产党之间在进行着战争，"剿灭"共产党，是政府的当务之急。与日本之间的问题，若时机到来，自会达成谅解。现在倒是需要日本的帮助，来消灭共产党。何应钦的谈话没有一字触及满洲问题（即日本对中国东北事实上的占领），只是强调要中日合作。黄郛谈话的要旨是，这次我们双方直接谈判达成的《塘沽协定》，效果比去年由外国调停的《上海停战协定》要好，日本军部体谅了我们的心情。我们是诚心诚意希望达成和平，但日方也应该跟我们一样诚心诚意，不然事情就难办了。目前中央政府尚无法控制整个中国，当务之急是实现国家的统一。这方面要借助日本力量之处不少。现在华北地区骤然增加了来自东北的几十万失业者，影响了社会的治安。梢风插嘴说，这方面日本也有责任，日本应该助一臂之力。黄郛苦笑道，事实却没有那么如意⑩。

根据当时国民党政府对待日本和共产党的政策和实际行为，梢风的这篇访谈应该是实录。

从梢风对承德旧迹的介绍、对北京古城的记述、对济南名胜的描写来看，他对中国，尤其是中国文化还是满怀感情的。但这感觉与一·二八事变前已经很不一样了。在事变中或事变后的游历中，梢风已不再（或不能够）与当地的中国人交往了，他的一切游踪都受到当局或军部的安排，因此他个人的体验也就相当有限，属于他自己个人的感受也就相当模糊了。

这里稍稍再讨论一下梢风何以会从一个中国的赞美者骤然蜕变为一个日本侵华政策的鼓吹者的问题。其实这个问题的设立有点不准确，第一，梢风的蜕变也并非骤然，后者的元素在前期他的身上就已部分存在；第二，前期的梢风也不是一个纯然的中国赞美者，他对上海或其他地域的感情本来也比较复杂，他对中国的描绘，准确地说应该是五色杂陈，但笔端是温暖的，情感是真诚的。

在本书的绪论部分就已述及，近代日本人与中国的正式交往，当始于1862年5月江户幕府所派遣的贸易官船"千岁丸"的上海之行。随行的年轻武士高杉晋作等撰写了《游清五录》、《上海杂记》等近十种著作，首次向日本人描绘了中国的现实面目，或者说第一次击破了大部分日本文人对中国所抱有的虚幻形象。也正是从这时开始，日本人的心目中逐渐滋生了对中国的蔑视意识。这种意识在甲午战争中国战败后趋向炽烈。不仅是政治家，不少中国文化情结不浅的文人也公然宣称日本要做"东亚的盟主"⑩。可以说,明治中后期以来,"日本人"的意识不仅空前觉醒,而且日益膨胀。但另一方面是,中国文化以多种的样态在几乎所有的领域内对日本长达一千多年的长期渗透,已经在日本人的潜意识中形成了与中国割舍不断的文化情结,这一点在明治时期出生、曾受过汉诗文教育的日本文化人中尤为明显。因此,当"长崎丸"驶入长江口时,梢风的心头才会突然翻腾起这样的情感波澜。

可以说,与中国割舍不断的文化情结和膨胀的"日本人"的意识构成了大部分大正、昭和前期的日本文人的中国观的两个基本层面,这两个层面不是截然分开的,更多的场合是交织在一起、互为表里的。这在梢风身上体现得比较明显和典型。在一·二八事变发生之前他发表的有关上海和中国的充满温情的文字,我相信是真诚的,出于内心的。因为就当时日本国内的氛围而言,他对中国表示赞美的文字,未必会博得一般大众的喝彩,他虽是一个大众作家,却也无意以对中国的揶揄和嘲讽来迎合主流意识。而他后期为军部的呐喊和对中国抗日运动的抨击,大部分也是发自内心,与本书后叙的金子光晴、武田泰淳等不同,他对中国的喜欢,有点类似于青春期的热恋,而并无深厚的中国古典的学养作为支撑的底蕴,换言之,他对中国的理解缺乏历史的厚重感,他也不同于后叙的阿部知二和堀田善卫,他没有很好地受过近代西方思想的训练,尤其缺乏以理性主义为基础的人道主义或人文主义的内涵,换言之,他对中国的理解缺乏哲学的深邃性。另外,如果我们考虑到当时日本社会的整个氛围,一·二八事变时及以后战争的风云日益诡谲时,梢风的言行,在当时的日本语境中,似乎也并不显得突出。诗人金子光晴曾这样描述当时的日本社会气象:

> 在我们的周围,比如说我公司的上司们,大家都在想,作为一个
> 日本国民来如何为国家作贡献(其实私下里却在期待通过这样的行
> 为将来能给自己分得一杯羹),他们随时随地都准备将公司的业务能

转到御用事业的轨道上。他们在墙上挂了很大的世界地图,根据新闻报道,日军每占领一个新地方,就把小旗帜插到哪里。那些御用作家们,也纷纷前往海外,加入了战地报道的队伍。也听说有些文人成了军部黑幕的一员,暗地里在制作与军部不合作的作家的黑名单……战争时期那些报纸杂志的报道和评论,显然都是不可信的,但是,一旦当别的言论渠道被封锁时,即便是那些觉得自己有独立公正判断的所谓有识之士们,最后对那些不可信的东西也会相信了。人其实并不是那么坚定坚强的。[103]

金子光晴的这段话可以为梢风的言行提供一个比较有力的注解。战后梢风自己曾坦率地(总体而言,他是一个比较率真的人)说:"梢风虽不是一个日本侵略主义的赞美者,但那个时期,确实认为日本了不起。"[104]像梢风这样的文化人,容易受明治以来日本主流社会对华认识的影响和受当时有些疯狂的民族主义或国家主义思潮的裹挟。随着这一时期日本国内民族扩张主义的日益升温,其中国文化的情结便日趋弱化,而"日本人"的意识则越来越凸显。一旦当某个契机(比如像一·二八事变)来临时,"日本人"的意识就会猛然盖过中国文化的情结。另一方面,上面也稍有提及,梢风虽然可以称得上是一个文化人,却并不是一个合格的知识人。日本虽然在明治初期就引进了西方近代的政治思想和政治理念,但严格而论,至少到昭和前期,这些近代政治思想和政治理念还没有真正成为大部分日本知识阶层的思想力量,况且,明治以来,日本社会一方面在导引近代西方的思想,另一方面,官方也在处心积虑地制造"国家神道",抬举甚至膜拜天皇至高无上的权威,鼓吹"八纮一宇"的"皇国"意识,在这样的思想背景下,一般的日本人,包括不少文人,一直缺乏一种深刻的民族自省力和社会批判力,而作为大众作家的梢风,其思想的肤浅,已经在很多方面显露出来,也因为如此,他们往往更容易为一种情绪化的东西所左右,梢风在中国认识上的变化,同时也说明了这一点。

注释:

① 日本提及"魔都"这一意象的近年来主要有高桥孝助等编著的《上海史》,东京东方书店 1995 年版;NHK 取材班编《魔都上海 十万の日本人》,东京角川书店 1995 年版;日本上海史研究会编著的《上海人物誌》,东京东方书店 1997 年版;和田博文等の《言语都市上海》,东京藤原书店 1999 年版;刘建辉的《魔都上海》,东京讲谈社 2000 年版;赵梦云の《上海,文学残像》,东京田畑书店 2000 年版。

② 村松梢风:《不思議な都「上海」》,东京《中央公论》1923 年 8 月号,第 12 页。

③ 村松梢风:《梢風物語——番外作家伝(一)》,东京《新潮》1953 年 1 月号。这部以第三人称撰写的自传分三期刊于此杂志。

④ 东京《新潮》1953 年 2 月号,第 66 页。

⑤ 村松梢风:《芥川龍之介の「支那遊記」を評する》,东京《骚人》1926 年 4 月号。

⑥ 据佐藤春夫:《人间事》,《中央公论》1927 年 11 月号。

⑦ 村松梢风:《魔都》,小西书店 1927 年版,自序。

⑧ 村松梢风:《支那漫谈》,东京骚人社书局 1928 年版,第 94—95 页。

⑨ 宫崎滔天:《三十三年之梦》,初版于 1902 年,此处根据东京平凡社 1967 年版,第 40—41 页。

⑩ 西华德路,也写作"熙华德路"(Seward Road),据熊月之主编的《上海通史》第 15 卷附录的"新旧路名对照表",今为长治路,查 1918 年 7 月上海日本堂出版的《新上海》之附录《日本人职业别事业案内》,丰阳馆在西华德路 5 号(当年建筑今已不存),1921 年 3 月芥川龙之介来上海时下榻的万岁馆在西华德路 80 号,而日本学者木之内诚最新编著的《上海歴史ガイドマップ》中,将"丰阳馆"定在今北海宁路 34 号,乃后来迁徙至此,其建筑至今仍留存。

⑪ 汇山码头在今公平路码头的东侧,提篮桥地区的最南端,当年是日本邮船株式会社的专用码头,日本人来上海时大抵在此下船,今天应该是上海港汇山装卸公司的属地。

⑫ 村松梢风:《不思議な都〈上海〉》,东京《中央公论》1923 年 8 月号,第 3 页。

⑬ 在梢风:《不思議な都〈上海〉》(后改为《魔都》出版)中以 M(村田的罗马字标记是 Murata)来表现,在《上海》中改为"山田",根据史实,应为村田孜郎。

⑭ 村松梢风:《上海》,东京骚人社 1927 年版,第 231 页。

⑮ 村松梢风:《南京》,载《魔都》,东京小西书店 1924 年版,第 141—142 页。

⑯ 村松梢风:《西湖の旅》,载《魔都》,东京小西书店 1924 年版,第 191—192 页。

⑰ 原址在今西藏中路,1922 年开设,附有西菜馆,1993 年 10 月笔者曾陪同日本创价大学的西田祯元教授冒雨前去踏访,其时底层已改为商场,二楼以上为上海市农委招待所,二楼中间的天井仍为玻璃天顶,尚存有旧貌,后被拆除,原址现为新建的来福士广场。

⑱ 村松梢风:《上海》,东京骚人社 1927 年版,第 13 页。

⑲ 这里所说的女校应该是 1890 年由美国基督教监理会在慕尔堂(现名"沐恩堂")东侧所建的"中西女塾",后发展为"中西女中",也就是现在上海市三女中的前身。沐恩堂建筑今

日依然完好。

⑳ 村松梢风：《上海》，东京骚人社 1927 年版，第 19 页。

㉑ 梢风本人在《上海》中记述的地址是赫司克尔路（今虹口中州路），岛津长四郎编，上海金枫社 1921 年版的《上海指南》也记录为赫司克尔路（第 52 页），但在稍早的 1918 年日本堂出版的《新上海》中记录为南浔路 18 号，长崎日中两国人民朋友会 1994 年发行的、依据 1942 年格局绘制的《上海在留邦人が作った日本人の街》（非卖品）则标识为在今乍浦路北海宁路口，可见该旅馆也曾搬迁过几次。

㉒ 村松梢风：《上海》，东京骚人社 1927 年版，第 154 页。

㉓ 前者 1922 年 5 月由上海泰东图书局出版（不知何故，未收入中国戏剧出版社 1984 年出版的《田汉文集》），后者分别发表于 1927 年 10 月和 11 月发行的《中央公论》，两者后又连成一篇《人间事》收入佐藤春夫的各种文集中，本书此后的引用，仅举《人间事》一名。

㉔ 村松梢风：《魔都》，东京小西书店 1928 年版，第 47 页。

㉕ 同上书，第 49 页。

㉖ 同上书，第 51 页。

㉗ 同上书，第 59—60 页。

㉘ 同上书，第 90 页。

㉙ 郭沫若：《跨着东海》，初发表于 1947 年 9 月上海春明书店《今文学丛刊》第一本《古旧书讯》，见《郭沫若全集》（人民文学出版社 1992 年版）文学编第 13 卷，第 319 页。

㉚ 据高冈博文：《内山书店小史》，载《上海——重層するネットワーク》（东京汲古书院 2000 年版）；内山完造：《上海生活三十五年》（东京岩波书店 1949 年版）、《花甲录》（岩波书店 1960 年版）等。

㉛ 村松梢风：《魔都》，第 95 页。

㉜ 同上书，第 96 页。

㉝ 同上书，第 97 页。

㉞ 村松梢风：《上海通信》，《骚人》第 1 卷第 3 期（1926 年 6 月 1 日）。

㉟ 此文刊载于 1927 年 9 月 30 日发行的《良友》画报第 19 期，刚写到在长崎登陆便戛然而止，未完。此文 1984 年版的《田汉文集》未有收录。

㊱ 村松梢风：《来朝する田漢君》，《读卖新闻》1927 年 6 月 25 日。

㊲ 该文刊载于 1927 年 8 月《骚人》第 2 卷第 8 期；佐藤春夫的《人间事》中也有全文引录。本书中的标点与原引文稍有不同。

㊳ 村松梢风：《骚人录》（一），《骚人》第 2 卷第 8 期（1927 年 8 月）。

㊴ 村松梢风：《梢風物語——番外作家伝》（二），东京《新潮》1953 年 2 月号，第 31—32 页。

㊵ 村松梢风：《梢風物語—— 番外作家伝》（二），东京《新潮》1953 年 2 月号，第 32—33 页。

㊶ 村松瑛：《色機嫌》，东京彩古书房 1989 年版，第 191 页。

㊷ 村松友视：《上海ララバイ》，东京文艺春秋社 1984 年版，第 182 页。

㊸ 当时梢风尚不识这就是国民党党旗。

㊹ 村松梢风：《支那の政治家》，载《魔都》，东京小西书店 1924 年版，第 252—253 页。

㊺ 同上书，第 254 页。

㊻ 村松梢风：《支那の政治家》，载《魔都》，第 255 页。

㊼ 同上书，第 256 页。

㊽ 村松梢风:《梢风物语》(二),《新潮》1953 年 2 月号。

㊾ 村松梢风:《学校参观》,载《魔都》,第 71 页。

㊿ 据薛正:《我所知道的中西女中》,载上海文史资料选辑第 59 辑《解放前上海的学校》,上海人民出版社 1988 年版,第 293—326 页。

51 村松梢风:《学校参观》,《魔都》,第 67 页。

52 同上书,第 68—69 页。

53 见陈江、陈达文编著:《谢六逸年谱》,商务印书馆 2009 年版,第 20 页。

54 见湖南省委党史研究室等编:《二十世纪湖南人物·张默君》,湖南人民出版社 2001 年版。

55 谷崎润一郎:《上海交遊記》,初载东京《女性》1926 年 5—6 月号,此处见《谷崎润一郎全集》第 10 卷,东京中央公论社 1982 年版,第 568—569 页。

56 村松梢风:《学校参观》,载《魔都》,第 71 页。

57 村松梢风:《学校参观》,载《魔都》,第 64—66 页。

58 村松梢风:《魔都》,第 4 页。

59 同上书,第 9 页。

60 公共租界工部局于 1914 年在原兆丰花园的基础上辟建公园,因原为英商兆丰洋行的地产,又称兆丰公园,1942 年汪伪政权"收回"租界时,将此改名为"中山公园",亦即现在的中山公园。

61 村松梢风:《魔都》,第 9—10 页。

62 日语原文直译为"新卡尔登咖啡馆",经查考,应为位于今南京西路黄河路上的卡尔登大戏院(Carlton Theatre),1923 年 2 月建成开张,是一家内有戏院、舞厅等的多功能娱乐场,1954 年改为"长江剧场",90 年代拆除重建,拖延多年,终于竣工。

63 村松梢风:《魔都》,第 10—11 页。

64 同上书,第 13 页。

65 同上书,第 24 页。

66 村松梢风:《魔都》,第 20—21 页。

67 同上书,第 28—29 页。

68 村松梢风:《新支那访问记·上海夜景》,东京骚人社书局 1929 年版,第 212 页。

69 村松梢风:《梢风物语——番外作家传(一)》,东京《新潮》1953 年 1 月号,第 66 页。

70 "外地"一词约在 1940 年左右开始在日本正式使用,通常指日本本土以外通过战争强行占据的中国的台湾和南满洲、桦太(今俄罗斯的萨哈林岛)、朝鲜、部分南洋群岛以及日本在外国的租界地,与此相对,日本本土为"内地",1945 年日本战败后,具有上述意义的该词废止不用。今日偶见使用该词的,多为战前帝国主义意识的反映。

71 村田孜郎(?—1945),出生于日本佐贺县,早年毕业于上海东亚同文书院,曾任大阪每日新闻上海支局长,东京日日新闻东亚课长,读卖新闻东亚部长,1945 年死于上海。对中国戏剧颇为精通,是内山完造"文艺漫谈会"的主要成员,芥川龙之介访沪时,村田是主要的接待者,梢风在沪期间,两人过从甚密。著有《支那剧和梅兰芳》、《宋美龄》等。

72 李瑊:《上海的宁波人》,上海人民出版社 2000 年版,第 393—394 页。

73 村松梢风:《上海》,东京骚人社 1927 年版,第 2 页。

74 绿牡丹,本名黄玉麟,1907 年出生于贵州,年少时在上海成名,常年在上海三马路(汉口路)大舞台出演旦角,一时曾有"北有梅兰芳,南有绿牡丹"之称。

⑦ 村松梢风:《上海》,第8页。

⑦ 同上书,第228页。

⑦ 同上书,第22—23页。

⑦ 村松梢风:《大世界·新世界》,载《支那漫谈》,东京骚人社书局1928年版,第118—119页。

⑦ 村松梢风:《上海》,第103—104页。

⑧ 同上书,第206—207页。

㉛ 村松梢风:《新支那訪問記》序,东京骚人社书局1929年版。

㉜ 村松梢风:《支那漫談》序,东京骚人社书局1928年版。

㉝ 村松梢风:《私と支那》,《新潮》1932年3月号。

㉞ 同上书。

㉟ 村松梢风:《支那漫谈》,东京骚人社书局1928年版,第63页。

㊱ 村松梢风:《支那漫谈》,东京骚人社书局1928年版,第64页。

㊲ 内藤湖南:《新支那论》,东京创元社1938年版(初刊于1924年),第266页。

㊳ 内藤湖南:《新支那论》,东京创元社1938年版(1924年初版),第266页。

㊴ 1946年7月5日当时的当事者田中隆吉在东京远东国际军事审判庭上向检方作证,披露一·二八事变前日本僧侣被殴事件是自己受关东军的旨意和2万日元的经费所策动的,于是真相大白。

㊵ 村松梢风:《梢風物語》(三),《新潮》1953年3月号。

㊶ 村松梢风:《梢風物語》(三),《新潮》1953年3月号,第35页。

㊷ 村松梢风:《上海事变を語る》,东京平凡社1932年版,第142页。

㊸ 村松梢风:《さすらう小娘——上海の町スケッチ》,《东京朝日新闻》1932年2月17日夕刊。

㊹ 村松梢风:《上海事变を語る》,第158页。

㊺ 同上书,序,第3—4页。

㊻ 村松梢风:《上海事变を語る》,第10—11页。

㊼ 村松梢风:《梢風物語》(三),《新潮》1953年3月号,第36页。

㊽ 村松瑛:《色機嫌》,东京彩古书房1989年版,第200—201页。

㊾ 上述两地大致相当于今天长城以北的河北省和内蒙的一部分。

⑩ 村松梢风:《熱河風景》序,东京春秋社1933年版,第1—4页。

⑪ 村松梢风:《黄郛、何应钦访问记》,载《熱河風景》,第217—234页。

⑫ 比如佐藤善次郎的《南清纪游》(东京博文馆1912年版)中曾反复出现了"作为东亚盟主的我国"这样的词语。

⑬ 金子光晴:《詩人 金子光晴自伝》,东京平凡社1973年版,第196—197页。

⑭ 村松梢风:《梢風物語(三)》,《新潮》杂志1953年3月号,第37页。

第三章

金子光晴：一个诗人的上海和中国体验

第一节　与中国相关的履历和在上海的游历

金子光晴(1895—1975)，日本现代诗人，作家，一生经历了日本明治、大正、昭和三个时期，对明治晚期的日本具有清晰的记忆，在大正时期度过了自己的青年时代，而他波澜起伏的人生大半，也与大半个昭和时期相始终。金子光晴的人生履历，必定具有深刻的时代印记。

金子光晴青少年时期的教育履历和人生经历，有两个比较明显的时代特点。

其一，是沿承了江户和明治时代前期的历史脉络，整个日本社会还在相当范围内留存了比较浓厚的中国传统文化的影响。据金子自己的叙述，他大概自十四五岁开始对中国古典产生兴趣，读的是《古文真宝》和《十八史略》，并曾背诵前者中的白居易的《长恨歌》和《琵琶行》。家里有两册传统和本装帧的《游仙窟》和《寒山诗》，也是他早年的爱读，前者的汉文旁，附有日语雅文的假名，"我觉得这些美文，渗透到了我内心的最深处，充溢了我的整个心胸。"①中学三年级的时候，他一头沉入了中国的古典中，在汉文老师野间三径的指导下，课外跟他习读《大学》、《中庸》、《论语》、《孟子》四书，不过相对于书经，他更喜欢史书，自己阅读了《左传》和《战国策》，还经常出入于东京日本桥一带的一家名曰"崇山堂"的旧书店，搜寻到了唐本的《秘书二十一种》，内有《吴越春秋》和《越绝书》等，有一日从书店中将多卷本的《资治通鉴》大汗淋漓地背回家。据他自述，这一时期他对汉文古籍几乎到了痴迷的地步，自己仿造大人的笔迹和印章，写了请假函投寄给学校,"放弃了其他所有课程,请了假,连暑假也是自早至晚都沉湎于古书之中。"②他对于儒道诸书皆有涉猎,不过相比较立足于庙堂的儒家,他似乎更欣赏在民间有重大影响的、讲求现世享乐的道家。这些古典,在他的脑海中,初步形成了一个中国图像,从中他强烈地感知到日本精神文化中中国的影响,他说:"日本所谓的武士道呀仁侠道等,其原型,在很早的中国就有了。""要知晓日本人精神生活的过去和现在,不可忽视汉学的影响之大。当然,封建政治家出于自身的需求,采用了儒家的官僚思想,这一思想起到了一种高压的稳定作用,而作为一种反叛精神,老庄的虚无思想也为人们所喜爱。江户市井的讽刺和轻快的幽默,其底蕴深处,有着老庄的气息。"③

金子虽然是一个好读古书的少年,但在明治末期和大正初年,亦非特别的例外。比他长一辈的、与中国渊源较浅的作家森鸥外(1862—1922)和夏目漱石(1867—1916),一个游学德国,一个负笈英伦,但都能写得一手不错的汉诗和汉文④。与金子同辈的芥川龙之介(1892—1927)和佐藤春夫(1892—1964),前者不仅精通中国古典,对于中国的书画亦造诣不浅,后者则不仅熟读中国的古典,还将不少唐宋传奇改编成日文小说。当然,进入大正后期,尤其是昭和时代后,随着日本的崛起、扩张和中国的动荡、衰败,不仅是现代中国,古代中国、亦即汉学这一历史脉络的影响也日趋式微,这一点也是必须看到的。

其二,明治前后,随着西风东渐,欧美的影响汹涌而来,至大正时期,社会一般,尤其是都市生活中,西洋的印迹,几乎比比皆是。金子少年时代求学的晓星学校是一所天主教背景的教会学校,在早稻田大学求学时期,他阅读了大量的西方文学,不过他不喜欢托尔斯泰,而迷恋另一个具有虚无颓废倾向的俄国作家阿尔志巴绥夫,为他的长篇小说《沙宁》所倾倒,他还耽读于王尔德的《莎乐美》,对爱伦坡的作品也大加赞赏。在1919年他25岁那年,只身从神户出发坐船来到了英国的利物浦,后来曾在伦敦大英博物馆附近居住了一个时期,但他对欧洲文化的更深刻的感受,主要来自生活于比利时的一年间,西欧的绘画和文学,令他十分痴迷,尤其醉心于法国诗人波德莱尔和凡尔哈伦(他后来翻译过许多他们的诗作),有一个时期,他在欧洲潜心阅读,日夜浸淫在浓郁的艺术氛围中,在这些象征派诗风的熏陶下,诞生了两部诗集《赤土之家》和《金龟子》,后者成了他的成名作,初步奠定了他在日本现代诗坛的地位。两年之后他经法国马赛回到了日本。十年之后他还有一次时光更为漫长的海外之行⑤。

从上述相关的履历我们可以看出如下两点。

一、金子光晴是一个具有良好汉学修养的人,他在前往中国之前已经大致形成一个古典中国的形象,同时他绝不是一个日本民粹主义或亚洲主义者,他对欧美的文学艺术和各种新思潮抱有浓厚的兴趣,相比较同时代的许多日本人,他比较具有世界主义的胸怀。

二、无论对于东方还是西方的思想,他对于正统的、主流的意识形态,多少具有一种叛逆的态度,相对于具有官方色彩的儒家,他更倾向于老庄的人生态度,相对于西方古典的人道主义,他更醉心于唯美的颓废的虚无的世纪末情绪。这两点思想背景,在他去中国之前,大致已经形成,当他在观察、感知、理解和描绘当时的中国时,应该已经有了古典中国、日本和西洋这三个参照系,这对于我们理解金子光晴的中国认识,应该是至关重要的。

金子光晴的第一次来中国,应该是在他第一次游历欧洲时乘船顺道停留上海的1919年,1921年回国时也有一次停泊,但这几次竟然几乎没有印象,金子自己在日后的自传体作品《骷髅杯》中说:“1919年最初的欧洲旅行时,船应该也曾停靠过上海并上过岸的,但不知为何,那时的记忆已很模糊了。”⑥因当时没有留下相关文字,日后也无相关回忆,本书将这两次停泊略去不论。在1926年至1929年期间,他共有三次上海游历,其中以最后一次逗留的时间最长,接近半年。

有关金子在上海的三次游历,在时间和一些细节上此前的一些文献,尤其是中文文献出现了若干讹误,本书首先依据相关史料,对上述讹误进行辨正和匡纠,然后展开论述。

东京中央公论社 1977 年出全的 15 卷本的《金子光晴全集》的最后一卷,附有比较详尽的年谱(金子光晴全集刊行室编),根据年谱的记载,金子曾在 1925 年 4 月偕妻子来上海一个月,1927 年 3 月来上海待了约 3 个月,1928 年 12 月在第二次前往欧洲的途中抵达上海,在上海居住约 5 个月,在 1929 年 5 月离沪坐船前往香港。在中文的出版物中,刘建辉所著的、2003 年被译成中文的《魔都上海》,对金子的上海之行有如下的记述:

> 以流浪诗人闻名的金子光晴在 20 年代后半期总共三次访问了上海。第一次是在 1925 年 4 月,这次纯粹是以游玩为目的,他与妻子森三千代一起逗留了约一个月。第二次是两年后的 1927 年 3 月……这次他大约逗留了三个月。在此期间,碰巧横光利一也来到上海,两个人一起走遍了上海的各个角落……第三次是在 1928 年 10 月……这次逗留了约五个月。⑦

在周国伟所著的《鲁迅与日本友人》中对金子来沪的记述是这样:

> 1928 年 3 月,金子光晴、森三千代夫妇到上海旅行……4 月 2 日,为欢迎金子光晴夫妇,郁达夫招饮于陶乐春,鲁迅与许广平同往……1928 年 9 月金子光晴、森三千代夫妇计划旅游东南亚和欧洲,并参观黄鹤楼。翌年 1 月由苏州回上海。⑧

根据我对相关文献的研读和稽考,上述三处出版物的表述,都存在着不同程度的错讹。以下对这三次来沪的年月逐一辩证。

全集的年谱中述及 1925 年 4 月的访沪时说:"自谷崎润一郎处获得给郭沫若、鲁迅、田汉、欧阳予倩、内山完造、《大阪每日新闻》村田孜郎的介绍函,受到他们的款待。"⑨而实际上谷崎润一郎曾两度来访上海,第一次在 1918 年,其时上海尚未形成新的文学气象,他没有访见到任何新文学家,第二次则是在 1926 年 1—2 月,经内山完造的介绍,结识了郭沫若、田汉、欧阳予倩等活跃于沪上的文坛新锐,对于这些经历,谷崎润一郎曾著文详细叙述⑩。因此,谷崎润一郎不可能在 1925 年 4 月给金子出具这些介绍函,另,据鲁迅日记的记载,鲁迅是 1927 年 10 月 3 日才自广东抵达上海⑪,与谷崎并未谋面,也不可能有致鲁迅的介绍函,自然,更不会有受到鲁迅款待的可能性⑫。金子第一次上海之行时曾见到鲁迅的错误记述,大概来源于他 1957 年出版的自传《诗人》⑬,但他在 1971 年出版的自传体小说《骷髅杯》中已经作了修正:

大正十五年(这一年的十二月改为昭和元年)、西历 1926 年,我三十一岁,森三千代二十六岁。一切都很顺利,按计划筹措到了旅资,而且还从谷崎润一郎那里获得了给田汉、郭沫若、谢六逸、欧阳予倩、《大每》特派员村田孜郎、内山完造、宫崎议平等的七封介绍函,实现了一次充实而愉快的旅行。⑭

年谱的记述显然有误。《魔都上海》也许是沿袭了年谱的说法,错误同一。因此,金子夫妇的第一次沪上游历,应该是在 1926 年的 4 月。

第二次的来沪应该是 1928 年的 3 至 4 月,而非年谱和《魔都上海》中记述的 1927 年。同行者是日本明治后期的名小说家国木田独步的儿子、诗人国木田虎雄(1902—1970)夫妇,而非《鲁迅与日本友人》所说的夫人森三千代。有关这一次游历的同行者,几乎所有的既有文献都明白无误地记载为国木田独步夫妇,金子曾在自己的自传体作品《骷髅杯》中叙述道,国木田虎雄自他父亲的版税中获得了不小的一笔钱,意欲到外面游历一番,于是金子就鼓动他们夫妇去上海:"上海之行的计划准备具体实施时,我也不怎么与妻子商量,就把她留在了破败的家里让她一个人看家,而孩子我则带到长崎寄放在他外公处,国木田夫妇加上我三个人,就决定到上海去快活地游历一个月。"[15]同行者是国木田夫妇而非森三千代夫人这一点,在多年后小田岳夫(后来成了郁达夫和中国现代文学的研究家)的回忆文中也可得到证实,小田当年在日本驻杭州领事馆任职,曾接待和陪同过到杭州来游玩的他们:"金子是和国木田独步的儿子国木田虎雄一起来的,我陪同两人(应该还有虎雄的夫人——引者注)在西湖边漫步,夜晚在一家名曰聚丰园的杭州首屈一指的餐馆请他们吃饭。"[16]

这第二次的上海之行是 1928 年春天而非 1927 年,我们可从两项文献中来获得佐证。其一是鲁迅的日记。鲁迅 1928 年 4 月 2 日的日记中记载:"达夫招饮于陶乐春,与广平同往,同席国木田君及其夫人、金子、宇留川、内山君,持酒一瓶而归。"[17]其二是横光利一等的来沪时间。金子在《骷髅杯》中回忆起这一次来上海时所经历的事情:"出席自欧洲回来的长谷川如是闲和本间久雄顺访上海时的欢迎会,横光利一来上海,与他一起重温旧日友情。横光掩饰不住他那乡巴佬的模样,与他一起在极司菲尔公园(今中山公园)散步时,他说,这跟高田马场[18]一样呀。"[19]据横光利一的信函记载,横光大约在 4 月 9 日至 5 月上旬在上海待了一个月左右。横光在 1928 年 4 月 28 日发自上海施高塔路(今溧阳路)千爱里 45 号、致妻子横光千代子的信函中说:"金子和国木田也来到了这里。每天在街上行走,并没有原来料想的那么有趣,说不定会比原计划回提前回来。"[20]。《魔都上海》的叙述估计是依据了全集中的年谱,故而出现了同样的错误。

第三次的上海之行及在上海逗留的时间,参阅了各种史料后可以确定,全集中年谱的记载应该是可信的。即在 1928 年 12 月至翌年的 5 月。《鲁迅与日本友人》一书的叙述原本就语焉不详,前后逻辑不通,与事实也有诸多背离,不知所据为何。

金子1926年的上海游历,类似于夫妇的婚后旅行,一个月左右除了在上海各处访友、闲走之外,他们还去了苏州、南京、杭州游览,金子将游历的观感写成了《发自上海》、《南支游记》、《古都南京》、《西湖诗篇》等文字,翌年并将夫妇俩有关此次上海游历的诗作集成《鲨沉》出版。

1928年春天的那次上海游历,共约三个月左右,费用都是由国木田虎雄提供,经济上是最宽裕的一次,行程与上一次也大抵相仿,与横光利一相遇,也是在这时候,但却没有留下多少文字。

当年12月,夫妇俩又一次启程前往上海,这次最终的目的地是欧洲,但夫妇俩几乎是囊空如洗,根本无法购买去欧洲的船票,于是便在上海居住了下来,从初冬至翌年的暮春,共五个月左右。这一次他们不再是匆匆而过的旅人,而是暂时成了虹口一带的日本侨民。他们住进了位于当时北四川路余庆坊123号旧式石库门住宅的前楼内,该房屋为一位名曰石丸的长崎出身的日本老妇人所有,1926年春来上海的时候,夫妇俩也曾在此赁屋寄宿。这一时期,为谋生而炮制色情小说《艳本银座雀》雇人销售,又用浮世绘笔法绘制《上海名所百景》,举办画展售画,鲁迅曾购画两幅。在此期间与来上海的日本小说家前田河广一郎(1888—1957)、画家秋田义一(生卒年不详)交往颇多。1928年12月中旬,为某日本在沪印刷企业征收会员费等,夫妇俩坐船沿长江前往武汉,盘桓了两周左右。1929年4月与秋田义一同往苏州游历了半个多月。同年5月中旬,夫妇俩以售画所得作为川资坐船前往香港,在香港逗留了一个半月后去新加坡,然后去欧洲。

金子夫妇俩在上海虽然也处于一种漂泊的状态,但5个月的时光,已不再是匆匆的过客,较长时期的日常营生,使他对上海光怪陆离的社会场景,有了较深的了解。

1926—1929年金子光晴的三次来沪期间,正是上海文坛颇为活跃的时期,"五四"后的新文学已经逐渐成熟,各色思潮和各种社团在上海交叠汇聚,形成了五色杂陈的多元局面。当然,限于语言的障碍,金子光晴在上海交往的,主要是有留日经历的作家,而其中重要的媒介,就是开设在北四川路上的内山书店。

1926年1月谷崎润一郎来沪期间,通过内山书店结识了郭沫若、田汉等作家,回国后撰写了《上海交友记》等长文叙述了自己的见闻和感想。4月金子夫妇来上海时,从谷崎那里获得了七封介绍函,通过内山完造联络到了田汉等一批文艺家。据金子当时的记载,见面会的日期是4月24日,地点在内山书店内(当时应该还在魏盛里,1929年书店移至北四川路底的施高塔路11号㉑)。其时,郭沫若已在该年3月18日去了广州担任广东大学文科长,而鲁迅尚未抵沪,出席这次聚会的有田汉、谢六逸、陈抱一、欧阳予倩、方光焘等以及数位在沪的日本人,金子在随后与他夫人合写的《发自上海》一文中详细叙述了当时的情景:

> 到会的人中,有神州女学院的谢六逸㉒,这是一位正在翻译日本《语源》的日本文学通,据说最近还将着手翻译《万叶集》。是一位面色白皙、温厚的绅士。其他中国方面的有田汉君、方光焘君、中国美术界的第一人陈抱一君⋯⋯郭沫若君,虽然特意请谷崎出具了介绍函,但不巧已经去了广东的大学,未能遇见,深感遗憾。
>
> (以下部分由金子夫人森三千代撰写——引者注)白色桌布上的花瓶内,插满了紫藤花,这是从陈抱一自家的庭院中带来的礼物,我赞美说,真漂亮。这时陈用非常熟练的日语回答说,花朵比日本的紫藤花要大一些,垂落的花簇也短一些,白色的在中国称为银藤。他的日语如此流利,是因为他毕业于东京的美术学校,现在的太太也是一位毕业于菊坂的女子美术学校的日本人。日后我去拜访他们在江湾的寓所,在宽大的画室中见到她时,她已完全变成了一位中国妇女,

一开始我都认不出来了。不过出席今天聚会的各位,日语都相当不错,开口说话,与周边的日本人毫无差异。倒是光晴,显得像个中国人。

过了一会儿,田汉来了。这是一位外貌相当瘦削、似乎有点神经质的人,仿佛感情的变化在心头变幻不定似的,看上去行色匆匆。开口没说几句话,突然又停了下来,还以为他要继续说下去,却是陷入了沉思,仿佛在努力思考要接下去的话语。他原先是写新诗的,现在写剧本,同时又经营着一家电影公司。他对电影制作的态度很认真,话题说及电影时,内心的自信和抱负,就在瘦削的脸颊上泛起了红潮。

响起了汽车的声音,出现了欧阳予倩像是画过淡妆的漂亮的面影。他此前活跃于舞台上,以出演花旦而著名。如今听说和田汉一样在参与电影的拍摄。

……在说及北京的胡适的诗时,田汉说,如今已不是胡适的时代了,已经诞生了一大批年轻的新诗人。虽然只有寥寥数语,却意味深长……谢六逸因患病,不巧未能出席今天的聚会,觉得很遗憾。㉓

这次聚会上虽未能见到谢六逸,但此后他们应该通过内山书店有所交往,因为在这一次上海游历之后,金子夫妇将在上海期间所作的诗作汇编为一册诗集《鲨沉》,在诗作前赫然印着这次上海之旅需要特别感谢的九个人,其中除了谷崎润一郎、内山完造等日本人之外,还有田汉、谢六逸和唐槐秋三个中国人。谢六逸(1898—1945),1918 年赴日本留学,翌年 4 月入早稻田大学专门部政治经济科学习,1922 年 3 月毕业,获学士学位,旋即归国,在商务印书馆编译部供职。1921 年文学研究会成立伊始,谢就是最早的成员之一,同时也是中国早期介绍日本文学贡献最大者之一,1924 年 4 月发表《万叶集选译》,1926 年 2 月入复旦大学中文系主讲"东洋文学史",9月出版了《日本文学》,也许是中国最早的一部有系统的日本文学史,1929年5月出版了自己所译的《日本近代小品文选》,9月出版了《日本文学史》上下两卷㉔。唐槐秋(1898—1954),1911—1916年在日本留学,毕业于东京成城中学,后去法国学习航空技术,却是志在戏剧,与田汉和欧阳予倩交情甚厚,1926年与田汉等发起成立"南国电影剧社",一生贡献于演剧,被曹禺等赞为"中国话剧的开拓者"㉕。

金子光晴与欧阳予倩1926年在上海相识后,以后还曾见过几次面,彼此保持着一定程度的联系。1929年5月底,金子偕妻子和友人、一个潦倒的日本画家和诗人佐藤英磨来到香港后,生活陷入了困顿,于是他想到:"将他们两个人留在旅馆里,我自己一个人到广东(那时的日本人一般将广州称为广东——引者)去筹措欠款。在广东有欧阳予倩和其他的朋友,他们可以给我些援助。但与欧阳予倩只是见过四五次的交情,还达不到情同手足的程度,结果还是下不了决心去冒这次险。"㉖欧阳予倩1928年5月应广东当政者李济深等的邀请,南下广州筹建广东戏剧研究所,第二年2月出任该研究所所长,4月又接替回沪的洪深担任研究所的演剧学校校长㉗。金子5月末至香港时,欧阳确实在广州,金子知晓这一情形,说明他与欧阳保持着一定程度的联系,至少也一直关心着他的动向,也有可能是从上海的友人中了解到了欧阳的行踪。但他与欧阳的交情,确实尚未达到密切的程度。

1926年4月的上海之行时,与主要是游学日本归来的上海文人的广泛交往,使金子对当时新兴的中国新文艺产生了浓厚的兴趣。他通过与中国文人的交谈和自己的阅读,大致把握了当时以上海为代表的中国南方文艺界的各种新动向。他在回国不久就撰写了《南支的艺术界》一文刊登在影响颇大的《朝日周刊》上,向日本读者较为全面地介绍了当时上海文艺界的新动态。而在1926年以前,据我所知,仅有1920年发表的青木正儿的《以胡适为中心的涌动着的文学革命》、1922年出版的《文学革命和白话新诗》(大西浩等编著)和1924年出版的清水安三著的《支那新人和黎明运动》曾对中国的五四新文学有过关注,但范围大都局限于北京,而1921年7月创造社等兴起后,上海已成了中国新文艺的另一个中心,这在此前几乎没有被日本文坛所注意(村松梢风在1923年发表的《不可思议的都市"上海"》中曾有所涉及),以至于谷崎润一郎在1926年初在上海接触到郭沫若等之前,全然不知晓上海文坛的新气象。事实上,金子在与田汉等交往之前,对上海的新文艺,也几乎全无知识(谷崎润一郎的《上海交游记》等发表于1926年的5月,而此前金子已经来到上海)。从这一点上来说,金子光晴的这篇文章向日本文坛提供了许多新的信息,也不乏真知灼见,虽不免有些管窥蠡测的偏颇,但在近代中日文学关系史上应该引起一定的重视。

金子在这篇文章中主要向日本文坛传达了三个方面的信息。第一,当今活跃在上海文艺界的,主要是自日本留学归来的年轻人,诸如田汉、郭沫若和谢六逸,而日本的近代作家对中国的新文坛也具有很大的影响力,他提到了郭沫若已经从写作新诗转向了白话文的小说,而谢六逸则在翻译介绍日本古典和现代文学方面建立了不小的功绩;第二,他介绍说中国新文坛的主流已经从早期的新诗转向了白话小说,但总的来说仍处于摇篮期;第三,上海的话剧和电影正方兴未艾,新人辈出,如田汉的南国电影剧社,黎锦晖与上海大中华电影公司的新片《透明的上海》,以及《传家宝》、《多情的女伶》等新片。金子认为虽然中国的电影受美国的影响不小,但其本身的实力和未来却绝不可小觑。金子得出的结论是:"当今日支两国,虽然政治上和经济上纠葛甚多,但要是能在比其更重要的精神上的、文艺思想方面彼此获益,彼此培植起亲近的感情来,那么日支亲善,反而更可以结出硕果来。我想说的是,我们除了邻邦关系,还有友情。"㉓由此可见,金子除了是一个日本人之外,还是一个比较真诚的书生。

以下就金子与田汉、郁达夫和鲁迅的交往再做一些展开。

田汉 1916 年 8 月至 22 年 9 月在日本留学,在东京高等师范学校求学的 1921 年 10 月往访作家佐藤春夫,由此有了文学上的交往。1923 年 4 月,作家村松梢风访上海时,持佐藤的介绍函结识了时在中华书局编辑所供职的田汉,并通过田汉认识了郭沫若等创造社同人。就在内山书店与金子等的聚会的 4 月,田汉等在上海成立了"南国电影剧社",试图在文学创作、演剧和电影诸领域打开一个新天地。1926 年 4 月金子光晴夫妇持谷崎润一郎的介绍函,并经内山完造的安排,与以留日归来的新文学家为主体的上海新文坛开始了交往,其中与田汉的交往比较深入。

金子光晴在当时所写的《南支的艺术界》的开首部分就将北方的胡适和南方的田汉推为中国新文艺界的创始者,虽有些偏颇,也可见他对田汉的推举,他介绍说:"从诗歌的世界转入小说的田汉,又投身于剧本的创作,最近又创办了南国电影剧社,最近制作的影片有《到民间去》。他的作品大抵都比较热烈,充满了一种慷慨激昂的气势。"田汉曾将自己的一出独幕剧脚本给金子看,金子读后(我无法确定金子读的是否中文原本)评论说:"用的是很生动的悲剧性的写法,从这些剧本中可一窥其理想主义者的一面。"㉙

金子认为,像谢六逸、田汉等这些自日本归国的文人,"尤其与日本人最为亲近,是今后可以与我们有深入交往的人。"㉚

事实上,金子与田汉确实有比较深厚的友情。1927 年 5 月,国民党南京政府成立不久,田汉前往南京担任政府总政治部宣传处艺术科顾问和电影股长,6 月 20 日上午,田汉与军人出身的雷震乘坐长崎丸轮船自上海出发前往日本,21 日正午抵达长崎,22 日抵神户㉛。据村松梢风当时的《骚人录》(一)㉜的记叙,田汉在 6 月 26 日上午 10 点抵东京车站,受到佐藤春夫等的欢迎,并会见了不少旧知新雨,还特意去看望了金子光晴夫妇。关于这次会见,金子本人曾在《骷髅杯》中有这样的记述:

（那天）事先没有任何告知，家里突然来了两位稀客，在上海相识的友人田汉，带了一个名叫雷天振鸣（即雷震——引者注）的高大汉子，田汉还是一脸的神情不定，从寒舍的院子外向内张望。听说雷天是中国的一个陆军中将，到日本来是为了考察电影的摄影棚。我正想去借点钱来款待一下，田汉却反过来邀请我们夫妇去参加当晚在小石川传通院内的中国餐馆的晚宴。那天的主人是菊池宽，在座的有较熟的（佐佐木）茂索、（片冈）铁兵、横光（利一）等，也有平素交往甚少的十一谷（义三郎）、川端（康成）等，我稍稍觉得有点扫兴。年轻时的田汉，神情潇洒，风采卓然，与土里土气的菊池那拨人不可能话语投机。我们就把菊池等撇在一边，畅叙旧谊，在妻子的怂恿下，田汉唱了一曲汾河湾，妻子则用奇怪的调子唱了一段我教的大津绘。我们这种旁若无人的样子，一定使在座的那些文人不快了吧。㉝

晚年的金子，又曾撰写过《田汉》一文㉞，追忆当年往事，虽然内容上并无特别新意，仍可见他对田汉的一片深情。金子去世后的翌年，夫人森三千代对这一往事仍然记忆犹新，她的回忆对此有些补充：

　　我记得是住在中野的时候，从上海来的田汉突然来造访我们。田汉是我们拿了谷崎润一郎的介绍函在上海相识的朋友，曾在日本留过学，是一位日本通。那天田汉还另外带了一个人，因为太突然了，我们一时都手足无措，坐的地方也只有榻榻米的坐垫，田汉对日本的生活虽然很熟悉，但另一个人却不会坐，他不会盘腿坐，只有把坐垫叠起来让他坐。想要拿什么招待，也只有茶而已……那天我们畅谈了以前在上海的交往，非常开心。回去的时候，想要送点什么给他，也实在拿不出什么东西，只好取出一个儿子出生时别人送的肚兜模样的一块薄毛呢给他……原来是横光利一把我们的住址告

诉给田汉的。㉟

值得注意的是,1968年1月发表的《日录》上,金子有如下的记录:"今年没有收到田汉的贺年卡。我想他一定受到了红卫兵的欺凌,感觉很痛苦吧。"日录没有标明具体的日期,只有含糊的"某月某日",根据内容和发表的日期,大概是在1967年年末或1968年年初,这意味着此前彼此还一直互致贺年卡。在中日关系风雨如磐的时期以及1949年以后的非常年代中,金子能与田汉保持如此的友情,实属不易。

金子光晴1926年4月来上海时,郁达夫恰好去了广东,未能谋面。根据对文献的稽考,两人的相识,应该是在金子第二次来沪时的1928年的3月底或4月初,现在有确切佐证的是前文已经引述的鲁迅1928年4月2日的日记,但相识应该更早些,地点则很可能是在内山书店。对于内山书店,金子有如下的描述:

> 经常会有各色人物在那里相聚,是一处梁山泊的聚义厅。随着时代的变化,出现的人物也会不一样,但吴越同舟,中国人也罢,日本人也罢,只有在这里才能敞开心扉各抒见解,这是一个人们能进行心灵交流的场所。店主内山完造是一个很会引发大家观点的人,一个良好的调停者,一个没有偏向的理解者,也是一个罕见的、为大家提供了愉快的谈天说地场所的人。㊱

与鲁迅交往颇频繁、鲁迅曾收藏他一幅油画作品《倒立之演技女儿》的日本画家宇留河泰吕,是金子来上海之前、来上海期间以及归国之后一直保持往来的旧友,他对内山书店有这样的记忆:

> 当时(内山书店)是一个向中国年轻人提供进步的新思想的学术

仓库兼客厅一样的地方,是一个令人愉悦的沙龙,不仅中国的英俊睿智经常光顾此地,而且日本的文化人、文学青年也常来这里,虽然各自的思想和生活方式不尽相同,但不知为何,这些充满了年轻活力的人们,不分昼夜,在此流连忘返。㊲

金子很有可能是在内山书店结识了郁达夫,他回忆说:"我也经常在内山书店见到他们(鲁迅和郁达夫)两人。有时是坐在里面的客厅内,有时是紧贴着书架旁站着。"㊳4月2日陶乐春的晚宴,鲁迅日记中记的是"达夫招饮",但也有日本学者推测有可能是内山完造请郁达夫做中介人,将鲁迅一起请来认识,实际的主人是内山㊴。不管怎么说,郁达夫以及鲁迅之所以与金子相识,内山完造及其所经营的书店是一个极其重要的中介。

金子早期似乎没有直接描述郁达夫的文字,但他在1928年11月和12月发表的两首题名为《上海》的诗中,都将"致郁达夫"和"致郁达夫君"作为副标题,也许他在浮想五光十色的上海时联想到了郁达夫。他在发表于1950年6月的《郁先生》中这样写道:

郁先生经常与鲁迅两人在北四川路上行走。

郁先生穿一件带藏青色的风尘仆仆的长衫。鲁迅穿什么衣服不记得了。两人的话语似乎没完没了,而说话的总是郁先生一方……

郁先生长得有点像河童。像是在发着什么牢骚。撅起的上唇,像是在笑,这本身就令人觉得很滑稽。像一个调皮的孩子。

……

在外白渡桥的桥栏边,他俩在观赏着舢板的舞蹈。郁先生很容易激动。㊵

金子在《骷髅杯》中回忆了他们夫妇与郁达夫夫妇的交往：

（在我关在寓所内作画期间）郁达夫和他年轻的夫人把我们带了出去，拉到了他们在法租界的寓所，教会了我们如何玩麻将。郁达夫是一个喜欢玩的人，对我这样一个既不会成为毒药也不会成为良药的同伴，很是满意。他的妻子和我的妻子都是师范毕业，彼此很亲密。结果是他提议我们四人一起去普陀山旅游，当时我们经济上处于极端的窘态，若全由他掏钱不免有些尴尬，不得不谢绝了他的好意。④

他还说："我试图透过郁先生来研究中国人，但结果恐怕失败了。郁先生竟是如此与日本人相像。但是，他的激动，虽是真的激动，却不会为之而拼命，从这里，我还是看到了一个中国人。"④

几十年之后，晚年的金子这样表述了自己对郁达夫的印象：

感觉上不像中国人，倒是与日本人很相近。……与他谈话时没有抗拒感，觉得很容易亲近，一见到他就觉得自己已经很了解他了。④

这大概已是岁月积沉下来的多层印象的一种叠合了。

在自传体作品《诗人》和《骷髅杯》中，他屡次写到了鲁迅和郁达夫：

不管我到哪里去，都常常见到鲁迅和郁达夫两人在北四川路附近结伴而行，个子不高的中年的鲁迅身边，是身体有些瘦弱的郁达夫，对着鲁迅说着由来有些复杂的秘密话，鲁迅则是不住地点着头。有时看到他们俩蹲在苏州河边，鲁迅用石子在泥土上画着图像在做

着解说,有时看到郁达夫坐在横浜桥的栏杆上,一个小时左右,两个人一语不发地在思考着什么。㊹

　　我没有在郁达夫的文字中读到他与金子交往的记录,金子也没有提到他们在文学上的深入交流。但作为文人的交往,他们保持着长期的友情。1936年11至12月,郁达夫在任福建省政府参议期间,去日本访问了一个月,名义上是省政府的公差,实际上负有劝说郭沫若回国抗日的使命。其间与金子有多次交往,对于这次访日及两人的交往,金子和郁达夫本人都没有留下记录,但我们依然可以从别的文献中窥见其一斑。当年的日本《中国文学月报》第21号"文化消息"栏目中曾有如下报道:

　　　　"创造社以来的著名文学家、现任福建省参议的郁达夫将于11月13日来日本,在此计划逗留两个月左右。本会以及相关方面正在准备欢迎。"

　　横光利一在他1936年12月12日的日记中有这样的记述:"午后六时,出席中华民国的作家郁达夫、郭沫若两位的欢迎会。地点在山水楼。"㊺但在横光所记录的出席者的名单中,未见到金子光晴。不过,郁达夫却并未忘记老友,主动到他位于东京余丁町的家里去看望他。金子夫人森三千代对当时的突然造访有比较清晰的记忆:

　　　　恰好当时我们有一个"辉会"的活动,这是此前长谷川时雨编辑的杂志《女人艺术》遭到了停刊之后组织起来的一个会,聚在一起活动的几乎都是女性。于是这一年年末的忘年会准备上演女剧作家冈田祯子的戏剧,这天正好在我家排演……就在紧张排演的时候,突然郁达夫进来了。这时金子恰好在二楼,我把郁达夫一一介绍给了我的朋友,这期间金子与女佣一起准备了很多菜,又从附近的中国菜馆里买来了叉烧和老酒等,然后收拾了一下刚才在排演的房间,大家一起围桌吃了起来。就在这时,金子请郁达夫题写了《鲛》(《鲛》是金子于翌年出版的一部重要诗集,郁达夫的题字现在依然保存着——引译者注)的书名。㊻

在另一篇由文艺批评家古谷纲武撰写的、发表于 1938 年 11 月的《郭沫若与郁达夫的印象》中较为详细记述了郁达夫在这次访问中与金子的关系,但因是将近两年后的回忆,日期记成了两年前(1936 年)的春天,参照横光的日记,应该是 12 月中旬左右。古谷记述说:

> (郁达夫)来到日本的时候,因多次到中国南方游历而与其成了熟人的金子光晴的介绍而与他见了面。
>
> 有一天,金子来到我这里,说明天郁先生要到自己家里来玩,想见一些日本年轻的文学家,叫我一起过去。
>
> 翌日上午,我如约前往。郁先生已经在了。我对他的印象不太好。是嗓音不好呢,还是有点夸张,给我的印象是比较粗糙,没有一点清澄的感觉。但是非常开朗,动作轻快,看上去极善社交,在看惯了日本文学家的我的眼中,倒是比较罕见的一个人。不过这与艺术家的形象相去甚远。㊼

言谈间,郁达夫说起很想见一下古谷的老师谷川彻三,于是由古谷和金子的夫人森三千代陪同去拜访了谷川家,并在谷川家用了午餐。餐后,郁达夫说他要去见郭沫若,晚上在东京神田的大雅楼请客,请大家都过去。当日晚宴的出席者有金子光晴夫妇和孩子、谷川夫妇、古谷、郭沫若及两个孩子,"我们就像一个大家庭似地围着一张大餐桌。郁先生和郭先生都是酒豪,微醉后的郁先生就更活跃了。"⑱

此后日本发动全面侵华战争,彼此之间几乎处于音讯隔绝的状态。战后不久,金子获悉郁达夫在印尼苏门答腊惨遭日军魔爪死于非命的消息,悲愤不已,撰写了《郁达夫及其他》,悼念这位昔日的文友:

> 据说是被日军的凶手杀害的。愤懑,难以入眠。想到他是死于日军之手,成了那些强盗杀人犯毫无理性的、凶暴行为的牺牲品,我眼前就会浮现出那时的不肯通融的郁达夫像执拗的孩子一般撅起了嘴、一脸反抗的神情,而这一切都已无法追回,想来令人遗憾不已。郁达夫是一个正直的弱男子。应该没有什么理由会被杀害。⑲

三年后他又撰写了《郁先生》一文来怀念旧友。以后在自传体作品《诗人》和《骷髅杯》中又一再写到了郁达夫,可见郁达夫在他的心目中印象之深。

在中国,恐怕是因为研究鲁迅,才有人注意到金子光晴。金子与鲁迅相识,大概在 1928 年 4 月初,因为 1926 年春天来上海时,鲁迅尚在厦门。鲁迅 4 月 2 日的日记中第一次出现了金子的名字,此后在内山书店大概也经常见面,而更多的是金子经常在北四川路上见到鲁迅。上述的引文中已有与鲁迅相关的文字出现,在金子的笔下,鲁迅是一个脸色黝黑、留着上唇须的小个子中年人,常常与郁达夫相伴。

> 有时候我走过去与他们搭话,鲁迅显得有些尴尬,露出一口龋齿,特意装出笑脸来说:"你是不是在上海待得太久了?"话里像是包含了些警告的意味。郁达夫在一旁插话说:"有太太在一起嘛,在哪里都可以待久啊。""你是在为自己辩解吧。"郁立即遭到了鲁迅的嘲讽。郁达夫身上所体现出来的,是无法毁坏的沁入身心的知识分子

的生活，而鲁迅具有的，则是丢弃了令人可惜的深厚的文人式的教养吧。我从他们两人身上，嗅到了这样的气息，我觉得自己与他们具有同一族类的意识，我一时苦于找不到合适的言词劝慰，就只有悄悄地离开了。(50)

金子的夫人森三千代也是一位诗人和作家，大约在上海逗留期间的1929年初，金子设法将她的诗集手稿《姆依修金公爵和麻雀》托一个在上海开印刷所的日本人岛津四十起刊印了出来，森三千代心里比较崇敬鲁迅，就托郁达夫转赠给鲁迅一本。鲁迅在1929年1月31日的日记中记述道："达夫来并转交《森三千代诗集》一册。"(51) 1934年，与金子一起在东南亚和欧洲流浪了两年之后回到日本的森三千代出版了新诗集《东方之诗》，也郑重地给鲁迅寄赠了一本。鲁迅在1934年3月12日的日记中记道："午后的《东方之诗》一本，著者森女士寄赠。"并在17日日记中记道："寄森三千代女士信，谢其赠书。"(52)此信在尘封了六十多年之后，由金子和三千代的长子森乾于1991年刊布了出来：

惠赠的《东方之诗》已于前日拜受，得此可以坐着旅游各种地方。在此表示深切的谢意。说起兰花，当年在菜馆里相聚的场景还历历如在目前。可如今的上海已与当时大不相同，实在是非常的寂寥。(53)

而森三千代的这本诗集，则保存在上海的鲁迅纪念馆内。

1929年3月，为筹措前往欧洲的旅费，金子将关在余庆坊寓所内画成的"上海名所百景"借塘沽路上的日本人俱乐部的二楼举办了画展。金子于绘画并非外行，他自幼即受过相当好的训练，9岁左右跟随日本画家田中一圭的弟子百圭习粉本画，中学时绘画的成绩一直是数一数二，1915年19岁时，他从早稻田大学退学进入了东京美术学校日本画科专门习画,虽然数月后退学,但在绘画上还是有不浅的造诣,在第一次的旅欧期间,出入于各种美术馆,浸淫于浓厚的艺术氛围中,汲取了多种艺术素养。鲁迅素来对美术怀有浓厚的兴趣并有深湛的造诣,金子又是友人,于是前去观赏。金子在《骷髅杯》中记述了此事,鲁迅1929年3月31日日记记载:"午后同柔石、真吾、三弟及广平往观金子光晴浮世绘展览会,选购二枚,泉廿。"[54]选购的是怎样的两幅画,当事人没有记录,1986年出版的《北京鲁迅博物馆藏画选》则表明,这两幅作品依然留存,分别是《大世界歌女之图》和《铁桥》[55]。这倒是印证了购画之后鲁迅与金子的一段对话并非金子多年之后的臆想:

> 鲁迅说:"唱戏人的美人,和中国的美人不一样。是日本美人的脸呢。"我回答说:"日本的美人和中国的美人有这样大的差异吗?我原想,在中国就是中国美人,到了日本就成了日本美人了。"他对此也没有否定。[56]

上述这些日记、信函和画作,都是当年金子夫妇作为文人与鲁迅交往的有力佐证。

在现有的文献中,似乎没有金子曾经阅读过鲁迅作品的纪录,也未能看到任何对鲁迅作品的引用和评价。这一方面主要是因为当时鲁迅的作品基本上还没有日文翻译,金子虽然能阅读古汉语,却无法阅读现代白话文,另一方面,他对鲁迅的文学价值似乎也没有充分的认识,在他1926年撰写的《南支的艺术界》中只字未提鲁迅,这一方面固然是由于其时鲁迅尚未到上海,另一方面却也说明了此时他对鲁迅还没有任何认识,他后来主要是通过在上海文坛(以留日归国的文学家为主,也包括内山书店)所获得的信息以及他本人与鲁迅的直接交往来认识鲁迅的。鲁迅的有些话,令他印象深刻,以至于多年以后,他仍能将其记下来:

日本人常常以孔子中国的眼光来看中国,也应该以道教中国的眼光来看一下。

中国的城廓周边用城墙围起来,战争的时候,农民等任何人都可以进来,一起在城内抗击敌人。而日本的城堡,只有上层武士才可以呆在里面,其他的人就撇在城堡外撒手不管了,两者在构造上有很大差别。[57]

这些都是事后所记,未必是原话,但大抵意思应该是不错的。金子由是感到:"将中国一刀一刀鲜明地切割开来,然后放在手上让大家看的鲁迅,不单单只是一个文人。"[58]这些认识,都是来自金子与鲁迅交往的直观感觉,已经颇能透现出鲁迅的深刻。日本有学者认为:"鲁迅与许多日本知识人有交往,其中金子光晴是在某种程度上读懂鲁迅的少数人之一。这也许是因为彼此之间有一种用言辞很难表达的相互共鸣的东西存在吧。"[59]倘若他深入阅读过鲁迅的著作,对鲁迅的"读懂",也许会更加的深切。

第二节　上海意象和江南屐痕

上海往往是很多近代日本人前往中国的第一个登陆点。1875年2月三菱汽船会社开通了横滨至上海的第一条日本海外航路,以后又开通了长崎至上海的航路,航行时间差不多只需要一昼夜。当轮船进入长江口折入黄浦江时所眺望到的情景,几乎是许多日本人所感知的第一中国图像。金子光晴在1926年春天的上海之旅时所撰写的《发自上海》中没有记录初识黄浦两岸时的感受,但在多年以后的自传体作品《骷髅杯》中这样叙述了1928年初冬时邮船进入黄浦江时的印象:

在江水的一方，吴淞的陆地渐渐显现出来，在我们的右边，灌木的树枝已经枯零凋落，紧紧地交缠在一起，陆上的土地显得比较干燥，船从这里进入支流的黄浦江。如果在美好的季节自这里经过的话，可以看到杨柳绽放出嫩芽，一片盛开的油菜花，如今却是自然荒芜的季节，只有干燥的泥土、石块和裸露的树根，一片荒凉。近九点时，如钝刀一般的太阳光，才终于从云间露了出来，射下了无力的光芒。⑩

这只是一幅情感色彩很淡的风景画。激动抑或欣喜抑或厌恶抑或景仰抑或蔑视，从这段文字中，我们几乎都无法感知。这差不多是金子光晴的第一幅中国图像，从中我们没有见到当年宫崎滔天和村松梢风的那种感动。中国文学的研究家青木正儿（1887—1964）曾这样记录了他早年的感觉：

我想起了在上海登岸的数小时前，有人说船已驶进了长江口，过了不久，就见在一抹闪亮的曙光中呈一直线地浮现出来的两边江岸，开始时只是像丝线那么细微，渐渐变得有如麻绳那么粗细，再过一会儿才使人感到这真的是陆地。就在这时，看到江岸断断续续有一片带状的烟霭。再过一会儿，才看清这是岸上的柳烟。这柳条的柔嫩若要用来比喻，那我就仿佛是面对着一位纯洁无瑕的少女一般，眼前的情景令我心潮起伏……⑪

宫崎和青木，抵上海前，本身已有很浓的中国情结，而村松对中国，则只有朦朦胧胧的图景，但他们初次目接中国大陆时，都表现出了深切的感动，相比较而言，金子所描绘的，只是一幅色彩淡淡的风景画，这也许是那一时代相当一部分日本人初抵中国时的感觉吧。自1862年"千岁丸"初航上海之后，随行的高杉晋作(1839—1867)等人用文字向日本人传递了中国正日趋颓败的图像，此后甲午战争中中国战败的结果，更使中国的形象一落千丈，虽然汉学的历史脉络并未立即中断，但古典所传达出的令人景仰的中国面貌，无疑已经破碎了。也许宫崎、青木等人的情感，在当时已不属主流，倒是金子们的感觉，占了大多数。

20 世纪 20 年代的上海，经过 1843 年开埠以后的多年建设，在苏州河南岸的公共租界和法租界，已经形成了一个近代大都市，而在南市的旧城区和北侧闸北一带的华界，则大多还是破败的老街和新形成的贫民窟，居于河南岸租界和北侧的华界之间的，是算作公共租界的日本人集中居住的虹口（经常被人们称作日本租界，但历史上日本租界并不存在）。因此，当时的上海，是传统中国、西洋和日本三种文化的交汇场，有时候是互相交融，有时候是互相碰撞，在有些区域则是泾渭分明。金子光晴在前后三次的上海游历中，其主要的活动区域是在虹口，第一次和第三次的上海游历，他在北四川路的余庆坊内一处由日本人将内部改造成榻榻米样式的石库门房子里居住了半年以上，日常的生活范围，大抵都在四川路一带。当然他也曾涉足西洋人集中的南岸租界和处于边界地带的杨树浦和江湾，因此，他所描绘的上海图景，五光十色是它的基调：

> （上海汇聚着）在本国已经退休拿着薪金的工部局的官吏，有过前科的西洋冒险家，在霞飞路一带拼命掘金的犹太血统的白俄，那些趾高气扬对东方人视如猫狗的大英帝国的顽固家伙，除了猎色之外无所事事的法国小男人。夹杂在三十几个国籍人这一杂色社会中的上海人，在中国人中也可谓是非常独特的了……与那些疲惫憔悴的上海西洋人相比，中国的知识阶层中，也不乏来自各地的俊秀。至少与在别处所见到的中国人相比，具有一种新鲜活泼的感觉。也有不少富有知性的美丽的女性。[62]

作为一个具有唯美颓废倾向的诗人,金子光晴对于上海的娱乐场所可谓了如指掌:

> 民众的娱乐场,有大世界和新世界。花两三毛钱买一张入场券,既可看各种曲艺,也可看新派剧,老戏,电影,魔术,可根据自己的兴趣随意选择。也可演到一半进来出去,玩一整天也无所谓。也有小孩的运动场,餐馆。虽不可赌现金,但可赌香烟,与附近法租界的赌场无异。在永安、先施、新新三大百货公司的屋顶上,也经营着相同的娱乐场,收取特别的费用。名曰永安韵楼,先施乐园,新新花园,黄昏以后的这些乐园里,就成了野鸡习客的场所了⋯⋯在上海的银座南京路的背后,开设着大舞台、共舞台、天蟾舞台等演旧戏的舞台,那一带还汇聚着一品香那样的旅馆,陶乐春、致美斋之类的菜馆,艺妓馆,青楼就夹杂其间,朝朝晚晚,都可听到不知从何处传来的锣鼓声、胡琴声和各种拍子的击打声,营造着一种甜美倦怠的气氛。㊽

这里说的虽是娱乐,却弥漫着浓厚的中国庶民文化的气息,虽处于洋人统治的公共租界,却分明是一个中国世界,不过不同于传统中国的是,这里有着电影、舞场、百货公司这些现代西洋的元素。这就是近代上海,既迥异于中国的乡村和内地的小城,也不是欧美某一都市的移植。五方杂处,五色杂陈,五光十色,有时候也有点五彩缤纷。这在日本人的金子光晴看来,是相当有刺激的。20世纪前后,东京、大阪、横滨、神户这些城市也纷纷开埠,也出现了洋人和洋货,开始形成了近代都市的面貌,但一切都以日本人为主导,日本人是绝对的主角,绝无五色杂陈的感觉。20年代日本的政治氛围,大正的民主主义热潮已经跌入低谷,军部的势力日益抬头,法西斯主义正在萌芽。"这时的去上海,对我而言,就仿佛是堵塞在前面的高墙崩溃了,突然出现了一个洞口,外面的空气一下子吹拂了进来,有一种令人振奋的解放感。"⑭

不过在金子光晴的感官中,最强烈的印象也许是"喧嚣"(日文原文是"物骚")和"臭气"这两点。白昼几乎到处都是拥挤的人群,熙熙攘攘,摩肩接踵,一片喧哗,卖货的吆喝声,高调的说话声,尖厉的唱戏声,激烈的吵骂声,几乎昼夜不绝于耳。还有就是日本少有的臭气。随地便溺的气息,一长溜排列在小路上弄堂里的洗刷完后盖子朝天的马桶,苦力和乞丐身上散发出来的汗臭味,贫民窟内的霉臭味,再加上刺鼻的脂粉气,工厂里的油烟气,混合成一种多元的臭气。

他的一首代表作《鲨沉——寄黄浦江》,集中体现了他对上海以及由上海所展现出来的中国的感觉,有些长,谨引录其中的一节:

白昼!
且听一下那扬子江黄色浊流的滔天之势。

在水平线上颠簸的破旧的船栏杆边
集聚着一群流浪汉、逃亡者……
流动的江水、破绽的用草席编制的船帆、生了铁锈的空罐,
只有巨大的船体,出没在江面上。
哦,绚烂得几乎令人觉得耻辱的‘大洪水后’的太阳。

在盲目的中心一条大鲨鱼深深地深深地往卜沉落。

川柳的塘边垂挂着水尸、白鳗。

下锚吧!

难道你没听见码头边拖船的苦力们喧嚣悲哀的声音吗?

不,这声音的底部,也许是暗沉沉的昏睡吧。

……排水口的垃圾堆上,飞落了一群鸣声苍凉的海鸥。

是大欢喜? 还是大悲哀?

哦,寂静的白日、水的杂音的寂寞!!!

……

扬子江黄色的浊流在天上泛滥。⑥⑤

  金子 1926 年 4—5 月第一次正式来上海时,曾游历了苏州、南京和杭州。1928 年 3—5 月第二次来上海时,又去杭州等地游历,结识了当时在日本领事馆供职的小说家、以后又成为郁达夫研究家的小田岳夫(1900—1979)。第三次来上海时,于 1928 年 12 月中旬,为某日本在沪印刷企业征收会员费等,夫妇俩坐船沿长江前往武汉,盘桓了两周左右。1929 年 4 月与画家秋田义一同往苏州游历了半个多月。金子光晴关于杭州的文字主要有 1926 年发表的《西湖舟游》和《西湖诗篇》,1927 年发表的《湖心亭》和《西湖》等诗作;关于苏州的文字主要有收在 1927 年出版的诗集《鲨沉》中的诗作《寒山寺》、《虎丘》和《苏州城》,以及自传体作品《骷髅杯》中有关苏州的记述;关于南京的文字主要有 1926 年发表的《古都南京》(1)(2)和诗作《古都南京》、《莫愁湖》等;关于武汉的文字,主要是《骷髅杯》中的相关记述。

  民国初期的杭州、苏州和南京,一方面作为位于富庶江南的、具有悠久历史的城邑,依然保持着某种程度的安逸和优渥,也留存着相当不少的人文古迹,另一方面经历了清末民初长期的动荡和战乱,整个街市已显得有些萧索和凋敝。

  通观金子描写杭州的文字,充满了江南旧城的古典气息:

西湖沉浸在月亮之中。宽宽的船橹划开了水里的菊花,行驶在夜丛中。西湖在叹息。西湖在我的手指间流淌。⑥⑥

泡桐花谢了。绯红的夏天开始了。手提着木鱼、唢呐和纸钱,肩挑着馒头的蒸笼,背负着香炉的罗汉的行列,穿行在树丛间,匆匆走向阳光照耀下的大伽蓝。⑥⑦

《骷髅杯》中记述了自上海坐火车去苏州时的窗外景象:

上海至苏州是一片平坦的大陆,到处都是同样安闲的风景,春光摇曳,春返大地,低垂的杨柳绽放出了鹅黄色的嫩芽。并不很整齐的耕地上一片繁忙,巨大的耕牛正在缓缓地牵动着沉重的灌溉用的水车轱辘。⑥⑧

走近苏州城的印象是:

壮丽巨大的外濠边的苏州城墙,与流经此地的宽阔的运河水一起,在逆光下现出黝黑的模样,威严地压迫过来……由喧闹的城门口进入的街道,称为正门外,各种游乐场、旅馆,还有很多家脏兮兮的餐馆密集在一起,十分热闹。⑥⑨

他们选了一家中国旅馆住下,一个房间无论住宿多少人都是一样的房价,这较之日本旅馆便宜很多,旅馆本身虽然没有食堂,但可从附近的菜馆随意叫各种吃食过来,廉价而方便。但中国旅馆的房间,没有上锁的门,小贩和妓女往往随意而入,令人不快。而到了夜半,各种喧闹之声仍然不绝于耳,戏班的演出尤其热闹。"唱戏人都是些十四五岁的小姑娘,拿着写着各种曲目的折帖,大多是些京剧花旦的曲目,由客人随意点唱,名曲有《玉堂春》里的'苏三起解'、《四郎探母》中的'四郎别母'等。唱戏人身边一定跟着拉胡琴的男人。"⑩

金子对苏州印象最深的是水:

> 水是古都苏州魔力的根源。城内富有风情的街衢,都浮游在水上,在四通八达的运河上架着的如骆驼背一样的拱桥,据说数量达到三千五百之多。坐黄包车在城里行走的话,遇到拱桥,客人必先下来,车过了桥后才可坐上。坐着黄包车在一座座拱桥前上上下下实在麻烦,于是我们就改骑驴子了。⑪

他对寒山寺的记叙是:

> 寒山寺在一条河边上,已是人烟稀少,相当荒凉。粉墙内的寺院,没有一座像样的堂宇,院子内,在一堆圮坏的瓦砾中,只有一些今春新长出来的杂草。在围墙的一角有座钟楼,虽然有楼梯,可楼梯的踏板都已经断落,扶手也摇摇晃晃,只能伸长了脖子看一下大钟而已……流经寺院门外的小河上,架着一座寻常的拱桥,即是枫桥,桥上贴着欢迎蒋主席的字样,很煞风景。绽放着新芽的一棵杨柳下,系着一艘篷船。⑫

金子的一首具有象征派风格的诗作《苏州城》,概括了他对苏州的整体印象:

> 苏州城浮游在水上。
>
> 水呈现出绿色、浅黄、砥石色、黑色、紫色,或宽广、或狭窄,水面

或高或低,在这座旧城的屋甍和画壁中散发着腐败的气息。

仿佛是停滞不动的河面,流经的两边是放置着盆栽老竹的内窗、酒窖和酱园。

在雨中裸身工作的漆匠,伞骨,街市内的石桥,粉墙颓败的小巷,破损的乌篷船,等等。

啊,苏州城哟。破败的画舫哟。

城外青草一片,在朱帆和片云浮动的河塘里,我望着黑漆漆的城墙,在日落中悸动。[73]

南京虽云六朝古都,朱元璋时也曾定都于此,但经历了太平天国之乱后,近半的城市遭到毁劫,在1927年以后国民政府进行首都建设之前,不要说郊外,即便城墙内的街区,也处处显出荒凉颓败的景象。谷崎润一郎在1918年南京之行后所作的《秦淮之夜》中所描绘的南京街区的荒芜和夜晚的漆黑,读来甚至都有些令人悚然的感觉。金子光晴留下的有关南京的文字,主要作于1926年,亦即国民政府定都之前,衰败中残留着昔日的荣华,诗意里掩饰不住今日的荒凉。下了火车,映入他眼帘的是:

在下关下了车,绿色的草丛中,可见甍甓崩坏的坟墓,一行呈现出梦幻般烟霭的杨柳,在河流上飘荡的船头涂有色彩的篷船,南京的近郊,是一片栖息着青蛙、水牛的荒寥的田野。[74]

在车站坐了黄包车沿长江前行,金子对长江的感觉是:

阔大沉郁的扬子江,如鲨鱼一般迟钝的扬子江,如死尸一般腹部朝下地横亘在那里。一清早就给人以沉痛感觉的扬子江,缺乏鲜明的感情。这是一片让人感到如白痴一样的迟钝、黝黑、同时又是巨大的流域……如果说日本的自然是感伤的、富有人情味的,那么中国的自然就是哲学的、虚无的。⑦

改坐马车进入城里后,看到的是:

鼓楼,是一座用红瓦作屋顶的如城楼般的大建筑。登上北极阁可以眺望一望无际的原野。在原野的一边,是昔日的城墙,呈黑色的锯齿状在眼前展开。城墙外玄武湖的湖水一半被荻草所遮蔽,投射出暗淡的如戒刀一般的光芒。⑦

梁武帝时建造的鸡鸣寺,在一个小山丘上,是一座如瓷器一般精致玲珑的建筑。坐在红木的大椅子里,吃着西瓜子、大枣和桂圆肉,俯视窗外的江南一带,真有一种阔大的感觉。孙权时吴国的石头城,明太祖时所谓后宫三千衣香鬓影的所在,就是左边一片稍稍隆起的小丘。往昔的南京,只是残留在这块土地上而已。时光流逝。南京只是作为过去的遗迹,显示着它凄凉的美。⑦

不仅客观的物象已是今非昔比,人间社会也折射出破败的气象。金子光晴等在明孝陵的残迹里,还看到了另一种情景:

穿着青灰色军服的中国士兵,斜背着用竹子做伞骨的雨伞,都躺在路旁的草丛中。张着口睡在草丛里,脸上的神情看上去又像是觉得疲惫又像是感到满足。他们的军训就像是玩耍似的……他们的头脑中,完全没有昔日威仪堂堂的军事大国的余威。他们只是一群昨天是为了赵国、今天是为了魏国而仓皇被赶上战场的流民而已。⑦

而事实是，当时的中国大地上，正是军阀混战的时代，就在金子游历南京前不久，孙传芳的军队与奉系的军队为了各自的地盘大战于江苏、安徽一带，而此后不久，北伐军又在此地迎战孙传芳的军队，这些穿上军服的士兵，也只是些为了糊口的农民罢了。金子恰好看到了其中的一个场景。这样的中国，虽然多少还残留着几缕往昔灿烂的余晖，但实在已经无法激起一般日本人的憧憬和敬畏了。

1926 年金子曾写有《古都南京》一诗，当年的谢六逸将它译成了中文，这首诗，《谢六逸年谱》中没有提及，《谢六逸文集》中也没有收录，姑且引录如下，一方面可一窥金子诗中的南京意象，同时也作为当年中日文人交往的一个留存：

杨柳里的旧都呵！

有描着黄龙的旧屋瓦，有古钱形。

岑寂的杂草里，有赤壁的崩颓，水牛游息的水池，

鹊鸡于飞尽的城墙⋯⋯

笼内的鸟声盈溢着的茶楼下的运河里，画舫。

红紫色的灯笼，彩色的栏杆，白昼唯有倦怠与寂寥。

（鸦影掠浊水飞过）

歌女仍疲劳而安眠了吧，除去璎珞，闭着朱唇⋯⋯

胡琴简板不响，永远衰颓下去的旧都的，

奇妙的猫耳形耸立着的荒寺的屋顶、屋顶。

若你愿听人间的颓废的哀调，到秦淮去，

若你愿听深沉的兴亡的歌，到草地去吧。

那鹧鸪和苇草，黑而丑的蟾蜍与棺材，还有那野犬，

你在风里可曾听着环佩声，

你可未曾见那涓涓的行潦里映着古旧的廊影。⑦⑨

1928年12月中旬，金子光晴夫妇坐轮船前往汉口。他们乘坐的是所谓官舱，却并无被褥之设，冻得无法入寝，而同船的中国人大多自己带着被褥，自带着各种吃食。像是商人模样的一家人，连同掌柜和学徒，围着船上客厅里的桌子，旁若无人地欣然进食。船停经芜湖、九江等地时，三四等舱的乘客都争相探出头来向岸上购买如乳脂糖般的小块的鸦片，每块两毛钱。这些场景，令金子十分感叹。江面时常有些浅滩，不时需要人去探测，探测的吆喝声此起彼伏，几乎彻夜不断。"汉江的两岸，叶子已经落尽的树枝上，一长溜地停满了喜鹊，发出嘶哑的鸣叫声。冷得出奇，街上一片萧条。"⑧⑩

到达汉口后不久，当地就发生了黄包车夫与日本的海军陆战队军车冲撞之后死亡的事件，激起了中国民众强烈的反日情绪，一般日本人都蜷缩在租界里不敢外出。"对岸的武昌有一座黄鹤楼，想去看一下，日本旅馆的老板说危险，别去，我们也不听，雇了一个男孩当向导，摆渡过了江。从广东一路打过来、像是刚到的杀气腾腾的士兵，站在道路的两边对我们骂道'东洋人、东洋人'，要是搭理他一句，恐怕马上就会冲过来。所谓黄鹤楼，就是矗立在山崖上的一座小楼，并无特别观赏的价值。听说第二年发洪水时，被冲毁得无影无踪了。"⑧①

对于武汉，金子并未留下太多的文字，倒是沿途在江轮上的经历，令他印象深刻。

以上的三次中国游历，有三点我觉得应加以注意。第一点，金子的三次中国游历，均是私人旅行或短暂居留，既不同于由报社派遣和出资的芥川龙之介、由报社派驻上海的尾崎秀实（1901—1944）等，也不同于受到军部派遣前来中国战场劳军的林芙美子（1903—1951）和佐藤春夫等，他没有任何的公家和官方的背景,因此他所感知和描绘的中国图像更多的是私人性的;第二点,正因为他没有任何公家和官方的资助,除了第一次基本筹措到了旅费和第二次依仗国木田虎雄的私囊,他的大部分行程在经济上都十分困顿,有时候甚至是入不敷出,穷困潦倒,这就使得他较多地接触到了社会的中下层,他的中国图像,也具有较多的灰暗色彩;第三点,金子从根本上来说是一位具有唯美和颓废倾向的诗人,虽然他的记叙和描绘大部分是写实的,但不少也带有浓郁的主观情感色彩。上述三点,也使得他的中国图像更具有个性和独特的价值。

第三节 一个非主流诗人的反战声音

在日本,至少在战败以前,金子光晴基本上是一个游离于主流文坛之外的诗人。1921 年第一次欧洲游学归来后,他以诗集《金龟虫》而登上日本诗坛,参加了同人组织"诗话会"的活动,也在杂志《日本诗人》上发表诗作。但他与当时整个主流文坛似乎并不融合。"当时文学世界的趋势,与我的志趣还不相吻合。文坛上正是无产阶级文学蓬勃兴起的时代,整个媒体,被左翼作家所席卷。另外,《文艺春秋》一派,如横光(利一)、川端(康成)、十一谷(义三郎)等的艺术家,还在发出一点声音,而诗人的世界,正是安那其(无政府)主义的全盛期……我则没有任何的发言权,不管写什么作品,一开始就不会受到任何的认可。"[82]这样的感觉,也促成了他第二次的欧洲游学。总体而言,这一时期,他对政治未表现出强烈的兴趣,也没有特别的派别意识,他在上海交往的中国作家,就有鲁迅、郑伯奇、王独清、张资平、茅盾等各种色彩的文人。1929 年他在第二次前往欧洲时,因缺乏旅费,在新加坡逗留了半年,在此期间他在《新加坡日报》的创办者长尾正平的藏书中读到了马克思的《资本论》和列宁的《帝国主义论》等马列主义的经典著作,虽然没有接受马克思主义思想,但明显受到了马克思等对资本主义和帝国主义批判意识的影响。

在巴黎期间，他获悉了九一八事变的消息。与在本土的日本人接受这一消息的媒体渠道不一样，他在欧洲感受到的不是日本全国上下举着红灯笼庆祝胜利游行的群情激奋的气氛，而是英、法等国对日本行径的冷冷的批评声音，这就使得他能够从另一个角度来审视这一重大事件的性质。1931年12月初他从马赛回国，途经新加坡时，强烈感受到了当地华侨对日本侵占东三省行径的愤怒情绪，人们在街头编演各种歌颂民族节气的节目，以表示对日本的抗议。

归国后的金子，除了发表一些诗作之外，几乎不参加日本诗坛的活动，直到1934年9月，加入了杂志《日本诗》的同人圈。其时他的诗作逐渐用象征、隐喻的手法表露了他对思想统制、军队的跋扈以及帝国主义的批判，《泡》、《鲛》、《蚊》等是这方面的代表作，其中的《蚊》已被当局发现与时局的主旋律不相吻合而受到了内务省警保局的警告。1937年8月，他的新诗集《鲛》由人民社出版，但几乎没有销路。

1937年10月下旬，他以商业考察的名义与妻子一同乘坐日本军火运输船抵达天津，此后往北京，并经山海关至张家口，又登八达岭。1938年1月中旬归国。

相比较20年代后期的三次南方游历，金子光晴夫妇行游北方的1937年末，已经是一个特殊的年代了：日本军队在发动了卢沟桥事变后，迅速占领了华北，京津一带已经处在日本人的统治之下。因此，他所看到的北部中国，已经不是原貌的中国，而是一个外来民族或是外来国家用武力威压下的中国，具有讽刺意义的是，这一外来民族或国家，正是金子的祖国。

我曾经比较过不少这一非常时期日本作家或文人来中国的旅行记或访问记，相对而言，金子在描述这样的一个中国时，几乎没有丝毫征服者的得意和狂妄，事实上，他一直是日本官方的主流意识形态的局外人，他笔下的客体，也比较接近于当时物象的原貌，在某种程度上，可以说留存了一份比较珍贵的历史文献。轮船到了塘沽港后映入他眼帘的是：

塘沽车站就紧挨在码头后面，到处站满了戴着耳套、手持上了明晃晃刺刀的步枪的哨兵。幽暗陈旧的车站内，贴满了日军司令部自9月以后的一张张布告，有的已经漶漫斑驳甚至脱落了。大多是些抚慰中国民众的言辞，有的还附有简略的彩色图解。穿着被污垢擦出光亮来的黑旧布棉袄的中国人，连同孩子一起悄无声息地聚成一团，用害怕的神情远远地望着检票口那里熙熙攘攘的日本人。车站背后，有一处房屋用粘土堆造的中国人的小村落。事变(指卢沟桥事变——引者)以后日本人大量涌入，出现了许多廉价的旅馆、酒馆和各种内容可疑的铺子，可谓鳞次栉比，在水洼已经冻成坚冰的小巷内，穿着有点脏兮兮的朝鲜衣服的女子正在进进出出，这些都是日本人在山海关那里用几元几十元买来的乡下姑娘，现在正忙得不可开交，一片生意兴隆。⑧

白河(今称海河——引者)沿岸的风景，一片粗杂。放眼望去，几乎空无一物，仿佛被人剥光了似的。堆积在土洲上的盐渣(附近所出产的盐称为长芦盐)，耕地上冰冻，宛如炉灶一般的农民的住家，苍茫的天空，在这样的景象中，一列从塘沽开出的火车，呼哧呼哧地吐着黑烟，向天津方向驶去。⑧

进入天津市内，沿着堆置石料的仓库的河岸，向金刚桥方向走去，看到原先的市政府"在我军炸弹的轰炸下，已经成了一片瓦砾，只剩下牌楼和围墙。"⑧"晚上特别第一区(原德国租界)的一家名曰吉斯林的咖啡馆，听说这样的地方事变以前很少有日本人来，如今看看周边，大半被携着艺妓、头戴着皮帽、手握着军刀的帝国军人占据了。"⑧

"我眼中所看到的比较繁荣的中国北部，都是靠军队的力量暂时支撑起来的。必须承认，因为我们是日本人，所以大家都可以借着军队的威光在这里随意行走。在日本租界的旭街上，开过了一辆又一辆满载着手持刺刀、带着钢盔的军人，蹲在车上，默不出声，另有一辆汽车，载着五六个神情紧张的军官。"[87]租界内，有来自横滨的日本人新开的理发店，中国书店里，摆满了各种日语自学的书籍，誊印店里贴出的都是早稻田大学法学士、明治大学预科毕业的证书的样本，还有所谓华北青年会贴出的信赖日军、防共反共的宣传单。当地的中国人，看上去对日本人都很驯顺，连黄包车夫对日本人也都有优待。"对于这些现象，有些人觉得世界的舞台正在轮流转，有些人认为他们只是在强压之下暂时表现出来的迎合，中国人的真意尚不明了……但是，倘若我们考虑一下他们在何等巨大的天灾地变之下都能应对生存下来、保持着自己繁盛的历史时，就可以明白这是一个具有怎样巨大坚忍力的民族了。"[88]

1938 年 1 月，他与妻子去了八达岭。他事后回忆道：

我们搭乘了拥挤不堪的列车，在元旦的清晨，到达了青龙桥车站。沿着结了冰的坡道，登上了长城。那里站着哨兵，一再询问我们是什么人，因为那时还不允许军人之外的任何人进入。城墙高高耸立在凛冽的寒风中，枯草随风，犹如海浪一般。[89]

战后，他补记了当时不便记录的各色人物、场景和自己的感想。他在天津邂逅了以前的一个旧识，数年前已来到中国东北闯荡，谋求发迹，此时已得到了军部的重用，穿着华衣美服，情绪昂扬地吹嘘着征服中国、进军北美的大计划。另一个是在天津的一家设有壁球游戏的酒吧里偶然相会的以前早稻田大学时代的一个叫谷尾的学弟，小个子，外表显得弱弱的，曾去法国游学一年，对欧洲文明倾倒不已，觉得远胜于东亚。重新见到的他,已留着上唇须,正对着别人颐指气使,然而一见到旧日的学长,立即转成了谦恭的表情,赶走了邻座的一个中国人把位子让给了金子等。他已经一改昔日的西方优胜论,"完全学着军部的腔调,仿佛要为过去的欧洲情结找一个泄愤口一般,滔滔地谈论说,中国今后将接受日本的统治,受此恩惠中国今后可避免内战,将会诞生一个新中国,蒋介石明年 6月就会举起白旗,日本将会凌驾于欧美之上,完成世界霸业。"⑩然而当金子等对他的宏论不置可否时,他又变得惶恐起来。金子觉得:"即便没有像他如此极端,但像他那样的人,到处都有。这种性格,正是典型的日本人性格之一。"⑪

战后金子还记述了自己当年在八达岭时的感想:

> 昭和十三年(1938 年)元旦,我们登上了八达岭,俯瞰万里长城。日本士兵用几乎要发狂的紧张的目光,死死地盯着我们。我理解他们目前尴尬窘迫的处境。他们就是那些家门口堆满了"欢送出征"的人造花圈的人家中被强行带到这里来的普通老百姓。我还记得有一户开面馆的邻居,男主人被送上了战场后面馆就关门了,我曾去门口一窥,已是一片寂寥。我觉得对于他们而言,比死亡的危险更难以忍受的是,明明是个寻常百姓,如今却被强制扮演一个凶煞恶鬼的角色,被迫压抑自己的本色,精神几近崩溃。而那些操纵着他们的军队的干部,却把他们当做战斗力,以他们的牺牲来实现多年的梦想,如今正在得意洋洋。⑫

这一次的华北之行,对金子的触动极大。他后来回忆说:"这次旅行,确定了我对于这场日中战争的大致的认识,我觉得至少我自己由此决定了一个明确的态度。"⑬

这一态度,就是反战的态度。

曾在南洋耳闻目睹了西方殖民者压迫当地人的金子,对于日本打着"解放亚洲"的旗帜进攻英国和荷兰,在感情上没有太大的反感,"但是对于中国的战争,日本就没有什么正义的理由了。对军人而言,战争就是买卖,打赢就是正义。而一般的民众,平时所郁积起来的野心,则在这场战争中一下子爆发出来了,比军部的宣传还厉害……日本的法西斯思想家,只是利用了民众的这一情绪而已。"㉞

1942年5月,作为日本当局对于意识形态的一个管制措施,成立了一个"文学报国会",同时强行解散民间组成的文艺家协会,由当时极端的国家主义者德富苏峰(1863—1957)(同时担任大日本言论报国会长,战后被开除公职,一度被列为甲级战犯的嫌疑人)出任会长。差不多所有的日本文学家都被网罗在内。几乎没有人敢公开拒绝加入报国会。一旦被军方列入"非合作"的名单,你连生存也很困难了㉟。

金子光晴也被要求参会。据金子自述,他曾参加过一次活动。这是一次商议由军方主导的大东亚文学者大会日程安排的会议,与会者约有十来人,金子只认识一个名曰细田民树(1892—1972)的曾经的普罗作家。主持会议的会长久米正雄,因临时被陆军报道部的某个大佐叫了去,迟到了。所谓大东亚文学者大会,"其真正的意图,好像就是当局想要炫耀一下军部的威力。与会者的表情和会议的气氛,使我感到这不是我应该来的地方。"㊱会议大致商定了带与会者去的地方,"我对这些安排都无所谓。但当讨论到亚洲各国的文化人到达之后,首先要带他们到宫城前去进行遥拜,然后让他们朗读印好的弘扬八纮一宇精神的说明书,要彻底贯彻日本精神的时候,我实在有些糊涂了,于是忍不住插嘴道:'这一精神,对日本人来说也许是无法更改的,但对于别国的文化人来说,连意思也搞不明白,恐怕难以理解的吧。这部分还是删除为好。'我这样一说,引起了全场骚动,其中有一个第一次见面的名曰中山省三郎㊲的,从邻座侧过脸来对着我,用严厉的目光指责我说:'他们不是别国的文化人,都是在天皇的荣光下汇聚在一起的共荣圈的人。'……其态度相当傲慢,盛气凌人,实在让人无法忍受,但本来就很胆怯的我,没敢再顶撞他,就中途退席了。"⑱他决定疏远这一组织。后来报国会也就没再叫他参加会议,他自己更不会主动参加,对上面提出的撰写战争赞美诗、设计战争动员海报等要求,一概置之不理。"非合作,渐渐就在我的心里变得很顽固,已经不可救药了。"⑲他的这一态度的确立,在当时是需要极大的勇气的。

当然,金子只是个诗人,并非战士。他知道在当时的逆流中自己无法挺身而出单枪匹马地与当局作正面的斗争。他只是利用可能的因素,来与当局作消极的抗争。其抗争的一个具体行动,就是设法让儿子乾逃脱兵役,不做战场上的炮灰。1944年4月,当局对儿子乾下达了征兵通知书,经检查第二乙种合格,且在福冈上船出发,而从福冈出发,金子知道,多半是被派往华中和华北战场。在中国战场上见过了日本兵凶神恶煞模样的金子,实在不希望自己的儿子也成为这样的角色。恰好他的儿子体弱多病,特别是患有哮喘,于是金子就采用燃烧松叶让烟来呛他、让他光着身子在雨中挨淋的方法来诱发他的哮喘病复发,然后请临近的医师开具诊断证明书来逃避兵役,第一次获得了成功。当年底,美军开始了对东京等大城市的空袭,金子全家避难至山梨县南部的山村里,但翌年3月,第二次征兵通知书还是没有放过他的儿子,于是他又再一次如法炮制,也获得了成功。后来在谈到这一行动的动机时金子说:"除了父爱之外,英雄主义多少也起了作用。也就是说,我要鼓励自己说,这里至少还有我这样一个反对者,在孤军奋斗。这也许是有些怄气的想法,但这样的想法,对于当时的我,已经给予了足够的勇气了。"⑳

1945年8月15日,传来了战争结束的消息,当许多日本人沉浸在沮丧和痛苦中时,与反战的永井荷风一样,金子与他的一家却在庆贺战争的终结,他在留声机上放起了《圣路易斯的布鲁斯》,跟着乐曲翩翩起舞,惹得邻人都来窥看⑪。这一刻,金子确实有一种解放感。

明治以后的日本人,在目睹了西洋的兴起和中国的衰败之后,从日本本国的利益出发,在对待中国的态度上主要有亚洲主义和"脱亚入欧"两大思潮,前者主张携手中国乃至朝鲜等受到西洋威胁的国家和地区,以亚洲的价值和传统为纽带,组成一个亚洲(至少是东亚的黄种人)联盟,来抗衡或抵御西洋人或是白人的压迫,持这一态度的代表人物主要有于1898年整合具有亚洲主义思想的力量而成立"东亚同文会"的近卫笃磨(1863—1904)、文化评论家冈仓天心(1862—1913)和前面提及的宫崎滔天等,也包括"玄洋社"的部分活动家;后者则以明治初期的启蒙思想家福泽谕吉(1834—1901)和曾任外务大臣的井上馨(1835—1915)为代表,并不认同所谓的亚洲价值,而服膺西方人的"文明论",倡导"脱亚论",主张摒弃顽冥不化的"非文明世界"的中国和朝鲜,使日本首先进入"文明世界"、即跻身世界列强的行列。早期的亚洲主义者,具有一定的民权主义思想,比较认同以中国为主体的东亚文化传统,但随着现实中国的日趋衰退,日本优越的思想逐渐成为主流,"亚洲联盟"也必以日本为盟主,进而以日本国家利益为最高出发点的国权主义思想成为主导,到了大正时代,对现实中国的蔑视几乎成了一般日本人对中国的态度或是中国观的基调。

　　尽管成长于这样的一个时代,但从思想底蕴的根本上来看,似乎金子光晴既不是一个亚洲主义者,也不是"脱亚论"的同调者,尽管他早年熟读中国的古典,对中国的历史文化烂熟于心,青壮年时期憧憬西洋,曾两度游学欧洲,但终其一生,金子都不隶属于日本主流意识形态(无论是战前还是战后)的范畴。在政治上他从来不属于左翼或右翼。与同时代的日本人颇为不同的是,他比较具有世界主义的胸怀,而较少狭隘的日本民族主义的立场,因此,他对近代中国的感知和描述,既有同时代日本人的某些共同点,也有鲜明的个人色彩。因为囿于日本本土的沉闷而希求一种解放的感觉,他对多元文化并存的五光十色的上海感到刺激和新鲜;因为并无对亚洲价值或东亚文化传统的强烈认同,他在对江南的历史旧迹表现出某种程度的欣赏时,也并无特别深情的迷恋和陶醉;因为具有世界主义视野和人道主义精神,当他在京津一带看到日本人飞扬跋扈的征服者的姿态时,他胸中无法产生丝毫的自豪和得意,倒是深切流露出了内心的愤懑和痛楚,在此后的整个战争期间,他几乎都拒绝了与日本官方的合作(而当时绝大多数的文学家几乎都屈从了官方或军部的淫威),在所谓的"爱国诗歌"喧嚣泛滥的 1937 年 8 月,他出版了由郁达夫书写书题的具有反战倾向的诗集《鲛》。战后 20 年,他出版了《绝望的精神史》一书,对这场战争进行了深刻的反省和强烈的谴责,书中多次使用了"日本人的侵略暴行"⑩这样的词语,他又撰写了《日本人的悲剧》一书(富士书院 1967 年版),对日本人的国民性也有比较深刻的批判。我们从其所描述的中国图像中,已经可以看出他的这一思想脉络。

注释:

① 金子光晴:《中国古典と私》,初载《中国古典文学全集 15》月报,东京平凡社 1959 年版,见《金子光晴全集》第 8 卷,东京中央公论社 1975 年版,第 424 页。

② 金子光晴:《詩人 金子光晴自传》,东京平凡社 1973 年版,第 35 页。

③ 金子光晴:《中国古典と私》,《金子光晴全集》第 8 卷,第 425 页。

④ 日本的中国文学研究家吉川幸次郎曾著有《漱石诗注》(东京岩波书店 1967 年版),对他的汉诗评价颇高,近日中国也出版了《夏目漱石汉诗文集》(上海华东师范大学出版社 2009 年版)。上海外国语大学的陈生保以煌煌两大卷的《森鸥外的汉诗》而获得东京大学的博士学位。

⑤ 这一部分主要根据金子光晴的回忆文字(如改定版《詩人——金子光晴自传》、《どぐろ杯》、《西方东方》)以及《金子光晴全集》第 15 卷中所附的年谱。

⑥ 金子光晴:《どぐろ杯》,东京中央公论社 1971 年版。此处引自《金子光晴全集》第 7 卷,第 39 页。

⑦ 刘建辉:《魔都上海》,甘慧杰译,上海古籍出版社 2003 年版,第 102 页。但日文原著中所述及第三次来沪的时间是"1928 年 12 月"(东京讲谈社 2000 年版,第 206 页),也许是译者的错误或排印时的误植。

⑧ 周国伟:《鲁迅与日本友人》,上海书店出版社 2006 年版,第 100 页。

⑨《金子光晴全集》第 15 卷,东京中央公论社 1977 年版,第 555 页。

⑩ 详见谷崎润一郎的《上海见闻录》和《上海交游记》,分别刊载于 1926 年 5 月号《文艺春秋》

和 1926 年 5—6 月、8 月号《女性》,后载《谷崎润一郎全集》第 10 卷。

⑪《鲁迅全集》第 14 卷,北京人民文学出版社 1991 年版,第 672 页。

⑫ 今桥映子的《金子光晴 旅の形象——アジア・ヨーロッパ放浪画集》(东京平凡社 1997
年版)中所附的"金子光晴略年谱"中,虽然将第一次上海游历的年份修订为 1926 年,但
仍有"受到鲁迅等款待"的错误表述(第 161 页),须注意。

⑬ 这一记述见《金子光晴全集》第 6 卷,第 172 页。

⑭ 金子光晴:《どぐろ杯》,东京中央公论社 1971 年版,见《金子光晴全集》第 7 卷,东京中央
公论社 1975 年版,第 38 页。

⑮ 同上书,第 50 页。

⑯ 小田岳夫:《取り止めもなく》,《金子光晴全集月报第 5 号・第 5 回第三卷》,东京中央公
论社 1976 年版,第 1 页。但在时间上小田错记成了昭和二年(1927 年)。

⑰《鲁迅全集》第 14 卷,北京人民文学出版社 1991 年版,第 708 页。

⑱ 东京一地名,在今新宿区,近早稻田大学,当时还很荒凉。

⑲ 金子光晴:《どぐろ杯》,《金子光晴全集》第 7 卷,第 51 页。

⑳《横光利一全集》第 16 卷,东京河出书房新社 1987 年版,第 95 页。

㉑ 见高纲博文:《上海内山书店小史》,载《上海——重層するネットワーク》,东京汲古书院
2000 年版,第 370 页。

㉒ 见陈江、陈达文编著:《谢六逸年谱》(商务印书馆 2009 年版,第 31 页),其实神州女学已在
1926 年 2 月停办,这时谢已进入复旦大学中国文学科任教。顺便提及,《谢六逸年谱》中
未述及谢六逸与金子的交往。

㉓ 金子光晴:《上海より》,原载《日本诗人》1926 年 6 月号,《金子光晴全集》第 8 卷,第 314—
316 页。

㉔ 见陈江、陈达文编著:《谢六逸年谱》,商务印书馆 2009 年;陈江、陈庚初编:《谢六逸文
集》,商务印书馆 1995 年版。

㉕ 见湖南省委党史研究室等编:《二十世纪湖南人物・唐槐秋》,湖南人民出版社 2001
年版。

㉖ 金子光晴:《どぐろ杯》,《金子光晴全集》第 7 卷,第 142 页。

㉗ 见倪似丹整理:《欧阳予倩年表简编》,载《欧阳予倩全集》第 6 卷,上海文艺出版社 1990
年版。

㉘ 金子光晴:《南支の芸術界》,原载 1926 年 11 月 28 日的《朝日周刊》,《金子光晴全集》第
15 卷"拾遗"部分,东京中央公论社 1977 年版,第 141 页。

㉙ 金子光晴:《南支の芸術界》,《金子光晴全集》第 15 卷,第 139 页。

㉚ 同上书。

㉛ 田汉在《日本的印象》(载 1927 年 9 月 30 日《良友画报》第 19 期,未收入《田汉全集》)一文
中记叙为 8 月 21 日,张向华编的《田汉年谱》(北京中国戏剧出版社 1992 年,第 91 页)则
记载为 7 月 21 日,而据 1927 年 6 月 23 日日本《朝日新闻》的报道,田汉一行的访日是在 6
月,报道全文如下:"(据来自神户的电话)南支那的新锐创作家、同时又以南国电影公司
的新人闻名的田汉氏与其后援者雷震氏一起乘坐长崎丸邮船于 6 月 22 日下午三时半抵
达神户港。"当时的新闻报道应该比事后的记忆更具可靠性,参照各种文献,本书认定田
汉的访日是在 1927 年的 6 月 20 至 7 月 2 日。

㉜ 载 1927 年 8 月 1 日《骚人》第 2 卷第 8 期。

㉝ 金子光晴:《どぐろ杯》,东京中央公论社 1971 年,见《金子光晴全集》第 7 卷,东京中央公论社 1975 年版,第 44—45 页。

㉞ 载金子光晴的《三界交友录》,东京新评社 1976 年版。

㉟ 森三千代:《〈こがねむし〉の後》(4),《金子光晴全集月报第 11 回第 14 卷》,1976 年,第 6 页。

㊱ 金子光晴:《どぐろ杯》,《金子光晴全集》第 7 卷,第 86 页。

㊲ 宇留河泰昌:《どうにもはや》,《金子光晴全集月报第 4 回第 10 卷》,1976 年,第 4 页。

㊳ 金子光晴:《どぐろ杯》,《金子光晴全集》第 7 卷,第 99 页。

㊴ 见星野幸雄《金子光晴と鲁迅》注 8,《野草》(日本的中国文艺研究会会刊)第 21 号(1978 年),第 17 页。

㊵ 金子光晴:《郁さん》,原载《新日本文学》1950 年 6 月,原题为《郁達夫》。《金子光晴全集》第 11 卷,东京中央公论社 1976 年版,第 286—287 页。

㊶ 金子光晴:《どぐろ杯》,《金子光晴全集》第 7 卷,第 130 页。

㊷ 同上书,第 287 页。

㊸ 金子光晴的谈话,见伊藤虎丸等编:《郁达夫资料补编》(下),东京大学东洋文化研究所附属东洋文献中心 1974 年印,第 205 页。

㊹ 金子光晴:《どぐろ杯》,《金子光晴全集》第 7 卷,第 98 页。

㊺ 横光利一:《日記》,原载《文学界》第 4 卷第 2 号(1937 年 2 月),《横光利一全集》第 13 卷,河出书房新社 1982 年版,第 505 页。

㊻ 森三千代:《"放浪"前後》(2),《金子光晴全集月报第 13 回第 11 卷》,1976 年,第 5—6 页。

㊼ 古谷纲武:《郭沫若と郁達夫の印象》,东京《中国文学》月报第 44 号,1938 年 11 月 1 日。

㊽ 古谷纲武:《郭沫若と郁達夫の印象》,东京《中国文学》月报第 44 号,1938 年 11 月 1 日。

㊾ 金子光晴:《郁達夫およびその他》。原载《秋櫻》第 7 号(1947 年 10 月),见《金子光晴全集》第 11 卷,第 223 页。

㊿ 金子光晴:《どぐろ杯》,《金子光晴全集》第 7 卷,第 99 页。

51《鲁迅全集》第 16 卷,人民文学出版社 2005 年版,第 122 页。

52 同上书,第 428、429 页。

53 引文是笔者根据《鲁迅全集》第 14 卷(北京人民文学出版社 2005 年版)第 288 页信函原文译出,与刊载的译文不尽相同。

54《鲁迅全集》第 16 卷,人民文学出版社 2005 年版,第 128 页。

55 北京鲁迅博物馆编:《北京鲁迅博物馆藏画选》,天津人民美术出版社 1986 年版。

56 金子光晴:《どぐろ杯》,《金子光晴全集》第 7 卷,第 134 页。

57 金子光晴:《二界交友录·鲁迅与郁达夫》,东京新评社 1976 年版,第 175 页。

58 金子光晴:《詩人　金子光晴自传》,东京平凡社 1973 年,第 164—165 页。

59 星野幸雄:《金子光晴と鲁迅》,《野草》(日本的中国文艺研究会会刊)第 21 号(1978 年),第 10 页。

60 金子光晴:《どぐろ杯》,东京中央公论社 1971 年版,见《金子光晴全集》第 7 卷,东京中央公论社 1975 年版,第 77 页。

61 青木正儿:《江南春·楊柳》,东京平凡社 1979 年版,第 4 页。

(62) 金子光晴:《上海灘》,约写于1933年,后载增补本《关于日本人》,东京春秋社1972年版,见《金子光晴全集》第11卷,东京中央公论社1976年版,第61页。

(63) 金子光晴:《おもいでになった上海歓楽境》,原载《中央公论》1937年10月,见《金子光晴全集》第11卷,东京中央公论社1976年版,第65页。

(64) 金子光晴:《どぐろ杯》,东京中央公论社1971年版,见《金子光晴全集》第7卷,东京中央公论社1975年版,第38页。

(65) 金子光晴:《鱶沈む》,原载《诗神》1926年9月,见《金子光晴全集》第1卷,第411—412页。对于诗的翻译,笔者完全没有信心,只能传递一个大致的意象而已。

(66) 金子光晴:《鱶沈む・西湖》,《金子光晴全集》第1卷,东京中央公论社1975年版,第409页。

(67) 金子光晴:《天竺寺》,原载《随笔》1926年11月,后编入《诗拾遗》,见《金子光晴全集》第15卷,第224页。

(68) 金子光晴:《どぐろ杯》,《金子光晴全集》第7卷,东京中央公论社1975年版,第107页。

(69) 同上书,第107页。

(70) 同上书,第108页。

(71) 同上书,第109页。

(72) 金子光晴:《骷髅杯》,《金子光晴全集》第7卷,第111—112页。

(73) 金子光晴:《鱶沈む・蘇州城》,《金子光晴全集》第1卷,东京中央公论社1975年版,第406—407页。

(74) 金子光晴:《古都南京》(1),原载《短歌雑誌》1926年10月,见《金子光晴全集》第8卷,东京中央公论社1976年版,第323页。

(75) 同上书,第324页。

(76) 同上书,第325页。

(77) 同上书。

(78) 金子光晴:《古都南京》(2),原载《不同调》1926年10月,见《金子光晴全集》第8卷,第330页。

(79)《金子光晴全集》第1卷,第399—400页。个别印错的汉字根据原诗略有订正。

(80) 金子光晴:《どぐろ杯》,《金子光晴全集》第7卷,第133页。

(81) 同上书,第133—134页。

(82) 金子光晴:《詩人　金子光晴自伝》,东京平凡社1973年版,第162—163页。

(83) 金子光晴:《没法子——天津にて》,原载《中央公论》1938年2月,见《金子光晴全集》第11卷,东京中央公论社1976年版,第72页。

(84) 同上书,第73页。

(85) 同上书。

(86) 同上书,第74页。

(87) 同上书,第74—75页。

(88) 同上书,第75页。

(89) 金子光晴:《詩人——金子光晴自伝》,东京平凡社1973年版,第198页。

(90) 金子光晴:《絶望の精神史》,东京光文社1965年初版,见《金子光晴全集》第12卷,第90页。

㉑ 同上书。

㉒ 金子光晴:《絶望の精神史》,《金子光晴全集》第 12 卷,第 91 页。

㉓ 同上书,第 94 页。

㉔ 金子光晴:《詩人——金子光晴自伝》,第 199 页。

㉕ 当事者的金子光晴曾这么写道:"文学报国会产生了,如果不是会员的话,就会被认为非合作者,连文笔活动也难以为继,文人们如果不积极充当为国家提红灯笼的角色,就会面临难以生存的危难状态。"(《詩人——金子光晴自伝》,第 197 页)

㉖ 金子光晴:《絶望の精神史》,《金子光晴全集》第 12 卷,第 94 页。

㉗ 中山省三郎(1904—1947),日本诗人,俄国文学翻译家和研究家。

㉘ 金子光晴:《絶望の精神史》,《金子光晴全集》第 12 卷,第 95 页。

㉙ 金子光晴:《詩人——金子光晴自伝》,第 207 页。

⑩⑩ 金子光晴:《絶望の精神史》,《金子光晴全集》第 12 卷,第 96 页。

⑩⑩ 金子光晴:《詩人——金子光晴自伝》,第 216 页。

⑩⑫ 金子光晴:《絶望の精神史》,《金子光晴全集》第 12 卷,第 92—93 页。

第四章

尾崎秀实：在上海从政治信仰走向政治实践

第一节　上海因缘的序曲

尾崎秀实(1901—1944)在中国并不是一个完全陌生的名字，也不应该是一个陌生的名字。但有关他的事迹，鲜有记述，他的形象，也一直有些扑朔迷离。百度百科上对他的介绍是"佐尔格间谍案中的重要人物"[①]，中国官方刊物对他的介绍是"一位热爱中国人民的日本朋友"[②]。而日本1998年出版的他的狱中书信集《爱情如星星降临》的作者介绍中对他的身份定位是"中国问题的研究家、新闻记者"[③]。除了中国官方刊物的评价主观色彩比较浓烈(也未必不是客观事实)之外，其他的诸种介绍，都凸显了他形象的重要一面，但却并不能涵盖他的全部。1937年日本侵华战争全面爆发后，他曾是发动战争的近卫文麿内阁的智囊组织"昭和研究会"的重要一员，后来也曾出任近卫内阁的特聘参议[④]，这也正体现了尾崎秀实这一人物的多重侧面。但无论是哪一种角色，都与中国，尤其是上海紧密相连。

尾崎于1901年4月29日出生于东京市芝区伊皿子町，祖籍岐阜县加茂郡白川村，父亲尾崎秀太郎是一位汉文学养颇为深厚的报社记者，曾发行过月刊杂志《明治文学》。尾崎出生的那年10月，父亲受当时在日本占据地台湾担任总督府民政长官的后藤新平(1857—1929)的邀约担任《台湾日日新报》的记者，不久举家迁徙至台湾，后来居住于台北市南郊的"南菜园"。1908年4月(当时台湾也依照日本的学制，春季为新学年的开始)，尾崎进入当时由总督府直辖的国民学校附属小学，校内既有日本学生,也有台湾本地的孩子。五年(当时日本寻常小学校的学制为五年)之后的1913年,尾崎自小学毕业,升入台北中学(后称台北第一中学),这所学校也由总督府直辖,分为第一部和第二部,第二部与日本国内同一的五年学制,第一部则为六年制,往上再设两年制的主要施行实业教育的高等部。尾崎进入的是第一部。这一年的暑假,他与兄长第一次回到了出生地的东京。

尾崎在出生后不久直到1919年台北中学毕业,在台湾总共生活了18年。这一时期,除了正常的日本学校教育外,他自幼从其父亲那里受到了不少中国的文史熏陶。父亲曾是当年日本著名的汉学家依田学海(1833—1909)的入门弟子,后来也曾接任过《台湾日日新报》汉文部的主笔,有深湛的汉学修养,1923年就任台湾总督府史料编纂官,著有《台湾四千年史》。尾崎回忆说:"父亲在晚上小酌(会喝上很长时间)的时候,总是会兴致勃勃地给我们讲中国的历史故事,像汉楚之争的历史我们很爱听。"⑤此外,明治末期和大正前期,日本的学校教育中汉诗文的内容也占有一定的篇幅,尾崎在后来的狱中家信中这样回忆说:"我想起了中学时的汉文老师教我们读白乐天《长恨歌》,其中的一节是'七月七日长生殿,夜半无人私语时。在天愿作比翼鸟,在地愿为连理枝。天长地久有时尽,此恨绵绵无绝期'。"⑥他在狱中告诫自己的女儿说:"汉文是我们家的学艺。但是真正要理解(古代)汉文,还非得学(现代)汉语不可。像诗和词的美丽,如果不懂得音韵,毕竟还是难以体会的。中文很讲究音韵。如果只是采用日本式的'返读'法,即便能大致了解它的意思,但不可能懂得其中的韵味。"⑦由此可知,由于家学和学校教育两个因素,他在青少年时代应该已有了比较良好的中国文史学养。

在台湾度过的少年期,还有一个经历对他刺激比较深刻,也酿成了他日后人生进路的一个重要因素。这就是因国家的权力而造成的民族间的不平等。他在被捕入狱后上呈给司法机关的《申述书》中有如下的文字:

在我整个少年期只有一点与一般（日本）人相异的经历。由于台湾的地理政治特点，我经常会接触到台湾人（中国血统的人），既有孩童之间的吵架，也有在日常生活中以具体的形态表现出来而让我直接感受到的统治者与被统治者之间的各种关系。这是一直以来唤起我对民族问题异常关切的起因，似乎也成了我对中国问题理解的一个契机。⑧

尾崎还叙述了这一件事。某日在报馆任职的父亲乘坐台湾车夫拉的洋车自外归来，在付了车费后，车夫依然跟了上来，咕咕哝哝地恳望再加几个钱，其父亲就一言不语地挥舞起手杖将车夫赶走，少年的尾崎在一旁看不下去，就与父亲顶撞了起来。父亲在尾崎的眼中，一直是位"温厚的君子"，对待本地人尚且如此，其他可想而知。后来尾崎说："旧时代在殖民地的日本人大多比较飞扬跋扈。对待台湾人相当的趾高气扬。我从孩童的同情心和人道主义出发，对这些现象觉得很反感。"⑨

事实上，尾崎在台湾生活的早期岁月，正是当地民众奋力反抗日本占领的时期。1898 年后藤新平成了台湾的实际主掌者之后，在推进道路等基础设施和制糖业等近代产业建设的同时，以 1896 年伊藤博文内阁时制定的第六十三号法律（又称台湾总督府条例或六三法）为后盾，强制推行严厉的占据地统治，制定了《匪徒刑法令》等一系列特别法令，残酷镇压台湾民众的反抗斗争⑩。1913 年 7 月起，当时的总督佐久间率军对高山族的反抗进行了所谓"理蕃政策"的镇压活动，父亲也曾从军入伍，紧接着又发生了苗栗事件等一系列的抗争运动，殖民当局投入重兵强行镇压。少年的尾崎也许还未能深切了解这些社会事件背后的复杂原因，但当地民众和外来日本殖民者之间的对立现象他还是敏锐地感觉到了。这是他日后关注民族问题的缘起。

据尾崎在《申述书》中的自述，在中学期间，他对社会问题尚无太多的关心,其时正值一战时期,西方列强的无暇东顾,倒是促成了东亚经济的繁盛,在尾崎所生活的圈子中,多少有些歌舞升平的景象。"对我而言更为重要的是,像自由主义、和平主义这些极为浮华的英美式的宣传,在当时也是毫无顾忌地风靡了全世界,已是中学高年级学生的我,已受到了强烈的影响,这是事实。"⑪尾崎的这些文字写于日本对英美开战且囚居牢狱的状态中,不得不在欧美的近代思想前加上些贬抑的词语,但这些陈述有力地证明了他在中学时已明显受到了西方民主自由思想的影响,这对他日后人生观的养成,也是一个重要的元素。

1917 年,尾崎参加了中学组织的中国旅行,到香港和广东等地走了一圈,那年他 16 岁。有关这次旅行,似乎没有文字的记录留下,我们难以知晓这次中国旅行对他的人生究竟有何影响。他的同窗、他生平关系最为密切的知己和同志松本慎一在评价他在台湾度过的岁月对其人生的意义时说:"他自幼年时代起就对中国民族抱有特别的感情。在台湾他是在汉族之间度过青年时代的。在一衣带水的对岸,横亘着正在发生革命的中国。在中学的修学旅行时,他前往中国大陆,也走访了香港。作为汉学家的他的父亲,对少年尾崎叙说了很多中国民族的伟大。他日后成为出名的中国问题评论家的基本素养,就是在这样的环境中培育起来的。"⑫

1919 年 3 月,尾崎自台北中学毕业,通过考试在 9 月进入了位于东京的第一高等学校文科乙类(以德语为主的外国语专业),一高在当时的日本也是名门学校,录取率大约 10%,在 40 名录取者中,尾崎成绩排列第31 名。据尾崎自述,当时正值一战之后,世界上各种新兴的思潮也冲击着当时东京的思想界,在学校中也组织起了社会思想研究会等团体,东京帝国大学内诞生了由民主思想家吉野作造(1878—1933)发起组织的议论政治的"新人会",1920 年初在东大又发生了左右两翼激烈交锋而以左翼遭到压制的"森户事件"。但是在尾崎所在的德语专业中,学生们更热衷的是当时在德国风靡一时的西南学派的哲学研究,尾崎也不免受其影响,而并未直接参与当时比较活跃的新思想活动⑬。

1922年3月，尾崎自第一高等学校毕业，三年中的学业成绩分别是第一年37名中的第9名，第二年34名中的第6名，第三年34名中的第11名，毕业成绩为优等。据其同班同学的回忆，在学期间，尾崎曾是一个多情善感的文学青年，喜欢阅读石川啄木(1886—1912)的诗，在考试前一个人跑到山里去读尼采《查拉图斯特拉如是说》的德文原版本。有时候突然说道："出人头地什么的，根本就没有意思。"⑭由此看来，其时的尾崎似乎既无入官场的欲望，也无投身政治运动的打算。1922年4月他进入东京帝国大学法学部德国法学科学习，翌年4月转入政治学科。

据尾崎自述，1923年"对我而言是人生发生了重大转机的一年"⑮。这年的夏天，成立不久的日本共产党遭到第一次大逮捕，猪俣津南雄(1889—1942)等早稻田出身的日共活动家被捕入狱，而其时尾崎正好居住在早稻田附近的户塚町，"印象尤为深刻"。不久发生了关东大地震，随着发生了迫害朝鲜人的事件，尾崎亲身经历，"使我痛切感受到了民族问题的严重性及与政治之间的复杂关联。"这时又相继发生了南葛工会组织干部和社会主义者大杉荣父子惨遭杀害的事件，尾崎自己亲眼目睹了邻家的农民运动社在夜半突遭军警袭击、全家被强行带走的情景，"以这一年为转机，我开始了对社会问题的认真研究。"⑯不过，按照当时一般精英青年迈向仕途的程序，尾崎还是在1924年秋天参加了高等文官的录用考试，结果名落孙山。也就是在这时候，他开始正式接触到马克思主义的文献。美国加州大学教授查尔玛·约翰逊(Chalmers Ashby Johnson)在他的著作《一个叛逆罪的实证研究：尾崎秀实与佐尔格间谍案》中有如下的记述：

> 首先将马克思主义的文献介绍给尾崎的是1924年时还是学生、战后成了有名的哲学研究者的山崎谦。1924年的秋天，山崎和尾崎

经友人的介绍认识,后来成了好友。山崎借给了尾崎《共产党宣言》和其他德文版的左翼文献。到了第二年,他们就开始广泛讨论哲学和政治的问题,山崎尤其对康德和黑格尔已有颇深的研究,尾崎从中学到不少。⑰

此外,1925年1月,尾崎在新人会举办的演讲会上聆听了当年森户事件的主角森户辰男的"思想和斗争"的演讲,大受感动。3月大学毕业后留在了研究生院,攻读劳动法专业,同时参加了大学内布哈林《历史唯物论》的研究会,又阅读了马克思的《资本论》、列宁的《国家与革命》和《帝国主义论》。入狱以后他在回答检察官的讯问时说:"我的思想从人道主义转到了共产主义上来,大正十四年(1925年)的时候起,我开始信奉共产主义。"⑱

在研究生院呆了一年,尾崎对今后的人生还是觉得有些迷茫,也确实已经到了就职的年龄,于是去报考了在日本影响甚大的《东京朝日新闻》,通过考试后,1926年5月正式在该报社会部供职。当时的社会部长后来回忆说:"从他的履历来看,从一高到东大,一路都是成绩优秀,而且还是研究生院毕业。可是作为一名社会部的记者来说,无论在获取新闻素材上还是文章的撰写上都不行……他为人和蔼,喜欢四处走动,在采写新闻原稿上很一般,没有什么特色。"⑲这些评价虽然带有个人的感情色彩,却也描述了尾崎作为社会部记者时的基本情形,说明他此时尚处于"一种中间的形势观望地带"⑳。

1926年的秋天,尾崎觉得社会部的气氛缺乏活力和刺激,就转到了学艺部,翌年10月底,又自东京转到了《大阪朝日新闻》社的中国部,他还是希望接触有关中国的报道。在大阪,他遇见了第一高等学校时比他高一年级的已是日共党员的秋野猛夫,参加了部分《马克思恩格斯全集》的翻译。有一次秋野非正式地请他加入日本共产党,但尾崎没有应允。也就在这一年，他顶住了世间的因袭和家族内部的压力，与曾是他兄嫂的广濑英子开始了婚姻生活。

这一时期，尾崎读到了法兰克福学派的德国社会学家维特福格尔（K. A. Wittfogel）的近著《正在觉醒的中国》，这部叙述和分析中国社会问题的著作正式激起了他对中国问题的强烈关注，自己的兴趣点也逐渐转到了革命运动风起云涌的邻国——中国上来了。他试图从与中国的关联中来把握日本的命运。这也是他转入中国部的主要动因。他参加了设在大原社会问题研究所内的"中国革命研究会"，相关的同仁每月相聚一两次，探讨中国革命问题，并将探讨的成果以该会组织者细川嘉六的名义出版了《支那革命与世界的明天》。

1928 年 11 月底，他终于获得了被报社派往上海担任特派记者的机会。他后来在狱中撰写的《申述书》中这样写道：

> 我在这一年（1928 年）的 11 月底，被朝日新闻派往我多年来所向往的中国担任特派记者，我满怀着激情踏上了前往上海的航程。中国问题对我而言，自我在台湾成长以来就一直与我紧紧连接，无法切断。尤其是 1925 年以来的所谓大革命时代，重大的事件接连发生，激起了我浓厚的兴趣。从左翼的视角来把握中国问题，这一点深深地吸引了我。对我而言，不是对马克思主义的研究激起了我对中国问题的兴趣，而是相反，是中国问题的现实展开加深了我对马克思主义理论的关注。㉑

不管怎么说，在去上海之前，尾崎在理念上已经是一个共产主义的信奉者，虽然他从未加入过任何共产主义的政党或组织，也没有参加过革命的实践活动。不过在其内心，对实际的革命运动已经萌发强烈的关切。在隔海相望的邻邦中国，革命的风云几乎一直没有停息，1926 年 7 月，背后有苏俄的推动以及共产党参与的轰轰烈烈的北伐由南向北推进,当初的矛头所指是代表旧势力的旧军阀和帝国主义列强,在此过程中国共两党的政治诉求发生了激烈冲突,尔后蒋介石等悍然发动"清党",强力剔除左翼力量,在南京建立新政府,不久武汉也与共产党决裂,几近绝路的共产党揭竿而起,在江西等地建立武装根据地的同时,依旧在上海等地开展各种形式的革命运动。中国成了一个风起云涌而又波诡云谲的政治大舞台,而上海,则是各种思潮和力量互相交织、冲突、较量的大漩涡。试图在民族运动中寻求东亚新路的尾崎,这样的中国和上海,正是"多年来所向往的"。而事实上,上海确实给他展现了一个实践自己共产主义信念的政治舞台。

第二节　上海岁月:尾崎秀实人生的实际转折点

一、上海左翼文学运动的参加者

1928 年 11 月底,尾崎秀实带着新婚的妻子,选择了一艘前往欧洲的轮船,乘坐二等船舱,从神户出发,经过了三日两晚的航行,在第三天的下午,进入长江口,溯入了黄浦江。其时的感觉,在当时似乎没有文字留下。16 年之后的 1944 年 3 月,他在狱中写给妻女的信函中从宫崎滔天(1870—1922)的《三十三年之梦》一书中回想到了当年自己初次目睹中国山河时的感想:

> 《二十二年之梦》真是一本令人愉快的书。文字虽不怎么漂亮,但很有趣。当年他们这些人,虽然有其轻举妄动、狂狷不羁的一面,但充满着梦想和热情,这一点还是很感人的。滔天在书中写道,他第一次溯入扬子江进入上海的时候,一种不知所由的感动突然涌上心头,不觉感极而泣。我也完全是同样的感觉,第一次进入上海时的感

动，是我有生以来最大的感动之一。㉒

尾崎携妻子来到人地生疏的上海后，经前任记者森山乔的介绍安排，借住在昆山路义丰里 210 号（紧靠北四川路）一家名曰"丸屋"的经营旧衣服店家的二楼，房东是日本人小林琴。一开始《朝日新闻》在上海的特派员仅尾崎一人而已。翌年 9 月，报社在上海设立支局，派来以前曾在上海任特派记者的太田宇之助担任支局长，记者除尾崎之外另增设了一人。支局设在离北四川路不远的赫司克尔路（Haskell Road，今虹口区中州路）52 号一幢半新旧的二层楼房子，底层辟作事务所，二楼便作为支局长的寓所。支局长太田考虑到尾崎通晓德文和英文，又善于社交，就让他担当与外国媒体及与各界交往方面的事务。

1930 年春，经《上海日日新闻》社船越寿雄的介绍，尾崎一家迁居到了施高塔路（Scott Road，今山阴路）210 弄花园里的一幢公寓里（此公寓现在尚留存），与后来鲁迅在大陆新村的公寓隔街相望。尾崎夫人英子在回忆中这样描述了他们的居所："上海花园里的住所是三层楼的里弄房子。一楼是进门处和阿妈的住房以及厨房，二楼是客厅，带一个阳台。三楼是铺设了榻榻米的房间，既是起居室也是卧室。还带有一个浴室。"㉓

尾崎在上海的活动，除了新闻采访等外，主要有两个方面，一是积极结识并参与上海的左翼文学运动，二是结识了美国籍女记者史沫特莱（Agnes Smedley 1892—1950）和德国籍的第三国际或是苏联红军情报部的谍报员佐尔格（Richard Sorge 1894—1944），并参与该谍报组织的活动，正式成为该谍报系统的重要一员。下面主要围绕这两个部分加以叙述。

已经信奉共产主义并对中国的革命运动抱有极大关切的尾崎，到了上海后就主动寻找并积极靠近上海的左翼文化团体。他在狱中的《申述书》中说：

从左翼的立场来看,上海也可说是一个帝国主义各种矛盾的巨大的集结点。而且在那儿还完全留存着1927年时的左翼运动高潮的余波。如左翼文艺团体的创造社就是其中一例。我处在这样的一个上海,由于自己当时还年轻,怀抱着不成熟的热情,就完全成了这样一个环境中的俘虏,现在回想起来,这也是很自然的事情。㉔

1942年3月5日,也就是在尾崎被捕入狱的5个月之后,他在东京拘留所内回答检察官的讯问时回答说:

在我去了上海不久的昭和三年(1928年)12月的时候,开始进出在北四川路附近的"创造社"。创造社是郭沫若创建的左翼文化运动的机关,在中国被称为左翼文艺的人士集聚在此。我在与创造社来往的时候,认识了叶沉,逐渐接近了他所属的左翼团体。当时主要交往的左翼文艺人士有郑伯奇、冯乃超、田汉、郁达夫、王独清、成仿吾等人,也应邀出席过他们所发行的杂志《大众文艺》所举办的座谈会,此外,还以白川次郎或欧佐起的笔名为该杂志写过几篇文稿。㉕

尾崎在向检察官的供述中有意无意遗漏了另两个重要人物,这就是陶晶孙(1897—1952)和夏衍。

与尾崎有深厚世交之谊的拓植秀臣(1905—1983),1927年前后在仙台的东北帝国大学动物学科求学,其间结识了京都帝国大学医学部毕业后在东北帝大精神科做脑科研究的陶晶孙的弟弟陶烈。拓植回忆说:"我不仅从他那里了解到了脑科研究的相关知识,还听到了当时中国可怕的白色恐怖,两人立即成了很好的朋友。恰好,尾崎那时在担当东京朝日新闻的学艺栏,我就将他介绍给了尾崎。1927年时,为了赚点零花钱,陶烈通过尾崎在学艺栏和家庭栏上发表过几篇短文。我完全没想到,这样的一个关系竟然给尾崎的人生带来了如此重大的转机……具体记不清了，大概是在东京的时候，尾崎应该通过陶烈的介绍见过陶晶孙。在日本的时候，两人的交往并不深……不过，对于对中国革命已抱有关切的尾崎而言，陶氏兄弟已成了很重要的朋友……尾崎1929年与陶晶孙在上海再次相逢，经晶孙的引荐，与许多中国的左翼作家和革命家结下了友谊。"㉖尾崎与陶晶孙在上海相逢是在1929年的1月。

　　陶晶孙1897年出生于无锡，1906年随父亲和姐姐前往日本东京，在日本接受教育，1923年毕业于九州帝国大学医学部，大学期间与郭沫若等相识，参与创造社的文学活动，开始在《创造季刊》上发表作品。陶虽非创造社的主干，但与创造社同人的因缘却不浅，后来曾撰写有《记创造社》、《创造社还有几个人》、《创造三年》诸文来记述创造社的早期历程。1922年认识佐藤操（郭沫若的夫人佐藤富、即安娜的妹妹），1924年与其成婚，为其取中国名字陶弥丽，在东京帝国大学医学部担任助教等，后于1929年初返回中国，在上海东南医学院担任教授，在此前后在《创造月刊》、《洪水》等杂志上发表不少作品和译作㉗。上海期间，尾崎和陶晶孙的关系已发展到十分亲密的程度。由尾崎留存的信函中可知，1930年8月21日陶烈患病突然在东京西南面的逗子（属神奈川县）去世，其时尾崎恰好自上海去东京动一个手术，28日自在上海的妻子英子那里辗转获悉陶烈突然病逝的消息，立即赶往逗子去帮助照料后事，并费了不少周折，帮助将装载陶烈遗体的棺木自日本运抵上海㉘。陶晶孙对此也曾表示感激说："在移柩手续要感谢大阪《朝日新闻》尾崎秀实氏，伍连德博士㉙，内山书店主人内山完造氏等。"㉚由此可见尾崎与陶的交谊之深厚，同时也证明了陶是尾崎与在上海的左翼文坛建立关系的最重要的媒介之一。

　　四川路上的内山书店也很有可能是尾崎得以与上海的左翼文坛接触的一个重要的媒介。从日后的情形来看，尾崎与书店老板内山完造十分熟稔。朝日新闻的支局长太田曾回忆说：

尾崎酷爱读书,每月花在内山书店的金额相当惊人。店主内山完造君与我是相识很久的老朋友,我有空也会到书店去坐一坐,聊聊天,也许有这样的一层关系吧,虽然尾崎在书店购买了大量的书籍,拖欠了与他这个靠薪酬度日的年轻记者不想称的大量书款,内山完造好像也完全不以为忤。③

在尾崎自己的文字中,并无夏衍名字的出现,但夏衍在 60 年之后所撰写的回忆录中,特别提到了三位外国人对"左联"的帮助:"一位是美国的史沫特莱,她当时是德国《法兰克福日报》驻上海记者;一位是日本《朝日新闻》驻上海特派员尾崎秀实;还有一位是日本联合通讯社驻中国的记者山上正义。"关于尾崎,他进一步叙述说:

我在 1928 年就认识了尾崎秀实,他是一个表面上看起来是绅士式的记者,但是,他在当时却是上海的日本共产党和日本进步人士的核心人物,他领导过"同文书院"的进步学生组织,后来参加了第三国际远东情报局,和史沫特莱有经常的联系,并把一些国际上的革命动态告诉我们。特别使我不能忘记的是在 1930 年 5 月下旬,胡也频、冯铿参加了在上海举行的苏维埃区域代表大会之后,"左联"决定向全体盟员作一次传达报告,但在当时,要找一个能容纳四五十人的会场是十分困难的。我把这件事情告诉了尾崎,请他帮忙。当时,在虹口,日本人势力很大,他们的机关连工部局也不敢碰。他很爽快地说:机会很好,这个月驻沪日本记者俱乐部轮到我主管,这个俱乐部除在星期六、日外,一般是空着的,只有一个中国侍者管理,你们决定了日期以后,我可以把这个侍者遣开,但时间不能超过下午六点,过时就可能有人到俱乐部来。就是这样,我们在虹口乍浦路附近的驻沪日本记者俱乐部召开了一次超过五十人的全体盟员大会。尾崎秀实是一个非常精细、考虑问题十分周到的人,当他把俱乐部钥匙交给我时,一再嘱咐,不要大声讲话,散会后收拾干净,不要留下痕迹。③

据鲁迅日记和相关注释,夏衍所述的会议日期应该是 6 月 29 日,为左联的第二次代表大会,鲁迅亦与会③。

尾崎参加上海左翼文艺活动的主要实绩之一是他在当时由陶晶孙主编的《大众文艺》第二卷第四期(1930 年 5 月刊行)上分别用欧佐起和白川次郎的笔名发表的《英国为何落后了》和《日本左翼文坛之一瞥》,前者主要是对英国社会主义运动的介绍,后者则是对 1927 年末迄今的日本左翼文坛的概况进行全景式描述的重要文章。之所以用笔名发表,是为了避免引起《朝日新闻》报社和日本领事馆的注意。"欧佐起"并无特别的意思,只是其日文发音与日文的"尾崎"相同,"白川次郎"的"白川",源于尾崎的老家岐阜县白川村,而"次郎"是因为尾崎在家中为次子,故有此名。

另一个实绩是他协同日本新闻联合社上海记者山上正义(1896—1938)共同选编和翻译了包括鲁迅《阿 Q 正传》在内的左联作家作品选集《支那小说集阿 Q 正传》和《蜂起》。

山上正义出生于鹿儿岛,早年毕业于鹿儿岛高等农林学校,曾受过基督教的洗礼,年轻时就表现出了左翼倾向,1921 年前往东京,当年即因卷入晓民共产党③在陆军大演习中散发反战传单的事件而遭到逮捕,监禁八个月后被释放。1925 年来到上海,在当地的日文报纸《上海日报》担任记者,后来转入新闻联合社,为报道南方的革命形势,于 1926 年 10 月前往当时大革命的策源地广州,在那里认识了在中山大学任教的郁达夫、成仿吾等,与南下的创造社同人展开了频繁的交往,为此山上曾撰写了《南支那的文学家们》(载《新潮》1928 年 2 月号)一文详细记述了这些活动。1927 年 2 月,山上去中山大学大钟楼内狭小的文学部主任室访问了半个多月前自厦门大学迁居至此的鲁迅③,由此与鲁迅展开了半年多比较密切的交往,后来撰写了《谈鲁迅》(载《新潮》1928年3月号)一文对当时的鲁迅作了详细的介绍。1928年3月山上回到了日本,并在翌年4月再度来到了上海,在这里山上不仅与鲁迅以及当年的创造社同人重新接上了关系,而且认识了尾崎,并与尾崎一起积极参与了以左联为主体的上海左翼文化活动。顺便说及,在尾崎发表文章的那一期《大众文艺》上,山上也以"林守仁"的笔名发表了《1930年的日本新兴剧团往何处》一文㊱。

　　山上翻译《阿Q正传》,起始于在广州的1927年,并从鲁迅那里直接获得了许可。据山上的记述,其时鲁迅已知晓《阿Q正传》已有几种外国语译本,但尚未寓目,因此对于山上的译本,鲁迅抱有很大的期待,希望能成为一种定本㊲。不过,山上的中文,似乎也并未达到上佳的程度,对作品中出现的典故或带有绍兴地方色彩的俚语,尚无法完全理解,一直到1931年初才得以完成。他将译稿寄给鲁迅,希望得到鲁迅的校订。鲁迅的日记中有如此记载:"得山上正义信并《阿Q正传》日本文译稿一本(1931年2月27日)。""午后校山上正义所译《阿Q正传》讫,即以还之,并附一笺(1931年3月3日)。"㊳后经鲁迅研究家丸山昇的寻访,终于获得鲁迅该信函的原件,据此可知,鲁迅对译稿作了85处的订正㊴。山上的这一译本,以《支那小说集阿Q正传》的书名,于1931年10月由东京的四六书院作为"国际无产阶级丛书"的一种出版,虽然此前已有几种《阿Q正传》的日译本问世㊵,但由鲁迅亲手校订的山上译本应该是最可靠的一种日译本。事实上,收录在这一集子中的不仅只是《阿Q正传》,就在1931年的2月,发生了李伟森、柔石、胡也频、冯铿、殷夫左联五烈士遭到国民党上海警备司令部残酷枪杀的事件,作为对这一残暴行径的抗议和对左翼文化运动的声援,还收录了胡也频的《黑骨头》、柔石的《伟大的印象》、冯铿的《女同志马英的日记》以及左翼作家戴平方的《村庄的黎明》四篇作品的日译本,此书的译者署名为林守仁(山上正义)、沈端先(夏衍)、田泽清、白川次郎(尾崎秀实)共译,译者代表林守仁。署名白川的尾崎除了翻译作品之外，还撰写了序文《中国左翼文艺战线的现状》以及《胡也频小传》和《柔石小传》两文。

尾崎在上海期间，与鲁迅也彼此往来。鲁迅 1931 年 10 月 19 日的日记中有"尾崎君赠林译《阿 Q 正传》一本"㊹的记录，而该书正是尾崎共同参与翻译并有一篇长序的"国际无产阶级丛书"的一种。短期内与鲁迅交往最为密切、翻译出版了鲁迅《中国小说史略》的增田涉曾有这样的回忆：

> 我到上海的时候，虽然山上君已经离开，但《朝日》的尾崎秀实却在那里。因为他还没有作为"中国评论家"而出名，我没有听见过尾崎的名字。只是常听鲁迅说起，有个德语很不错的，叫做尾崎的新闻记者，他知识广博，为人也踏实肯干。因此我特别记住了尾崎的名字。㊷

与《阿 Q 正传》同样作为"国际无产阶级丛书"的一种出版的还有署名欧佐起（即尾崎秀实）、陶晶孙共译的叶沈的《蜂起》，书内收录的作品除与书名同名的作品之外，还有冯乃超的《阿珍》、郑伯奇的《轨道》、陶晶孙的《堪太与熊治》、田汉的《火的跳舞》，都是戏剧作品。书中有一篇陶晶孙撰写的序言，文中说道"畏友白川次郎（即尾崎秀实）对于译文以及与书肆的联络方面给予了异常的帮助"。

收录在该集子中的哪些作品是陶翻译的，哪些是尾崎翻译的，因无具体标示，今日似乎已难以知晓，陶的日文水准，基本上与日本人相同，曾在日本留学多年的郑伯奇曾这样评价陶："他用日文写作恐怕比中国文字还要方便些，他的第一部创作《木犀》就是用日文写的。"㊸因此就语文能力而言，将中文作品译成日文对陶应该并不费力。至于尾崎的中文水准如何，似乎尚无非常确切的明证。关于尾崎的外语能力，他后来在狱中书信中曾有这样的自述：

我在中学时英文学得相当好。写和说（阅读就不用说了）都可以。在高中时就想进一步学会其他的外语，于是选择了德语专业。高中毕业的那一年春天，高考结束后进了一所外语学校夜校的专修科，开始学习法语。虽然不久就停止了，但法语大致学到了可以阅读书籍报刊了解其意思的程度。此后到大阪赴任以后，就立即自学俄语，不久便阅读了两三本俄语的小册子。俄语的学习并未持续下去，只是能借助词典花很长时间才能读懂一些意思，达不到实用的程度。后来到上海赴任时，跟了三个老师开始学习中文。不过上海这个地方不合适学习北京话（我可以说挺不错的上海话），但由于我的汉文基础不错，又阅读大量的报纸，阅读没有问题。口语能力在旅行等方面差不多也足够了。㊹

他的汉诗文修养，应该与这方面造诣颇为深湛的父亲的熏陶和学校的教育有关，而他大量阅读本地报纸的方法，主要来自他一高时代的同学羽仁五郎所传授的语言学习的个人体验。他在抵达上海后，每天上午花费数小时，非常认真地阅读在上海出版的各种报纸，分别使用红蓝两种颜色的铅笔，在自己认为重要或意思尚不能十分明了的文字下划线，加以仔细的琢磨和判读，数月之后，在中文的阅读上基本已无障碍㊺，他后来成为著名的中国问题研究家，所获取的都是第一手的文献资料。以此来判断，他应该可以准确地阅读中国的文学作品，他参与该集子中部分作品的翻译，也完全是有可能的。

不过，就像绝大部分日本人的外语口语水平一样，尾崎的中文和英文的口语水准似乎也未达到流畅的程度。1936 年 8 月与他一同前往美国参加太平洋调查会议、毕业于牛津大学的西园寺公一（1906—1993）曾回忆说，"英语不怎么样的他经常要借助我的力量"，有一次见到在场外散步的胡适，尾崎鼓动西园寺一起与胡适搭话，"尾崎试着用一点中文与胡适交谈,好像并不怎么成功……我是不懂中文,尾崎觉得自己比较擅长的中文,也许有不少上海一带的口音吧。"⑯此外,目前似乎也无他用中文流畅写作的佐证,他发表在《大众文艺》上的文章,是郑伯奇翻译的。

尾崎为《支那小说集阿Q正传》撰写的序文《中国左翼文艺战线的现状》,写作日期标明为1931年5月23日。在该文中,尾崎一开始就满含悲愤地写道:

> 随着中国苏维埃政权的扩展,南京的蒋介石政府的弹压政策,自1930年春以来,就显得越加的凶暴。中国无产阶级文艺运动不断遭受的迫害,是中国四千年的封建专制历史中未曾见到过的。焚书坑儒并不是秦始皇时代的陈年故事,而是在当今的中国每天发生着的事实。⑰

随后尾崎具体介绍了各类左翼文艺团体的活动和他们刊行的各种文艺杂志,以及南京政府如何组织各种御用团体打出民族主义文学的旗号,在《先锋》、《流露》、《橄榄》等御用杂志上对左翼文艺进行讨伐的行为,"但是,在这些跳梁的反动风暴中,1930年3月,作为左翼的作家团体而组织起来的左翼作家联盟,无情地剔除了那些动摇分子,作为一个坚定的斗争的革命团体,在各种苦难中执行着革命的任务。"⑱

在这篇序文中,又大篇引录了中国左翼作家联盟为抗议国民党政府屠杀柔石等左联作家而发表的宣言,几乎占据了序言的三分之二篇幅。据笔者的文献调查,作为正式宣言,左联在五烈士牺牲之后曾在1931年4月25日出版的机关刊物《前哨》第一期上发表了《中国左翼作家联盟为国民党屠杀大批革命作家宣言》和《为国民党屠杀同志致各国革命文学和文化团体及一切为人类进步而工作的著作家思想家书》,但我仔细阅读比较了尾崎的译文和上述两份文献的中文原文⑲,发现内容并不完全吻合,倒也不是翻译得不准确,事实上,尾崎译文的内容更为详尽丰富,篇幅也更长,估计是综合了该期杂志上的诸篇文章融合而成的。尾崎的序言中还全文引录了殷夫1930年发表在《拓荒者》上的一首诗《让死的死去吧》,使整篇序文充满了战斗的激情。他在序言中写道:"(时代)要求我们将中国左翼作家的作品介绍出来,在中国当前这样的形势下,我们觉得首先应该对在人类文化战线的第一线上倒下来的作家表示我们的敬意。从这样的见地出发,我们首先选择了胡也频的《黑骨头》和柔石的《一个伟大的印象》。"⑩ 这时候的尾崎,完全将自己置身于与中国同志并肩斗争的日本左翼阵营中了,他自己也俨然成了一个无产阶级的革命斗士。虽然1931年日本,政治气氛也已相当黑暗,但序言的通篇只是对中国同志的声援,而并无直接抨击日本当局的高压政策,大概还暂时被允许,且尾崎用的是白川次郎的笔名,一般人也无从知晓其真面目。

尾崎虽然具有较深的文学造诣,但他本身并不是一个作家,甚至也不是一个文学评论家,他之所以介入中国的左翼文学运动,参加他们的座谈会,斡旋落实大会的会场,写文章分别向中日两国的人士介绍各自的左翼文学运动,甚至积极参与作品的翻译和出版,实际上都是在实践着自己所信奉的共产主义,他是将所有的这些文学运动看作为一种革命的实践活动,也正是在这些实际的革命文学运动中,他完成了一个共产主义的信奉者向共产主义实践者的嬗变。

二、与史沫特莱的相识与携手

尾崎在上海完成了一个主义的信奉者向实践者嬗变的一个更重要的体现,是参加了第三共产国际在远东地区的情报活动并成为了该情报体系的重要成员。完成这样一个嬗变的第一个媒介是史沫特莱,第二是佐尔格,后者最终将尾崎导入了阶下囚和殉难者的壮烈结局。

艾格尼丝·史沫特莱1892年出生于美国密苏里州的一个贫苦家庭,

孩童时代则是在科罗拉多州东南部的矿区里度过,经历了各种生活的磨难,勉强完成了八年的教育(实际上连中学毕业的文凭也没有),并通过考试幸运地当上了一名小学教师,后来又离开居住地到处游走,尝试过杂志推销员等各种工作,1911年9月有幸作为一名特殊生进入了亚利桑那州的坦佩师范学院学习,逐渐崭露头角,当上了校刊《师范生》的主编,后来又参加各种具有社会主义倾向的社会运动,成了左翼的社会党成员,为各种报纸杂志撰稿,充满激情地探讨各种社会问题,1920年底,她离开了纽约前往欧洲,到过苏联,之后在德国生活,介入印度和孟加拉的民族独立运动,其间还经历了与"革命同志"的失败婚姻而导致的严重精神沮丧。20年代的大半时期,她的生活舞台主要在德国,她努力学会了德语,并在柏林大学担当英语会话课,1925年6月在著名的学术杂志《地缘政治学》上发表了论文《世界政治舞台上的印度》,展现了学术研究的能力,1925年底她最终完成了自传体成名作《大地的女儿》的初稿,在经历了一些曲折之后,该书分别在德国和美国出版。这一时期她开始将关注的目光投向中国。1928年12月下旬,她拿着美国和德国的护照及德国《法兰克福日报》的特派记者证(据现存的史沫特莱在中国印制的名片,其头衔为"德国弗兰福特报记者",中文名字为"斯美特莲")[51],坐火车经过苏联进入了中国,一开始在东北地区活动[52]。

初入中国时,史沫特莱最关注的是中国的妇女和农民问题,写了几篇相关的报道。1929年5月,她来到了上海,开始时居住在法租界吕班路85号的一所房子里,结识了《密勒氏评论报》的记者等几位美国新闻界人士,并与具有左翼倾向的德国人交往。她最初交往的中国人,多为受过西方教育、具有自由主义倾向的知识人如胡适、徐志摩等,但她不久发现在他们身上难以捕捉到中国下层的生活实状,她开始将目光转向左翼方面,与为促进民权保障运动的宋庆龄成了朋友,并在宋的寓所里认识了后来与佐尔格、尾崎秀实成为同一阵营的陈翰笙(1897—2004)[53]。陈早年曾在芝加哥大学和柏林大学分别获得硕士和博士学位,后经李大钊等介绍为第三国际工作,此时在上海建立社会科学研究所并任所长,着力于中国农村经济的研究,不久成为佐尔格情报体系的重要一员,活跃在上海和东京等地。与尾崎一样,史沫特莱也努力接近上海的左翼文艺人士,与冯乃超、陶晶孙等的艺术剧社来往密切,数次前往四川路上的上海演艺馆(后改为永安电影院,现已不存)观赏他们根据德国小说家雷马克的《西线无战事》改编的同名戏剧,1930 年 3 月间的一次演出中,因史沫特莱使用镁光灯摄影,其发出的巨大声响和烟雾使得观众误以为发生了爆炸而引起了骚乱,也遭到了当局的干涉。这一时期,史沫特莱与鲁迅也有较为频繁的往来,据鲁迅日记,1929 年 12 月 25 日初次接到她的来信,27 日日记有"史沫特列女士……来……'史女士为《弗兰孚德报》通信员,索去照相四枚。"[54]此后可见彼此的书信往来及应酬交往。

从时间上来说,尾崎先抵达上海,史沫特莱大约晚到半年。尾崎在上海支局内主要担当外联业务,需要与各国的新闻界同行交往切磋,凭借他的德语和英语能力,他结识了不少欧美媒体的记者,同时他也有意地与具有左翼倾向的人士靠近,希望藉此为中国革命和世界革命做出若干的贡献。在这样的背景和动机下,他认识了史沫特莱,并迅速建立起了密切甚至是亲密的关系。关于尾崎与她的初次相见,尾崎自己曾有这样两段稍有不同的回忆:

在上海的时候,曾有一个人给我介绍说,"有一个非常不同寻常的报社女记者,我来给你介绍吧。她的一张脸长得有点突兀夸张,你要是听到她是一个女记者就对她产生兴趣的话你可要失望的哟。"这个人就是史沫特莱。当我们在上海的位于外滩和南京路街角的汇中饭店(Palace Hotel,今和平饭店南楼——引者注)的大堂内等候时,飞快地走出来一个穿着红色休闲服的女士。才刚刚坐下,本想说些初次见面的客套辞,可她全然不顾这些,精神十足地跟我说起了话,不时地从雪茄烟盒里拿出香烟抽了起来,还不时地递给我们……那时我仔细打量了她的相貌。确实她的那张脸与美丽相差甚远。但在以后我与她的数度相见中,我甚至觉得她是长得漂亮的。她的笑容非常的纯真。⑤

上述的回忆写于1933年。

另一段回忆是1941年10月26日在东京目黑警察署第二次讯问时的回答:

大概在昭和四年(1929年)年底或是昭和五年的年初吧,我上次已经说了,记不清是陈翰笙,还是当时在苏州河边开着一家左翼书店⑤的女店主魏德迈尔女士(据说与国际红色救援会也有些关系)介绍的,总之是他们两个中的一个,给我介绍了当时的《法兰克福日报》的上海特派记者、现在跟随着中共的干部毛泽东和朱德等一起行动的艾格尼丝·史沫特莱女士,第一次见面在上海南京路街角的汇中饭店的大堂,此后也继续交往,与她之间的关系,我此前也有说及,我曾将通过各种途径收集到的有关国民政府的情报,以及我所知道的有关日本的情报传达给了她。⑤

陈翰笙在自己的回忆录中没有说及自己曾将史沫特莱介绍给尾崎⑤,很有可能是书店女店主魏德迈尔介绍的。对于初次见面时的谈话内容,尾崎回忆说:

"具体已经记不清了,记得当时她问我,在中国的农业问题上日本人有些怎样的研究,我的回答有些含糊其辞,不大有自信,这时她就会立即插进话来,弄得我很尴尬。我以前跟初次见面的人,尤其是女性,从未碰到过这样的情况,这不免屡屡使我大为惊愕。"⑤⑨

此后,尾崎与史沫特莱之间的交往就变得非常频繁,这应该是互相欣赏或者说志同道合的结果。尾崎与史沫特莱之间是否有超越同志的关系,似乎不宜轻易作出推测,只是后来在纽约与史沫特莱有亲密交往的日本女子石垣绫子曾这样回忆说:"对于与尾崎之间的交友,她只是将他作为一个思想上有共同志向的同志跟我谈起过,不过从她的表情和口吻来看,我暗自思忖,两人之间是不是存在着更为深切的个人交往呢?"⑥⑩这姑且聊备一说。不过,尾崎欣赏史沫特莱是确实的,他非常钦佩她特立独行的性格,观察问题的敏锐性,对包括中国人民在内的被压迫民族和被压迫人民的赤诚的爱,对邪恶势力的强烈的憎恨和不屈的抗争,史沫特莱也很看重这位日本同行的坚定的革命信念和对中国问题的独到见解。尾崎回忆说:

> 出于同行的情谊,我就与她亲密地来往了。她身上的特性,与我原先所知晓的女性太过于不同,使我感到非常的惊异。她写的有关中国的经济,或者有关国民政府财政问题的论文,有关鸦片公卖问题和国民党白色恐怖问题的文稿,在她的那份报纸上放射着光彩。她最令人感动的,是对于素材收集的执着和文笔的犀利。⑥①

尾崎不仅"在她的脸上看到了超越美丑的斗志的光辉",也感到"她身上的女性的柔情比常人更为丰富。她对自然的爱相当强烈,有一年夏天的星期天,我们在极司非尔公园(今中山公园)散步的时候,她听着在盛开的白的茉莉花上飞舞的蜜蜂的嗡嗡声,向我说起了自己故乡春天的情景,那种感情的细腻程度让人觉得这到底是一位女性呀。"⑥②

1929年史沫特莱的自传体小说《大地的女儿》的德文版和英文版出版(两种版本内容有较大的不同)后,在世界上激起了广泛的反响,被翻译成包括中文在内的十二种文字出版。史沫特莱非常信任尾崎,她拒绝了其他日本人提出的翻译要求,希望由尾崎来译成日文,尾崎也深为这部著作所感动,同时为这样优秀的作品尚无日文版而感到自责,于是他以英文版为底本,参照德文版,同时请深谙英文的朋友一起帮忙,将这部书译成了日文,1934年8月由当时在日本卓有影响的改造社出版,译者的署名是白川次郎。显然,在当时日本高压的政治气氛下,尾崎不希望以一个左翼人物的形象在日本本土受到关注。在正文前类似于译者序的《艾格尼丝·史沫特莱女士的脸神》一文中,尾崎对该书作出了这样的评价:

首先的一点是,这部书不用任何假借的手法,如此赤裸大胆地将人性的内蕴和社会的罪恶揭露了出来,这在其他书中可说是没有的。容不得丝毫虚假的那种直率和露骨,有时候会令读者感到不快。此外,有时候那把挥舞的手术刀落下的地方也未必准确,也会有偏颇和偏离的地方。还有,其表现出来的世界观,就小说本身的描述而言,尚未脱离那种自然的成长性,这是有些缺憾的。但是,整部作品是如此的充满激情,描写是如此的精细,有时甚至是以仿佛不知羞耻的方式来做出如此彻底的叙述,恐怕是别的作品所没有的吧。作品的形式虽是自传体小说,但由她来展开的叙述,已经不是她一个人的问题了。在书中,她时常使用攻击性的、明晰的、有时显得有些紊乱但总是满含着热情将动荡的时代的各种问题表露了出来。进而从女性的立场出发,对性和婚姻提出了近乎峻烈的诅咒式的批判,这一定使得那些潜意识中具有男性优越感的男人们感到惊恐和窘迫。我在这部小说中同时听到了美洲旷野上的呼叫和近代资本主义的怒号,也看到了其中有如像杂草那样被吹歪却又顽强地伫立在那里的女性的身姿。㊸

顺便说及,这一译本在战后的 1951 年又被角川书店出版了上、下两册的文库本,1979 年被学习研究社出版以《世界文学全集》第四种出版。

在《大地的女儿》出版之前的 1933 年 11 月,史沫特莱向尾崎赠送了自己的近著《中国的命运》。这是她在中国的几年中所见所闻所感的集结,包含了史沫特莱对中国问题的认真思考。尾崎阅读了该书后,立即在《社会及国家》杂志当年的 12 月号上撰文介绍了这部著作,然后选择了其中的一部分翻译了出来,分九次连载在 1934 年的《社会与国家》上。尾崎在介绍文章中说:

> (与《大地的女儿》风格不同),这本新著正如其副标题 Sketches of Present-day China 所示,是一本关于今日中国的素描,全书三百余页,由三十篇短篇组成,笔触也极为温润和缓,这一点与方才所述的那本自传体作品的顶真直白的空气非常不同。[64]

可以说,尾崎是史沫特莱所交往的日本人中关系最为密切的一位。使得两人之间的关系进入一个新阶段的,是史沫特莱将尾崎介绍给了佐尔格。美国联邦调查局自 1946 年开始怀疑史沫特莱是苏联间谍网的成员并对此进行了秘密调查,1948 年至 1949 年的美国舆论不断指责她为共产党的情报系统服务,但始终未能公布非常确凿的证据。史沫特莱究竟有否正式加入过共产国际或是苏联的情报系统,至今似乎仍是个有待解开的谜,但她相当程度参与了相关的活动应该是事实。

三、与佐尔格的谍报因缘

佐尔格的一生,可谓充满了传奇色彩。1885 年 10 月,他出生在阿塞拜疆的巴库,父亲是一位出生于普鲁士萨克森州而被派往巴库的石油钻探工程师,与当地出身富裕的姑娘相爱后结婚。佐尔格的祖父是一位曾与马克思、恩格斯有交往的社会主义者,一度曾担当过第一国际纽约支部的负责人。佐尔格在俄国生活一段时期后随家庭迁回德国,在柏林的一所实业学校接受教育,毕业成绩单表明,他历史、地理和数理化成绩优良,其他成绩平平⑤。1914年第一次世界大战爆发时,他连毕业考试也未及参加就应征入伍,在战场上他数次受伤,在寇尼斯堡的医院里自护士和她的父亲那里第一次了解到了德国和俄国的革命运动,同时还收到了左翼团体散发的传单,自此他开始阅读列宁和恩格斯等的著作,并思考战争、民族和国家问题。1918年,他进入柏林的弗里德里希·威廉大学学习,攻读哲学,之后又转入基尔大学,攻读国民经济学和社会学,并加入了左派色彩最浓的独立社会民主党,参加实际的政治运动。1918年年底德国共产党成立,翌年10月佐尔格在亚琛加入该党,组织工人的罢工,担任工人刊物的编辑等,并在业余大学里担当讲师,1922年在佐林根出版了他第一部著作《罗莎·卢森堡的资本积累》。1925年年初,德共中央同意他移居莫斯科,他在3月加入了苏联共产党并取得了苏联国籍。这一时期他出版了好几部有关政治和经济的著作。1928年他参加了在苏联召开的第三国际第四次代表大会,此后他被召入苏联红军情报局,接受系统的谍报训练,他会讲德语、俄语、英语和法语。情报局决定派遣他前往中国工作,经过了一系列准备(包括阅读《法兰克福日报》上刊载的史沫特莱有关中国的文章等)后,1929年11月他前往柏林,与那里的《社会学杂志》社签订了写稿的合同,还担当了《德意志粮食报》的通信记者,然后经由巴黎和马赛,坐船于1930年1月10日抵达了各个国家、各种势力犬牙交错的上海,化名"约翰",在这里,他与尾崎秀实发生了命运的相会。

佐尔格已经知晓史沫特莱的政治倾向,并从《法兰克福日报》的编辑部那里获悉了她在上海的地址,抵达上海后他就去寻访她,并试图通过她结识各国左倾人士,从而展开相关的情报工作。陈翰笙回忆说:"通过史沫特莱的介绍,我又认识了传奇式的人物里哈尔德(现通常译为理查德）·佐尔格……佐尔格初到上海时，与史沫特莱住同一家旅馆。他很快发现与史沫特莱来往的进步人士很多，不仅有蔡元培、鲁迅等，也有一些日本进步记者，于是他也参加到这个进步圈子中来，我就是在这里认识他的。"⑥陈翰笙原本就曾为第三国际服务过，此后就与佐尔格一同展开情报工作。尾崎由史沫特莱介绍的可能性也很大，史沫特莱的传记作者认为："佐尔格（中文译本将 Sorge 译为"索格"——引者注）是通过史沫特莱找到了在以后的两年里向他提供了重要情报的亚洲联系人的。他们中最重要的，自然是日本新闻工作者尾崎秀实。1931 年史沫特莱介绍二人相识时，他很了解尾崎，他已经把《大地的女儿》译成日文（事实上该书的日译本是 1934 年出版的——引者注）。"⑥佐尔格本人在日本被捕后向警方供述说：

> 我在上海最早结识的友人是尾崎。然后通过他认识了其他的日本人。现在有些记不清了，我好像是通过史沫特莱的介绍初次见到尾崎的。在此之前，我确实对史沫特莱再三拜托过，请她给我介绍些适当的日本人。⑥

不过，尾崎在被捕后对警方的供述有些不同，他说先是美国共产党日本支部的鬼头银一向他表示，佐尔格（当时用的名字是约翰）想要见他，尾崎觉得鬼头的话有些不可靠，就请史沫特莱去了解一下佐尔格的身份，然后认识了佐尔格。两者何者是事实，现在已难以断明，而且，尾崎的传记作者认为两人相识的时间大概在 1930 年的 10 月或 11 月，地点也许是在史沫特莱的寓所，也许是在南京路上的一家饭馆⑥。

应该说，尾崎是出于对于史沫特莱的信任才信任上佐尔格的，不过，他很快就被佐尔格的人格魅力和渊博的知识所吸引了。对于上海时期尾崎与佐尔格的组织关系，目前尚未十分明了，事实上，在 1936 年之前，尾崎都不清楚佐尔格的真名和真正的国籍,从其长相他推断佐尔格也许是北欧人或是斯拉夫国家的人。佐尔格也未必明晰地向尾崎说清楚自己隶属的组织。但凭借尾崎的记者阅历和敏锐的感知力,他应该清楚佐尔格受命于哪一方面的指示,从自己的共产主义信仰出发,他对佐尔格方面的要求作出了积极的响应。当然,佐尔格在上海有一个由若干成员组成的情报网,从现在的文献来看,尾崎应该不是这一网络的核心分子,但他实际作出的贡献是很可观的。据逮捕后的尾崎向警方交代,开始时该情报组织主要希望他提供以国民政府为中心的中国政情分析,而这也是莫斯科给予佐尔格的主要任务。这些任务是:逐渐强化的南京政府的社会与政治分析;南京政府的军事力量研究;中国各派阀的社会与政治分析及其军事力量问题;南京政府的内政以及社会政策研究;南京政府对各国,特别是日本和苏联的外交政策;美国、英国、日本对南京政府和各派阀的政策研究;在中国的各国军事力量研究;治外法权以及租界问题研究;中国工农业的发展与工人农民的状况研究。[70]由此可知,佐尔格的情报活动,主要并不是某种特定情报的获知,事实上更像是对当时中国内外政策和社会政治现状的综合研究,因此才需要像佐尔格这样具有丰富学养和阅历的人来担当。

根据佐尔格的要求,尾崎还向他介绍了他在上海结识的具有强烈左翼倾向的日本人川合贞吉(1901—)[71]。出生于岐阜县的川合,早年曾是一个崇拜日俄战争中的日本海军大将乃木希典的军国少年,在东京的明治大学专门部政治经济科读书时,开始热心参与学生社会科学研究会和七日读书会等一些左翼团体的活动,日后又实际参与一些政治活动,与一些右翼大佬也有交往,并开始关注中国问题。大学毕业后进入日本新闻社供职,1928年第一次前往中国,在北京目睹了北伐军的入城,会见过张群。短时回国后又来到了北京,1930年8月经青岛和南京,与自“满铁”南京事务所转往上海事务所的小松重雄来一同抵达上海,先在吴淞路上日本人开的"辰巳屋旅馆"下榻,经小松的联系,认识了毕业于山口高等商业学校、从事中国货币制度研究并在北伐时期担任过北伐军政治部秘书处长的田中忠夫和出生于广东、日本留学归来后在上海以翻译左翼著作谋生的温盛光,两日后在温盛光的斡旋下迁居至施高塔路(今山阴路)上一幢房主为白俄音乐家的房屋的三楼,并通过温认识了中共党员王学文(1895—1985)。王早年曾在日本留学15年,毕业于京都帝国大学经济学部,是将《资本论》译成日文的京大教授河上肇的弟子,1928年回国后在上海加入左联,并担任在上海发起成立的社会科学研究会的党团书记,抗战时期在延安担任中共中央马列学院副院长。田中此时担任设在四川路永安里的日文报纸《上海周报》社主干,川合也靠为该报纸写稿谋生。此时以中共党员王学文为核心,组织了社会主义研究会,每周一次在温盛光的家里举行活动,以王和田中为主导,研习马克思主义经济学、辩证唯物论和中国农村问题⑫。在研究会上,来自台湾的中共党员杨柳青提出除了理论学习之外还应该进行实际的革命活动,获得了王学文等大部分人的同意,根据川合的提议,组织的名称定为"日支斗争同盟",成员有西里龙夫、手岛博俊等,但田中和温表示不参加。该组织的主要任务是针对驻扎在上海的日本海军陆战队进行反战宣传,并且动员一部分具有左翼倾向的上海东亚同文书院的学生一起参与,在11月7日十月革命的纪念日那天,集中散发传单,涂写标语口号等,在当时高压的政治气氛中,一时也产生了些许的轰动效应,但这样的活动不久就告流产了⑬。

川合与尾崎和佐尔格的认识,缘于1931年爆发的九一八事变。佐尔格被捕后在狱中写道:

> 因1931年秋天发生的满洲事变,日本在远东地区的地位一下子发生了变化。若日本在满洲获得了统治权,日本就会在东亚扮演越来越重要的角色……作为满洲事变所产生的直接影响,此前苏联在

国防上比较松懈的广大的边境地带，就一下子变成与日本直接相对了。换言之，对于苏联而言出现了甚为棘手的事态。[74]

尾崎方面的回忆是这样的：

突然间满洲事变爆发了，这让人感到这是日本走向对苏战争的决定性的阶段，我记得人们的注意都集中到了日本的对满政策上。满洲事变发生后，在上海对其具体的情形并不清楚，于是佐尔格就对我说，需要安排适当的人选派往满洲，在那里进行实况调查。我与杨柳青（台湾出生的中共党员，其时已与川合认识，后遭到逮捕，死于台湾狱中——引译者注）进行了商量，在上海的共产主义者中选出了年龄也比较合适、能吃苦耐劳的川合。在史沫特莱的万国储蓄会的公寓中将他介绍给了佐尔格，经过了周详的商议后，派川合到满洲去了两次，并向佐尔格作了报告。[75]

彼此的正式见面，是在 1931 年 10 月某日时雨时阴的下午，地点在上海四川路桥边邮政局的街角。川合回忆说：

不一会儿尾崎出现了。他穿着那时上海流行的皮风衣。汽车、电车和行人不断地在街上来来往往，一片喧杂。就在这喧杂中，一辆黑色的汽车突然停在了我们面前。正在想怎么回事的时候，车门打开了，一个戴着赛璐珞眼镜的面相有点可怕的外国女子向我们招着手。如鹰般锐利的眼光给我印象很深。[76]

这个女子就是史沫特莱。汽车载着他们驶往四马路上的"杏花楼"，在那里见到了目光锐利、长着栗色头发的佐尔格。"四个人互相握手。一切都已计划好了。如今也已不必询问彼此的姓名,也不必互相道明了。一切都靠直感和信任。只是在这展开着的激烈的世界局势中冒着生命来守护人类而已。当然我不会觉得这两个外国人是英国或美国的走狗。这只可能是共产主义的国际组织、也就是共产国际了,我们只需按照共产国际的命令来行事就可以了。因此,在这里我只需听明白我的任务就可以了,接下来的就是行动了。"⑦

川合到了东北后,花了将近两个月的时间,利用他的关系网,探清了事变的整个过程、关东军在那里的兵力和今后的动向,然后返回上海向佐尔格等作了详细汇报。活动的地点,有时会在极司非而公园。川合本人,自这一年10月认识以来,就与尾崎结下了深厚的革命情谊。此后,他也曾因佐尔格事件而在日本被捕入狱,他与尾崎的诀别,是在1943年7月的狱中。他对尾崎有着很高的评价:

> 他吸引我的,是那种与教条主义式的马克思主义者不同的现实主义精神……他不是一个冷彻的共产主义者,而是一个充满温情的人道主义者。同时他也是一个现实主义者,一个浪漫主义者。现实主义者和浪漫主义者初看起来是矛盾的,但是在尾崎身上并不矛盾。他在努力将这种浪漫变成现实……他常笑着对我说"我们是堂吉诃德"……他对世界形势分析的正确,他的人道主义,他的浪漫主义,还有他的现实主义,在在都吸引了我。但他最吸引我的,是他对同志的诚实和他丰富的人情味。他爱美酒,他爱珍味佳肴,他有人的爱憎,他爱女人。他的这种人的真情使我倾倒不已。我想起尾崎的时候,就想起了坊间流传的孙中山的人情味。大胆豪放,乐观通达,充满理想,同时也非常现实主义、无欲无求,在这些方面,我觉得尾崎和孙中山十分相像。⑱

川合在 1936 年 1 月遭到警视厅的逮捕,被送到新京警察署审问,有关尾崎和佐尔格他没有吐露一个字,最后被判刑十个月,缓刑三年。出狱后为避免牵连他人,他就没有再主动与尾崎等联系。

　　上海时期的尾崎,除了介绍若干志同道合的日本人之外,他与佐尔格的合作主要是向他提供自己对于中国政治经济形势的分析,他凭借自己对中国报刊的深入阅读、与中日各界社会及各国人士的广泛交往和自己敏锐深刻的分析批判力以及良好的德语能力,向佐尔格提交了不少富有真知灼见的形势分析报告。这些对于佐尔格以及共产国际和苏联来说,无疑是十分宝贵的。

　　关于上海本身,尾崎留下的文字不多。在一篇记述 1929 年夏天去普陀山度假的随笔中他写道:"上海的夏天相当难受。湿度很高,整个城市像是一个硕大的蒸气浴室,被一片湿热的空气所笼罩。到了夜里气温也几乎降不下来。很多中国人从闷热的屋子里走了出来,就睡在街上的水泥地上。几乎从每户人家都会传出哗啦啦的麻将牌理牌声。打牌的人沉浸在输赢之中,暂且忘却了夏日的暑热,到了天将亮时,疲惫不堪的人们才去入睡。"[79] 这算是那个时代夏日上海街景的一个素描。不过尾崎对于包括上海在内的中国江南地区,一直留有比较美好的印象。他后来曾在狱中书信中回忆说:"说起春天,日本还是关西为佳。在中国是江南第一,上海郊外龙华寺的桃花,吴淞长江边上青青的原野,南京紫金山一带,更有苏州和杭州(西湖湖畔),只要思想一下,心里就一阵激动。"[80]

　　1932 年 1 月 28 日,在日本驻上海使馆陆军武官辅佐田中隆一等的策动下,以日本僧侣遭到中国人袭击身亡为借口,日本方面挑起了一·二八事变,尾崎所在的《朝日新闻》上海支局的所在地也受到了炮火的威胁,办公地临时转移到了今长治路闵行路口的日本旅馆"万岁馆",尾崎经常受命与同事前往北四川路一带的日本海军陆战队阵地去采访,在硝烟弥漫中目睹了战争的惨象。在战争还在白热化的 2 月初,尾崎受东京总部的命令乘坐当时还在运行的欧洲航线的外国轮船,将前线的报道照片送往神户港,本来他将照片递交以后应该继续返回上海工作的,但总部要求他回日本向各界口头介绍上海战场的实况。尾崎匆忙回到上海后,立即召集川合和佐尔格在史沫特莱的寓所会面,商议他返回日本之后在上海的继任者,他一开始向佐尔格推荐了新闻联合社的山上正义,尾崎曾将山上介绍给佐尔格认识过,但这只是新闻界同行间的见面,彼此并不知晓底里。但尾崎的推荐后来遭到了山上的谢绝,尾崎就改推荐曾经参与上海反战宣传的船越寿雄作为自己的后任者。然后,他携带了妻子和在上海出生的女儿扬子(为纪念家人与中国的因缘,他为自己的女儿命名为源于扬子江的"扬子")坐船离开了生活了三年多的上海,回到日本。

在上海的三年多的生活体验或革命实践,对尾崎的一生而言,无疑是极为重大的转折点。他从一个有些朦胧的共产主义的信奉者转变为一个比较坚定的共产主义的实践者。不仅如此,在上海的三年多生涯中,"我以上海为中心,足迹踏遍了中国的南北中各个地方……在中国各地我有许多日本和中国的朋友。"㉛这三年多在上海的体验和考察,奠定了他观察和研究中国的基本视点,日后他在狱中回顾说:

> 与在上海的时期相关联,在我后来的思想立场上产生了这样几个特征。第一,中国正处于半封建的地位,因此对于民族解放乃至民族问题一般都持有强烈的关切;第二,我对在中国处于统治地位的英国从各个角度进行了现实的观察,认识到这才是中国,不仅是中国还是全世界被压迫民族最人的公敌。㉜

关于上海生活对于尾崎的重要性,他的挚友松本慎一这样评论说:"他作为朝日新闻社上海支局记者来到了大革命之后不久的中国,在如火如荼的革命运动中度过的这几年岁月,对于他的一生而言,具有决定性的意义。"⑧

致力于近代东亚思想史研究的野村浩一教授则这样评价上海生活的意义：

> 在设定这样的问题时，作为决定性的原初体验而登场的，无疑是三年多的上海生活……在这一时期，他几乎投入了全部的身心来参与到"中国的民族运动"中去。在为林守仁即山上正义所译的《国际无产阶级丛书·阿Q正传》所撰写的序文《中国左翼文艺战线的现状》中，可以说喷发出了他郁积在心头的愤懑和悲情。从人生的经历、人生的发展方向这一角度来看，在上海的人生体验，对尾崎而言，只能说是命运性的邂逅了。在这里，人生中的偶然和必然微妙地交错叠合在了一起。但是，我觉得，就尾崎而言，他从上海体验中所获得的基于感性的认识，不仅在此之后也一贯地持续了下去，而且还将其设定为他预测中国动向的时候、以及在思考日本今后的命运时候的一个基本出发点。他的上海体验，当然是他所固有的。而且，动员了理性和感性的、尾崎在上海建立起来的中国认识，也更加是他所固有的了。不过，他通过了这样的认识，确实是窥见到了"现代中国的真面目"，或者再进一步而言，还窥见到了20世纪亚洲本身的秘密吧。⑧

第三节　后上海时代：中国问题的研究家、共产国际谍报活动的殉难者

尾崎回到日本后，被安排到《大阪朝日新闻》社的外报部，该年12月，他接到了史沫特莱的消息，与川合贞吉一起以出差的名义一同前往北平，三个人在北平的德国饭店相会，研讨日本在华北的动向。

自上海回来后,尾崎在思想上和行动上都已经是一个共产主义者了,但他并未加入任何共产主义的组织,因此,严格而言他并不参与组织的活动,也不受组织的约束。如果不是后来佐尔格来到了日本并主动与他取得了联系,他应该不会被卷入到后来的佐尔格的间谍案中,更不会入狱殉难。但是历史是不允许假设的。

佐尔格于1933年1月离开上海回到莫斯科,比较悠然地住在一家"新莫斯科旅馆",正在口授著述一本著作,还打算与一位年轻的寡妇结婚,可是在9月他又被派往日本工作,此前到柏林呆了一段日子,以取得有效的德国证件。他设法与《法兰克福日报》等几家德国新闻机构联系,获得了派驻日本记者的资格,然后经美国于9月6日在横滨登陆,在东京居住下来后,就立即去拜访了德国驻日本使馆,获得了德国大使福莱次希的信任。翌年10月初,他加入了纳粹党的东京小组。他在日本的主要任务,是观察九一八事变以后日本的对苏政策的动向,研究日本的对苏进攻计划,并将相关的情报提供给莫斯科。

1934年的4月或5月的一天㉟,有一个名曰南龙一的陌生年轻人(后来知晓他乃是美国共产党日本支部的成员宫城与德)突然到尾崎所供职的《大阪朝日新闻》社来访尾崎,说有一个他在上海相识的外国人要见尾崎。当日晚上,尾崎在一家名曰"白兰亭"的中国餐馆请这位年轻人吃饭,才获知这个外国朋友就是佐尔格。在下一个星期天,尾崎与佐尔格在奈良公园的猿泽池畔见了面,两人从此建立了在日本的联系。

1932年自上海回国后,尾崎就开始陆续撰写有关中国的政治评论,1934年以白川次郎的笔名部分翻译了史沫特莱的《中国的命运》在杂志上连载,并翻译出版了她的《大地的女儿》。这一时期他写的评论主要是中国红军和苏区的动向分析,诸如《支那共产军的问题》、《共产军的西南移动和今后的支那政局》等,逐渐以中国问题专家为人们所熟识。1934年9月东亚问题调查会在东京成立,会长是当时的朝日新闻社副社长、后来曾出任内阁情报局总裁的下村海南(1875—1957),尾崎也积极参与该机构的活动,并因此而调往《东京朝日新闻》,借住在目黑区的一座新建的民宅内。这一年的10月,自美国前往中国途中的史沫特莱坐船在横滨临时逗留,她特意到东京去看望了尾崎,利用这宝贵的半天时间,尾崎带她看了皇宫前的广场、上野的帝室博物馆,并在上野的一家名曰"永藤"的餐馆请她吃了饭。这是两人在日本唯一的一次,也是生平最后的一次相见⑯。1934年的冬天,陈翰笙因为国内环境的险恶,在佐尔格的动员下,与夫人一同来到了日本,"我受佐尔格的委托,在东京主要是在满洲株式会社中做日本人的工作,尾崎秀实帮了我的忙。尾崎原为《朝日新闻》记者,认识史沫特莱和佐尔格,后来为佐尔格情报小组的成员。1937年当了近卫首相的中国问题私人顾问,实际做地下工作。"⑰

在1941年10月他被捕之前,尾崎在日本一直是以中国问题研究家或评论家著称的。1935年夏天,他与东亚问题调查会的数名成员一起前往华北各地做调查旅行,其调查报告《在现场观察支那》翌年出版。1936年8月,经他第一高等学校时代的同学、后毕业于牛津大学的牛场友彦(1901—1993)的引荐,尾崎作为日本代表团的一员,参加了在美国加州约赛米蒂国家公园举行的太平洋问题调查会的年会,经牛场的介绍结识了在英国牛津留学期间受到马克思主义影响的西园寺公一等重要人物,自己也崭露头角。1935至1936年期间,尾崎发表了71篇有关中国局势分析的评论,随着中日关系的日益紧张,他的见解引起了朝野的广泛关注。1936年12月,西安事变爆发,尾崎根据他对中国国情及国共两党错综复杂关系的了解,立即撰写了一篇《张学良政变的意义》,发表在翌年1月号的甚有影响的《中央公论》上,以其分析的鞭辟入里和对事变结果预测的准确性,奠定了他中国问题研究家的权威地位。

1936年11月正式成立的具有近卫文麿智库性质的"昭和研究会",试图在日本既有的政治框架内于内外两方面打开一条新路,1937年3月在研究会内设立了"中国问题研究部会"(后曾改名"东亚政治部会"、"民族部会"),经《朝日新闻》论说委员佐佐弘雄(1897—1948)的介绍,尾崎被引进了该研究部会,6月,原负责人风见章(1886—1961)出任近卫内阁的书记官长,尾崎便接替他担当了负责人。也就在这一年的7月,日本发动了全面侵华战争。这一年他出版了两部评论著作《处于暴风雨中的支那》(9月,亚里书房)和《从国际关系看到的支那》(11月,第二国民出版部)。当然,由于尾崎的半官方身份和当时的舆论管制,在尾崎发表的上述著作文字中,我们基本感受不到他的共产主义立场。该年12月至翌年3月,他到上海和香港等地进行实地考察,了解最新的中国和国际动向。

　　1938年7月,尾崎离开了朝日新闻社,经已出任近卫文麿首相秘书官的牛场友彦的介绍和风见章的推荐,他被聘为内阁参议,办公地点在首相官邸之内,可自由出入秘书官室和书记官长室。但据风见章的叙述,尾崎在首相官邸相当规矩,从不随便串门⑧。他与牛场等共同组织了近卫内阁智库性质的早餐会,为近卫内阁的内外政策出谋划策。1939年1月,随着近卫内阁的总辞职,尾崎也被解除了参议一职,随即他在东京赤坂溜池的山王大楼设立了"中国研究室",请曾在欧洲游学、具有自由主义和共产主义思想、战后当选为共产党议员的细川嘉六(1888—1962)担当负责人,同时尾崎在东京大学的成人讲座上开设"现代中国的特质"的系列讲座,5月将讲稿整理后由岩波书店出版了《现代支那论》一书,此书被认为是尾崎研究中国的代表作之一。从6月起,他被"满洲铁道株式会社"调查部聘为编外研究员,供职于东京支社的调查室。

　　1940年2至3月间,他去大连、北平和上海公出旅行,在上海出席了"满铁"调查部上海事务所举行的题为"中国抗战力测定会议"。回国后在九州帝国大学法文(法学、政治学和人文科学)学部开设系列课程,6月将讲课内容整理为《支那社会经济论》一书由生活社出版。9月,去参加伪满洲国协和会大会并在中国东北地区旅行。12月,又去上海、汉口、南京旅行,并在上海出席了"中国抗战力调查"的会议。

1941年9月,他去中国东北作公务旅行,目的是考察关东军的特别演习,顺途在大连参加了"满铁"本社主办的"新形势对日本政治经济的影响调查会议"。10月10日,曾受佐尔格委派与他联系的美国共产党日本支部成员宫城与德遭到逮捕,受此牵连,15日尾崎在东京佑天寺自己的住所内被逮捕,被拘留在目黑警察署接受调查。18日,佐尔格也在麻布区永坂町自己的住宅内被拘捕。

在逮捕之前,他在日本已完全建立了中国问题研究家的地位,他的家人和亲友完全不知晓他的共产主义者面目及与佐尔格间谍案的牵连,他此前发表的具有激烈左翼倾向的文章和译作都是以欧佐起或白川次郎的笔名。在中国研究方面,他已出版了《处于暴风雨中的支那——转换期支那的外交、政治、经济》(1937年),《从国际关系中看到的支那》(1937年),《现代支那批判》(1938年),《现代支那论》(1939年),《最近日支关系史》(1940年),《支那社会经济论》(1940年)6本专著和无数的论文,可以想象,倘若没有遭到逮捕,或他能够活到战后,他应该会有更多有关中国的论著问世。

尾崎以本名发表出版的有关中国的论著,基本都是问世于日本全面侵华战争爆发的前夜或战争时期,他的公开身份是朝日新闻社的记者和近卫内阁的参议、"满铁"调查部的特别研究员,具有明显的官方或半官方的色彩。其实,在整个日本近代,官方对于言论和思想一直采取了严厉的管制,1900年颁布了《治安警察法》,1909年颁布了《新闻纸法》,1911年设立了专门管治自由主义和共产主义思想运动的特别高等警察(1928年后得到了强化),1925年颁布《治安维持法》,太平洋战争爆发后又出台了《言论、出版、集会、结社等临时取缔法》。在这样高压的政治气氛下,尾崎要以公开的身份在公开的出版物上发表他真实的思想和见解是极为困难的。但是这也并不意味着尾崎公开发表的论著都是为其共产主义活动作掩饰的虚假的文字。我的理解是,尾崎公开付梓的论述,大部分表达了他对现代中国的真实理解和看法,尤其是对中国现状和历史的叙述和分析,包括对西方列强在中国的实际势力和扩张企图的论述。而最为迂曲、晦涩或正话反说反话正说的部分,是日本与中国的关系和日本的对华政策和企图,解读这部分内容的真意也最为费力。尽管如此,他1938年发表在《中央公论》上的《长期战下的诸问题》一文还是被编辑部要求其自主删除最后四行,可见当时言论管制的严厉。

即使以今天的眼光来考察尾崎当年有关中国的论述,依然还有相当的理论和历史价值。总体来说,近代日本对中国的研究兴起于明治中期,随着日本与中国关系的日益密切和对华扩张政策的发展,除了传统的对中国历史和古典的研究(这占了近代日本中国研究的相当大的比率)外,陆续出现了大量有关现实中国的考察记、印象记和一般现状调查的文字。1920年前后,以上海的东亚同文书院和大连的"满铁"调查部为主体,在日本朝野渐次出现了大小不一的各种中国研究机构和组织,出版了一系列有关中国和东亚研究的杂志和出版物。以尾崎自己在以上海为中心的三年多的实际经历(后来又多次来中国进行较为长期的实地考察)所获得的感知以及他所掌握的马克思主义的科学分析方法,他对日本既往的着重以"东洋史观"的角度出发的中国研究是不满的。他指出,现在绝大多数日本人的所谓"中国观","总体而言可谓是'东洋式'的史观。而且这些东洋史观成了今天日本指导大陆政策的重要的原动力的一部分。"他觉得当下日本在研究中国方面最缺乏的是"科学性的方法",也就是"中国研究的方法论"[⑳]。他认为,日本既往的中国研究太注重过去的历史,太凭借昔日的文献,"关于中国古典的汉文,日本人自少年时代以来就有了非常深切的接触,但是通过这些汉文我们所想象和描述的中国社会,跟现代的中国社会之间横亘着巨大的隔阂,差不多可说没有任何的关联……可以说在古典中国社会和现代中国社会之间架起连接的桥梁这一重要的努力长期以来一直没有被人们所重视。"⑨⑩他自己决心要改变这一现状，着重从政治结构和经济关系的视角来探讨今日的中国，他表示："笔者在过去的数十年来一直专心于中国问题，对我国原本的中国研究的方法心存疑问，自己对近年来中国的现实采取了客观的、并且尽可能是科学的研究方法。"⑨⑪

尾崎认为，要研究和理解今日的中国，首先要抓住现代中国社会的特质，这一特质可以"归结为中国社会的所谓半封建性事实与半殖民地性事实"这两个基本特性上⑨⑫，"封建的性质极大地残留在中国的社会中，而且在现代中国社会中仍然起着相当大的作用……在尚未达到现代资本主义社会之前的社会中所遗留的各种各样的性质，都可概括在半封建性这一词语中。"⑨⑬"而半殖民地性这一词语……则意味着列国的殖民地性质的影响力在中国社会中已经占有了相当大的比率……在同时提到半殖民地性和半封建性的时候必须注意的一点是，这两个性质未必是完全均衡地存在着的，比如说，有的时候是封建的性质占支配地位的，有的时候是半殖民地性显得更为突出，此外，这两个特征是处于一种相互助长的关系之中。"⑨⑭

当然，对20世纪以来中国社会性质的这一判断，并非尾崎的首创，在1920年7月共产国际第二次大会上列宁有关民族和殖民地问题的报告中出现了相关的论述，不过表达并非很明确，以后通过共产国际二大的文件和对中共的指示中，逐渐将这些观念传递到了中共甚至开始与中共联手的国民党领导层中，但这些观念在苏联的领导层其实也未得到彻底的厘清，以致后来导致了斯大林和托洛斯基在这一问题上的论争，直至1928年2月通过的《共产国际关于中国革命的决议案》，才大致明确了中国社会的基本性质是半殖民地和半封建，但依然带有一定的偏颇性。与此同时，在中共领导层和中国的政治经济学界，也开展了中国社会性质的讨论，较早规定中国社会为半殖民地性与半封建性的，是王学文等。1938

年前后毛泽东在《中国革命和中国共产党》等一系列的论述中，非常明确地规定了中国社会的半殖民地和半封建性质，由此统一了中共对于中国社会性质的认识㉟。

尾崎的上述有关中国社会性质的认识来自何处，尚待进一步探讨，不过尾崎在上海期间，与具有深厚的马克思主义经济学理论修养、在中国思想界最早提出这一论述的王学文，曾有相当的交往。当时在上海东亚同文学书院内成立了一个具有左翼倾向的"中国问题研究会"，王学文是主要的理论指导员，尾崎也曾被邀请去进行指导和讨论，尾崎似乎也曾受王学文的邀请去中共江苏省委参加关于中国社会性质的讨论㊱。此外，同一时期在上海《新思潮》杂志上展开的对于中国社会性质的讨论（王学文等是主要的讨论者）应该也会引起尾崎的极大关注，尾崎对中国社会性质的思考，很可能起始于这一时期。后来他潜心于中国社会问题的研究，阅读了大量中文、英文、德文和日文的文献，尤其是各种经济统计，又实地踏访了中国许多地方，经过自己的思考，最后确定了这样的认识。确实，在尾崎之前，好像还没有一个日本研究者如此明确地指出现代中国是一个半封建半殖民地的社会。

所谓半封建半殖民地，按笔者现在的理解，就是中国仍然非常沉重地背负着数千年来的历史因袭，即以小农经济为主体的经济形态、以宗法血缘制为基体的伦理道德规范、以大一统的皇权为主要形式的政治制度依然在相当程度上支配着整个中国，尽管它正在渐趋瓦解，而鸦片战争之后的西方近代资本主义则以前所未有的汹涌的势头冲击着中国既有的政治经济甚至是道德伦理的架构，各国列强纷纷在自南向北的东部地区登陆，通过用武力在划定的自己的势力范围内引入近代资本主义的因素。与近代日本不同，这种试图将中国自前近代的农业社会强行转变成近现代工商业社会的主导者，在前期主要是西方人，而他们采用的手段主要是凭借武力的帝国主义方式，这在一开始就注定了这种转变主要是外发性的，而且带有强烈的不平等、即殖民地的性质。于是就出现了在西方势力比较强劲的沿海尤其是港口都市地区呈现出一定程度的近现代社会的新面貌,而在广大的乡村地区,前近代的因素依然顽强地占有着优势地位,而且这两种元素是互为交错、互为消长的。到了 20 世纪二三十年代,受过现代政治经济学训练的知识人,应该可以洞察到或部分地洞察到中国社会的这一基本特性了。

而在日本的中国研究家中,较早地捕捉到中国社会这两个基本特性的,尾崎秀实是主要的代表。尾崎确实是从近代经济学,尤其是马克思主义的经济学原理来把握中国社会性质的。他指出:"中国社会特性的第一点,即中国的半封建性质,更准确地说,是资本主义阶段以前的诸性质最多地体现于农村关系、农村生产关系之中。"[97]在社会形态上具体还可表现为以宗法制为基础的父权家长制构造,而割据在地方上的军阀就是封建势力的代表。至于其半殖民地的特性,则是由于列强的势力所造成的。

当尾崎将近现代中国社会的性质规定为半殖民地半封建之后,他便指出,整个近现代中国的一个最基本的社会动向,就是民族运动,即中华民族(尾崎的理解主要是汉民族)寻求解放和发展的运动。"这一民族运动,或者可以宽泛地称之为民族的动向,根本上来说可谓是现在中国政治中最深刻、最大的问题。"[98]他进而指出:"近代中国民族主义运动的源泉有两个。其一来自于中国(汉)民族自明灭亡以来两百多年受异民族满族的统治。另一个则是 1840 年鸦片战争以来欧美资本主义各国的重压……近代中国的民族主义运动主要与列强对中国的压迫有关。"[99]尾崎将近代中国的民族运动分为若干阶段。第一阶段自鸦片战争至义和团运动,其基本特点是表现为排外运动的原始的、自然发生的民族解放运动;第二阶段是辛亥革命至五四运动,其特点是启蒙性的民族解放运动,还包含了灭满兴汉的诉求;第三阶段是以五卅事件为中心的反帝的民族解放运动;第四阶段是满洲(九一八)事变后至今,其主线是抗日救国运动[100]。

这样的划分是否正确还可商榷,但大致勾勒出了近代中国民族运动各个阶段的特性。在研究中国社会问题的日本人中如此重视民族运动问题的,尾崎也是一个非常突出的代表,他的这一关切,萌生于少年时代在台湾的亲身体验。

尾崎这一系列的描述和分析,其目的也许是想要告诉日本的对华政策制定者,因为中国社会半殖民地半封建的特性,导致了近一百年来民族解放运动的此起彼伏,绵延不绝,如今这一运动的矛头直指日本帝国主义。这不是一时兴起的盲目的排外运动,而是有它内在的根本动因。日本的对华政策,如果无视这一社会沿革的基本脉络,难免会陷入泥潭。当然,限于言论管制,尾崎的意思也许未能表达得如此清晰,但明眼人大致能够读懂。

在日本的对华战争中陷入了深重泥沼的 1939 年年底,尾崎撰写了一部《最近日支关系史》,他从 1876 年江华岛条约以后日本和中国在朝鲜半岛上的利益冲突开始(其实至少应该自 1874 年日本出兵台湾开始),一直写到了日本提出东亚新秩序的当代。这一段的历史在当时应该是很敏感的,文字表述也需要格外的当心,但尾崎似乎还拿捏得不错,他小心翼翼地避开了有可能刺激当局或民族主义情绪高涨的日本舆论的字眼,更多的,他只是将事实平铺直叙地展开。

对于甲午战争,他的定义是"日清战争是一种为解决日本的经济力量与阻碍其在半岛发展的、在政治军事上处于优势地位的清国之间的矛盾而不得不进行的一场战争。"[101]然后他详细罗列了在停战条约的谈判上日本提出的要求和最后的结果,稍微有些良知的人都可从这些内容中感觉到帝国主义的逻辑。不过,他最后的结论,还是试图与当时日本人的立场保持一致:"日清一战……体现了远东半殖民地国家之一的日本试图通过与其邻国的战争来摆脱这一状态的一种努力的结果。"[102]这多少也说出了一些日本发动这一战争的内在动因。而"日俄战争则彻底地确立了日本在满洲的地位。"[103]1915年的日本向袁世凯政府提出的对华二十一条,尾崎在书中作了全文载录,其蛮横霸道的实质也一目了然。在一战之后的华盛顿会议上,美、英诸国逼迫日本收敛其在中国的霸权和在远东地区的军备扩张,对此日本不得不暗吞苦果。尾崎评论说:"日本上述的失败,不只是屈服于美国的压力,中国民族运动的高涨也是原因之一,在大战中的过分行为导致的不受欢迎恐怕也是原因之一,而最重要的,应该是战后成为世界潮流的国际协调主义和和平主义的压力所产生的作用。"[104]这样的见解,差不多是战后才可见诸报端的自由主义或左翼的言论了。

九一八事变后,日本不仅强占了中国的东北,且步步向南逼近,试图控制中国更多的地盘,尾崎对此委婉地称之为"日本最近大陆政策的异常的推进"[105],"至少从日本的立场来看,除了解决国内资源的匮乏、市场的狭隘、过剩的人口问题等经济上的各项困难之外,从国防的角度来看也希望建立这样一个经济区域。"[106]这也就很温和地揭示了日本在中国实行武力扩张的基本目的。这势必遭到民族运动高涨的中国各种力量的不满和反抗,尾崎自己也说得很明白:"反帝国主义运动明确地形成排日乃至抗日的形态,是1931年9月的满洲事变,尤其是1932年2月的一·二八事变以来的情形。"[107]

对于日本对华扩张政策的实质,尾崎进行了这样的分析:"日本的大陆政策,在世界资本主义的发展阶段中已处于落后的地位,而且不得不与诸列强为伍,因此难免有些过分的地方,我以上的论述差不多已经说明了这一点。在这样的情形下,日本资本家的要求不得不通过经济以外的力量来得到支撑。其主力便是以山县有朋为代表的军阀的力量,还有后来军部的力量。产生于封建势力的军阀而后作为职业政治家处于日本政治的领导地位。这是指少数出身军部的最高级别的将军集团。与此相对的是昭和六年满洲事变以来在日本政治尤其是日本的大陆政策上具有特别重要性的所谓'军部',他们原本并不是职业的政治家……不过这两者都是以军队的力量作为背景的,而且在提出某些政治主张方面是一致的。这些政治主张的有力根据,就在于日本资本主义的发展与东亚大陆的经济要求结合在了一起,而且国际的环境以及日本资本主义的薄弱,使得它不得不使用武力来支撑它的经济上的要求。"[108]言辞虽然有些委婉,意思却是相当的明晰。

为配合近卫内阁提出的"东亚新秩序"和"东亚共荣圈"的主张,内阁的智库以及言论界也提出了一些"东亚联盟论"和"东亚协同体论"的设想,尾崎自己也试图为其注入新的内涵,他指出:"要建立东亚共荣圈,要将其中心课题民族问题和农业革命的问题紧密联系起来加以考察,这是当前的中心问题……而且这一事情是与日本自身的革新也有直接的关联。即便有各种困难也要建设一个新东亚的日本,倘若不与自身的革新相连接的话,就难以达成通过东亚各民族正确的结合而创建新秩序的伟业。"[109]这里提到的日本自身的革新,大概是当时的一些谋士所完全没有顾及的。有关日本自身的革新的真实想法,尾崎在被捕后回答警方的讯问时说:"我所说的所谓'东亚新秩序新社会'……就是在日本国内的革命势力非常微弱的现实中,为谋求日本国内的变革,必须要有苏联以及脱离了资本主义体系的日本再加上中国共产党完全掌握了领导权的中国这三个民族的紧密合作和互相帮助,以这三个民族的紧密结合为核心来首先建立东亚各民族的民族共同体。"[110]如果这样,所谓的东亚协同体或东亚"共荣圈",就成了一个东方的社会主义阵营了,这恐怕是当时东亚协同体或东亚"共荣圈"的倡导者所绝对没有想到的。

在当时研究中国的日本人中,尾崎还有一个非常突出的长处是对于以国民党和共产党为首的近代中国革命史的熟稔。说起这一领域,当年积极参与孙中山革命的宫崎滔天曾撰有《支那革命军谈》(1912 年),也曾加入中国同盟会的北一辉(1883—1937)著有《支那革命外史》(1914 年),报人出身但与中国革命运动密切相关的铃江言一(1894—1945)出版了

《支那无产运动史》(1929 年)和《孙文传》(1931 年)。但相对而言,在东京帝大受过非常良好的社会科学训练的尾崎,又掌握了马克思主义的研究方法,注意从社会构造和经济关系中加以描述和分析,而且他能毫无困难地阅读最新的各种中文和英文、德文文献,因此他对中国各地军阀的缘起和动向、国民党内外政策制定的基本依据、中国共产党的崛起和奋斗历程,概而言之,对当时整个中国政治的各派各系的政治力量和政治主张,都有一个非常明晰而全局性的把握,与上述诸人不同,他对中国的政局,尤其是国民党和共产党的论述,往往都借助大量最新的情报和经济统计数据,基本上很少带有主观的感情色彩,而是一种十分冷静的客观分析,因而具有较高的可信性。他撰写过《中国共产党和中国苏维埃》(1935 年)、《中国共产党》(1936 年)、《共产军的进入》(1936 年)、《共产党的诸问题》(1937 年)等文章,在《处于暴风雨中的支那》一书中则专列了"中国国民党·共产党关系史"一节,在《从国际关系看到的支那》一书中专设了"周恩来的地位"、"国共两党合作的将来"等章节,可以说,在当时的日本,他是最具有权威的中国共产党研究者之一,就对情报的敏锐性和分析的透彻性而言,一时间可谓无出其右。

当然,限于当时的政治氛围,尾崎也曾将中国抵制日货的运动称之为"畸形的民族运动"[111],对侵华的日军使用过"勇猛果敢的日本军"[112]这样的赞美词,不过总起说来,这样的词语是极为罕见的。在尾崎的著述中,倒是不乏这样沉痛的表述:"东亚的日中两个民族,在经历了几千年的深切的地理和文化的亲近关系之后,却不得不进行激烈的相互搏杀,这确实是一个历史的悲剧。"这种"前所未有的深刻惨淡的东亚的相貌,与如今欧洲发生的动乱一起,将全世界包裹在了暗淡的氛围中。"[113]"将眼光投向战线的那一方,那边曾以宏伟的建设而自豪的南京等地,如今已遭到了蜂巢般的穿击,江南的平原默默地在眼前展开。对于我们这些曾经数度游览过此地,曾经接触过这和平风光的人来说,真是感慨万千。"[114]一直到他入狱以后,对中国的情感依然非常深厚。他在狱中写给女儿的信中说,就像意大利对于歌德具有特别的意义一样,"对我们家而言,就是中国。爸爸我从以前起就一直是喜欢中国的。"⑮当时担任近卫内阁书记官长、与尾崎私交甚笃的风见章这样回忆说:

> 我曾经好几次与他谈论时局问题。他的想法是,为了日中两个民族的幸福,必须尽早结束战争,为此,我们应该衷心祈祷近卫内阁与美国的和平谈判成功,对苏战争也好,对美战争也好,对日本民族而言,都是可诅咒的。尤其是对美战争,不仅必输无疑,而且会有使日本民族招致毁灭的危险。⑯

对于他这样一个有着深刻中国情结的人来说,这场战争的深重的悲剧性就不言而喻了。

他的传记作者、也是他胞弟的尾崎秀树在评论他的中国研究时说:"尾崎秀实的中国认识的特色在于科学性、综合性的同时,也是动态性的……尾崎在对中国的历史和社会的各种状况进行客观把握的同时,还结合国际政局的动向将其真相凸显出来,论说了其与日本的关联,这是贯穿于尾崎中国研究始终的视角。"在当时的日本,具有像尾崎这样的研究方法和研究视角的中国问题研究者确实还是颇为鲜见的。

自1934年5月左右尾崎与佐尔格在日本恢复了联系以后,两人一直以某种形式保持着工作联系。佐尔格在日本的主要任务是收集有关日苏关系、德苏开战的时期和日美谈判的经过这三个方面的情报并作出研究分析。他在日本组成了一个共有39人参加的"拉姆塞"小组。精明干练、才华出众的佐尔格很快就获得了德国驻日本大使馆武官欧根·奥特(后出任德国驻日本大使)的信任,从他那里以及大使馆内获得了许多机密的情报,包括德国可能进攻苏联的日期。尾崎则利用他在日本内阁和"满铁"调查部工作的背景,收集了不少相关的情报和分析报告提供给佐尔格。佐尔格的传记作者写道:"佐尔格最重要的日本战友是尾崎秀实博士。在上海工作时,佐尔格就与他相识了,并且对他有很高的评价。他向佐尔格提供了很多有价值的报告,还提供了 53 份有关日本政治、经济和军事问题以及日本关于中国的政治策略等相当机密的材料。"⑰尾崎向佐尔格提供的主要情报有日本与汪伪政府之间进行的日华两国国交调整条约文案,有关日美谈判的近卫提案以及在满洲的日军对苏联的动员实况等。情报传递的途径之一是,"拉姆塞"小组成员、最早将尾崎与佐尔格在日本接上头的宫城与德充当尾崎女儿扬子的绘画教师,通过扬子之手来交接情报。

　　1941 年 10 月上旬,宫城与德以及其他一批成员相继被捕。15 日上午,尾崎在东京目黑区佑天寺借住的家(该房子在尾崎入狱后买下)中遭到逮捕,被关押在目黑警察署接受调查。三天后的 18 日,佐尔格也在自己住所被捕。尾崎的被捕,在友朋间引起了极大的震动,对于妻女,更是如同晴天霹雳,他们可谓全然不知尾崎多年来所从事的秘密政治活动。他们也完全没有想到,平素看上去毫无心机、性格乐天和善、喜好美食美酒的尾崎竟会是一桩天大的间谍案的主角。按照警方的逻辑,尾崎之所以会出卖国家机密,当然是以此获得金钱。警方从各个方面讯问了与尾崎有关连的多名被捕者,"可是检察官们讯问的结果,却是指向了相反的方向。被讯问的被捕者在强调尾崎并非是为金钱在工作这一点上,达到了完全的一致。"⑱曾经推荐尾崎成为近卫内阁参议的当年的内阁书记官长、后在第二次近卫内阁中出任司法大臣的风见章,曾这样记述了当年担任尾崎案件第一审法官的高田正对他说的一番话:

　　"尾崎也好,他的同志德国人佐尔格也好,都是了不起的人物。
　　两个人都是廉洁高尚的人,而且头脑都十分聪慧,为了守护自己所信仰的马克思主义,有着一团烈火般的激越的灵魂,令人想起古代的志士仁人,我虽然作为法官在审问他们,心里却是深深地敬佩他们的。"(他不仅没有收取一点工作经费)反而还从自己并不宽裕的收入中缩减出钱款来充作行动资金,高田法官承认,在金钱上,他没有丝毫的污点。[119]

11月7日,尾崎首次被允许给家里写信,以后直至被处死的三年间,他共写了两百多封信函(现存的有243封,后被编为书信集《爱情如陨落的星星一般》出版)。

尾崎在被关押的三年多时间里,接受了检方的数十次讯问,有部分讯问记录被保存了下来。此外,尾崎在狱中向司法机关递交了两次《申述书》。其原本并无书写《申述书》的打算,他觉得自己要表述的意思,在讯问时已经言明。但作为他一生最亲密的挚友松本慎一觉得,最关键的是要延长尾崎的生命,他认为太平洋战争已经打响,军国主义日本的终局已定,如果能设法使尾崎免于一死,是最大的成功。于是他与尾崎的夫人等商议后,决定采用屈服战术。于是尾崎夫人在给尾崎的信函中暗示他向当局递交《申述书》,表明自己政治态度的转变,以向当局屈服的方式来换取量刑的减轻。尾崎在1943年6月8日提出了第一次《申述书》,在开始的部分,他表明了自己原本的立场:

> 回过头来看,与艾格尼丝·史沫特莱和理查德·佐尔格的相识,对于我而言,可谓完全是宿命性的。我后来之所以会走上这条狭窄的道路,也是与他们邂逅的结果。这些人都是些对主义忠诚、信仰坚定、工作热情、富有才能的人。如果他们有一丁点的私心、或者只是想利用我们的话,至少我一定会产生反感并与他们分道扬镳的吧。他们,尤其是佐尔格,待人亲切热情,作为同志始终如一,于是我对他

们也完全信赖，协助他们一起工作。⑫

世界资本主义已完全走到了尽头。其归结点必然是世界战争。之后所产生的，当然就是共产主义社会。这极其抽象而且公式化的结论，几乎就是我的信念，也是我的预测。⑫

但随后他的笔锋一转："在接受调查的过程中，我不断地听到了大东亚圣战的赫赫战果。这期间被捕当时的紧张、绝望、谛观慢慢地交织在一起，心情逐渐发生了变化，使得自己能够静下心来多方面地思考问题。"⑫他表示"大东亚战争的辉煌战果"击碎了自己"国际主义的迷梦"。"日本强有力地举起了大东亚战争的大旗，现在正在发挥出无可估量的巨大的威力，其目标，即东亚共荣圈的完成或者'万邦各得其所'的政策，就体现在大东亚战争上。"⑫对于自己所信奉的马克思主义，他也表示了一定程度的忏悔："马克思的理论是一世纪以前产生的学说，既然它是基于当时的时代环境建立起来的，到了今日已产生了诸多的误差，这也是很明显的常识。已有学者屡屡指出，构成其理论背景的阶级斗争学说与历史事实是相矛盾的。"⑫

然而，这一番苦心似乎未见效果，经过多次公审后，于1943年9月29日作出一审判决，以违反国防保安法、治安维持法（这些法律在美国占领后不久即遭到废止）的罪名尾崎和佐尔格都被判为死刑。这对尾崎，尤其是他的家人和亲友，是一个相当震惊的结果。于是松本在为尾崎改换律师、提出上诉的同时，鼓动尾崎再次递交申述书，于是便有了尾崎在1944年2月9日提出的第二次《申述书》，在第二份申述书中尾崎重点诉说了自己对亲人、家乡和祖国的热爱，对神道的醉心，对"万世一系"的天皇制的拥护，对皇道理念的赞美。但这依然未能换得当局对他的仁慈，4月5日，上诉被驳回，维持死刑。这样的结果令松本感到十分的懊悔和痛苦，早知如此,何必再留下不明不白的"悔过书"呢？不过从尾崎整个的言行来看,几乎没有人觉得尾崎在狱中曾有转向的行为,一般认为这在整个逻辑上是不通的,《申述书》中的"大部分内容是伪装的"[125]。也有他生前的同志这样解释说:"仔细阅读一下那两份申述书,就会明白尾崎为何会写这样的东西。这是因为他对因自己的入狱给家人、众多的友人,还有'信赖他的人'带来了巨大的连累和痛苦感到愧疚,对他们执拗的好意和请求他无法违逆。"[126]

此后,看守所长特别许可尾崎可以自己书写一些笔记,不作公开的文献,只是自己自由地记录一些心迹。"差不多就像大浪到来之前在沙滩上写下的文字。但是我的态度就像平静的湖水一般,会倒映下一些在上面漂浮而去的白云,有时候也会是一些乱云,或是飞鸟的身影,有时也会是树影。内容会有世界观,哲学,宗教观,文艺批评,时评,对世事的感慨,经纶,论策,身边杂感,对过去的追忆,请好好读一下,也许会有些参考价值。"[127]很可惜,这部被称为《白云录》的自由笔记,连同原本和抄本都在战火中被烧毁了,不然也许可以从中觅取尾崎真正的心迹,拨去留在《申述书》中的迷雾。

1944年11月7日早上,在东京巢鸭拘留所的尾崎吃完早饭后,写完了给家人的一封短信(这封信几天后送到了他夫人手中,也就成了他的绝笔),正翻开一本书准备阅读时,看守所长叫他出来。他一切都明白了。将牢房收拾整理后,换上了早就准备好的干净衣服,然后平心静气地走了出来。所长严肃地告诉他,奉司法大臣之命,今天执行死刑。尾崎神情不改地轻声答道,知道了。教诲师带尾崎走进一个房间,在一角供奉着佛坛,尾崎礼拜之后,教诲师示意他可以取食为死刑犯准备的豆沙面包,尾崎微微一笑回答道:"即便像我这样的老饕,今天这面包也就免了吧。"但他接受了递上来的一杯茶,一饮而尽。尾崎对他身后的人说了声再见,就稳步走向了绞刑台[128]。就在同一天,佐尔格也被处以了绞刑。

受此案牵连而被入狱的宫城与德等未及军国日本倒台即死于狱中，而幸存下来的川合贞吉等则在军国日本崩溃后的 1945 年 10 月得到释放。

注释：

① http://baike.baidu.com/view/124143.htm.

② 陶柏康：《一位热爱中国人民的日本朋友尾崎秀实》，《上海党史与党建》1994 年第 1 期。几乎相同的题目和内容的文章《尾崎秀实：一位热爱中国人民的日本朋友》（作者徐世强）又见《福建党史月刊》2008 年第 8 期。

③ 尾崎秀实：《愛情は降る星のごとく》，东京青木书店 1998 年版。

④ 日文原文为"嘱託"，其语意有些宽泛，可包含临时员工到非编制内的特约研究人员和顾问等，当年在上海和东京都与尾崎有交往的陈翰笙(1897—2004)称尾崎当时的头衔为"近卫首相的中国问题私人顾问"(陈翰笙《四个时代的我》，中国文史出版社 1988 年，第 61 页)，尾崎一高时的同学、一生关系最为亲密的挚友松本慎一将其理解为"顾问或秘书一样的地位"(《回想の尾崎秀实》，东京劲草书房 1979 年版，第 25 页)，这里姑且译为"参议"。

⑤ 尾崎秀实：《愛情は降る星のごとく》下卷，第 133 页。

⑥ 同上书，第 149 页。

⑦ 同上书，第 126—127 页。

⑧ 尾崎秀实：《上申书》(一)，《尾崎秀实著作集》第 4 卷，东京劲草书房 1978 年版，第 293 页。

⑨ 同上书，第 293—294 页。

⑩ 陈孔立主编：《台湾历史纲要》第六章第一节，北京九州出版社 2006 年版。

⑪ 尾崎秀实：《上申书》(一)，《尾崎秀实著作集》第 4 卷，第 294 页。

⑫ 松本慎一：《尾崎秀実について》，载《愛情は降る星のごとく》下卷，东京青木书店 1998 年版，第 253 页。

⑬ 尾崎秀实：《上申书》(一)，《尾崎秀实著作集》第 4 卷，第 294 页。

⑭ 高桥健二：《同級生、尾崎秀実》，载《尾崎秀実著作集月報 4》，东京劲草书房 1978 年版，第 2—3页。

⑮ 尾崎秀实：《上申书》(一)，《尾崎秀实著作集》第 4 卷，第 294 页。

⑯ 同上书，第 294—295 页。

⑰ C. A. Johnson: *An Instance of Treason*: *Ozaki Hotsumi and the Sorge Spy Ring*, (Stanford University Press, 1964).

⑱《现代史資料·ゾルゲ事件》，东京みすず书房，1962 年版。

⑲ 铃木文史郎：《戦争と共産主義·跋》，转引自尾崎秀树：《ゾルゲ事件——尾崎秀実の理想と挫折》，东京中央公论社 1962 年版，第 28 页。

⑳ 尾崎秀实：《上申书》(一)，《尾崎秀实著作集》第 4 卷，第 295 页。

㉑ 同上书，第 296 页。

㉒ 尾崎秀实：《愛情は降る星のごとく》下卷，东京青木书店 1998 年版，第 50 页。

㉓ 尾崎英子:《おもいで》,载尾崎秀树编:《回想の尾崎秀实》,东京劲草书房 1979 年版,第 248 页。

㉔ 尾崎秀实:《上申書》(一),《尾崎秀实著作集》第 4 卷,第 296 页。

㉕ 《现代史资料 2·ゾルゲ事件》(二),东京みすず书房 1962 年版。当时创造社出版部在宝山路三德里 A11 号,距《朝日新闻》上海支局的所在地步行仅有十分钟的路程。

㉖ 拓植秀臣:《革命家としての尾崎秀实のある軌跡》,载尾崎秀树编:《回想の尾崎秀实》,第 106—107 页。

㉗ 见陶坊资的《陶晶孙年谱》,载张小红编:《陶晶孙百岁诞辰纪念集》,上海百家出版社 1998 年版。

㉘ 尾崎秀实:《陶晶孙氏宛》,(约为 1930 年 9 月 10 日);服部升子氏宛,1930 年 9 月 9 日》,《尾崎秀实著作集》第 4 卷,第 379—381 页。

㉙ 尾崎的朋友,时任上海海关检疫处处长,尾崎通过他获得了陶烈灵柩进入上海的许可。

㉚ 陶晶孙《亡弟陶烈的略传》,原载上海《学艺》月刊第 11 卷第 4 号(1931 年 4 月),此处据丁景唐编选:《陶晶孙选集》,人民文学出版社 1995 年版,第 310 页。

㉛ 太田宇之助:《上海时代の尾崎君》,载《尾崎秀实著作集月报 3》,东京劲草书房 1977 年版,第 3 页。

㉜ 夏衍:《懒寻旧梦录》(增补本),三联书店,2000 年版,第 102—103 页。

㉝ 《鲁迅全集》第 14 卷,北京人民文学出版社 1981 年版,第 824—825 页。

㉞ 1921 年 8 月受到共产国际远东委员会的支持而在上海成立的日本最初的共产党组织,不久解散。

㉟ 在鲁迅 1927 年 2 月 11 日的日记中有"下午山上政(应为'正')义来。"《鲁迅全集》第 14 卷,北京人民文学出版社 1981 年版,第 643 页。

㊱ 有关山上正义的事迹,较多参考了丸山昇《ある中国特派員——山上正義と鲁迅》,东京中央公论社 1976 年版。

㊲ 山上正义:《大鲁迅全集》第 1 卷介绍文,《中外商业新报》1937 年 3 月 1 日。

㊳ 《鲁迅全集》第 14 卷,第 870—871 页。

㊴ 丸山昇:《ある中国特派員——山上正義と鲁迅》,第 116—117 页。

㊵ 山上的译本不是《阿 Q 正传》最早的日文译本,1928 年,已有井上红梅将此译出后连载于《上海日日新闻》上,后改名为《支那革命畸人传》发表在日本的《奇谈》杂志 1928 年第 11 期,但井上的译本一般被认为不够严谨。1931 年在大连出版的日文期刊《满蒙》上连载发表了长江阳的此作品日文译本,同年 9 月日本白杨社出版了松浦珪三翻译的《阿 Q 正传》(详见王家平《鲁迅域外百年传播史》,北京大学出版社 2009 年版)。

㊶ 《鲁迅全集》第 14 卷,第 898 页。

㊷ 增田涉:《鲁迅的印象》,钟敬文译,载鲁迅博物馆等编:《鲁迅回忆录》下册,北京出版社 1999 年版,第 1380 页。

㊸ 郑伯奇:《中国新文学大系·小说三集》导言,上海良友图书出版公司 1935 年版,第 5 页。

㊹ 尾崎秀实:《愛情は降る星のごとく》下卷,第 77 页。

㊺ 尾崎秀树:《ゾルゲ事件——尾崎秀实の理想と挫折》,东京中央公论社 1962 年版,第 71 页。

㊻ 西園寺公一:《尾崎秀实と私》,载尾崎秀树编:《回想の尾崎秀实》,第 106—107 页。

㊼ 尾崎秀实:《中国左翼文芸戦線の現状を語る》,《尾崎秀实著作集》第3卷,第269页。

㊽ 同上书。

㊾ 收录于马春良等编:《三十年代左翼文艺资料选编》,四川人民出版社1983年版。

㊿ 尾崎秀实:《中国左翼文芸戦線の現状を語る》,《尾崎秀实著作集》第3卷,第272页。

(51) 见尾崎秀树:《上海1930年》一书中第60页的照片,东京岩波书店1989年版。

(52) 有关史沫特莱的生平,主要根据珍妮丝·麦金农等的《史沫特莱——一个美国激进分子的生平和时代》,汪杉等译,中华书局1991年版。

(53) 见陈翰笙:《四个时代的我》,中国文史出版社1988年版,第52页。

(54)《鲁迅全集》第14卷,第792页。

(55) 尾崎秀实:《アグネススメドレー女史の顔》,原载《社会及国家》1933年12月号,署名白川次郎。《尾崎秀实著作集》第3卷,第381页。

(56) 见珍妮丝·麦金农等《史沫特莱——一个美国激进分子的生平和时代》的记述,该书店名为"时代精神",第179页。

(57)《現代史資料·ゾルゲ事件》。

(58) 陈翰笙在《四个时代的我》中只是简单提到"尾崎原为《朝日新闻》记者,认识史沫特莱和佐尔格,后来为佐尔格情报小组成员。"第60—61页。

(59) 尾崎秀实:《アグネススメドレー女史の顔》,《尾崎秀实著作集》第3卷,第381页。

(60) 石垣绫子:《A·スメドレーと尾崎秀実》,载《尾崎秀実著作集月報2》,第1页。

(61) 尾崎秀实:《Chinese Destinies——アグネス·スメドレー女史の新著》,《尾崎秀实著作集》第3卷,第333页。

(62) 尾崎秀实:《アグネススメドレー女史の顔》,第382页。

(63) 同上书,第383—384页。

(64) 尾崎秀实:《Chinese Destinies——アグネス·スメドレー女史の新著》,《尾崎秀实著作集》第3卷,第334页。

(65) 有关佐尔格的生平事迹,主要参考了(东德)尤里乌斯·马德尔的《佐尔格的一生》(钟松青等译,群众出版社1986年版)和尾崎秀树的《ゾルゲ事件——尾崎秀実の理想と挫折》等。

(66) 陈翰笙:《四个时代的我》,北京中国文史出版社1988年版,第54页。

(67) 珍妮丝·麦金农等:《史沫特莱——一个美国激进分子的生平和时代》,第186页。

(68)《現代史資料2·ゾルゲ事件》(二)。

(69) 尾崎秀树:《ゾルゲ事件——尾崎秀実の理想と挫折》,第86—87页。

(70) 佐尔格:《狱中手记》,载《現代史資料2·ゾルゲ事件》(二)。

(71) 中文本《佐尔格的一生》中将川合贞吉误译为"川合定吉",将尾崎秀实误译为"尾崎穗吉",应需更正。

(72) 以上主要依据川合贞吉《遥かなる青年の日々——私の半生記》第五章"赤色革命篇",东京谷泽书房1979年版。

(73) 以上主要根据川合贞吉《ある革命家の回想》,东京谷泽书房1983年版。

(74) 佐尔格:《狱中手记》。

(75)《第四回予審訊問調書》,载《現代史資料2·ゾルゲ事件》(二),第106页。

(76) 川合贞吉:《ある革命家の回想》。

⑦ 同上书。

⑧ 川合贞吉：《尾崎秀実を想う》,载《尾崎秀実著作集月報1》,东京劲草书房1977年版,第3页。

⑨ 尾崎秀实：《普陀山のこと》,《尾崎秀实著作集》第5卷,第79页。

⑩ 尾崎秀实：《愛情は降る星のごとく》下卷,第44页。

⑪ 同上书,第158页。

⑫ 尾崎秀实：《上申書》(一),《尾崎秀实著作集》第4卷,第296页。

⑬ 松本慎一：《日本帝国主義と尾崎秀実》,原载《世界》1946年12月号,载尾崎秀树编：《回想の尾崎秀実》,东京劲草书房1979年版,第25页。

⑭ 野村浩一：《近代日本の中国認識——アジアへの航跡》,东京研文出版1981年版,第187—188页。

⑮ 见尾崎秀树《ゾルゲ事件——尾崎秀実の理想と挫折》中的记述(第98页),马德尔《佐尔格的一生》的记述为6月。

⑯ 尾崎秀树编撰的《尾崎秀実年谱》记载为1934年9月,石垣绫子《A.スメドレーと尾崎秀実》记载的是1936年秋天,但麦金农等的《史沫特莱——一个美国激进分子的生平和时代》明示史沫特莱自横滨抵达上海的日期是1934年10月22日。本文根据后者,由此推算,她会见尾崎的日期大约在10月18日左右。

⑰ 陈翰笙：《四个时代的我》,第60—61页。

⑱ 风见章：《尾崎秀実評伝——殉教者への挽歌》,原载《改造》1951年第8期,载尾崎秀树编：《回想の尾崎秀実》,东京劲草书房1979年版,第12页。

⑲ 尾崎秀实：《嵐に立つ支那・自序》,《尾崎秀实著作集》第1卷,第3页。

⑳ 尾崎秀实：《现代支那論・緒言》,东京岩波书店1939年版,第3页。

㉑ 尾崎秀实：《现代支那批判・自序》,《尾崎秀实著作集》第2卷,第1页。

㉒ 尾崎秀实：《现代支那論》,东京岩波书店1939年版,第7—8页。

㉓ 同上书,第8页。

㉔ 同上书,第10—11页。

㉕ 具体见李洪岩：《半殖民地半封建理论的来龙去脉》,《北京日报》2004年3月8日。

㉖ 见尾崎秀树：《上海1930年》,第126—128页。

㉗ 尾崎秀实：《现代支那論》,东京岩波书店1939年版,第17页。

㉘ 同上书,第164页。

㉙ 尾崎秀实：《最近日支関係史》,《尾崎秀实著作集》第3卷,第118—119页。

⑩⑩ 尾崎秀实：《现代支那論》,第180—181页。

⑩① 尾崎秀实：《最近日支関係史》,《尾崎秀实著作集》第3卷,第105页。

⑩② 同上书。

⑩③ 同上书,第108页。

⑩④ 同上书,第118页。

⑩⑤ 同上书,第127页。

⑩⑥ 同上书,第129页。

⑩⑦ 同上书,第131页。

⑩⑧ 同上书,第151页。

⑩ 尾崎秀实:《東亜共栄圏の基底に横たわる重要問題》,《尾崎秀实著作集》第3卷,第224页。

⑪ 《現代史資料2·ゾルゲ事件》(二),东京みすず书房,第128—129页。

⑪ 尾崎秀实:《最近日支関係史》,《尾崎秀实著作集》第3卷,第131页。

⑫ 尾崎秀实:《現代支那批判·自序》,《尾崎秀实著作集》第2卷,第1页。

⑬ 尾崎秀实:《最近日支関係史》,《尾崎秀实著作集》第3卷,第101页。

⑭ 尾崎秀实:《現代支那批判》,《尾崎秀实著作集》第2卷,第80页。

⑮ 尾崎秀实:《愛情は降る星のごとく》下卷,第158页。

⑯ 风见章:《尾崎秀实評伝——殉教者への挽歌》,载尾崎秀树编:《回想の尾崎秀实》,第12页。

⑰ [东德]尤里乌斯·马德尔:《佐尔格的一生》,中文版第109页。

⑱ 松本慎一:《尾崎秀实について》,载《愛情は降る星のごとく》下卷,第246页。

⑲ 风见章:《尾崎秀实評伝——殉教者への挽歌》,载尾崎秀树编:《回想の尾崎秀实》,第4页。

⑳ 尾崎秀实:《上申書》(一),《尾崎秀实著作集》第4卷,第296页。

㉑ 同上书,第297页。

㉒ 同上书,第301页。

㉓ 同上书,第308页。

㉔ 同上书,第311页。

㉕ 尾崎秀树:《ゾルゲ事件——尾崎秀实の理想と挫折》,第148页。

㉖ 中西功:《尾崎秀实論》,载尾崎秀树编:《回想の尾崎秀实》,第78—79页。

㉗ 尾崎秀实:《竹内金太郎弁護士宛(遺書)》,载《愛情は降る星のごとく》下卷,第243页。

㉘ 这部分内容,主要根据風間道太郎《尾崎秀实伝》第26章,东京法政大学出版局1977年版。

第五章

名取洋之助的太平出版公司：
特殊年代日中文人的聚合场

第一节　名取洋之助与中国的复杂因缘

如果没有日本发动的侵华战争，名取洋之助(1910—1962)的一生也许不会与中国发生什么关联，至少不会与中国如此戏剧性地纠缠在一起，1941年以后，上海也不会出现一家以名取洋之助为经营者的太平出版印刷公司，以及以这家公司为中心演绎出那么些文化人的故事。但是，时代的风云往往会使一个人的命运发生奇妙的变化，这种变化往往连命运的主人公也难以预测和掌控。

1910年名取洋之助出生于东京市的高轮。1872年出生于长野县的父亲名取和作早年毕业于由福泽谕吉创建的庆应义塾理财学科，在几家企业内就职后，于1898年去美国留学，在纽约的哥伦比亚大学攻读了两年的经济学后，又在德国度过了一段岁月，返回日本后试图在母校执教，因讲课过于拙劣而不得不辞去教职，以后投身实业界，日渐显赫，后来成了富士电机公司的老板。他32岁时与21岁的富家女子朝吹福子成婚，1910年9月3日诞生了洋之助，兄弟三人，他是实际上的次子。他自幼在庆应的教育机构里受教育，自幼稚园至普通部(相当于中学部)，一直浸淫在庆应的氛围中。名取虽然终生字迹拙劣，但少年时已经显现出对于文学、绘画和电影的浓厚兴趣，作文也经常受到国文老师的褒奖。1924年的夏天，他与普通部二年级同班的12名同学组成了一个文学小团体"星会"，会费每人每月两角，并出版了一份双月刊的杂志《星》，编辑部就设在位于东京市芝区三田一丁目三五番地名取的家中,因为他家的住宅相对最为宽敞阔气。杂志也不是当时学生间常见的钢板刻印的油印本,而是相当正规的由印刷厂印制的出版物。不过刊物上很少见到名取的文稿,倒是他的一幅木版画刊载在第四号上。名取在学校里的成绩一直无缘前列,他房间的书架上堆满了世界文学全集、世界戏剧全集以及泉镜花,永井荷风、谷崎润一郎等的作品。除了阅读文学作品,他还喜欢看戏和看电影,1924年6月筑地小剧场开演以来他就一直是那里的常客,新宿等地的电影院也可频频见到他的身影。但学校里正经的课程,他总是没有多大的兴趣,纨绔子弟的恶习,多少也有些感染,加之患了一场病,终于失去了升入庆应预科的机会。他后来以自嘲的口吻写道:

> 我的中学是庆应义塾的普通部。我总是勉强获得及格,是一个成绩劣等、上了学校黑名单的不良少年。四年级结束后没法升入大学预科,再在五年级读一年,五年级读完后仍不得进入预科,于是考虑在五年级再留读一年,情形很惨。不过,虽为劣等生,在文学爱好上却不甘人后。读遍了各种小说,内心想当一个小说家。父母也实在拿我没办法。①

经父母的商议,决定送他去德国留学,因为父亲的公司与德国有合作关系,在那里有些熟人。于是在1928年的6月,名取在母亲的陪伴下,坐船前往德国,途中曾在上海停留,他对长江的印象是滔滔大波、巨大无边,船仿佛在浩渺的泥浆中行驶。到了香港后,船上望去的夜景虽然迷人,但当地中国人与统治者英国人之间生活上的巨大差异令他大为震惊,一般中国人处境甚至比关东大地震时的难民更糟糕②。

当年9月到了柏林后,名取先在学校中补习德语,其间与在柏林国立工艺学校担任教授,同时自己又经营着一家手工编织厂的维希成了朋友,从维希那里他了解到了包豪斯的设计理念。语言障碍大致消解后,在维希的推荐下,他进入位于慕尼黑的一家私立工艺美术学校,攻读商业美术。一年后退学,进入维希的手工编织厂工作,"在这里一边从事编织,同时也学习图案的设计技术"③。这一年母亲先期回国,而20岁的他却爱上了比他年长9岁的德国工艺设计师艾尔娜,尽管未能获得父母的正式认可,此后他就与艾尔娜以夫妻相称(直至1939年在日本登记结婚)。名取自小对绘画和构图极有感觉,1931年在英国的兄长给他买了一架莱卡照相机,由此迷恋上了摄影。这一年他将艾尔娜拍摄的火灾后慕尼黑市立博物馆的照片剪辑修整后拿到当地一家杂志的编辑部,幸运地被刊登了出来,同年11月,名取也因此成了欧洲发行量最大的图片周刊 Berliner Illustrierte Zeitung 的沃尔施坦因出版社的签约摄影家。

如果没有日本策动的九一八事变,名取很有可能以欧洲作为他人生的主要舞台。但是那场军事侵略行动,将名取从相对平静的德国召回到了硝烟未息的远东。九一八事变引起了欧洲人对遥远的东亚的强烈关注,奉沃尔施坦因出版社之命,名取立即走访了日本大使馆、日本协会、日本邮船公司和三井物产公司,试图找到一些有关满洲和日本的照片资料,结果收获寥寥。于是出版社的图片部部长谢夫兰斯基决定派名取去一次远东,实地拍摄各种有关中国和日本的照片,第一次的签约期为三个月。

1932年2月作为出版社特派员的他回到了日本,在三个月中,他制作了六十个主题、拍摄了七千张介绍日本的照片,包括传统和正在变化中的日本社会和普通人的家庭生活,侧重于日本人对传统文化的沿承。而实际上,这一时期又爆发了"一·二八事变"和伪满洲国建国的闹剧,以及日本军部右翼少壮派发动的"五·一五事件",名取不可能置身事外。1933年初,日军发起挑衅,占领了中国的山海关,之后进攻热河省,攻陷了承德之后又向长城推进。为取得战场的第一手图片,其时身在德国的名取坐了火车横穿西伯利亚,于2月底赶到奉天(今沈阳),跟随日军到现场进行拍摄,直至战争停息的 5 月份,所有的这些照片都被选用在了慕尼黑和柏林的图片周刊上,名取也随之声名鹊起。1933 年希特勒掌权后,德国对外国人的就业实行了限制,名取虽然还挂着特派员的身份,但实际上就留在了日本,他决定了自己今后的人生就定在 reportage photo,即纪实摄影上。

他向东京的摄影家木村伊兵卫、设计家原弘,美术评论家伊奈信男等阐述了 reportage photo 的理念,获得了他们的共鸣,根据伊奈的想法,将 reportage photo 一词翻译成"报道写真"(本书在下文中采用此词)。于是在 1933 年 8 月在银座成立了日本第一个以报道写真为主旨的团体"日本工房"(该名称采用了伊奈的建议),名取是主要的负责人和出资者,作为技术上的指导者和合作者,还将艾尔娜从德国叫到了日本。后来,日本工房举行了两次展示"报道写真"主题的摄影展,可是不到一年,因同人间的意见分歧,该团体于 1934 年 3 月宣布解散。但是名取仍然试图重建"日本工房",两个月之后,他邀请了青年设计师河野鹰思和山名文夫与自己合作,在银座的交询社(庆应义塾的社交俱乐部)大楼重新挂出了 NIPPON KOBO("日本工房"日语发音的罗马字标记)的旗号。名取将工作的重心置于向欧美推介日本,因此他想创办一份西文的对外杂志,在财政上他拉到了以纺织品起家的"钟纺"社长津田信吾做后援,在政策上则获得了 4 月刚刚建立的财团法人"国际文化振兴会"(会长是后来出任发动七七事变的日本内阁首相近卫文麿)等日本官方机构的支持,于是,该年 10 月,全部采用铜板纸印刷的,同时用英文、法文、德文、西班牙文表示的、装帧新颖的图片杂志 NIPPON("日本"发音的罗马字标记)季刊问世了,这一年的名取才 24 岁。该杂志在粉饰因对华侵略行为而遭到英美诟病的日本形象上扮演了积极的角色,一年后获得了国际文化振兴会的资助。

1936 年 8 月他与艾尔娜一同赴德国,拍摄那年在柏林举行的奥运会,翌年 4 月,受美国《生活》杂志的委托,从德国前往纽约,自东向西做横穿大陆的摄影旅行。这年7月,日本全面侵华战争爆发,9月下旬,名取以德国沃尔施坦因出版社东京特派员的身份自旧金山赶往烽火突起的上海,由此开启了他与上海正式的因缘。他未及洗去旅尘,即跟随上海派遣军踏上了炮声隆隆的战场。目前尚留存有名取当年在上海拍摄的106张底片,内容有停泊在长江上的日本海军舰艇、日本海军陆战队、前来战场采访的日本记者团、公共租界内日本人经营的商店、中国难民、上海附近的农村等。10月20日出版的美国《生活》杂志刊发了配有图片的报道《中国战线上的名取》。名取在上海看到的欧美出版的报刊杂志上,刊登有不少因战争给中国人民带来深重灾难的图片,当时的他并未因此而对这场由日本挑起的战争有过什么反省,他反而觉得日本应该在对外宣传上多下功夫,以改善和提升日本在海外的形象。据当时被日本工房派往上海战场的摄影家小柳次一的回忆,名取向日本上海派遣军特务部对支(华)班班长金子少佐表示,日本也应加强宣传攻势,以反驳蒋介石方面的反日宣传④。11月,他受聘担任了内阁情报部的特约摄影家。1938年6月前后,名取担任了中支(华中)派遣军报道部写真班(上海写真制作所)的负责人之一。同年夏秋,日本开始进攻武汉,名取也赶赴那里做战地采访,尽管他胆小怕死,大部分照片均由他的同伴拍摄,但11月3日出版的德国 Berliner Illustrierte Zeitung 周刊上刊登的图文专辑《中国的战争》,署名者依然是名取。

　　1938年11月,受日本陆军的委托,名取编辑制作了一份不定期的英文图文杂志 SHANGHAI(上海),伪装成在上海编辑出版,实际上却是由日本工房在东京编辑刊行的,均出铜板纸印刷,除了中国战场的报道写真之外,还刊登了印度诗人泰戈尔的诗作和前卫画家的画作等,以减缓它的宣传色彩。但这份杂志在1939年3月出版了第二期后即停刊了。此后,日本工房在广东设立了"南华写真制作所",1939年4月在华南派遣军报道部的支持下,创办了目的在于对外宣传的英文月刊 CANTON(广东),

奇怪的是,杂志的重点却是介绍中国的历史和文化,尽管执笔者多为日本的中国文化研究者,诸如文化人奥野信太郎、作家佐藤春夫、鲁迅著作翻译者增田涉等,也许是想要向西方人显示日本人对中国的理解。他们还依照华南派遣军的委托,制作了以军队官兵为阅读对象的图文杂志《南支派遣军》,后来居然卖到了将近十万册。

1939年5月,根据政府的要求,原本为私人组织的日本工房改组为"国际报道工艺株式会社",人员和场地均大为扩充,政府御用的色彩也更为浓厚。名取名义上还是该机构的负责人,但实际上他大多时间呆在上海,已渐渐从公司的决策层淡出。1940年他在"国际报道工艺"内开设了一家出版社"名取书店",除了翻译出版介绍德国成就的书刊外,还出版了一户务翻译的周作人的《苦茶随笔》,并将刊登在CANTON上的相关文章选编为《支那文化谈丛》出版。

但是名取依然将事业的重点放在上海。他在上海设立了"国际报道工艺上海支社",地点设在较为冷僻的斐伦路(今九龙路),但一直不大景气。名取决定将此振兴起来,他拉到了经营广告业务多年、此时也在上海的大久保武做搭档,后者果然带来了一股锐气,1940年6月,他把斐伦路上的事务所作为住宅,而在自己原先居住的位于文路(今塘沽路)与乍浦路口的皮亚斯公寓(今浦西公寓)内挂出了"国际报道工艺中华总局"的大招牌。在这里企划出版了与《南支派遣军》相匹敌的图文杂志《征战华中》,获得了军部的好评。以前曾在上海派遣军报道部任职、时已升任汉口特务机关长的金子中佐(在上海时为少佐)特意飞到上海与名取商议,拟借助他们的力量出版一份宣抚占领地居民的杂志《鄂报》,为了取悦读者,名取提出了大胆的设想,在杂志中采用四页的裸体写真!结果真的受到各方的追捧。名取与日本军部的主动合作,还可以从当时日本陆军报道部长马渊逸雄的一段话中得到佐证:"现在在上海,差不多也是互相紧密合作……若报道部需要摄影人员时,名取君就无条件地向报道部提供全部或一部分的人员，作为报道部的编外人员为我们工作。没事的时候就做自己的事，报道部如有工作，就与我们报道部合作。"⑤

1941 年 7 月，两年前正式办理了结婚手续的艾尔娜也跟随名取来到了上海⑥。

第二节　太平出版印刷公司与周边的文化人

一、草野心平

1941 年，围绕着中国等问题，日本和美国之间的利益冲突日益激烈，日本国内的法西斯空气也越加浓烈，言论和出版自由受到军部彻底的控制，若无政府或军部的订单，即便像"国际报道工艺"这样的机构也处于苟延残喘的境地。尤其纸张的供应受到严厉的管制。名取下定决心要在所谓的国际都市上海施展他的身手。他觉得此前在中国拍摄素材然后在东京编辑印刷的体系如今运作起来已经日渐困难。他觉得今后应该在中国本地，明确地说在上海建立起一个从采访拍摄到编辑和印刷成一条龙的出版印刷机构。如此，必将牵涉到优质的印刷机器和庞大的用纸量。而在日本人控制区的苏州河北岸，基本上还不具备这样的条件。他希望到英美人管理的租界去寻找出路。他的这一想法得到上海陆军报道部部长秋山邦雄的鼎力支持。他飞回东京，找到了自 NIPPON 发刊以来一直有交往的、如今在共同印刷会社担任写真课长的保科清春做自己的搭档。

急剧变化的时势造就了名取的梦想。1941 年 12 月，日本发动了对珍珠港的偷袭，与美英之间的全面战争由此揭开序幕。12 月 8 日，日军越过外白渡桥等，占领了苏州河以南的由英美控制的公共租界，强行接收了英美的资产，其中包括位于四川路桥南侧的香港路 117 号的英商资产密林顿出版印刷公司，这正是名取觊觎已久的理想机构。8 日当天，在日军的后盾下，他向该公司的英国管理者宣布，公司已被陆军报道部所管辖，本人受命来此地主持经营,明日进行资产权利的交接。他留下了该公司唯一的一个日本员工、印刷厂的负责人大川正三。该公司规模虽然不很大,但设施相当齐全,有十台英国产的印刷机,以前虽然主要经营英文出版物,但也具备了中文活字的排印能力,既可作活版也可做平版的印刷,仓库里存有七百余卷可供印刷的白报纸。印刷工人的主体是中国人,也有几名出身白俄的技术员。

12月9日,在香港路的原址上挂出了"太平出版印刷公司"的招牌,宣布了这家以军部报道部为背景的兼具印刷功能的出版公司的成立。底层是印刷车间,三楼的编辑部共有150平方米,相当宽大。名取的实际身份是委托经营者。12月下旬,根据与名取之间的约定,保科清春带了一名他的心腹部下浅井富士雄来到了上海。社长为名取,经理为保科,印刷厂长为浅井,副厂长为大川。而在编辑出版方面阵营相对比较弱,只有三井在主编一份由原先的《鄂报》改名而来的《长江画刊》。报道写真出身的具有艺术家天分的名取并不满足于只是为军部提供出版物。他脑海中在策划编辑出版面向妇女、儿童和知识分子的各种刊物和读物,使太平公司成为一家有品质的真正的出版社。

在上海,他还是感到势单力薄,想到了身在南京的草野心平(1903—1988),期望得到他的指点和帮助。

说起来,草野还是他庆应义塾的学长,与中国的渊源也比他要深得多。草野比名取年长7岁,1903年5月12日出生于日本东北地区的福岛县,在福岛县立磐城中学读了四年后,于1920年4月插入东京的庆应义塾普通部三年级,但9月即告退学。少年时期在美术和文学方面表现出了天分,他对寻常的学校教育感到不满足。离开庆应后他白天前往位于神田的正则英语学校学习英语,晚上则到曾在中国保定的莲池书院留过学的宫岛大八于1895年创立的位于纪尾井町公园内的善邻书院学习汉语,目的是到海外求学。恰好他父亲因为工作的关系,常去中国和南洋,也有一位朋友涉谷刚住在广州，于是在 1921 年 1 月，穿戴着庆应的学生装和学生帽，跟着去爪哇的父亲的好友並河荣治郎乘坐日本邮船"八幡丸"从神户出发驶向上海，那时他还不到 18 岁。为了要转乘去广州的轮船，他和並河在位于昆山路並河的友人家住了四五天。后来回忆起初到的上海，他依然有着清晰的记忆：

> 一个人闲逛的时候，也没有特别的事情，曾经走进过礼查饭店。我见到了开电梯的服务生穿着金纽扣的制服。在上海还是第一次看见穿金纽扣的人，像神经反射似地我回看了一下自己的金纽扣制服。礼查饭店虽是木造的房子，但作为西式的旅馆，我想上海好像只有这一家吧。国际饭店、汇中饭店（现和平饭店南楼）、百老汇大厦（现上海大厦）等那时还没有。日本的旅馆好像有万岁馆等，但那时我不知道。

> 礼查饭店的斜对面有俄国的领事馆。位于靠近苏州河和黄浦江交汇处的地方。领事馆旁边的空地边有一堵水泥墙。我靠在那堵墙上望着浑浊的河水……没有人戴着我那样的学生帽，于是走进了一家南京路上的帽子铺，买了一顶打猎帽。不仅是南京路上，几乎每条街商店都显眼地排列着或横或纵的很大的店招，觉得繁杂纷乱（我后来才认识到这些店招的字很富有个性美）。

> 永安公司当年已经有了。再往西一点就是跑马场，上海的城区到了这里差不多也结束了。跑马场的西边就是水田了，一条细细的石子路伸向远方。我曾经坐着马车沿着这条道路去过同文书院，马蹄发出清脆响亮的声音消失在了冬天的天际。⑦

此后他乘坐日清汽船公司的一艘货船费了几天的工夫经香港来到了广州，在广州居住在位于沙面的涉谷的家里，白天在他所经营的一家公司里帮忙,晚上则去珠江畔的 YMCA 夜校补习英语,6 月他报考了岭南大学,初试通过后随即在岭南大学的暑期班里学习了两个月,并住进了校园内的宿舍,9 月,通过正式考试进入了该大学学习。

岭南大学原为美国牧师安德鲁·哈巴于 1888 年创办的教会学校格致书院,1903 年在广州东南的康乐村购得两百多亩土地,开始了大规模的校园建设,1918 年正式改名为岭南大学,是广州最早具有现代大学内涵和规模的教育机构。据草野回忆,他就学期间,是唯一的一名日本学生,其余学生多来自广东、广西和福建,大学教员中五分之三是美国人,其余为中国人,另有英国人和德国人各一,学生约有五百人左右,小学、中学和大学均在同一校园内,所有学生均为寄宿制,校园开阔,绿草如茵,校园气氛活泼而和谐⑧。草野在大学里与许多中国同学成了好朋友,重要的有后来曾前往莫斯科中山大学和维也纳大学留学、建国后出任上海市文化局副局长和世界知识出版社社长的刘思慕(1904—1985)(岭南大学期间名刘燧元),后来出任华南联大文学院院长和中山大学图书馆馆长的叶启芳(1898—1975),以及去法国留学的著名诗人梁宗岱(1903—1983),当然也有后来成为革命活动家的廖承志和出任汪伪政府宣传部长的林柏生(1902—1946)。

草野在岭南大学期间表现了对于诗歌的强烈喜爱,他在图书馆读到了大量美国的现代诗,尤其喜爱桑德堡(Carl Sandburg)使用了大量鲜活口语的诗句。他请在京都的母亲给他寄来左翼经济学家河上肇(1879—1946)主编的《社会问题研究》等杂志,并自行订阅了当时日本的左翼文学杂志《播种人》,此外他还热衷于巴枯宁、克鲁泡特金等无政府主义者的著作。他与中国同学组成了一个“诗会”,经常在悦耳的钢琴声中朗诵各种诗歌,并且成立了一个名曰“天空与电线杆”的诗社,出版了同名的诗刊,草野是其中的核心人物,后来他在上面发表了许多诗作。因为要接受征兵检查,1923 年暑假他临时回国,知晓自己的投稿诗《无题》被刊登在了三月号的

《诗圣》上。这一年他与亡兄两人的诗歌合集《废园的喇叭》也付梓出版，1924年的9月、12月以及翌年2月他分别出版了诗集BATTA、《踏青》和《919》，展露了他作为诗人的才华。1925年4月，他又与黄瀛、刘燧元等创办了同人诗刊《铜锣》，该杂志在草野归国后依然在日本编辑出版，一直持续到1928年6月。在岭南大学期间，他见到了一生中引以为自豪的两个人，一个是1922年6月他跟随日本领馆的领事足羽宪太郎等专程到韶关去拜会的孙中山，另一个是1924年6月他个人专程去香港拜会准备北上中国访问的泰戈尔，进行了较长时间的交谈。他还以帮在广州的日本电通公司担任一些杂务、帮美国导师制作标本和在学校里开设日语讲座的方式基本上解决了自己的大学学费。

1925年，上海爆发了反对帝国主义压迫的五卅事件，矛头直指日本和英国的帝国主义行径，随即在全国多地引发连锁反抗，6月23日在国民党的领导下广州10万市民集会游行声援上海的斗争，行经沙基时与英法等军队发生冲突，数十人遭到枪击，于是爆发了更大规模的反抗，在广州的外国人一时纷纷躲避，草野未及等到毕业就在7月匆匆回国，结束了他在广州四年半的留学生涯。

当时的日本，中国留学归来没有任何耀眼的光环，他虽然也在组织诗社，出版诗集(1928年出版的《第百阶级》、1938年的《蛙》)，但写诗无法维持生计，他在学校和出版社担任过一些校对之类的工作，甚至在东京市内麻布十番开了一家烤鸡肉店以为稻粱之谋。不过，在日本文坛，他的诗人地位已经确立，其中最有影响的是1935年10月他参与创刊的诗刊《历程》，集聚了一批具有无政府主义(在当时的日本，无政府主义往往是社会主义和自由主义的混合体)倾向的诗人。

据草野后来的回忆，1937年7月8日下午，他与来到东京的岭南时代的老同学刘燧元和叶启芳坐在银座不二家的二楼喝咖啡叙旧，骤然传来的号外使得温馨的气氛一下子变得凝重起来:卢沟桥事变爆发! 刘、叶两人立即变得慷慨激昂起来,痛斥日本对中国的侵略行径,表示自己将立即回国,在一旁号称中国是自己第二故乡的草野也显得相当尴尬,沙基事件的结果,"使我不得不离开广州,燧元他们为我饯行,邀请我从大学码头那边坐了舢板,划进珠江上的一条支流,当时面对着广州郊外东山的我是22岁,虽是个22岁的年轻人,内心却是沉重而复杂。但是,今天的刘和叶两人一定比我当时更为沉重而复杂吧。"⑨

　　不过,草野早年虽也接触过左翼的书刊,也曾经心醉过无政府主义,但他骨子里从来就不是一个左翼分子,也不是一个真正的自由主义知识分子,也从来没有认识到在中国对于帝国主义势力的反抗实际上是近代以来民族解放运动的重要部分,因此对于当时日本帝国主义对于中国的钳制和侵略,并无清醒的认识,甚至连良心上的反感也不是很强烈。1938年2月,他作为帝都日日新闻社的社长野依秀市的秘书和陪同,经朝鲜半岛进入中国的东北(其时已为伪满洲国),一路由北向南进行了两个月的考察旅行,翌年将一路的所见所闻集成散文集《支那点点》一书出版。

　　就在这次考察旅行中,他于4月份来到了上海。据他自己记述,青年时代在广州求学时,曾坐船四次途经上海,这次是他第五次来到上海,"变化最厉害的,不用说是闸北一带。我原来已经预想大概那边都已经是一片岩石了,实际上比自己想象的更为惨淡,完全是一片废墟了。竟然破坏得这么厉害,我眼前浮现出了激烈的血战情景,心里一阵黯然。北站附近成了战迹保存区,当我看到弹痕累累的铁路总局的屋顶上飘着海军旗时,眼眶自然地一阵发热。自己少年时最初来到上海时的一个礼拜,曾住在乍浦路上的某个商馆,如今这家商馆已无踪迹。这条街已完全变成了日本人的街市,若是碰到节假日要悬挂国旗的话,沿街恐怕会是一大片的日本太阳旗吧。不仅是乍浦路,即使是北四川路和文路(今塘沽路),也已经日本化了,超出了原来的想象……外白渡桥还和以前一样,在两侧桥堍,堆积着用做工事的土袋,桥上站着的日本水兵和英国的卫兵,枪上都插着闪亮的刺刀。"⑩笔调虽然还比较平静,但日本人的立场是很明显的,也传递出了战争的残酷和恐怖。他在同时写的另一篇《大场镇界限》中,则描述了惨烈的激战之后的萧索和荒凉。大场保卫战,乃是淞沪抗战极为壮烈的一幕,1937 年 10 月中旬以后,中日双方在大场进行了两周的血腥激战,最后大场落入敌手,附近居民也深受战火的灾难:"说是村落,最多也就三十来户人家了,村民房屋的屋顶和墙壁都倒塌了,没有一处像样的房子。槐树的枝桠折断了,树干上还留着弹痕……破坏如此之大的大场镇,在无数的牺牲之后,和平也渐渐苏醒过来了,我衷心希望如此。"⑪日本不少战地作家都曾描写过激战中或激战后的大场,相比较而言,草野的文字,流露出了他对中国这片土地的复杂心情。

1939 年 12 月,他加入官方意识形态产物的"东亚解放社",并担任了《东亚解放》月刊的主编。

1940 年 3 月,汪伪政府以"还都"的形式在南京成立,当年在岭南大学时曾与草野同学的林柏生出任伪政府的中央宣传部长和汪伪国民党中央常委,1941 年 6 月 14 日至 26 日随汪精卫、周佛海等出访日本,将草野邀来,据草野后来的回忆,"跟林柏生和松本重治(新闻媒体人、外交活动家,1933 年至 1938 年任联合通信及后来的同盟通信社上海支局长——引译者注)一起去箱根观光。那时,林柏生问我,你到南京来怎么样?于是就决定去南京了,还留给了我旅费。"⑫草野到南京担任的是宣传部的专门委员,草野自然知道汪伪政府的性质,却赞同他对日本的所谓和平路线,也可借此摆脱自己的生活困境,于是欣然从命。

草野于这一年的 9 月自日本来到南京,住在南京市琅琊路 11 号的一座自英国人手中接收而来的宽大的西式公馆中,不久又将家眷自日本接来。从草野的宅邸步行至汪精卫的公馆只需两三分钟而已。在这座宅子里,草野散养着鸡鸭和鹅,还养着八哥和山鸡。据其自述,他在南京并不负责具体的事务,每日如闲云野鹤。"我在南京,虽说是宣传部的专职,但并没有什么特别的事情。稍微像样的事情，就是为在南京举行的大东亚文学者大会联系安排出席者，为筹措资金而去东京跑了一次，或者是随同南京和上海的文学家去东京参加大东亚文学者大会等。"⑬出宣传部大门，对面就有一家放映日本电影的东亚剧场，一旁的小巷内有一家卖关东煮的酒馆曰"富士"，草野闲来就常去那里买醉。有一次他在那里与上海来的东亚同文书院的学生发生了争吵，起因是有几个学生叫嚷说，日本要征服东亚，日本必须要掌握东亚的主导权。草野觉得这样的言论有损"日中友好"，不尊重中国，于是借着酒兴与其顶撞起来，并威胁说要去宣传部拿机关枪来，这才把那波人镇住了⑭。不过上述是战后的回忆，实况未必没有进一步考究的余地。

名取自上海前往南京拜访的，就是这时候在仕途上颇为自得的草野。据草野的回忆，"我与名取的相识，最初是我在汪政权宣传部的时候，他来找我，好像是希望我能在纸张供应上提供些便利吧。"⑮虽是初次见面，彼此却有一见如故之感。他们觉得自己是在推进日中文化交流的事业，目的是日中亲善，睦邻友好，彼此在觥筹交错之间感到十分投缘。应名取的要求，草野欣然担任了太平出版印刷公司的顾问，以后每月一次自南京往上海，为他们的出版计划出谋划策。他还介绍了在东京富有编辑经验的川锅东策加入名取的公司。1942年春天，他又将来到南京不久的作家佐藤俊子(1884—1945)介绍给了名取。名取专程赶到南京来会见这位曾在明治后期的文坛上享有盛誉、在岁数上完全可以当他母亲的女性。经两人的商议，佐藤俊子答应到上海去为太平公司编辑出版面向中国妇女的中文刊物《女声》。

二、佐藤俊子

佐藤1884年4月25日出生于东京，在念小学时就显得有些与众不同，在耽读翻译侦探小说的同时，还专门去学习古典舞蹈和插花等，从小聪颖过人,在中学时从一年级直接跳入三年级,并对文学表现出浓厚的兴趣,自己尝试着撰写少女小说,还学习俳句的写作。18 岁时考入日本女子大学国文科,翌年拜当时极负盛名的小说家幸田露伴为师,成为正式的入门弟子。20 岁时在《文艺俱乐部》上发表了她的处女作《露分衣》,后来又以《绝望》去应征《大阪朝日新闻》的悬赏小说,获得了实际的一等奖,于是声名鹊起,成为明治末期和大正年间受人们关注的女作家,她的成就也引起了中国文坛的注意。周作人在 1943 年底时回忆说:"在二十年前我们(指周树人、周作人兄弟——引者注)编译《现代日本小说集》的时候,序文中说及原来拟定而未及翻译的几家,即有佐藤女史在内,可是后来第二集不曾着手,所以终于没有译出。"⑯1929 年张资平翻译出版了她的作品集《压迫》。在此前后,她还常在每日派的文士剧以及东京座上演的《户津川合战》等中粉墨登台,成了一个小有名气的女演员。佐藤感情盈沛,除了与美国归来的田村松鱼成过婚外(一时也以田村俊子而出名,1914 年影响甚大的《中央公论》6 月号还出过"田村俊子论特辑"),还屡屡与其他男性堕入爱河。

1918 年跟随情人、曾是朝日新闻社社会部记者的铃木悦前往加拿大,主要定居在温哥华,并在 1923 年与铃木正式结婚,在北美度过了将近18 年的岁月。在北美时,受铃木的影响,她的思想开始倾向于社会主义,关注妇女问题,曾出任当地工会组织的妇女部长,还在旧金山的《新世界新闻》上发表了《妇女的弱点》、《日本妇女的动作》、《妇女解放的先驱们》等文章。但她在北美的生活并不安定,在文学上,她几乎处于搁笔的状态。

1936 年 3 月底,她回到了阔别的祖国日本,与宫本百合子、佐多稻子等曾经的无产阶级女作家交往频繁,试图重返日本文坛,也发表了一些作品。但很多人已经不记得当年曾经风靡一时的这位女作家了,她自己几乎也没有璀璨响亮的作品来回应文坛。倒是她对妇女问题还是一如既往的关注,在《妇人公论》等上发表了《话说世界女性的生活》、《对日本妇女运动的考察》等文章。

1938年12月,在日本国内难以获得发展的佐藤,从中央公论社获得了两千日元的经费,以其特派员的身份,从福冈坐飞机前往上海,这一年她55岁。她准备在中国体验一段生活后,撰写一部相关的长篇小说,以此来正式复归日本文坛。此前她与中国的因缘很浅,在半个多世纪的岁月中,她几乎没怎么接触过中国。如今,大半个中国已经在日本人的占领之下,陆军或海军的报道部在铁蹄横行的同时,还试图营造出一种日中亲善的气氛,来安抚和迷惑沦陷区的中国民众。处于如此境地的佐藤,似乎也愿意借助军部的力量,在自己关切的领域做点什么。上海,正是她开启与中国因缘的实际切入口。

在上海大场机场降落后不久,她就寻找各种机会来观察在上海的中国劳动妇女的生活状态。首先引起她兴趣的是苏州河上的女船民。这是一种在日本或北美从未遇见过的存在。

　　外白渡桥下的苏州河一带,多的时候停着上百艘的运输船。站在河岸上眺望他们的生活。男的大抵街着香烟在与邻船的人闲聊,或在船上无所事事,而女的则忙于在河里洗着什么,或在编织渔网之类,上至弯腰弓背的老太婆,下至十来岁的小姑娘,都在忙碌着。男的女的穿得都很破旧。在船上玩耍的孩子也都头发蓬乱,衣服污旧,光着脚。船顶上晾着犹如破布一般的婴儿的尿布。但是船内打扫收拾得很干净,桌子和锅碗瓢盆等刷洗得干干净净挂在柱子上。即使生活贫穷,但与家务活相关的这些事,中国妇女是非常勤劳能干的。⑰

上海百货公司里的女店员,虽然收入不高,但都打扮得精致漂亮,"在日本百货公司工作的女店员,一般都受男员工支配,显得谨小慎微,而中国的女店员则都比较自由活泼,这是革命以后暂且得到解放的现代中国妇女在精神上显出自我的一个表现吧。"[18]她还去考察了在日本人经营的工厂内劳作的上海纺织女工,厂内采用昼夜两班制,每个女工一天要奔忙12个小时,可谓相当辛劳,但她们的精神样态却显得相当敏捷利索,"这一印象恐怕来自她们的服装吧。虽然她们没有像百货公司女店员那样烫着发,但都一律剪着短发,身穿长裤,脚穿中国布鞋和袜子,上衣虽然洗得有些发旧,但都是短装打扮,便于活动。在织布机前忙碌的是年轻的女工,看上去神情欢快。"[19]

不过佐藤心里明白,当时的中国人一般都不大喜欢日本人,尤其是日本男人。"在苏州河的外白渡桥上,如今成了占领区和公共租界的警戒线,日本的军人在那里站岗,来往的中国人必须持有许可证才可通行。"百货公司的女店员对待日本男人态度冷淡,受过教育的知识妇女都不愿意到日本人开的公司里去工作,"她们具有强烈的民族意识"[20]。但对于像佐藤这样的知识女性,不少中国女性还是表现出了友善的态度,她在扬州的一次妇女聚会上更是受到了热情的接待,于是她由衷地感慨道:"每逢我遇见中国妇女时,内心必定会油然充满了亲切的感觉。这种亲切的感觉到底是自何处涌上来的,我没有进行过勉强的分析,但犹如镜面上映照出来她们的身影,在我内心深处荡漾着的泪泉中映照出了她们的忧愁。大概那种亲切的感觉是从那里涌现出来的吧。我所遇见的任何一位中国妇女,都让人觉得她们比日本的妇女要来得率直真情。表面上所表现出来的,就说明了一切。而且她们都非常热情。即便是握手,也是十分的有力。每个人都拥有自己明晰的个性……我非常喜爱中国的妇女。感情越是不加掩饰,就越觉得容易亲近,就仿佛有一种立即融入血液中的单纯,这一点深深吸引了我吧。"[21]在女权运动兴盛的北美呆了18年的佐藤,也许觉得经过了五四运动和国民革命的中国妇女,尤其是都市知识妇女,要比同时代的日本女性更容易感到亲近，也更为欣赏吧。

　　后来她在南京、镇江、扬州、杭州一带作了考察旅行，还单独在上海采访了准备"还都"南京的汪精卫，汪与她大谈自己对洪秀全的看法，并出示了许多自己旧日的诗作㉒。此后经青岛等地前往北京，在北京生活了一年多，但在事业上难以有所成就，不免内心感到苦闷，与佐藤有所交往的周作人回忆说："民国二十八九年顷她到中国来，最初是在南京上海，中间曾来北京住过些时，我看见她就在那时候。她几乎没有什么事做，觉得无聊，曾说想写西太后的故事，又想教书，却都没有成功，这大概是民国三十年的事吧。"㉓佐藤仍然想回到南方。1942 年 2 月，她携带了朋友的介绍函，到南京会见了草野。据草野回忆，佐藤一开始并未直接寻访草野，"那时，她带了元社会党议员的介绍函来的。在把介绍函交给我之前的田村俊子，来到了宣传部，直接会见了林柏生。于是林柏生的秘书来到我的房间，说是部长请你去一下。于是我在林柏生的房间里第一次见到了田村，那时叫佐藤俊子吧。问了她各种问题，她说她已不想回到北京去了，想呆在南京或上海。可是在南京，并没有可以供她谋生的合适的工作，于是向她介绍了名取洋之助。"㉔佐藤向草野表述了自己想在促进中国妇女的自立进步方面能有所作为的愿望，这与草野的想法也十分吻合，他想到了自己担任顾问的太平出版印刷公司，于是将名取召到了南京，促成了两人的相识。当名取与她谈及准备出版一种面向中国女性的杂志时，可谓正中她的下怀，当即表现出了极大的热情，她本人也希望能去上海生活。于是名取邀请她来上海担任杂志的主编，并获得了日本驻上海总领馆"嘱托"（即特约人员）的身份。

　　为筹备杂志的出版，佐藤不久即坐火车前往上海，开始时居住在名取他们原先"国际报道工艺中华总局"所在地的皮亚斯公寓，后来迁居至北京路（现北京东路）157 号的北京大楼。这是一幢具有巴洛克风格的红砖建筑（至今仍然幸存，外观被修葺一新），总共四层，佐藤居住在四楼的 17

号房间，一直至她去世。在她病故后去其寓所整理遗物的草野这样记述楼内的情形："她住在四楼，楼内没有电梯，昏暗的楼梯上结满了蜘蛛网，随处可见斑斑痰迹和纸屑，想起年过六旬的老太太每天要攀登这样高的楼梯，一个人独自做饭的情景，我心情再次黯然了。"㉕

好在北京大楼距太平公司所在地的香港路很近，沿虎丘路向北，步行在五六分钟的距离。虎丘路原来叫博物院路，沿街矗立着一幢装饰艺术派风格的大楼，是原英国皇家亚洲文会北华分会（The North China Branch of the Royal Asiatic Society）的所在地，楼内四五层是高两层的大厅，原为博物院，故有此名，1943 年改虎丘路至今。香港路 117 号太平出版印刷公司的三楼，在佐藤创刊的女性杂志诞生之前，其时已经设立了以室伏克拉拉（1918—1948）为主编的《新少年》杂志编辑室和以三井为主体的《长江画刊》编辑室。当然，这三人中，佐藤在文坛的资格是最老的。

室伏克拉拉是日本具有自由主义倾向的评论家室伏高信（1892—1970）的女儿，自幼颖悟，少女时期与一名有妇之夫的中文老师堕入爱河，缠绵悱恻的爱情虽然无果而终，却由此培育了她对中国，尤其是中国文学的强烈兴趣。为了排遣失恋的痛苦，同时满足她的中国梦想，父亲便托了草野，将女儿送到了南京，对于此事，草野有如下的回忆："（得悉我将要去南京），室伏高信给了我一百日元。这是因为室伏克拉拉曾来东亚解放社来访我。克拉拉有去南京的愿望。于是室伏就把我叫到了他在赤坂常用的会客处，向我透露了女儿想去南京的想法。如果去了的话，请我多多关照。"㉖之后草野安排克拉拉在汪伪政府宣传部内担任一名文员，实际上这完全是一个闲职，克拉拉并无具体的事务要担当，她的一个主要副业，倒是教授伪宣传部长林柏生的妻子和女儿的日文，余暇则自己阅读中国文学作品，练习汉语口语，由于她的聪颖和努力，无论在听说读写译各个方面，中文都达到了相当的水平，其普通话发音之清晰准确，据说在一般的中国人之上。她试图在南京接触中国的文坛，但南京原本就不是中国现代文学的重镇,而此时稍有才华的作家大多离开了沦陷区。克拉拉不免感到寂寞。于是在1941年时,她离开南京来到了上海。虽然尚无确切的文献依据,但估计草野将克拉拉介绍给名取的可能性极大。不久,她与1942年2月以朝日新闻社特派员的身份来到上海的林俊夫成了恋人,在杂志的编辑之余,她还热衷于中国现代文学的翻译,1944年曾将张爱玲的小说《烬余录》翻译成日文连载于当时在上海出版的最大的日文报纸《大陆新报》上[27]。

经过大约两个月的筹备,1942年5月15日,以佐藤为编辑者的中文女性杂志《女声》创刊号问世了。佐藤在编辑者中出现的名字是"左俊芝",不容易使人联想到日本人。在相当于发刊词的《我们的第一声》中说:

> 《女声》第一次和读者见面,当然也是"初试啼声"的时候,不过在这沉寂已久的中国文坛,尤其是妇女的出版界——我们在很短时间内,想我们的第一声能使每个读者都认识本刊是"独一无二"的刊物,我们当然不敢武断,然而,至少我们是不断努力,要在这次第一声之后,贡献出许多不同的声音,使我国妇女界得到真正崇高的地位。
>
> "女声"两字做我们刊物的一个名字,在这第一声发出时,不能不有所说明,请大家认真地了解而随时加以合作和指导,帮助我们完成创办这个刊物的初衷。我们的《女声》就是中国妇女界的声——亲切点说起来就是"你们的声"。"女声"含有三大意义:——(一)乃妇女呼声,(二)为妇女而声,(三)由妇女发声。[28]

上文的执笔者,按常理应该是主编佐藤,但佐藤本人不谙中文,很有可能是克拉拉将日文稿翻译成中文的,当然也有可能是其他通晓日文的中国人最后成文的。中文的表述,多少还有些生硬。创刊号上开设了"评论"、"世界知识"、"妇女与职业"、"修养"、"所见所闻"、"卫生"、"娱乐"、"文艺"、"家政"、"戏剧与电影"等栏目,以后基本上也是这样的格局。从最初的几期来看,几乎没有政治色彩,较为出色的是"文艺"和"戏剧与电影"专栏,据当时的主要撰稿人之一的丁景唐的记述,文稿作者的许多人都与当时的中共地下党有关,"根据党的关于敌占区的工作方针,自己不能办刊物,就向敌伪办的刊物或别的刊物投稿,楔入敌人宣传阵地,在当时政治环境允许的情况下,写一些有意义的文章。"㉙

　　而长期协助佐藤编辑刊物,并与佐藤在北京大楼共同生活了一年零七个月的关露(1907—1982),就是潜伏在敌伪内部的中共党员。出生于山西省右玉县,原名胡寿楣的关露,16 岁时到南京求学,1928 年考入中央大学哲学系,不就转入文学系,与后来成为小说家的欧阳山、张天翼等相识,开始学写文学作品,1930 年发表处女作《余君》。后离开中央大学来到上海,在 1932 年加入了左联和中国共产党,参加实际的革命运动,同时撰写诗歌和小说,她还是左翼作家叶紫(鲁迅曾为他的小说《丰收》作序)加入中共的介绍人。1937 年 11 月,上海沦陷。1939 年关露在香港接受廖承志和潘汉年的指示,打入敌伪组织。1942 年,关露又奉中共的指示进入《女声》编辑部。关露是何时、如何进入《女声》,又是经谁介绍认识佐藤的,目前所能看到的文献似乎都语焉不详。不过从创刊号上即已刊登了关露撰写的四篇文章(据丁景唐的回忆文,"芳君"、"芳"和"蓝"都是关露的笔名)来看,关露应该是与佐藤一起参与杂志的创刊筹备的,此后也是在该杂志上发表作品最多的作者之一,尤其是"戏剧与电影"专栏,大部分文章出自她的手笔。中共指派关露打入《女声》的初衷,是期望通过具有左翼倾向的佐藤找寻到日本共产党的线索,再经由日共来获得相关的情报㉚。但实际上日本共产党在昭和初期经过了日本当局的连续严厉摧残后,共产党的领袖纷纷入狱并转向,共产党组织基本上也已全面瓦解。佐藤虽然具有一定的社会主义倾向,但严格而言,她从来就不是一个真正的共产主义者,也从未在组织上与日共发生过关系(有一种不确定的说法是她在北美时曾加入过加拿大共产党㉛),关于佐藤的政治态度,当年曾在上海与她有过较多交往的作家武田泰淳和阿部知二做过如此的评价。武田说:"我不知道她对社会主义的理解是否只是肤浅的表层,但我相信,如今依然留存在她内心的、一种憧憬般的东西,是真的。"㉜阿部分析说:"在加拿大时她究竟有多积极地信奉共产主义,令人怀疑。倒不如说是信奉一种广义的社会主义吧……我觉得,直至去世,在她身上,可谓同时混杂着感觉性的唯美主义和知性的社会思想吧。"㉝不过,她在中国的活动,在经济上始终得到了日本军部的资助,也无任何证据可以证明她与日共有组织上的关系,因此关露不可能通过她来与基本上已不存在的日共发生关系。

关露作为华中代表于1943年8月往东京参加了由日本军部主导、日本文学报国会主办的第二届"大东亚文学者大会",此次活动,据云是经中共党组织批准的㉞。佐藤推荐的可能性很大。关露在赴日前和在日期间,分别接受了上海日文报纸《大陆新报》和东京《朝日新闻》的采访,表示佐藤俊子给她写了很多介绍函,她期待与这些作家的会面,并表示很高兴这次日本之旅能够成行㉟。归国后她撰写了《东京寄语》表述了自己的日本观感:"东京的道路宽阔,行人稀少,树木繁茂。跟上海相比,东京的树木等于上海市的行人,东京的行人等于上海的树木。总之,从东京的建筑和市政上看去,日本是一个真正资本主义化的,进步的物质文明的国家,它的强盛是理所当然的。尤其使我感动的是,自我到日本以来,我不曾见过一个乞丐,在东京经过很多道路上我不曾见过一个警察。回想到躺在上海马路上的我们,大批的小偷民众,被巡捕抓着鞭打的民众,我不禁流下眼泪来。我的多情而多难的祖国啊。"㊱这里显然交杂着真实的感受。关露此后又写了一篇《东京忆语:神经病态的日子》,写自己患病时的种种臆想:"然后我立刻就想到中国,从岳飞想到崇祯皇帝,从崇祯又想到西太后,然后想到光绪,想到鸦片战争,最后想到袁世凯和我父母之邦的大片混乱的土地。"㊲这里是借着自己的病态,为自己灾难深重的祖国发出一声悲怆的长叹!此外关露还撰写了《奈良的一夜》和《日本女作家印象》,都分别发表在当年的《新中国报》和《杂志》上。

太平公司的背景是日本的军部,《女声》的实际出资者是海军报道部,要在杂志中完全褪去当时的政治宣传色彩,第一出资者不会愿意,第二受制于人的编辑者也无法做到。《女声》自第四期开始增加了一些介绍日本文化和民众生活习俗或是采访来上海访问的日本文化人的文章,自第五期开始增设"国际新闻"专栏,从日本或汪伪当局的立场出发来报道时局政治或军事形势,如日本设置大东亚省和"南太平洋大海战"、"南京政府全面收复租界"等新闻,与原本柔和软绵的杂志风格显得颇不协调,直至1945年初,由于日本在对美战场上连连失败,汪伪当局本身也已是日薄西山奄奄一息,这样的所谓新闻才逐渐稀落起来,最后消失了踪影。1943年3至4月,日本的东宝歌舞团为庆贺所谓汪伪政府"还都"三周年而来南京、上海演出时,《女声》也图文并茂地作了很大篇幅的报道,日本的战争电影在上海上映,也有隆重的推介,这些都令人感到特殊时期的异样色彩,而不仅仅是一份纯粹的女性杂志。好在这样的内容在总体上占的比率并不大。

1942年的秋天㊳,名取洋之助和草野心平以及作为日本同盟通信社中南支(华中华南)总局长而派驻上海的松方三郎(1899—1973),汇聚于位于上海市愚园路上的名取所居住的公寓内,商议在上海建立一座孙中山铜像的事宜。三人觉得在中国的日本人为了自己的利益建造了宏大的神社(比如在南京五台山上建造的南京神社),未免有点太不顾及中国人的感情,于是提议在上海的某处建造一座孙中山的铜像,然后作为礼物馈赠给中国人。三人在这一点上立即达成了一致,最后由草野起草了一份《建立孙中山像意见书》,并想请他们的朋友、日本著名的雕塑家和诗人高村光太郎(1883—1956)设计制作,恰好这时在陆军南京特务机关供职的诗人会田纲雄(1914—1990)因父亲去世要回东京,他们便将这份书函托会田交给高村。"我带上意见书去见了高村,与他谈了一个小时左右,但高村的态度消极。"理由是要做就必须到上海去,而时间上只有夏天才有空,但是上海的夏天酷暑难当,自己受不了,"结果,这件事未能实现。"㉟

　　太平公司的经营者名取洋之助是一个精力充沛、点子甚多的人,在同时推出了几份杂志后,还想在文化人交流和书籍出版上施展拳脚。在这方面,他想获得岩波书店的创始人岩波茂雄(1881—1946)的指教和帮助。大约在1943年1月底,临时飞回东京的名取前往神田神保町上的岩波书店拜会了他。与岩波之间的关系,可追溯到1933年12月最初的日本工房推出"文艺家肖像写真展"的时候,此后名取也经常去看望他。岩波茂雄是一个正直的出版家,在他手里推出了许多出色的著作家。他虽然赞成攻打英美,但自一开始就坚决反对对中国的侵略战争(这一思想与竹内好为首的中国文学研究会相同),1940年,他因出版了与当局意识形态不合的津田左右吉等的著作而遭到当局的起诉。这次在神保町的会见,两人谈到了目前的时局,岩波对当局的政策依然持激烈的批评态度,而名取则认为,事已至此,已无法停止战争,唯有利用一切机会做一些促进日中文化交流的事,庶几有些积极的意义。两人因意见相左而起了争执。此时已成了岩波茂雄的女婿、同时也是岩波书店的核心、在茂雄去世后接掌岩波书店的小林勇(1903—1981)见此便从中相劝,表示愿意与名取携手做些事情。于是达成了邀请几位著名作家去中国访问的计划。

　　据三神真彦撰写的名取洋之助传记的记载,后来实际成行的作家,有阿部知二(本书将另章专论)、小林秀雄(1902—1988)和河上彻太郎(1902—1980),以及久保田万太郎(1889—1963)。不过,据河上本人的自述,他们的去上海,是日本文学报国会的派遣,"那时摄影家名取洋之助在上海,经营着一家印刷公司,对久保田万太郎和小林秀雄给予了全面的照顾。但他是一个性情很急躁的人,我们要是说了些闲淡的话语,他就会疾言厉色地说,你们这样是对不起前线的将士的。不过,他绝不是所谓的军国主义。"⑩

三、小林秀雄

出生于东京神田区的小林秀雄,后来主要以文学评论家知名,在东京府立一中念书时,已认识了同校的河上彻太郎。在第一高等学校求学期间,发表了小说《章鱼的自杀》,获得了当时文学名家志贺直哉的好评。1925年一高毕业后进入东京帝国大学文学部法国文学科学习。三年后毕业,翌年以评论《各色各样的意匠》入选《改造》杂志的征文二等奖,并被全文刊发。1931年10月与宇野浩二、川端康成等创办了《文学界》杂志,成为同人之一,他的关注点基本上一直在西方文学上。1937年7月日本侵华战争全面爆发,此前与时局一直有些疏远的他也不得不对这场战争表示了自己纠葛的心态。战争爆发不久的1937年10月,他在报上撰文说:"有人认为,文学家的任务不能因战争而发生改变。终究应以冷静的批判的态度来对待。这样的意见应该不坏的吧。"⑪过了一个月,他又撰文表示:"倘若必须拿起枪的时刻到来时,我也会欣然为国而捐躯的吧……文学是为了和平而存在的,而非为了战争。文学家对于和平可以抱有任何复杂的态度,但当处于战争的漩涡中时,他能采取的态度就只有一个,那就是战就必须取胜……我只是坦率地承认,这次的战争,既是日本资本主义承受的考验,也是日本全体国民所承受的考验。既是如此承认,我自己也就应该毫不迟疑地接受这场考验,这才是正确的态度……只要是一个文学家,那么文学家就应该是一个彻底的和平论者……当如果为了同胞必须去死的时刻来到时,那也就应该毅然决然地去死吧。"⑫

1938年3月,小林作为《文艺春秋》的特派员前往上海,这是他与上海也是中国的初次因缘。初到上海时,他住在外白渡桥边上的百老汇大厦

(今上海大厦),后来移居到在虹口的一处房东是白俄老太的公寓。他此行的任务,是要将该年度(第六届)的芥川奖颁发给上一年9月应征入伍被派往上海战场的火野苇平(1907—1960)。1938年的8月到11月,中国守军和日军在上海进行了三个多月的激战,闸北和虹口一带,街巷之间,满目疮痍,小林抵达时,战争的迹象依然留存着,"我住宿的旅馆就在北四川路附近,这条热闹的大街,只要稍稍往旁边的小巷拐一下,就是令人震惊的废墟。""北站周边,放眼望去,尽是被彻底破坏的痕迹。说是火车站,也只有一个车站的遗迹,仅有一列长长的货车停在那里,像是碰巧免遭战火……车站前是一个颓败的广场。"㊸"虹口一带的街上开着很多饮食店。我到各处都去吃过,都是质次价高。价格要比日本国内贵一倍,口味也要差一倍。但只要跨过苏州河进入旧英租界,价格就要便宜得多,东西也要好吃得多。真是不可思议。我原先住在河边时,就常到对岸去吃饭,这次住得远了,就没办法了。"㊹此时火野已身在杭州,小林在上海盘桓了数日后坐火车赶往火野所在地的杭州,一路行驶了八个半小时,在他的驻地举行了授奖仪式,多名日军的部队长和报道部的主管出席了大会,台下是列队站立的日军士兵。火野以《粪尿谭》获得芥川奖后,又在侵华的战场上写出了《麦子与士兵》、《土地与士兵》、《花儿与士兵》三部曲而成了军队中的名作家。

完成授奖任务后,小林又去了南京和苏州等地,足迹虽不可谓广,但江南的主要城市算是都走过了。杭州几乎没经历过战火就沦陷了,湖山面目依旧:"翌日早上,睁开迟起的眼睛望见西湖的时候,完全惊呆了。曾经耳闻杭州是个好地方,没想到竟是如此梦一般的美丽。承蒙报道部K氏的好意,分给我的房间,就面对着湖水,阳台的栏杆下就是水。许多比香鱼稍黑一些的鱼儿,在水藻间欢快地游着。天空澄碧万里,微波不起的湖面,杨柳如烟的白堤和苏堤,盛开的桃花和白木莲,一切的一切都闪烁着光辉,如同要燃烧一般。环湖的山峦春霞如练,寺院的屋顶和楼塔泛着光芒。"㊺这些描绘,使我们闻不到一丝战争的硝烟,也许正从另一面反衬出和平的可贵。不过,小林笔下的大屠杀发生四个月后的南京,着实令人怵目惊心:"城市所蒙受的战祸,比预想的还要严重。即便繁华的大街,时而可见焚烧的迹象,屋宇都残缺不齐,一般市民居住的喧杂的街巷,也未能幸免战火的蔓延。去看了夫子庙一带的市场。像是东京浅草那里的商业街,在那样的地方,废墟间也搭起了临时的屋棚,摆着一些勉强算得上物品的东西在卖。一半还是空房子。走到一处卖香烟的,看到玻璃箱里放着许多盒子,说是要一个,卖烟的就从手边的盒子中抽出一支递给我,指着玻璃箱跟他说要一盒,他就把烟盒拿出来给我们看,都是空盒子。南京也有像杭州那样的摊贩市场,但不像杭州那样充满生气,也许是街面太宽看起来有这样的感觉吧,去看了一下他们卖的东西,完全不一样。都是些被战争横扫出来的破旧货。没有鸡没有肉没有鱼。卖的蔬菜货色也很差,跟杭州相比,这边物资的贫乏是一目了然的。"㊻小林有关这次中国之行的一系列文章,在发表时有一部分在内务省检查时遭到了删除,在公开发表的文稿中,我们未能看到小林对此表现出的内疚和忏悔,也无对日本军人的详尽描写,不知被删减的文字中有无这样的情绪,不过对于"圣战"本身,文章中并无肉麻的赞美言辞。4月28日他自上海回到了日本,前后一个多月。

这一年的10月,他与也是东大法国文学专业毕业的电影评论家冈田真吉一同经朝鲜到中国的东北(其时为伪满洲国)和华北一带进行了两个月的旅行,1940年8月参加所谓的"文艺铳后运动"的朝鲜满洲班再度到中国东北旅行。1943年6月至7月,与自左翼转向的作家林房雄一起又至中国东北等地旅行,当然这几次旅行实际上都有军部的背景,尽管如此,在中华大地上的这几次实际经历,加深了他与中国的因缘,也促使他对这场战争的进一步思考。他在一篇《事变之新》的长文中意味深长地详细回顾了1592年和1597年丰臣秀吉发动的旨在攻陷北京控制中国的侵朝战争,结论是尽管丰臣秀吉是一个富有谋略、骁勇善战并且擅长外交的枭雄,但占领朝鲜半岛并继而攻占明朝中国的战役对日本人而言毕竟是一个前所未有的新战争,其结果是双方(中朝同为一方)付出了重大的代价之后以日本的惨败而告终,其原因在于“这场战争的策划者太阁(即丰臣秀吉)的非常严重的错误判断”,文章暗喻日本此次发动的战争很可能会重蹈历史的覆辙,并对目前日本“国内实行经济统制、思想统制,对士兵的动员已无补于事,必须对(全体国民)实行精神总动员的全新的事态”表示了内心的不满⑰。

1942年5月26日,作为战时体制之一的、将全日本作家强行召集在官方麾下的“日本文学报国会”在东京成立,小林秀雄被选为报国会中的评论随笔部会的常任干事。11月,参加了由报国会主导的第一届“大东亚文学者会议”的发会式,成为该会的评议员,然后参加了在日本举行的第一、第二届“大东亚文学者会议”。这一会议,它的后援者,也即是实际的支持者,是日本的内阁情报局、海军省、陆军省、外务省等,由此也可见该会议的性质,它实际上是日本为了完成所谓“大东亚圣战”而在文化领域的一个宏大动作。顺便说及,在南京的草野作为所谓的“中华民国”的12名代表之一(其他的有钱稻孙、柳雨生等)参加了第一届大会,在上海的关露参加了第二届大会(其他的有陶亢德、柳雨生、章克标等)。第三届会议于1944年11月12—14日在汪伪政府控制的南京召开。

作为名取的太平出版印刷公司与岩波书店共同策划的邀请文化人来华计划的一部分,同时也肩负着所谓第三届大会的筹备工作,根据其年谱的记载,小林于1943年12月只身前往中国,翌年6月他自中国回国,如此,则应该在上海等地待了半年之多,其间的1943年12月,他曾与河上彻太郎去扬州作了游历⑱。事实上,游历的同行者还有草野心平等,而根据河上和草野年谱的记载,这次自镇江往扬州的旅行是在1944年的12月,即在南京举行的所谓“第三届大东亚文学者大会”结束之后⑲,河上曾撰有《扬州之旅》一文,详细记述了与小林、草野等踏访镇江、扬州的旅程,文中明确记载为昭和十九年、即 1944 年在上海逗留期间的旅行,此外,河上还曾有"战争末期,我和他(小林)曾在上海生活了一个月"[50]的表述,这在武田泰淳日后所写的长篇纪实小说《上海的萤火虫》中也得到了证实。若小林秀雄年谱的这一部分记录有误的话,1943 年 12 月至翌年 6 月期间,小林是否确切居住在中国,也是一个值得存疑的问题了。事实上,与 1938 年的初次中国之行以及以后的几次华北东北之行不同,这一期间小林没有发表过任何有关中国的文字,自己也没有任何这段岁月的记录。唯最新版的小林秀雄全集(新潮社 2001 年)第七卷上刊载了一幅标明为 1944 年春天与草野心平合摄于中国的照片,可以佐证小林此时在中国(上海或南京),至少背景中婆娑摇曳、嫩叶新绽的杨柳可以表明此时是春天。名取所策划的这一邀请日本文化人来中国访问交流的计划在小林秀雄身上究竟获得了多大的体现,我尚未获得充分的文献佐证。

四、河上彻太郎

另一名受此计划的邀请来上海等地游历的是河上彻太郎。说起来河上与小林也颇为有缘,两人同年出生,1916 年自第一神户中学转入东京府立第一中学,比同校的小林高一年级,自此两人相识。1918 年考入当时著名的第一高等学校文科甲类(英文专业,而小林在 1921 年考入该校的文科丙类),一时曾休学而专习钢琴,1923 年考入东京帝国大学经济学部(小林在两年后考入该校文学部法国文学专业)。河上之所以选择经济学专业,是因为毕业后就业有保障,可让父母安心,但"作为专业而言,与自己的喜好并不相符"[51],他自己热衷的是音乐、美术和文学,尤其倾倒于获得诺贝尔文学奖的法国作家纪德,因此他在 1926 年自经济学部毕业后在东大的文学部美学专业学习了三个月,其间已在音乐评论方面表现出了才华,以后又请小林个人教授他法语,日后作为法国象征主义文学,尤其是纪德和瓦来里的译介者和研究者而闻名,1932年出版的第一部文学评论集《自然和纯粹》,为他奠定了文学批评家的声誉。日本全面侵华战争爆发后,河上与小林一样得到当局的赏识,而他们也有意无意地向权势靠拢。可以说,因为专业领域的关系,河上原本与小林一样,是一个与中国缘分很浅的人,然后这场战争将他们与中国维系在了一起。

1942年5月,以内阁情报局为主导的文学报国会成立,河上先是被推举为评论部门的干事长,后来又出任审查部长,后来河上在回忆录中为自己辩解说:"我虽是承担了审查部,但这一听上去有点雷人的名称只是文教统制时代所弄出来的名目,并不是制定什么文人的黑名单,主要相当于从事报国会编纂事业的编辑部或调查部一类的工作。"52 而审查部具体担当的一个项目是所谓大东亚圈内的文化交流,具体而言是文学家的海外派遣和外国留学生的接受。"这在当时是一个最具有'良心'的工作,当然,实际上既没有什么具体的工作计划,也没有什么预算,在一个六帖大小、紧排着五张办公桌的和式房间里不可能做出什么国际文化交流的大事。于是,第一步我就想到了学习中文,请了一个中国留学生来当教员,在审查部内开始了中文课。这是我在报国会里最开心,也最有益的事业。"所用的中文教材是"鲁迅的《孔乙己》和胡适的自传《四十自述》。"53 不仅审查部的所有成员都成了学员,连隔壁事业部乃至与他们平素较多往来的国际文化振兴会的不少人也闻讯赶来学习,结果被内阁情报部指责为不务正业而半途流产了。由此可知,河上此时已对中国产生兴趣。

1943年4月,日本国际文化振兴会向汪伪政府辖下的中国派遣了一个所谓文化使节团,也包含了庆贺汪伪政府所谓"还都"三周年的意思。团长是著名的小说家武者小路实笃(1885—1976),河上与东京帝大的汉学家盐谷温教授等同为团员。一行人自福冈飞往南京。这是河上首次踏上中国的土地,也是他的首次海外之行,在中国共待了两个多月,主要在北京盘桓,另外在上海待了十天,南京待了七天,并去了天津、张家口和大同的云冈石窟。河上自己也觉得他所看到的是“极度被扭曲的在我国军政管辖之下的国家”(54)。在南京参加了所谓的庆典仪式、阅兵式和美术展览等，阅兵式是相当的惨淡，海军唯有一艘停泊在下关江面上的炮艇，空军唯有一架双引擎的飞机从练兵场上飞过。“遭受兵火的南京城依然显得相当的寂寥，唯有宴会上的餐食相当美味……还有一个印象较深的日程，是在南京郊外的明孝陵内举行的游园会。那儿离中山陵不远，导游告诉我们，当年日军为了避免伤及中山陵，在作战上曾忍受了相当的不便。游园会上樱花盛开，那边的电影女星的出场也为此增色不少，让人感受到了和煦温润的江南之春，但是场外为了防止敌方的袭击而配备了防守的部队。”(55)在南京他遇见了草野心平，他觉得草野对汪精卫的人品相当的景仰。离开南京后他到了上海，从左翼转向右翼的作家林房雄（1903—1975）为他做了种种安排，介绍了一些当时投靠日伪（或是国共双方潜伏在上海）的所谓文人知识分子与他相识，他坐着防弹车在上海市内四处游览，当时正是极端右翼的陆军参谋辻政信（1902—1968）捣毁了日本人集聚区内花柳街的时候。他对上海的感觉是“在不健康的小康上装点出的虚浮的繁荣”(56)。此后他自上海飞往北京，觉得还可多少感受到一点昔日中国的风情。据其自述，在此期间，曾与周作人有一面之缘（张菊香等编著的《周作人年谱》中无此记录），觉得周架子有些大，倒是时任伪北京大学校长的钱稻孙待人颇谦和，只是那时的北大，一片冷落萧条。在京的日本人带他们去看了万寿山、天坛等古迹，“这些异民族皇帝伟业的遗迹和如今在另一个异民族占领下的年轻人表情的冷漠，让人产生一种怪异的感觉。”他在北京也无所事事，整日里跟借住在中南海附近一处亲王宅邸内的林房雄等饮酒作乐，倒是要比在气氛压抑、食物供应日益窘迫的日本国内要逍遥自在得多。从河上当年撰写的文字中（诸如发表在1943年《文学界》上的《自中国归来》、《新中国三题》等），我们也感觉不到他对于这场战争的反省。

不过这些学中文、踏访中华土地的经历,倒似乎是培育起了他对中国的兴趣。1944 年 6 月来上海之前的武田泰淳当时尚未在文坛完全崭露头角,不过他的一本《司马迁》引起了日本读书界的注意,有人将他引入了当时水准较高的以《批评》杂志为主体的文学圈,而这一文学圈的中心人物便是河上彻太郎,也因此结识了他这位批评家。当时的出版社"创元社"计划出版一本现代中国短篇小说集,河上很热心地担当起了这件事,找武田来商量,还带他去了一家东京的中国菜馆,武田回忆说,他那时对中国菜十分倾倒,"人们也许不大清楚,在战争时期以及战后,河上对中国的热情一直十分强烈。"㊸

　　河上的第二次访华,是在 1944 年的 11 月,此次主要待在上海和南京。这次的中国之行,应该就是名取的太平出版印刷公司等策划并安排的邀请日本文化人来华的活动之一。有意思的是,河上在相关的文字中并未明确提及名取的太平公司。他只是说到,当时文学报国会审查部长一职已被解任,闲来便帮着做些文化交流的事,"其中许多是与中国相关的,与那边文学家的交流、将日本文学翻译成中文在上海出版等,"㊹而这些正是名取他们的计划内容。河上说到他得以坐飞机来上海,也是借用了海军军令部的名义,而海军正是名取的太平公司的后盾,因此河上的这次中国之行可以理解为是太平公司策划的文化交流计划的一部分。根据其他相关的文献,小林秀雄也在此前后来到了上海(虽然其年谱上无此记载),这应该也是名取计划的内容。1944 年 11 月,正是日本军方与汪伪政府等共同策划的所谓第三届"大东亚文学者大会"在南京举行的时期,但河上和小林此次来到上海,主旨却不是来参加会议,在官方指定的 14 名日方与会代表的名单上,并无他们两人的姓名。

　　根据河上后来的自述,他们之所以选择离开日本来到上海,主要还是为了躲避日本国内日益紧张压抑的气氛和食物短缺的困苦生活,来上海做数日逍遥的悠游,"我到了当地一看,文化交流的意愿已经消失,只是度过自己个人毫无作为的岁月而已。而且小林秀雄也同时在上海,他也就跟我一样,成了在这边虚掷年华的伙伴。"小林当时寄居在上海做律师、战后当过仙台市长的岛野武(1905—1984)家里,"我上那里去闲坐时,他总是在跟房主下围棋。阳台上的藤椅上,总是放着那本永远在读的阿兰的《我的思想史》。""上海那时每天淫雨霏霏,为了节省买伞的钱,我就跟小林两人将外套的领子竖起来,每天在雨中沿着从公共租界到法租界的街道散步,这些街道是由小石块铺设成的。有一天偶然邂逅高见顺的前夫人石田爱子,她带我们去了一家很可口的咖啡店。"河上觉得在上海期间与文化交流虽未必沾边,在上海的日子却很富有文化的意蕴,"当时的上海有两个是日本所没有的。一个是几乎全体流亡到了上海的沙俄时代的皇家芭蕾舞团的公演,还有一个是为他们伴奏的上海工部局交响乐团,团员也多为流亡在此的俄国人,不过指挥是意大利人,其水准也在当时的日本交响乐团之上。"⑤有一天,工部局交响乐团的四重奏组还专门到了沙逊大厦内的华懋饭店(Cathay Hotel,今和平饭店)大堂来为他们这些在上海的日本人演奏莫扎特的作品。这对于在国内英美文化已经被横扫殆尽的日本人来说,无疑都是文化的飨宴。"兰心芭蕾剧院的舞台,一定要说有什么印象的话,可以说是有一种陈旧落寞的美。演出的剧目是柴可夫斯基的《胡桃夹子》,这是我第一次正式观赏'俄国'的芭蕾。然而在这样的时局之下观赏这样的剧团演出的这出芭蕾舞剧,其内心的苍茫寂寥已无需解说了。对于我而言,柴可夫斯基的音乐居然显得如此的悲壮苍凉,这种感觉是此前从来没有过的。"⑥

在上海期间,河上经武田泰淳的介绍认识了陶晶孙,说起来陶还是河上东京府立一中时代的学长。"陶的日文之出色,在日本文坛上也可以其独特的风格而获得一席之地。"有一次小林秀雄若无其事地对河上提到了陶晶孙,"陶晶孙?你不要搞错,他是日本人呀!"但河上却觉得,"他绝不是一个跟风式的俯首帖耳的亲日派,这一点让我心里比较舒服。"⑥战后陶晶孙去了台湾,后来又转到日本,拟在日本长期居住,不幸患上了肾病。1951年一个梅雨暂歇的夏日,陶突然来到了河上在东京郊外的山庄看望他,河上十分欣喜,立即叫来了在上海时期共同交往的太平书局的川锅东策等来帮忙接待,从东京带来了酒菜,在户外的一个凉亭内把盏叙旧,彼此情意投合。河上在记叙文中写道:"陶的日文的鲜丽,我是战争时期在上海刊行的随笔中初次读到的,当时就甚为感叹,这种灵巧,可说是将体悟异国文的谨慎化为了轻妙吧。用一句比较陈旧的话来说,就是将幽默和伤感简洁明确地融合在了一起,由此构成了一种性格上的独特风格。"陶虽然对河上说过,在人情味上,日本的文学家比中国的文学家要稍高一筹,"但是在与中国文学家交谈时,无论在怎样的场合,他也绝对不会丢弃对自己和自己国家的自豪感,对任何话题都富于热情,这使我很喜欢。"⑫

在上海逗留期间,河上与草野心平、小林秀雄以及小林寄宿的房主岛野武四人渡长江进行了一次扬州之旅。之所以选择扬州,是因为河上与小林两人经常以街头的馒头(估计是汤包)充作早饭,觉得味道甚好,有人告诉他们这是扬州的产物,建议何不去扬州本地品尝一下?于是遂有扬州之行。四人之中,河上和小林自然是外来客,但即便久居上海的岛野和经常往来于南京、上海之间的草野,对扬州也并不谙熟。四人自上海坐火车到了镇江,在草野的引导下品尝了镇江的名产肴肉(河上的纪行文中写作"烧肉",但从其需蘸醋食用来看应该是肴肉),在旅馆中住宿一晚,翌日早上坐渡船前往扬州,到了彼岸却只是一片广袤的田野,毫无城郭的踪迹,凭着草野的一点汉语,一路询问一路行走,在暮色初起之时终于望见了一座在平野中巍然耸立的砖塔和低矮的城墙,进得城来,更有些吃惊,"低矮排列的屋檐,两辆洋车也难以相向而行的狭隘的石子路,路上行人与洋车互相夹杂,人们都在忙于自己的营生,街头充满了活力。他们毫不在意南京的虚脱、上海的颓废,只是在这低矮的城墙内忙于自己的生计,这充满在腹中的生活的力量到底是什么呢?我觉得,那些依靠本地的经济力量自我生存、即自古以来的中国的底力、那个传说中的国家在我眼前重新出现了，让我瞠目不已。"⑥ 在城墙边，横亘着上千公里的大运河，虽然河面不是很宽，大抵如同东京的神田川，河水颇为浑浊，但它却承载了中国数千年浩瀚的历史，这也让河上一行大为感动。

精疲力竭的他们，当晚即去体验了扬州的澡堂，冻得冰冷的身体在蒸腾的热气中温暖了过来，翌日一早又去了慕名已久的"富春茶社"，"这边也如昨晚的澡堂那样，似乎所有的市民都携家带口在这里集聚一般，一片热闹。门内犹如温室似的玻璃大窗的餐厅有好几栋彼此相连，里面就是馒头（应为汤包——引译者）散发出的蒸腾的热气，人们正在互致寒暄，店里面好像已经开始在谈生意了，从中穿行着卖报和擦皮鞋的男孩。"⑥ 河上突然想起了住在当地的一个日本友人，联系上之后那人带他们坐船游览了瘦西湖，那一带的庭院和建筑已经相当荒芜了，友人又请他们吃了正宗的扬州菜，虽然因战局的动荡，滋味已不如从前，但比前一晚草野带他们走进的一家陋巷中的小馆子还是不可同日而语。

回到上海不久，小林就搭乘了便机飞回日本了，失去了伙伴的河上就去造访阿部知二和武田泰淳等，但他们白日都要供职，也不可能老去看芭蕾，于是好容易获得一个飞机席位也从大场飞回了日本。

五、久保田万太郎

另一个与名取洋之助的邀请计划相关的是久保田万太郎。据河上回忆，当时名取从上海来到东京，询问已经定妥来上海的河上，有否戏剧方面的行家愿意来上海？名取认为上海的戏剧很繁盛，上海人也很喜欢看戏，若有相关的剧作家或导演到上海来与本地的文化人士交流，也是颇有意义的。于是河上向名取推荐了久保田⑥。

久保田 1889 年 11 月 7 日出生于东京市浅草区田原町的一个小工商主家庭，周边的环境，养成了他后来浓厚的江户情趣。儿时他曾与佐藤俊子在同一所小学、即东京市立浅草寻常高等小学念书,不过佐藤要比他高好几级。少年时除了喜欢阅读文学作品外,还喜欢"讲谈"(日本的评话)和俳句,后来醉心于江户风情浓郁的永井荷风,在庆应义塾大学求学期间开始崭露头角,22岁那年以发表在《三田文学》上的小说《牵牛花》,《太阳》上发表的剧本《序曲》而为文坛所瞩目,翌年出版了他的处女作品集《浅草》,剧团土曜剧场则在有乐座上演了他的剧本《黄昏》,从此一跃而成为新进作家,与日本近代戏剧的重镇小山内薰(1881—1928)等开始相交,在戏剧的创作和评论上与小山成为同一阵营,并且自己也开始担任导演。以后的作品偏向于市井社会的描绘,在戏剧和小说两个领域都有不错的建树。在日本全面侵华战争爆发前,其实他也是一个与中国缘分很浅的人。1942年4月,他与金子洋文等多名文人受内阁情报部的安排,经朝鲜去中国的东北游历了一个月左右,这是他的首次海外之行,也是他首次与中国结缘,不过那时久保田的脑子与很多日本人一样糊涂,真的把中国的东北当成了一个新兴国家"满洲国",只是他在那里见到的和交往的都是日本人,关东军报道部的部长福山大佐一直陪伴左右,他的周边满是日本话,活动和住宿也都是当地的日本人安排的,即使到了沈阳和大连,他也没有太多的异国感觉。其间他撰写了颇为详尽的《满洲日录抄》,发表在同年7月号的《中央公论》上。5月,以内阁情报部和军部为背景的文学报国会成立,久保田被任命为戏剧部的干事长,不久又担任了日本演剧社的社长。

　　1943年12月22日上午,经河上彻太郎的引荐和名取洋之助的安排,他单身从东京的羽田机场出发,下午飞机降落在上海的大场机场,航空公司的巴士将他送到了位于虹口的中华航空的营业所,然后名取洋之助安排了太平书局的川锅东策坐三轮车将他接到了下榻的位于南京路外滩的华懋饭店。这次在上海36天的逗留与上次的所谓出访"满洲",久保田的感觉迥然不同。上次是日本官方的安排,一路皆有人陪伴接待,而此时完全是个人旅行,虽然他住在上海最好的华懋饭店,可是由于所谓时局危难,饭店内的电梯常常停运,腊月寒冬,屋内竟然也不供应暖气,最糟糕的是,他言语完全不通,其时他已是一个五十多岁的半老人,不仅独自不敢随意出门,连在外面就餐也成了问题。"说起上海的华懋饭店,连我这个外行也早就耳闻其大名,这是一座英国人造的大酒店,其规格之高可以说具有世界水准了。我住在六楼的一处两个房间(617—618室)相连的空荡荡的大客房内,可有时却有一种逼仄的感觉,屋内放置了各式豪华的家具,投下了许多阴影,每到午后,就有阳光照射进来,我一直在等待这透过这大玻璃窗照射进来的阳光,晒太阳。正是如此,对于一个住在没有暖气装置,甚至连炉火也不烧的旅馆里的旅客而言,这是唯一可以解救的方法了。"⑥⑥幸好名取除了安排川锅东策之外,还请了自日本东北大学留学归来、在上海的中日文化协会供职的郑某来为他做翻译。

久保田到了上海,倒是很认真地观剧以及与戏剧界的文化人交流。到达的第二天,他先是出门向各相关人士致意,报告自己的平安抵达。第三天晚上,就在他人的陪伴下,在冰冷的雨夹雪中,从昏暗的外滩坐了巴士来到位于北京路、贵州路口的金都大戏院(疑为金城大戏院之误,建于1933年,今黄浦剧场),观看了由巴金原著、曹禺改编、朱端钧导演的话剧《家》;隔了一天,又去兰心大剧院观看了吴祖光编剧、张善琨导演的话剧《文天祥》,这是一出明显充满了反抗外来入侵者精神、颂扬爱国节气的作品,不知久保田有否看懂其中的内涵;再隔一天的下午,去虞洽卿路(今西藏中路)上的皇后大戏院(后改名和平电影院,今建筑物已不存)观看了名为《蝴蝶梦大劈馆》的京剧,当晚又去俄国俱乐部观赏了由流亡在上海的白俄自行演出的现代剧《血》;再过一日,去位于派克静安寺路(黄河路、南京西路口)的卡尔登大戏院(后改名长江剧场,今已不存)观看郑昭晖编剧、毛羽导演的话剧《妻》;次日,去霞飞路(今淮海中路)上的巴黎大戏院(今淮海电影院)看莫纳原著、黄佐临改编并导演的话剧《梁上君子》。

所有的这些观剧,都有郑某的陪同和翻译。郑原本还想让久保田多看些京剧,但中国文化修养甚浅的他对京剧毫无兴趣,"因为京剧这玩意儿,对我而言只是无聊的、无法给我任何梦想的、在人伦情节上也谈不上有趣的东西。"⑤

对于所观的,久保田总体评价并不高,他觉得只有《梁上君子》还可加点分,其他都很无聊,《妻》只看了一幕就坐不住了,催促郑某退出了剧场。"《家》好歹是第一次所看的'中国话剧',我看得很认真,因此也就品味得比较细,觉得戏里面的人物都是各说各的,总体的脉络不清晰,随时制造一个故事的中心,导演的这种意图我一看就明白了。同时,演员的表演也太直白,只是在表面上很卖力,彼此之间缺乏默契和感应,这些一看就明白了,可以说是内行三分、外行七分的演出。"对于《文天祥》,他觉得整个剧情太过冗长,题材的使用没有精心剪辑,应该更加紧凑和精炼。主演《梁上君子》的石挥,他也听说了以前曾出演很卖座的《秋海棠》,他觉得这个演员比较富有才气,表演干净利落。但总体上他感到中国的话剧水准还不高,"中国人都相信他们的话剧就是日本的新剧,但在我看来,只是日本的新派。这样说也许大家都不肯承认。话剧以前曾有过文明戏的阶段,这相当于日本的新派,因此大家都认为话剧是新剧。从历史发展而言也许是这样,但从基本特性上来说,还只是新派,或是新生新派,'新国剧'。"⑥而且他觉得中国的话剧与日本的新剧另一个不同的地方是,日本的新剧是事先预定好演出日期,按策划进行,而中国的话剧无固定的演出日期,只要有观众,就每天连续上演,一直到观众消失为止,这在经济上当然是合理的,但在档次上却像以前的新派。另外,他认为中国的话剧在舞台装置和照明上也比较拙劣。久保田的艺术层面或技术层面的分析也许不无道理,但他忽视了这样的一个现实,即这正是日本长期占领下时局动荡不安、政局岌岌可危、经济濒临破产的非常时期。

久保田觉得在上海的一个很大收获,是会见了黄佐临并与其进行了深入的交谈。"原本在西洋学过戏剧的他,到底视野比较广阔。他不仅肯定了我的看法,还详细向我叙说了上海的剧场照明设备的实况,并表示目前上海剧场的设备器具有如何的糟糕,希望在这方面得到日本方面的帮助。我回答说,很遗憾,只要战争还在打,这样的事恐怕很困难。不过与他的会面相当愉快。在我逗留上海的 36 天里,尤其是与演剧相关的人士中,包括日本人,他是对我的问题做出最直接而确切回答的人,而对我所提出的问题,内容也最为剀切、最为明了。怪不得他能导演出如此的《梁上君子》。"⑥⑨

久保田此前与中国相交甚少,在上海亦无很多旧识,唯有前文述及的佐藤俊子,是他昔日小学的同窗,在明治末年大正初期的文坛上彼此也有些扶助,此次在上海重逢,自然有些他乡遇故知的亲切感。"佐藤俊子女士,就是往日的田村俊子女士,现在上海主编名曰《女声》的华文妇女杂志。那天她穿了长裤和毛皮的外套,耸着双肩,即便在南京路的人流中行走也像个男的似的,精神抖擞,一点也看不出已经年过六旬了。与她一交谈,还是以前那个'什么都不在乎'的作家,多情善感,与三十年前毫无两样,不禁使我大感惊讶。在美国待了二十年,在中国待了十年,还是无法融入当地的水土,是她顽强地不想融入吧。"⑦⑩"明治末年到大正时代,她以田村俊子的名字而活跃在文坛上,可谓家喻户晓。不过对我而言,不仅是同时代的文人,而且还是此前浅草小学时期的学长,其亲近程度就更是不同一般了。对于她来说恐怕也是这样,当她知道了我到达上海之后,马上就来看我,圣诞之日给我送来了一盆猩猩草,年末的 29 日又给我送来了水仙的切花。她见到我时,也许蓦然想起了一时忘却了的东京吧。"⑦①

因此,当新年前酒店的侍者将邀请住店客人元旦起的三日内品尝屠苏酒和年糕汤的鲜红请柬放置在客房的桌子上时,久保田就在除夕之日打电话到《女声》杂志社,邀请佐藤俊子元旦早上一起来享用早餐并共迎新年。佐藤闻此也欣然前往。元旦清晨,久保田换上了全身的和服,这套行头是来上海前河上彻太郎特意关照他的,说是与中国的文人正式见面时,应以此身的装扮来显示庄重,不意在元旦之日也用上了。"而佐藤也不再是往常的西式裤装打扮,而变成了一袭深蓝色的中式旗袍的左俊芝(佐藤作为《女声》主编的中文名字)女士。"[72]他们在八楼餐厅一个可以俯瞰黄浦江的靠窗的桌子占了座,一边眺望着雨云飘过后闪烁着微光的江面,一边同饮屠苏酒,同食用黑漆木碗盛放的日式年糕汤,两人的话题,说到了去世不久的文坛老将德田秋声(1871—1943)和岛崎藤村(1872—1943)以及剧作家和剧评家冈鬼太郎(1872—1943),这几个人当年曾是他们初登文坛时的奖掖者,彼此不免唏嘘不已,也有几许或淡或浓的旅愁袭上心来。在上海期间,他也曾与佐藤一起到上海郊外出游过一次。

久保田在1944年1月底离开了上海归国,此前曾说及的安排黄佐临等考察日本的事,因日本在太平洋战场上日益陷入困局,日本本土上的空袭渐趋频繁,东京歌舞伎座等相继关闭,国民新剧场等在战火中焚毁,久保田自己也不得不躲避战火,也就根本无暇顾及所谓的日中文化交流了。战后他继续活跃在文坛和舞台上,并在广播剧的发展上贡献良多,但与中国之间并未建立起真正的因缘。1957年被授予文化勋章。

第三节　太平书局的设立和出版物及与此相关的中国文人

除了邀请一些日本文化人来上海进行所谓文化交流活动外,名取洋之助的太平出版印刷公司还试图身体力行,自己来从事一些文化交流的出版事业,为此他与草野心平等商议后,于1942年秋天在上海成立了太平书局,主要出版与日本当局合作或政治色彩不很明显的上海作家的作品和日本文学作品的中文译本。之所以要出版这些作品,是因为官方的"国际文化振兴会和陆军等认为,为了使当地的民众理解日本精神、掌握战地民众的心,从而使用文学来进行宣传工作"。[73]在上海的文人柳雨生也积极参与了书局的筹建及以后出版物的策划。不仅如此,柳雨生自己的两本著作《新国民运动论文选》和《怀乡记》也是由太平书局出版的,他所主编的杂志《风雨谈》也是由太平出版印刷公司印刷和发行的,在沦陷时期的上海文人中,他可谓是一个与名取洋之助的太平出版印刷公司关系最为密切的人,在此稍费笔墨,对柳雨生与日本的因缘略作叙述。

柳雨生(1917—2009),本名柳存仁,雨生为其字,在太平洋战争爆发前基本上使用本名,此后使用字雨生,并以其字在文坛上名闻遐迩,1948年出狱后,在香港及海外复用本名柳存仁,以致今人多不知日后在中国古典文学研究上做出卓越成果的大学者柳存仁即是当年沦陷时期上海文坛上颇为耀眼的柳雨生。

柳雨生出生于北京,康熙年间祖上自山东迁往广东,父亲1898年曾名列秀才,1914年在北京海关学校毕业后在税务处供职并定居北京。柳自幼入外交部部立小学求学,1928年至广州生活约一年,12岁时转至上海,在光华中学等念书,其间显露文学才华,在《宇宙风》等刊物上发表文章。18岁时的1935年8月,由苏州的文怡书局出版了《中国文学史发凡》一书,署名柳村任。就在这一年,考入了北京大学国文系。1937年7月,抗日战争全面爆发后离开北平回到上海,转入光华大学继续求学,其间与同学发行了学术杂志《文哲》,两年后获得北京大学的毕业文凭(其时北平早已沦陷,所谓北京大学也处于日伪的控制之下)。大学毕业后在《大美晚报》、《西洋文学月刊》等担任编辑,并在光华大学史学系等任教。1940年8月,由宇宙风社出版了各类作品的杂集《西星集》。1937年11月以后,除租界之外,上海已陷于日本占领军之手。1940年8月,柳离开上海移往香港,一度曾考虑经由香港转往内地,但后来在香港定居,担任港英政府文化检察官。茅盾回忆说:"我(1941年3月)二进香港之后,首先发现的,就是报纸杂志(当然是进步报刊)上的天窗比三八年开得更多更大了。我研究了这些天窗,看得出香港政府那些检察官的水平确实有了提高。"⑭此事应该与柳有关,柳本人也曾说及在香港期间与邹韬奋、茅盾等展开论战之事,后后悔而停战⑮。1941年12月,香港陷于日本之手,"翌年3月17日予抵广州,苦住至4月28日始得附'筑后丸'返沪。"⑯为何离港而返沪,内中缘由柳未述及,而事实上,1941年12月,上海的租界也为日本所占领,此时汪伪政府也早以所谓"还都"的形式在南京登场。柳回到上海不久即加入这一傀儡政府,在宣传部内担任编审,并在国民运动促进委员会任秘书。柳与为谋生计而在伪政府内供职的一般人不同,他显得比较积极亢奋,1942年6月和7月分别在《中华日报》和《中华周报》上发表了《新国民运动与训练》、《大东亚主义的再出发》。以后又对汪精卫于1942年元旦发表的《新国民运动纲要》发表《释新国民运动纲要》,1942年12月,柳将相关的文章集成《新国民运动论文选》交由太平书局出版,此时的柳,已成了汪伪政府的御用文人和所谓"和平"政策的吹鼓手。

也许柳雨生自己也感到了在泥沼中陷得过深,1943年开始,他试图脱离政治而在文坛上有所建树,于是在该年4月,他创办了文学月刊《风雨谈》,当然当时供应紧缺管制极严的纸张还必须仰仗太平出版印刷公司的支持,印刷和发行也由太平公司来担当。也许是与名取洋之助及日本军部方面达成了某种默契,也许是柳雨生的手段高明,这份杂志自创刊号起至1945年8月的最后一期(第21期)止,竟然做到了纯文学的风格,没有夹杂一篇与时局相关的政论文章,也没有刊登鼓吹"大东亚战争"或露骨的"亲日"文字。在第9期的"编后小记"中他表明了自己的编辑方针:"本志的理想是纯文艺刊物,而不是综合杂志……本志比起翻译来更重视创作,比起作者的名声来更重视优秀的作品,比起阿谀奉承来更重视正确的批评。"⑰从中也可窥见柳雨生当时内心的一面。

太平洋战争爆发后由日本方面主导的三次"大东亚文学者大会",柳雨生是唯一一个连续三次均参加的中国人,另一个连续三次参加的是日本人草野心平,不过荒诞的是他却是中国方面的代表(其时他在汪伪宣传部供职)。1942年11月的第一届大会,是柳的初渡东瀛,他虽不谙日文,却是最活跃的与会者之一,在4日上午于东京大东亚会馆举行的主题为"大东亚精神的树立"的会议上,他表示"我们东亚的文学家要打倒他们的思想(美英侵略主义),为确立指导精神而尽我们的责任,全东亚的文学家一定要齐心协力地来树立起东亚的新精神。"[78] 也许柳雨生自己也明白,这些话只是很空洞的应景口号。但他的活跃表现,却引起了不少日本作家的好感,尤其是创立了"芥川奖"和"直木奖"、当时担任文学报国会小说部会的代表和4日会议议长的菊池宽(1888—1948),对这个英语流畅、才气横溢的青年人甚有好感,特意请了他到自己的宅邸去做客,作深夜的长谈,"我在这间屋里安息了一晚,并且还洗了一个极暖的澡。"[79] 此外菊池还带他去参观了自己创办的文艺春秋社,柳雨生在归国后发表的《异国心影录》中花了很多笔墨来记述自己与菊池宽的交往,而后者也专门撰写了文章来表述自己对柳的感觉:

> 从中支(华中)来的代表柳雨生君,是一个27岁的有为的才俊。专攻英美文学和中国文学,他所创作的诗也发表在了报纸上……听说昔日林语堂颇认可他的才华,劝他去美国留学,但因时期太长,且家有老父,就谢绝了。他是一个头脑聪慧、好学的青年。这样的人,若让他在日本留学两三年,研究日本,将来在日华亲善上能起大的作用吧。[80]

而后来菊池宽确实表示了挽留的意思,柳自己记述道:"在我离开日本的时候,途中住在奈良。《文学界》的主持人河上彻太郎先生从东京赶到奈良,表示他自己——和菊池先生他们的意思,希望我在日本多住些时候。我们的谈话由夜间两点多钟到三点半钟,短袖跣足,穿着宽大的睡袍,同座的还有岩谷大四先生。他们的意思我是明了的,虽然我谢却了他们的盛情……我想我们不久的将来一定可以再度晤面的,愿那个时候也像今天上海的天气一样,虽然寒冷,几小时的厚雪,已经把整个眼面前的世界,装点成光明澄澈的新天地了。"㉛那晚同座的文艺评论家岩谷大四(1915—2006),也对柳留下了良好的印象:

> 中华民国代表之一的柳雨生氏,是一个 27 岁的弱冠美青年,一副银边框架的眼镜丝毫也没有惹人不快,反倒是越加显得聪颖,个头小小的,说他是日本人也没人怀疑,在优雅的举止中蕴藏着坚定的意志。菊池先生对他很喜欢,带他到料亭(高级日本料理店)去,让他在自己家里留宿。英文相当好,日文也可说几句。我也跟他成了好朋友,用生硬的日语和生硬的英语交谈,回国后也通了两三次信函。㉜

首次的东瀛之旅之后,除了《异国心影录》之外,柳雨生还发表了《海客谈瀛录》,详细记录在日本的点点滴滴,在总体上对日本留下了良好的印象,他觉得尽管在战时体制下,日本国民依然保持了刻苦的勤勉精神、井然的社会秩序,也许是发自内心,也许只是粉饰场面,在他的文字中并不吝啬对日本的赞美:"照我的静静的思想的结果来看,日本的知识界,是能够懂得一种大勇猛大精进的道理的人。这不是轻轻的无谓的恭维话,确是我近来思想的结果之一。我想,做人的道理,最高尚的是应该超乎以德报德的恩仇的观念之外的。一个人是如此,一个民族国家其实也是如此。"㉝"以德报德"甚至"以德报怨",自然是中国人力图秉持的道德理念,但对于尚处于日本侵略军占领之下的中国民众而言,这样的言论,如果不是错误认识的表现,那就是汉奸的帮腔了。

事实上,柳雨生的内心也一直充满着矛盾和苦闷:"我这一次到日本去,在这个时候,心境的异样是显然的,其寂寞和虚空也是显然的。"㉞在《怀乡记》的序文中他写道:"《怀乡记》包括三个短篇的散文,因为(民国)

三十一年冬天和去岁八月，我曾经两次之东，所见所闻，都顺手记下了不少，故而把它们辑录在一起，且以之名书。我深信除了作者本身，别人是不会明白此中有真意，欲辩已忘言的。爱读它的人们可以触摸到它荫翳的清处，可以熟谙了作者的寂寞和心苦。"⑧所谓欲辩已忘言的"真意"，大概就是隐藏在文字之中的作者内心的"寂寞和心苦吧。"

1943年8月，柳雨生再度赴日本东京参加第二届"大东亚文学者大会"，27日就中国的文学杂志出版动向、中国的日本文学翻译情况和影剧界的情况作了介绍，在28日晚上举行的演讲会上作了"告日本文学界"的讲词。会议结束后，大会组织了与会者前往名古屋、伊势、大阪、奈良、京都等地游览，归国后柳发表了《女画录》，延续了此前的腔调，赞美了日本目前的"注重整个国家和民族的有机体的生命与自由的全体主义"，中国也应该仿效日本实行这样的主义⑧，不知柳雨生是真不知道还是装糊涂，这所谓的全体主义，正是英文 totalitarianism 的日译，在当时的日本，无异于风头正健的法西斯主义。柳还一再主张，应从文学作品的翻译介绍着手，切实做些中日文化交流的实事，而不是停留在空泛的座谈会和应景的言论上，"中日两国文学作品的翻译介绍，这是比什么的介绍工作都应该积极的，因为它可以帮助各个国家民族的认识了解"⑰，但柳的本意，是中国作家应该多多向日本学习，他在1944年曾写道："鄙人在前岁去岁皆曾应邀（访日）……得藉机会拜见岛崎、武者小路、谷崎诸大家，这在个人甚是觉得很荣幸的事。去夏抵东之日，正是藤村先生溘逝之次朝，衷心为之伤恻不怡数日，老辈凋零，然无意中竟能再访武者小路先生牟礼的住宅，拜观其法绘及其石涛的作品，周旋欣仰其纤尘无碍的人格及投身世俗的修持，这大约是我们当最引以为欣慰的吧。……菊池、谷崎诸先生，也是影响我国文坛方面至深且大的。我想，倘使我们的女作者们在国内也有机会见到这些异国的大家，沉浸于其深刻的作品，对于我们这班女作者们的修养不是也应该与其余的中外名著同样有相当的裨益么。"⑱对日本作

[249]

家的钦仰之情,溢于言表。

1944 年 11 月,柳作为华中代表参加了在南京举行的第三届"大东亚文学者大会",虽然是非正式代表,太平出版印刷公司的名取洋之助和佐藤俊子也参加了会议的活动。其时的境况对于日本和汪伪而言,已经是风雨惨淡了,日本在太平洋战场全面败溃,汪精卫也在大会开始的前几日病逝于名古屋,会议虽也发表了空洞的宣言,但与会者心里都明白,今后将是命运多蹇了。

1944 年 11 至 12 月,河上彻太郎在上海逗留了一个多月,第一、第二两届"大东亚文学者大会"时在日本受到过河上等照应的柳雨生,也热情接待了这位文学界的前辈,河上对他的印象是:"小个子,留着稀疏的胡子,一个用娟秀的毛笔小楷书写信函的青年。""我在昭和十九年 11 月去上海时,柳君请我吃了当令的大闸蟹。当时正是物价飞涨的时期,他的一片厚意令我十分感动。"⑧⑨实际上,当时两人的心境,都已有些凄凉了。

日本投降后的 1945 年初秋的某夜,柳雨生以"汉奸罪"与陶亢德一同遭到逮捕。1946 年 5 月设在提篮桥监狱内的临时法庭对柳雨生进行了审判,16 日的《申报》上配发了有柳雨生穿着长衫照片的报道:

> 柳雨生,系文化汉奸,广东南海人,三十年在香港,翌年五月返沪省亲,即投入伪宣传部任编辑部职务,为林柏生奔走,拉拢文化作家。并任中华日报编辑,一再发表谬论,宣扬"和运",并为敌营文化机关"太平出版公司"编纂《新国民运动论文集》,该书曾译成日文,颇为敌方称道。且在伪职任内,出席东京"大东亚文学者大会"。⑨⑩

6 月 1 日的《申报》上刊登了柳雨生被判决的报道:"昨日下午高院又判决了文化汉奸林雨生:'通谋敌国,图谋反抗本国,处有期徒刑三年,全部财产除酌留家属必需生活费外,悉予没收。'柳逆闻判含笑,其妻亦笑逐颜开。"⑨柳之所以含笑,因为在同一天,林柏生在南京被判处死刑,相对而言,他为自己感到庆幸。

出狱后,柳雨生于1952年离开上海移居香港,在皇仁书院等任中文教员,同时继续文学创作和学术研究,1952年出版了小说《庚辛》(香港大公书局),1958年出版了《中国文学史》(台湾东方书局),1959年出版了剧作集《在舞台的边缘上》(香港龄记书店)。1962年,赴国立澳大利亚大学中文系任讲师,1966年晋升副教授继而教授,直至1982年退休。其间潜心道教与中国文学关系的研究,业绩斐然,主要著作有 *Buddhist and Taoist Influences on Chinese Novels* (Wiesbaden. Otto Harrassowitz, 1962)、*Chinese Popular Fictions in Two London Libraries* (香港龙门书店1967年)、*Selected Papers from the Hall of Harmonious Wind* (Leiden. E. J. Brill, 1976,该书1991年以《和风堂文集》的书名由上海古籍出版社出版)、*New Excursions from the Hall of Harmonious Wind* (Leiden. E. J. Brill, 1984,该书1999年以《道家和道流——和风堂文集续编》的书名由上海古籍出版社出版),在国际汉学界享有盛誉。1992年澳大利亚政府为表彰他卓越的学术贡献,授予他澳大利亚荣誉勋章。1998年受母校北京大学的邀请在该校讲学,讲稿编成《道教史探源》,2000年由北京大学出版⑫。

自狱中出来,表面看来柳雨生似乎已与日本斩断了情缘,其实不然。这倒也并非他对自己过去的行径毫无忏悔,而是他对日本的民族精神以及昔日的友人,内心依然存有倾慕和怀念之情。而一部分有良知的日本文人,诸如堀田善卫等,也对那些因日本的侵华而"遭受连累"的中国文人心存内疚和不安。1968年6月,从欧洲游历归来途经香港的草野心平,闻悉柳雨生已在悉尼的大学担任教授的消息,颇感欣慰。1969年4月26日,出院以后的草野收到了同一天自美国发来的书信:

寄信人名曰 Prof. Liu Ts'un Yan，字迹有些熟悉，人却并不认识。如果寄信的地址是悉尼的话，我也许会觉得这是柳雨生的变名，但发信处是哈佛大学，我心中没有头绪。只是那信上说，8 月份来东京，想看了两三个美术馆之后跟你一起作十来天的观光旅行，具体日程由你安排。信的最后，是用中文写的这样几句诗：苔空绿残死，老松清荫瘦。结庐卧白云，柏子烧春尽。我心里虽然记挂着这封信，还是把它放下了。于是来了第二封信。说他已经知晓我曾经住了医院，等我的回信。署名是柳存仁。于是给他回信说，6 月到 9 月我在夏威夷大学，不在东京，没法见面。他又来了第三封信，说在夏威夷见面吧。这个柳存仁突然出现的是在 7 月 2 日，就在我第二次讲课将要开始之前。是柳雨生。我八成可以肯定是柳雨生。跟以前一样戴着一副金丝边眼镜，身材瘦削的美男子，跟以前不一样的是已经生出了白发，我们的交谈用的是英文。他走进了我的教室，跟学生们一起坐了下来……他一直听我讲着他听不懂的日文，十分钟课间休息的时候我们匆匆交谈了几句。他说他也在大学里讲道教。受杨格教授的款待，我们一起去了一家叫维罗斯的夏威夷餐厅。他到我住的公寓里来过两三次，对于分别以后的他的行踪，我几乎什么都没问。他获得了牛津大学的文学学位，那么应该有去过英国了吧。他也没有具体问我什么。我觉得大概还是这样好吧。好像不是阔别二十几年以后的重逢，倒像是经常见面的……我把河上彻太郎、岩谷大四两人的地址抄给了他。后来听说他们三人一起在赤坂那边喝了酒。[93]

引文有些长，不过这份文献也许一般中国人难以寓目，便译述如上。文章家董桥曾撰写过一篇《怀念柳先生》，情真意切，而对他 1942 年至赴港之前的经历，只字不提，盖为尊者讳。

名取洋之助创设、柳雨生密切参与的太平书局的最初地点，是在上海小沙渡路 498 号,1942 年至 1943 年间的出版物的地址均在此,作为印刷所的太平出版印刷公司也在那里,这里相对是一个比较冷僻而交通不便的地方。大约在 1944 年 3 月间,书局的地址迁到了福州路 342 号,印刷所也迁到了西康路 489 号。在 1942 年至 1944 年间,除个别的日文书刊外,太平书局约出版了中文书刊十余种,分别如下。

太平书局编纂的《黄包车 有关上海的黄包车木版画六十》,1942 年 12 月初版,日文,是将一位犹太人木刻家白绿黑(D. L. Bloch)的木刻画集《黄包车》再由草野心平配上日文的说明,图文并茂地展现了以黄包车为媒介的上海市民的日常营生。

柳雨生编纂的《新国民运动论文选》,1942 年初版,上文已有叙及,不再赘述。

北条民雄著、许竹园译的《癫院受胎及其他》,1942 年 11 月初版,内收《生命的初夜》、《间木老人》、《癫院受胎》等小说 6 篇。作者北条民雄(1914—1937)在日本近代不是一个太出名的作家,出生于日本统治下的朝鲜京城(今首尔),在日本德岛成长,1933 年患麻风病,被强制隔离,后以自己的经历写成小说,受到川端康成的瞩目,1936 年以《生命的初夜》获得第二届文学界奖。许竹园,是章克标的笔名(下文另外展开)。

潘予且著的《予且短篇小说集》,1943 年 7 月出版。潘予且(1902—1990),安徽泾县人。原名潘序祖,予且是他 30 年代发表长篇小说时开始使用的主要笔名。年轻时入上海圣约翰大学求学,五卅运动时欲参加社会政治活动,为大学当局所不允,遂脱离该校而转入新建的光华大学。毕业后进光华大学附中任教,教授西洋史课程,同时进行小说、散文创作,发表《如意珠》《饭后谈话》等。在校内热心开展校园话剧活动,辅导学生演戏,编写过剧本、剧评和舞台理论书籍《舞台艺术》等。后任中华书局编辑。抗战爆发后,曾携全家离沪,至 1939 年复返上海,在各报刊发表长篇、短篇小说,长篇小说有《女校长》《金凤影》等,短篇小说多以《寻燕记》、《移情记》、《追无记》、《窥月记》、《劝学记》、《留香记》等命名，意欲写成"百记"。潘曾担任汪伪的主要报纸《中华日报》的主笔，1942 年 11 月和 1944 年 11 月分别参加了在东京和南京举行的第一届和第三届"大东亚文学者大会"[34]。其作品内容多取材于上海日常的市井生活，风格接近"鸳鸯蝴蝶派"，虽赢得了不少读者，但格调不高，思想有些庸俗，堪称三四十年代上海孤岛和沦陷时期重要的通俗文学作家，1949 年以后渐为人们所遗忘。太平书局之所以选择潘予且的小说来出版，恐怕是因为一来他的作品在上海市民阶层拥有广泛的读者、有一定的知名度，二来他的小说内容无关抗战意识、在思想上与当局意志并不违逆的缘故吧。这部作品集，在 1943 年 8 月在日本东京举行的第二届大东亚文学者大会上被授予副奖（无正奖，这里的副奖也许可以理解为二等奖吧），这不仅对于作者，对于出版者的太平书局而言，在当时也是一件比较荣誉的事（日本战败以后，其意义就正相反）。

林房雄著、张庸吾译的长篇小说《青年》，1943 年 7 月初版。林房雄，大学时代即积极参加学生运动，曾是共产党的理论杂志《马克思主义》的编辑，后来又是日本无产阶级文学运动的一员主将，但被捕以后即彻底转向，于 1936 年发表《无产阶级作家废业》的宣言，不仅完全抛弃了左翼的思想，而且坚定地拥护天皇制和对外扩张政策，在整个日本对外侵略战争期间，一直是官方意识形态在文学界的代言人。1937 年 8 月作为《中央公论》的特派员来到上海，发表《上海战线》的战地报道，鼓吹日军的勇猛精进。以后又多次来到中国，与军部保持着密切关系。1946 年因战争责任被美国占领军开除公职，但他对近代以来日本的对外扩张毫无反省，1963 年撰写了两大卷的《大东亚战争肯定论》来为战前日本的侵略政策辩解。《青年》是他完成于 1934 年的长篇小说，其时他正在转向的途中，小说描写了以伊藤博文为原型的幕府末年寻求日本未来的青年的奋斗事迹。译者张庸吾，生平待考，应有较深的日文造诣，1968 年出版了《现代实用日本语会话》(同文书店)，1970 年出版了《现代实用日本语文法》(台湾三民书局)。《青年》一书，正文前有《译者的话》，对翻译该书作了简要的交代："今年夏季受到太平书局的委托，叫我译林房雄氏的《青年》。《青年》出版当时我曾经读过一次，那是林氏转向后的巨构，取材于维新以前日本青年奔走国事的种种事实，确实有介绍给我国青年的必要。"㉟据译者所言，译稿完成于 1942 年 12 月初，何以会搁置半年才出版，不得其详。

章克标译的《现代日本小说选集》，第一集 1943 年 8 月初版，第二集1944 年 4 月初版。章克标(1900—2007)，浙江海宁人。1918 年 9 月赴日本参加官费留学资格的考试，获得了官费资助，先在东亚高等预备学校学习日语，后考入东京高等师范学校，一同进校的有湖南的田汉、浙江的方光焘等，课程为预科一年，本科三年，其间一年以休学的名义回到上海，在震旦大学学习法语，达到基本能阅读的程度，日后还曾翻译过一本莫泊桑的散文游记《水上》。1925 年春高师毕业后未经考试即进入京都帝国大学攻读数学，"京都山明水秀，宫殿寺院的建筑很多，风景极美，琵琶湖就在旁边，许多皇陵也在近地。街道整洁，人情敦厚，而且离神户、大阪两个大城市也极近，确实好地方。在这环境里实在也可以安心再好好学习，但因种种关系，我只住到 1926 年夏季放暑假，就离日回国了。所以我在日本期间是从 1918 年到 1926 年计八年。"㊱毕业后至上海任数学老师，不久转向文坛，1926 年与胡愈之、丰子恺等轮值主编《一般》月刊，同时与方光焘等创办新文学社团狮吼社，后入开明书店做编辑，编辑数学教科书和《开明文学词典》，1929 年协助邵洵美创办时代图书出版印刷公司，担任经理，经营颇为不易。其间经常为《申报·自由谈》等写稿，翻译出版了《菊池宽集》(开明书店 1929 年)，并撰写了一部《文坛登龙术》，遭到过鲁迅的贬斥。1934 年与邵洵美等一起创办《论语》，请林语堂来做编辑，此外他还陆续出版了长篇小说《银蛇》、短篇集《恋爱四相》，又翻译出版了武者小路实笃的《爱欲》等。1935 年他离开上海到嘉兴中学教书。1937 年 11

月,日军攻陷上海,章也随众人逃难,竟又辗转来到了上海。1940 年,为谋生计而为汪伪的《中华日报》当日文资料译员,后来又去南京加入汪伪政府的宣传部,担任科长,1943 年春天去杭州担任《浙江日报》总编辑和代理社长,1945 年 1 月辞职回乡。据章的自述,他自知自己的行径并不光彩,在汪伪手下供职,也只是为了糊口,并无积极的表现,这大概也是可信的。后来他对自己的沦陷行为有过很坦荡的记述和深刻的反省[57],这一点远胜于担任过宣传部次长的胡兰成,不过,章在自传中漏掉了一个重要事实,即 1943 年的 8 月,他作为所谓中国的代表去日本参加了第二届大东亚文学者大会,在会上,他与陶亢德、河上彻太郎等提出了发行大东亚共同发表的机关杂志、设立共同翻译机构的提案[58]。太平书局出版的《现代日本小说集》第一集,收横光利一、丹羽文雄、叶山嘉树、林芙美子等小说 15 篇,第二集收森三千代、高见顺、芹泽光治良、舟桥圣一等小说 10 篇,大抵网罗了日本昭和前期重要作家的代表性中短篇作品。抗战胜利后,章克标基本上从文坛上消失,后隐居家乡海宁。1999 年 1 月,时已 99 岁的章在上海的《申江服务导报》上刊出《征伴求侣启示》,一时竟然应征者如云,于是百岁老人与五旬女士再婚的新闻风靡海上,而章也在 105 岁时加入中国作家协会。2003 年上海社会科学院出版社出版有两卷本的《章克标文集》。

秦瘦鸥著的《短篇创作选 二舅》,1944 年出版。秦瘦鸥(1908—1993),上海嘉定人,毕业于国立上海商学院银行系,在银行供职的同时发表了大量言情小说,被称为新鸳鸯蝴蝶派的代表人物,著有长篇小说《危城记》、《第十六桩离婚案》及短篇小说、散文随笔、评论多种,其中以1941 年至 1942 年间在《申报》上连载的长篇小说《秋海棠》最为著名,一版再版,被改编成各种戏曲和电影。日伪时期,秦也一直蛰居上海,既无与当局密切合作的表现,也无毅然排拒的傲骨,只是继续他的言情路线,试图躲避激烈尖锐的政治。此时太平书局出版他的小说,也多少有些借助他的声名来迎合一般市民的倾向。该书出版不久,初印的三千册即告售罄。

纪果庵著的《两都集》,1944 年 4 月初版。纪果庵(1909—1965),原名纪庸,号果庵,后多以号称,河北蓟县人,1933 年毕业于北京师范大学国文系,此后在察哈尔宣化师范学校担任国文教员和教务主任,1936 年起开始大量发表散文、随笔和评论,是当时的散文代表作家之一。大约在1942 年时转往南京,在汪伪时期的中央大学任教,并出任汪伪政府的立法委员,成了汪伪时期重要的文艺杂志《古今》、《人间味》和《文协》的重要撰稿人。太平书局出版他的散文集,也是顺理成章的。《两都集》收《夕照》、《怀旧》、《谈吃饭》、《蟋蟀》等散文 29 篇,作者在《自序》中说:"写文章大抵不见的都由己意,若是完全处于自动,恐怕到现在也是一字无有。生活流转,事业无凭,中年衰乐之感益深,于是在文字里总不免衰飒的成分。"[99]多少也表露出了些无奈之感。纪果庵 1947 年以后继续发表文字,并转往苏州的国立社会教育学院任教,1952 年进入苏州师范学院教授中国史,1965 年投河自尽。近年海峡两岸都出版了他的作品集,这大概也表现了今人对他往昔历史的某种宽容吧。

武者小路实笃著、张我军翻译的《黎明》,1944 年出版。武者小路作为"白桦派"文学的领袖人物,已为人们所熟知,他的《一个青年的梦》,当年曾由鲁迅翻译出版。后来他因《白桦》杂志和"新村运动"而与周作人相识,彼此惺惺相惜,也曾在文坛传为佳话。不过武者小路在战争时期向当局靠拢,1942 年出版《大东亚战争私观》,表示了对当局的理解和支持,战后曾被追究战争责任,遭到开除公职的处理,后来随着美国对日政策的转变,遭开除公职的人又重新活跃在日本社会,1951 年被国家授予文化勋章。译者张我军(1902—1955),出生于台湾台北的板桥,其时台湾已是日据时代,与刘呐鸥等相同,他青少年时所受的主要为日文教育,1921 年前往厦门新高银行谋职,同时在厦门的同文书院接受中文教育,并师从一位秀才学习中国古典,撰写了多首旧诗,因此在熟谙日文的同时又培育起了良好的中文修养。1924年往北京求学,先考入中国大学国文系,后编入北京师范大学国语系,由此中文水平越加精进,1929年北师大毕业后在北师大等教授日语,编有《日本语法十二讲》、《日语基础读本》等多种,在此前后又向台湾介绍中国的新文学,在台湾鼓吹现代白话文学,建树良多,并发表各种随笔和短论,对周作人甚为敬佩,以周为师。1937年7月北平沦陷后,张除了在教育界服务、译介日本文学外,尽量避免卷入政治,但要在日本占领的北平讨生活,也不得不与当局妥协,1942年和1943年,作为所谓的华北代表,两度赴日本参加第一届和第二届大东亚文学者大会,不过张的表现并不积极,只是在第二届大会上提出了设立"岛崎藤村文学奖"的建议⑩。对于武者小路,张曾在他1943年来北平访问时会见过他,并撰写过一篇《武者小路实笃印象记》发表在当年的《杂文》杂志上。《黎明》由太平书局出版,曾受到周作人的推荐。战后,张我军曾被追究汉奸罪,但他的身份是台湾人,此前台湾被日本占据,因此未被定为汉奸。1946年夏秋间返回台湾,脱离文坛而在实业界服务,1955年死于肝癌⑩。1975年以后,台湾陆续出版了《张我军诗文集》、《张我军文集》和《张我军全集》。四个子嗣中,以次子考古学家张光直最为著名,曾当选为台湾"中研院"副院长和美国国家科学院和人文科学院院士。

太平书局编《现代散文随笔选》,1944年4月初版,收周作人、陶亢德、纪果庵、柳雨生、苏青等人的散文,共470页。

陶晶孙著的《牛骨集》,1944年5月初版。有关陶晶孙,已在第四章详述。此为散文随笔集,收《枫林桥日记》、《百花谱》、《晶孙自传》、《鲁迅墓前》、《日本文学之什》等文28篇。

路易士著《出发》,1944年5月初版。路易士(1913—2013),原名路逾,抗战结束后始用笔名纪弦,后终生以此闻名。今人皆知纪弦是台湾现代诗坛的元老和重镇,在海峡两岸皆声名卓著,而对其在沦陷时期的历史大多不甚了了，他自己也几乎缄口不言。他出生于河北省清苑县，1924年定居扬州，缘何定居扬州，不详。青少年时代在扬州度过，极其喜爱这座温润而富有风情的小城。16岁时开始发表诗作，多用路易士的笔名，抗战胜利前以路易士为人所知晓。1933年毕业于苏州美术专科学校。抗战爆发前，与诗人戴望舒、徐迟、覃子豪等交往，一同创办各种诗刊杂志。1936年赴日本留学。是以何种因缘去日本、在日本什么学校求学、何时归国，不详。抗战爆发后流亡于汉口、长沙、昆明等地，后经越南在香港落脚，在一家国际新闻社任日文译员。太平洋战争爆发后香港沦陷，于1942年至汪伪政府辖治的上海，以卖诗卖文度日，生活颇为潦倒，但对诗的澎湃热情一如既往。也许是为稻粱谋，也许是为了借助当局的势力来实现自己的一点文学梦想，这几年内，他与日本占领者采取了合作的态度，与在上海的日本文人池田克己（1912—1953）、阿部知二、武田泰淳、堀田善卫等交往颇多。池田曾有一首诗作《诗人路易士》，表现了他对路易士的感觉。堀田在战后曾发表小说《汉奸》，人物即以路易士为原型（本书将在第八章展开）。1944年11月，在南京参加了第三届"大东亚文学者大会"。《出发》收集了路易士近年来发表或未发表的新诗《止水》、《旋律》、《向文学告别》等38首，太平书局之所以会选择他的诗集出版，也是因为他在当时的上海文坛上已有不小的知名度，且对日本抱着"亲睦"的态度。

中岛敦著、卢锡熹翻译的《李凌》，发行者变成了太平出版印刷公司，太平书局不复见版权页，地址也仅有上海西康路489号一项，不知何故。中岛敦（1909—1942），出生于东京，自祖父世代始开设名为"幸魂教舍"的汉学塾，伯父继承此业，父亲也是中学的汉文教员，在汉学上可谓家学渊源，中岛自幼耳濡目染，在中国历史中浸淫良久。1933年毕业于东京帝国大学国文学科，1942年在《文学界》发表成名作《山月记》，由此为文坛所瞩目，不断有佳作涌现，不幸因喘息致死，战后有三卷本的《中岛敦全集》。译者卢锡熹，生平不详。据《译者底话》所述，之所以会翻译中岛的作品，是出于朋友的恣意，自己读过之后，也觉得很有介绍的价值，"他的作品，大半都以历史为题材，通过作者深湛的文学修养和丰富的想象力，重新予史上人物以血肉，发挥他们的感情，使读者在死板的历史记载之外，听到他们的呼吸。"[102]

周作人著的《苦口甘口》，太平书局1944年11月初版。关于本书，止庵氏在河北教育出版社2002年的新版本前有《关于〈苦口甘口〉》一文，所述甚详，此处不赘。

在太平书局的书刊初版预告中，还有徐白林翻译的《芭蕉俳句集》，王真夫翻译的《森鸥外选集》和《芥川龙之介选集》，我尚未寓目，查相关的书刊目录，也未见登录，大概最终未能出版吧。

第四节　在中国的最后岁月

到了1945年，对日本而言，战局已经非常吃紧，在太平洋战场上已经取得决定性胜利的美国，在中国湘西和赣南地区建立了航空基地，开始轰炸上海的虹桥机场和龙华机场，并以此进一步攻击在华的日军，进而轰炸日本本土。为了消除在中国大陆的心腹之患，侵华日军于1月底发动"湘桂作战"，意欲占领航空基地和打通粤汉铁路。名取洋之助接受了军部的要求也参加了这一作战。他组织了一个"名取宣传队"，进行战地的摄影报道和对军民的宣抚工作。宣传队的成员由太平出版印刷公司的几名日本人和华中铁道广报部、南京陆军报道部的人员组成。具体负责此事的中国派遣军总部报道部长三品大佐以前曾经担任过上海的陆军报道部长，与名取甚熟，很欣赏他的策划能力和实际运作能力，根据他的要求，将宣传队的据点设在了南京，名取也由此从上海迁居南京，军部向他提供了位于市内的两层洋楼一座，用于他的办公和居住，当时人们称此为"名取公馆"。

5月，宣传队随军从南京前往汉口，再由此坐船经洞庭湖、湘江等前往长沙、衡阳，一路名取目睹了日军对中国军民，甚至是普通百姓烧杀掠抢的残暴行为，使他感到颇为震惊。他感到比起对中国民众的宣抚，对日本军人的道德教育更为重要，不然在如此残酷的环境中，还侈谈什么日中友好。到了汉口后，他直接去了司令部，找到报道部的负责人，向他们表述了自己的意见。但军部对他的想法不予理会，觉得当务之急是摧毁美军的航空基地。无奈之下名取回到南京，向三品大佐报告此事。三品答应宣传队可以通过壁报、宣传画等形式来劝导士兵的文明作战。名取利用自己太平公司的便利，印制了许多"勿烧、勿抢、勿犯"的传单和招贴画张贴在日军的驻地，但对于军纪已经废弛的日军而言，名取等的努力无异于竹篮打水。

而在战局岌岌可危的状况下，太平出版印刷公司本身的经营也江河日下。一度名取还努力想和岩波书店合作，在上海印刷出版岩波文库的出版物，岩波方面也曾派员来详细考察，但其时这一可能性已经很弱。军部已经决定，《长江画刊》在年内停刊，室伏克拉拉主编的《新少年》也前途莫测，而一直声誉不错的《女声》，则遭到了一个重大的变故：主编佐藤俊子因脑溢血突发而溘然去世。4月13日，陶晶孙在自己的寓所举行晚餐会，邀请佐藤等一起来餐叙。8时左右佐藤辞出，坐黄包车沿北四川路回北京大楼，途经昆山路口时，突然昏倒在车上，被路人送至附近的医院，而佐藤则一直昏睡不醒，翌日早上人们自其手提包中发现太平出版印刷公司以及日本大使馆等的联系地址，于是电话告知有关方面。身居南京的草野心平，17日从日本大使馆那里获知佐藤病危的消息，其时他的家人已陆续返回日本，他将一个自东京来他家寄居的患病友人送到名取的家里，一人坐夜车赶往上海，抵沪后才得知佐藤已于16日上午病故，当天即有她的葬礼。"葬礼在日中两国友人的张罗下在虹口的本愿寺举行，规模盛大。在堆满了花圈的现场，内山老人拍了拍我的肩膀笑笑说，我们若死了的话,恐怕就没有这样大的场面了,死得正逢其时呀。那时战败的预感已经在我们身边迫近了。"⑩葬礼名义上是日本"大使馆"、汪伪政府中央书报发行所和太平出版印刷公司共同举办的。生前,佐藤曾对将病逝的妻子安葬在上海静安寺墓地的内山完造说,我死了后也帮我葬在上海,不料竟一语成谶。在停了一期之后的第 4 卷第 1 期上,陶晶孙、内山完造和草野心平等都发表了悼念文章,其中以关露所写的《我与佐藤女士》情谊最为真切:

　　我认识了她三年,和她在一起工作了三年,和她住在一起,共同生活了一年七个月。人人说她怪脾气,我以为只有像她这种怪脾气,才是最近人情的人。一个没有理想的人,就没有追求,没有追求就没有失望,没有失望,就没有恨没有怨。也没有苦闷……

　　有理想的人,情形就相反。他们想得太多,爱得太多;爱得太多,恨得也就太多。而且,他们多愁善感,神经敏锐。他们对于生活苛求,对于世界也苛求,他们不以为世界是天生的。他们不满意自己的生活,也不满意别人的,替自己忧愁,也替别人忧愁。这种人生在现在的世界里,非有怪脾气不可!佐藤女士就是因为这样而有了怪脾气的人。她懂得爱;她爱花,她爱美,爱艺术,她爱儿童,爱朋友,爱自然,爱她的祖国,爱世界和人类。

　　她常常和我一起走在街上,看到一群肮脏的流浪孩子,她却在他们的脸上发现了天真和纯洁,她望望他们,笑一笑。孩子们走过去了,她又回过头,笑一笑,像一个母亲……

　　她白日里干她的编辑工作,晚上回家做饭。早上,有太阳的时候,她站在看得见太阳的窗子面前洗衣服。

冬天她在冰冷的水中淘米切菜,却依然时时关心着同住的关露:"如果这时候我走进她的房去,她就会问我:'你冷吗?你有开水吗?从我这里夹些火去吧。'有时候,黄昏或晚上,她敲敲我的门,拿来一包糖果和一些配给的东西递给我,我就知道,她是刚从外面回来。"[104]

佐藤的这些侧面,往往是那些泛泛之交的人所不了解的。关露的这些记述及对佐藤的评价,未必是非常时期的应景文字,多出自她的内心。40年代与《女声》关系密切的作家丁景唐回忆说:"据关露同志1980年告诉我,佐藤俊子是日本明治时期著名的女作家,是她的真心朋友。"[105]1980年,已是关露可以敞开心扉说真话的年代,"真心朋友",确是她当时以及一生的内心感觉。佐藤病逝后,关露接手编了两期,1945年7月出了最后一期。遗憾的是,关露虽在抗战胜利后立即被中共党组织转移到了苏北,1955年开始却因"汉奸"嫌疑屡受审查并被捕入狱,直至她去世的1982年才获得平反。

1961年,由草野心平题字的田村俊子文学碑在北镰仓东庆寺内落成,同年设立田村俊子文学奖,1988年,三卷本的《田村俊子作品集》在东京出版。

随着日本的战败,名取等人的命运也发生了彻底的改变。此时名取已跟原先的德国妻子分手,与24岁的宫岛玖结婚。战败前名取已在考虑不管时运出现如何的变化,自己决计留在中国,并在苏州买了墓地,决心将尸骨葬在中国的土地上。而草野心平则在7月被驻南京的日本陆军强行召集入伍,进行了10天的突击训练,训练后被编入当地陆军,军衔为二等兵。但还未及投入作战,日本就宣布投降了,此后,他们个人的命运也就无法由自己支配了。1945年9月5日,负有接收使命的国军新六军廖耀湘部由美国空军飞机自芷江飞抵南京,随后设立党政接收计划委员会,随即中国陆军总司令何应钦也飞抵南京,在南京中央军校旧址设立中国陆军总司令部前方司令部,宣布废除汪伪政府颁布的一切法规章程,9月9日,接受日军投降。在南京的日本人,则被要求集中于指定的区域内居住,在汪伪政府内担任要职的各路高官陆续遭到逮捕。

接管南京的军方人员中,有当年曾是草野心平等的诗刊杂志《历程》的同人、此时担任国民政府军政部特殊通信队队长的黄瀛(1906—2004)少将。黄瀛乃中日混血儿,母亲是清末时来中国的日本教员,父亲是重庆师范学校的校长,父亲去世后,8岁的黄瀛随家人移居日本,自幼在日本接受教育,其诗作被刊登在《朝日新闻》等报刊,受到好评,其间与草野心平等相识,后成为《历程》同人。1929年日本陆军士官学校毕业后回中国参加国民党军队,在军中出版了《景星》等两本诗集。这次至南京,主管日俘日侨事务。黄瀛到达南京后,在草野原来的寓所内与草野共同居住了一个月,当然琅琊路的这所住宅已被国民政府接收。

在上海的太平出版印刷公司立即作为敌产被国民政府接收。这一年10月中旬,名取因胰腺脓肿而病倒了,被送到了南京市中心的台成医院治疗,而他的新夫人也怀孕待产,经过了一连串的手术和治疗,病情渐趋稳定。草野从黄瀛那里获悉,名取很可能被认定为战犯。"在病床上得知这一消息的洋之助,一定惊愕不已。别人的评价暂且不说,他自己的内心,以前从来没有意识到自己会是一个'战犯'。但是客观地来看,也不能说他没有战犯的资格。他自己主动地承担起了军队报道部的工作。制作了 SHANGHAI 这一谋略性的杂志,编辑出版了《鄂报》等,积极投入特务机关的宣抚工作。担任了军部管理之下的太平出版印刷公司的总经理,作为名取机关,或者名取宣传队的组织者,为傀儡政权和侵略者效劳。虽然没有发过一枪、杀过一个中国人,但与那些在不可避免的状态下负有战争罪行的许多乙级丙级战犯相比,洋之助与'国家罪恶'的关联深切,'战争参加度'颇高。他虽然试图在中国建立孙中山的铜像,出版了诸如《新少年》、《女声》一类任何时代都可刊行的文化启蒙杂志,试图纠正在中国的日本军人和民间人士的罪恶,以日中文化交流为目的而努力推进岩波文库的出版计划,但从他'参与战争'这一大前提的事实来看,他的这些行为被忽略也是无可奈何的了。"⑩

病床上的名取,想尽快地回到上海。黄瀛也有意帮他脱离困境。1946 年 3 月,黄瀛让他以国民党的《救国日报》上海分社编辑的身份,与妻子及出生才一个月的婴儿坐上了开往上海的列车。到了上海,名取寄住在虹口的一家日本企业"诸星油墨"上海分公司的房子里。一楼住着太平出版印刷公司的技术员工,二楼住着"诸星油墨"的员工,名取一家借住在三楼的一个房间内,苟且度日,完全没有了此前的风光。

草野心平也落入了同样的境地,不过对于这段岁月,他本人很少提及,旁人也多不知晓。他只是简单说到了在落入困境之际,林柏生曾给了他一些日本钱,这日本钱是日本军票还是日元,不详。"这日本钱虽已不能使用,但对方是出自一片好意。我靠这些钱在集中营度过了半年左右的日子,还带了一些回到国内。"⑩林柏生本人在 1945 年 8 月 25 日随陈公博等逃亡日本,后经国民政府交涉,于 10 月 3 日被押解回南京,翌年 5 月31 日被首都高等法院判处死刑,执行枪决。而草野则因其日本国籍未获追责。当时在南京的日本侨民全都被要求居住在狮子山附近的位于南京城墙内侧和外侧的日军移动部队的几栋临时宿舍内,草野与两个儿子在此生活了半年后,大约在 1946 年 2 月间,他自南京来到上海,在虹口的一个朋友家里寄居了一个月左右,在此期间曾与武田泰淳、堀田善卫相聚过一次,也曾一个人偷偷地跑到原先法租界的酒吧里去喝过酒(当时日本人被要求集中居住在虹口一带,出门要臂戴袖章,不得随意离开日侨集中区)⑩。3 月 13 日,他携带长子和次子从上海乘坐遣返船 LST 驶往福冈,31 日回到老家福岛县的上小川,在艰难困顿的物质生活中,重新开始了文学活动,1947 年 7 月,与文学同仁重新复刊了卓有影响的《文学界》和《历程》,继续发表诗作和其他样式的文学作品。

名取等则在黄瀛的帮助下,于 4 月 8 日拖着病体与家人乘坐归国船"上海丸"回日本。在这段养病的日子里,他深深感到自己的艺术人生,很多是借了国家的公权力得以实现的,而国家也充分地利用了自己。从今往后,彼此两清了,自己再也不想与国家发生什么关系。好在他父母的家境一直比较富裕,养好了病体后,他重新投入了摄影艺术中。1950年,他与岩波书店合作,创刊了《岩波写真文库》并担任主编,至1959年止,总共出版了286册。1953年,该文库获得战后第一届的"菊池宽奖"。

1956年9月,受中国政府邀请,草野心平参加"日本文化界友好访华团",得以再度踏上一直在思念中的中国,并参加中国的国庆观礼。访华团团长是著名的音乐学家田边尚雄(1883—1984),草野本人为副团长,一行共有来自文学艺术各个领域的22人,9月23日该团经香港至广州,然后往武汉、北京、上海、杭州,其间草野还与其他几位往西北游览了太原、西安、兰州、酒泉、哈密和乌鲁木齐,最使他兴奋不已的是重新踏访了阔别三十多年的母校岭南大学(后划入中山大学),并见到了旧日同窗、现已担任文学院院长的叶启芳和将陶渊明的诗集译成法文出版的诗人梁宗岱,在北京见到了岭南时代的旧友廖梦醒、廖承志姐弟和刘思慕(大学时代名刘燧元),草野称廖梦醒为自己大学时代的女性朋友,而廖承志要比他们低几级。彼此长时间的握手、交谈,沉浸在往日的美好回忆里。后来廖承志还去了草野下榻的和平宾馆,送给了他一打系着红缎带的茅台酒,在北京担任国际问题研究所副所长的刘思慕也两度来看他,赠给他一册自己的作品集《樱花与梅雨》,其中《卖烧鸟的诗人》和《东京病院的日月》两篇写到了草野。当然,当年草野在汪伪政府任职的事情就不再被提及了,大家只是叙旧和畅谈近况而已。而草野则是真心诚意地将广州视作为自己的第二故乡⑩。11月9日,草野从中国回到日本,并在当月由现代诗人会举行的"中国之旅归国演讲会"上热情介绍了中国的新气象,并撰写了多篇文章畅谈了自己的访华感受。

几乎就在草野访华的同时,名取洋之助也踏上了去中国的旅程。名取自己未曾想到还会有机会再度访华,当年自己差一点被中国方面列为战犯,也觉得有点愧对中国。事实上,访华团原先并无名取的名单。这一次的访华,是因为在1956年10月19日要在北京举行盛大的鲁迅去世二十周年的纪念活动,中国方面想邀请一些与鲁迅相关的日本文化人共同参加,于是就委托日中友好协会会长的内山完造来制定一份名单。团长请曾与鲁迅见过面的作家长与善郎(1888—1961)担任,内山自己也作为团员同行。稍微有点讽刺意味的是,1944年11月来南京参加第三届大东亚文学者大会的日方团长也正是长与善郎。内山知晓现在岩波书店的掌门人小林勇也一直致力于日中友好,当年他的岳父、岩波书店的创始人岩波茂雄就是一位坚定的侵华战争的反对者,小林勇还曾与名取一起策划过在上海出版岩波文库的事。小林自然也很愿意亲身体验一下中国共产党领导下的新中国,他觉得这也是一个向日本民众介绍新中国的极佳机会,他建议让摄影家名取洋之助也一同去,可以策划出版一个介绍新中国的摄影文库。内山本身在上海时代就与名取十分熟稔,自然赞同这一建议,于是就有了名取访华意愿的实现。

此次的中国之行,中国方面事先征求他们希望访问的地方。此时长与善郎的一个朋友向他推荐了发掘调查开始不久的甘肃天水附近的麦积山石窟,这一发掘调查已在日本的考古学界、历史学界和美术界引起了浓厚的兴趣。长与读了相关的报道,觉得挺有意思,征询名取的意见,名取顿时眼前一亮,作为摄影家,他觉得只是随团拍摄一些风光人物还是很不过瘾,他希望能深入到尚未被人熟知的境地去拍摄一些具有影响力的作品,因此,他对此表示竭力赞同,并与内山完造商议此事,内山给他看了中国出版的《麦积山石窟》图片集,虽然印制得比较粗糙,图片也不多,但那些雕塑形象激起了他想在这一方面作深入开拓的热情。但中国方面没料到日本方面会提出麦积山那样的地方,表示难以安排。因此,最后双方制定的访华日程中并无麦积山一地。

名取一行与草野他们一样,也经香港入境,从广州至北京,参加了鲁迅的纪念活动后,名取又反复与中国方面交涉,希望不是作为团的活动,而是岩波写真文库的拍摄计划,能安排自己去麦积山。最后他的要求获得了满足,允许他的访华日程延长到 12 月 13 日。11 月 11 日,名取与其他团员在广州分手后,又返回北京,在首都进行了几天拍摄工作后,去西安,再至天水,中国方面给他的规定时间是 11 月 23—25 日的三天。名取在写给妻子的信中有如下的描述:

> 文物保管所的所长告诉我,石窟总共有两百余个,即使看得快,因要拍照,至少也得三天。我把日程缩短在两天半,开始向麦积山进发。因为考虑到想去山谷对面的豆积山(听说原先山上有一座雄伟的寺院,如今只留下一座小庙),他们建议我休息一下,我拒绝了。作了拍摄的准备后,立即往四处巡察。登上了梯子,或是跨过狭窄的栈桥,一路拍摄。石窟虽然清扫得比较干净,但还残留着不少细小的灰土,拍完一个洞窟后,镜头都发白了……翌日早上前往对面一侧的山腰,设置了望远镜,准备拍摄全景以及近距离难以拍到的大佛,等待日出。天已相当寒冷,手也有点冻僵了。但是,旭日照耀下的麦积山的石窟风景真是太美了。⑩

从麦积山下来,名取去了兰州,又踏访了旧游之地南京、上海以及苏州、杭州、绍兴等地。他在写给妻子的信中说,南京和十年前相比没有什么变化,他们过去住过的房子,妻子分娩、自己做手术的那家医院都在。对于上海的昔日租界,他觉得"没有中国其他城市有的那种建设高潮,好像落在了旧物商店一样。"⑪当然,无论在南京还是在上海,他一定还有其他的感怀,只是没有表述罢了。尤其对于上海,他的感觉绝不会停留在建筑物上而已。这时,他已不再提及自己要葬身在中国的话题了。

回到日本后的 1957 年 4 月,作为岩波摄影文库的系列,他出版了五本作品集《麦积山》、《北京》、《江南——苏州、绍兴等》、《四川——扬子江等》、《广州、大同——从中国南方到北方》，比原计划多了两册。令名取喜出望外的是，小林勇对他的《麦积山》评价甚高，决定把他从文库中分离出来，另外印制豪华的画册，并请了哲学名家和辻哲郎来撰写序言，配上了中国文学研究大家吉川幸次郎翻译的杜甫吟咏麦积山的《山寺》，一时好评如潮。1957 年 7 月在东京的富士摄影沙龙中举办了以名取中国之行作品为主体的个人作品展"名取洋之助报道写真展"⑫。

这一章以名取洋之助经营的上海太平出版印刷公司为主线，叙述了名取、草野心平、佐藤俊子、小林秀雄、河上彻太郎、久保田万太郎等几位文化人与上海及中国的复杂因缘。很难从这几个人中找寻出非常清晰的特定的共同性。只是从结果上来看，在日本当局挑起的对华侵略战争的过程中，他们都有意无意地站在了当局的一侧，或重要或次要地扮演了各自的角色，这是当时大部分日本知识人所表现出来的倾向。这里，我们大致可以梳理出这样几个特征来。

第一，他们这些人基本上都是 20 世纪初出生（佐藤和久保田要早一些）、在明治晚期和大正年间的日本接受教育的。1894 年至 1895 年的中日甲午战争、1904 年至 1905 年的日俄战争以及 1910 年对韩国的吞并，使日本基本上完成了自早期资本主义向帝国主义的转型，用武力的方式向海外拓展市场和资源基地，成了这一时期日本发展的基本方针，而其矛头所指，主要是幅员辽阔、资源相对丰富的中国。"日中亲善"和亚洲主义的指向也许真的是一部分日本人的志愿和理想，但在实际的政治操作中，这更多的只是一种幌子，对中国人的蔑视和贬斥已成了当时日本社会的一个基本倾向。名取等的早期成长时期，即一直浸淫在这样的时代氛围中，由官方主流意识形态酿造出的中国观，已或朦胧或清晰地、潜移默化地渗透在其成长期的心灵中。青年时代唯一在中国留过学的草野，他对中国是有感情的,岭南大学时代,他有过不少情感真挚的好朋友,尽管他是在反日的风潮中迫不得已提前归国的,但他坦言:"岭南大学的同学中没有一个人对我这个日本人有过冷眼相待……在我求学的四年中,更没有一次不愉快的经历。"⑬ 不过,由于缺乏社会批判意识,在中日关系的纠纷中,他往往会被日本的主流意识形态所左右,对于中国人民反抗日本帝国主义的斗争,他总是使用"排日"一词,而这正是日本主流媒体一直使用的词语。

第二,他们的家庭背景以及生长环境,本身与中国并无密切关系。名取在去德国之前,主要是在"脱亚论"的倡导者福泽谕吉开设的庆应义塾接受教育的,父母都是与权贵关系密切的中上层阶级,除了日趋减少、几乎无人重视的汉文课程外,他没有读过中国的古典,对中国的历史文化也十分隔膜。这一情形在其他几人中也基本相同,他们均无法直接阅读中国的古典(更遑论现代汉语),这与明治初年成长的日本人相比,可谓有天壤之别。草野心平虽然在 17 岁时就负笈西渡,来到广州的岭南大学求学,但他的本意却并非来中国留学,主要出于青春反叛期的激情,"对当时的日本社会觉得反感","总而言之,就是想要离开日本,说得夸张一点,就是有一种反日本的情绪,""一定要说有什么理由的话,就是想从外面来看一下日本这个国家。"⑭ 他最初想去的是夏威夷或美国,遭到挫败后才因某种偶然的因素转而去了广州,对他而言,中国或者夏威夷都是外部世界,他只是想离开日本飞到外面的世界去。虽然在中国呆了四年,但实际上他既不会说普通话(广东话也基本不会),也不会阅读中国古典,甚至也无法流畅地阅读中国现代文,在他一辈子的文字中,几乎没有涉及中国的文史。在广州,他确确实实地感受到了中国,却未必真正理解了中国。

第三,他们的教育背景以及后来所从事的专业领域,与中国也无关联。名取洋之助本人在 18 岁时就去德国留学,主修工艺美术,后走上摄影一途,初与中国无涉;草野心平虽在广州求学,却是一家美国人办的教会大学,通用的语言是英文,他在那里虽也与几个中国同学办诗刊杂志,醉心的却是法国象征主义诗风;佐藤在东京女子大学读的是国文科(即日本文学专业),更使她感兴趣的是学校里的一位外籍英文教师,因病退学后拜入幸田露伴的门下,幸田要求她熟读日本的古典,此后接触到了法国传来的自然主义,兴趣和风格就倾向于自然主义,大正后期,随第二任丈夫前往北美,在加拿大等地居住了近二十年。小林和河上,大学时代都在东京帝国大学度过,小林读的是文学部的法国文学专业,毕业论文是用法文撰写的 *Arthur Rimbaud*(兰波,法国 19 世纪后期诗人,对后期象征主义影响甚大——作者注),大学毕业不久就翻译发表了《波德莱尔传》和瓦莱里的《诗学》,两人都是法国象征主义诗坛的主将,以后主要从事的是法国文学的译介和运用西方文学理论对日本文学的研究和批评;河上在大学读的虽是经济学,兴趣却在西洋音乐和文学,经济学部毕业后又曾转入文学部的美学科学习,后受小林秀雄的影响,开始痴迷法国文学,并请小林个别教授他法文,倾力推介法国作家纪德十二卷本的全集,自己翻译了他的《肖邦》等,后又以批评家的身份登上日本文坛;久保田少年时代爱读的是屠格涅夫、莫泊桑的小说,在英文学习上甚为用功,同时也喜爱日本的俳句,大学读的是庆应义塾大学部的文科,其时已经醉心于戏剧,频频有剧本发表。综上所述,他们来中国之前,其实对中国都是颇为陌生的。

第四,除了佐藤在北美时期有过一阵左翼倾向外,他们对于社会主义、共产主义等左翼思想大多比较疏隔,甚至是持对立的立场。19 世纪末,无政府主义、社会主义乃至马克思主义思想就陆续传入日本,早期的代表人物幸德秋水(1871—1911)在 1901 年就出版了《廿世纪之怪物帝国主义》,不久又出版《社会主义神髓》,1904 年在自己创刊的《平民新闻》上译载《共产党宣言》,其后又出现了片山潜、河上肇等宣传马克思主义经济学理论的先驱,1920 年前后,已经出现了实际的社会主义运动,并最终诞生了日本共产党,在文坛上的表现是以《战旗》等为代表的无产阶级文学。

当时日本社会上的左翼思想,其基本的特征就是对现存社会体制的批判和对主流意识形态的质疑和抨击。但上述的这些文化人,在他们的青少年时代,无论在思想上还是实践上,都与左翼基本无缘,甚至是处于其对立面。河上在他的《自作年谱》中说:"那时正是第一次左翼文学的全盛期,为了与此相对,一批新进以及中坚的艺术派团结了起来,自称新兴艺术派,这一派以同人杂志《作品》为阵地,使得大量新人登上了文坛,我即是其中的一员。"⑮另一方面,他们虽然较早地接触了西方文学和艺术,但与其发生共鸣的这些西方作家大多追求艺术至上,或讴歌生命和欢乐,追求个性自由,一般缺乏深刻的社会批判精神。因此名取等这些文化人,虽具有一定程度的自由主义思想,但尚未达到具有批判理性的自由主义精神,因此,当30年代中期法西斯主义与国家主义交杂的国权主义成为社会绝对的主旋律时,他们也就渐渐消失了自己的声音。

综上所述,他们在战争期间的诸种表现,自有其内在必然性。对于日本当局日益升级的对华侵略行径,他们缺乏自我的内省和批判,为求得自己的生存和发展,自觉不自觉地与当局妥协、合作,甚至在侵华战争中扮演了负面的角色,乃至在战后,对自己在战争期间的行为也大多采取了逃避的态度,并未表现出深刻的反省。对于这场战争的性质,他们几乎都避免使用"侵略"一词。当然,他们的思想和认识,也并非呈现为简单的单面体,在一些主体行为中,依然交杂着各色不同的音调。比如草野曾经见到过孙中山,意欲在上海建造一座孙的铜像来捐赠给中国人,这是出于他们内心的意愿,但他对于孙中山的思想和精神,其实未必有准确而深刻的理解,同样建议建造铜像的名取,对于孙中山的了解恐怕就更为肤浅。因此,即便到了战后,草野依然对汪精卫抱有敬仰和钦佩的感觉,将其视为孙中山式的人物。对于林柏生被判处死刑,他一直感到惋惜和遗憾。他对他岭南大学时期的友人,无论是左倾还是右倾,他几乎都抱有同样的感情,因此当林柏生邀他去南京伪政府(当然他并不视其为伪政府)担任宣传部委员时,他毫不犹豫地答应了,他以为自己的行为是为中日两国谋取和平和亲善。在南京,他曾与几个叫嚣要征服东亚的东亚同文书院的日本学生大声辩驳,这也是来自内心的声音,表明草野的本愿确实并无日本军部那样的扩张侵略意图,甚至可谓与军部沆瀣一气的名取,在实际目睹了日本军人烧杀掠抢的行为(在他们来华的 1941 年至 1945 年间,上海和南京一带表象上显得颇为太平,几乎没有战争的迹象)后,也感到这与自己的理想图景过于悖逆,他试图通过他的宣传手段来阻止日军的暴行。但如此种种,并不意味着这可以改变他们主体行径的基本性质。

那么,上海乃至中国的体验对于他们意味着什么呢?首先,上海几乎是他们最初接触到的中国,上海也是他们在中国展开活动的主要舞台。佐藤俊子甫到上海,立即就游荡在上海的街头巷尾,通过对苏州河上船家女的日常营生、百货公司女店员的行色表情、纱厂女工紧张忙碌的劳作的触接观察,来了解中国女子的现状和实情;久保田则是通过在现场连续几天的观剧和与戏剧人士的长谈,来把握中国演剧的水准和实状。其次,1941—1945 年间的上海,对他们而言,虽然还是一个异邦,却因了他们的国家日本的占领,整个城市的氛围已经发生了剧变。与大正时期和昭和初期(即二三十年代)来到上海的日本文人不同,除了草野心平在早年前往广州的途中曾经体验过战前的上海外,其余人之所以与上海(乃至中国)发生因缘,却都是因为战争的契机。他们在某种程度上成了上海的主宰者。尤其是太平洋战争爆发后,西洋人的势力被他们清除或压制了下去,在上海,他们虽然还不至于呼风唤雨,却已成了整座城市实际支配者的一部分。他们甚至都不大能感受到大多数本地人对占领者内心所暗藏的憎恨和愤怒(具有浓厚的人道主义精神和些许左翼倾向的佐藤俊子在一定程度上感受到了)。到了战争末期,上海甚至成了他们逃脱政治高压、经济困窘、空袭不断的祖国的一个乐园("乐园"一词也许有些夸张,战争后期的上海也是物价飞涨、气氛不稳,但比起日益惨淡的日本本土来,至少还是一个可以饮酒、看戏、没有烽火狼烟的所在）。除了短期（其实也有将近两个月）在上海逗留的小林秀雄、河上彻太郎和久保田万太郎外，其他人主要是上海等地的居住者，对他们而言，占领时期的上海，异邦的色彩正在逐渐褪去。他们对上海的体验，与大正和昭和初期的日本文人有较大的不同，他们笔下所记录的，更多的是日本元素日益渗入的上海。

注释：

① 名取洋之助:《写真の読み方》,东京岩波书店 1963 年版。

② 三神真彦:《わがままいっぱい名取洋之助》,东京筑摩书房 1988 年版,第 40 页。

③ 名取洋之助:《報道工芸について》,日本《博展》杂志 1941 年 11 月号。

④ 小柳次一等:《従軍カメラマンの戦争》,东京新潮社 1993 年版。

⑤ 马渊逸雄:《大本営陸軍報道部長馬渕逸雄大佐写真を語る》,东京《写真文化》1941 年 2 月号。

⑥ 由于名取一生自己很少有文字留下来,这部分以及下一节有关他的内容,除注明引用的之外,主要根据三神真彦的《わがままいっぱい名取洋之助》(东京筑摩书房 1988 年版)、石川保昌编的《報道写真の青春時代——名取洋之助と仲間たち》(东京讲谈社 1991 年版)、石井亚矢子等编著的《日本の写真家 18 名取洋之助》(东京岩波书店 1998 年版)等文献。

⑦ 草野心平:《我が青春の記》,1965 年初版,《草野心平全集》第 9 卷,东京筑摩书房 1981 年版,第 280—281 页。

⑧ 草野心平:《止まらない時間のなかを》,1976 年初版,《草野心平全集》第 12 卷,东京筑摩书房 1984 年版,第 65—67 页。

⑨ 草野心平:《茫茫半世紀》,东京新潮社 1983 年版,第 13—14 页。

⑩ 草野心平:《五度目の上海》,原载《文芸》1938 年 6 月号,见《草野心平全集》第 8 卷,第 42—43 页。

⑪ 草野心平:《大場鎮界隈》,原载《ホームライン》1938 年 5 月号,见《草野心平全集》第 8 卷,第 46—47 页。

⑫ 草野心平:《作家の自伝 16 草野心平 凸凹の道——対話による自伝》,东京日本図书センター 1994 年版,第 105 页。

⑬ 同上书,第 115 页。

⑭ 同上书,第 110 页。

⑮ 见中西昭雄:《名取洋之助は何を残したか8 懐疑のうち、南京で敗戦を迎える》,东京《アサヒカメラ》1980 年 8 月号。

⑯ 周作人:《女子与读书》,载《苦口甘口》,上海太平书局 1944 年版。本书据河北教育出版社 2002 年版,第 30 页。

⑰ 佐藤俊子:《上海に於ける支那の働く婦人》,《婦人公論》1939 年 2 月号,第 314 页。

⑱ 同上书。

⑲ 同上书,第 315 页。

⑳ 佐藤俊子:《婦人の歩む民族協和の道》,《婦人公論》1939 年 6 月号,第 312—313 页。

㉑ 佐藤俊子:《知識層の婦人に望む 日支婦人の真の親和》,《婦人公論》1939 年 3 月号,第 282—283 页。

㉒ 佐藤俊子:《汪精衛氏と洪秀全を語る》,东京《改造》1940 年 2 月号。

㉓ 周作人:《佐藤女士的事》,上海《女声》第 4 卷第 1 期(1945 年 7 月号),第 7 页。

㉔ 草野心平:《作家の自伝 16 草野心平 凸凹の道——対話による自伝》,第 113—114 页。

㉕ 草野心平:《佐藤俊子さんの死》,原载创元社 1951 年出版的《火の車》,见《草野心平全集》第 9 卷,东京筑摩书房 1981 年版,第 155 页。

㉖ 草野心平:《作家の自伝 16 草野心平 凸凹の道——対話による自伝》,第 105 页。

㉗ 有关室伏克拉拉的内容,部分参考了熊文莉:《上海に於ける室伏クララ像》,载《朝日大学一般教育纪要》第 35 期(2009 年)。

㉘《女声》创刊号(1942 年 5 月)。

㉙ 丁景唐:《关露同志与〈女声〉》,载丁言昭编选:《关露啊关露》,人民文学出版社 2001 年版,第 64 页。

㉚ 见萧阳:《特殊的身份》,载丁言昭编选《关露啊关露》,第 49 页。

㉛ 阿部知二在《花影》中说及,曾任杂志《改造》的编辑 O 君告诉他,东京警视厅的人告诉 O 君佐藤是加拿大共产党员。

㉜ 武田泰淳:《上海の蛍》,东京中央公论社 1976 年版,第 154 页。

㉝ 阿部知二:《花影》,载阿部知二:《小夜と夏世》,东京池田书店 1951 年版,第 98 页。

㉞ 见丁言昭编:《关露生平年表》,载丁言昭编选《关露啊关露》,第 263 页。但此说法所据为何,并无明确文献。

㉟ 见池上贞子:《田村俊子と関露》,《文学空間》第 3 卷第 3 期(东京创树社 1992 年 7 月),第 88 页。

㊱ 关露:《东京寄语》,《女声》第 2 卷第 5 期,1943 年 9 月,第 12 页。

㊲ 关露:《东京忆语:神经病态的日子》,《女声》第 2 卷第 6 期(1943 年 10 月),第 14 页。

㊳ 此处根据三神真彦《わがままいっぱい名取洋之助》(东京筑摩书房 1988 年版,第 237 页)的记述,根据另一位当事人会田纲雄的回忆,时间应该是在 1941 年太平洋战爆发的前夕(草野心平:《作家の自伝 16 草野心平 凸凹の道——対話による自伝》,第 116 页)。

㊴ 会田纲雄的回忆,同上书,第 116 页。

㊵ 河上彻太郎:《岸田国士氏の思い出など》,《河上徹太郎全集》第 2 卷,东京劲草书房 1969 年版,第 132 页。

㊶ 小林秀雄:《戦争と文学者》,原载《東京朝日新聞》1937 年 10 月。见《小林秀雄全集》第 5 卷,东京新潮社 2002 年版,第 239 页。

㊷ 小林秀雄:《戦争について》,原载《改造》1937 年 11 月号,见《小林秀雄全集》第 5 卷,东京新潮社 2002 年版,第 250—255 页。

㊸ 小林秀雄:《杭州》,原载《文藝春秋》1938 年 5 月号,见《小林秀雄全集》第 5 卷,第 362 页。

㊹ 小林秀雄:《杭州より南京》,原载 1938 年 5 月《文藝春秋 現地報告 時局月報》,见《小

林秀雄全集》第5卷,第384—385页。

㊺ 小林秀雄:《杭州》,《小林秀雄全集》第5卷,第364—365页。

㊻ 小林秀雄:《杭州より南京》,《小林秀雄全集》第5卷,第390页。

㊼ 小林秀雄:《事変の新しさ》,原载《文学界》1940年8月号,见《小林秀雄全集》第7卷,第96—102页。

㊽ 吉田熙生编、新潮社补缀:《小林秀雄年谱》,载《小林秀雄全集》别卷Ⅱ,东京新潮社2001年版。

㊾ 见大平和登编:《河上徹太郎年譜・作品リスト》,载《河上徹太郎全集》第8卷,东京劲草书房1972年版;长谷川涉编:《草野心平年譜》,《草野心平全集》第12卷,东京筑摩书房1984年版。

㊿ 河上彻太郎:《小林秀雄》,《河上徹太郎全集》第3卷,东京劲草书房1969年版,第261页。

(51) 河上彻太郎:《自作年谱》。

(52) 河上彻太郎:《文学的回想録》,《河上徹太郎全集》第2卷,第419页。

(53) 同上书,第420—421页。

(54) 河上彻太郎:《戦争中の中国にて》,《河上徹太郎全集》第2卷,第422页。

(55) 同上书,第423页。

(56) 同上书。

(57) 武田泰淳:《「批評」グループ、その他》,载《河上徹太郎全集》第3卷月报,第2页。

(58) 河上彻太郎:《上海の憂鬱》,《河上徹太郎全集》第2卷,第425页。

(59) 同上书,第426页。

(60) 同上书,第427页。

(61) 同上书。

(62) 河上彻太郎:《陶晶孙》,《河上徹太郎全集》第3卷,第279页。

(63) 河上彻太郎:《揚州の旅》,《河上徹太郎全集》第2卷,第428页。

(64) 同上书,第428—429页。

(65) 河上彻太郎:《上海の久保田万太郎》,《河上徹太郎全集》第2卷,第432页。

(66) 久保田万太郎:《上海書留》,原载1944年1月28—30日的《東京新聞》,见《久保田万太郎全集》第10卷,东京中央公论社1967年版,第204页。

(67) 久保田万太郎:《上海書留》,《久保田万太郎全集》第10卷,第207页。

(68) 同上书,第209页。

(69) 同上书,第210—211页。

(70) 同上书,第214页。

(71) 同上书,第218页。

(72) 同上书。

(73) 白山真理:《名取洋之助の中国での仕事》,载《名取洋之助と日本工房(1931—1945)》,東京毎日新聞社2006年版,第155页。

(74) 茅盾:《我走过的道路》(下),人民文学出版社1997年版,第412页。

(75) 柳雨生:《谈自传》,《古今》第10期(1942年11月),第16页。

(76) 柳雨生:《海客谈瀛录》,载《怀乡记》,上海太平书局1944年版,第188页。

(77)《风雨谈》第9期(1944年1—2月合刊),第173页。

⑦⑧《特辑·大东亚文学者大会》,《日本学芸新聞》1942 年 11 月 15 日。

⑦⑨ 柳雨生:《异国心影录》,载《怀乡记》,上海太平书局 1944 年 5 月,第 153 页。

⑧⓪ 菊池宽:《話の屑籠》,东京《改造》第 20 卷第 12 号(1942 年 12 月),第 95 页。

⑧① 柳雨生:《异国心影录》,载《怀乡记》,第 155 页。

⑧② 岩谷大四:《中国代表の横顔》,载《私版昭和文壇史》,东京虎见书房 1968 年版,第 30 页。

⑧③ 柳雨生:《异国心影录》,载《怀乡记》,第 137 页。

⑧④ 同上书,第 138 页。

⑧⑤ 柳雨生:《怀乡记》序,第 3 页。

⑧⑥ 柳雨生:《女画录》,载《怀乡记》,第 197 页。

⑧⑦ 同上书,第 218 页。

⑧⑧ 柳雨生:《文学集会与女作家》,《女声》第 3 卷第 7 期(1944 年 11 月),第 14—15 页。

⑧⑨ 河上彻太郎:《大東亜文学者会議のころ》,《河上徹太郎全集》第 2 卷,第 439 页。

⑨⓪《申报》1946 年 5 月 16 日。

⑨①《申报》1946 年 6 月 1 日。

⑨② 对于柳雨生生平的研究,以我所见,以日本庆应大学教授杉野元子的《柳雨生と日本——太平洋战争时期上海における「親日」派文人の足跡》(《日本中国学会報》第 55 集,2003 年 10 月)最为严谨详实,本书部分参考了该论文。

⑨③ 草野心平:《柳雨生》,原载《続·私の中の流星群》,东京新潮社 1977 年版,见《草野心平全集》第 11 卷,东京筑摩书房 1982 年版,第 232—233 页。

⑨④ 据 1942 年 11 月 1 日《日本学芸新聞》刊登的与会者名单以及櫻本富雄的《日本文学报国会——大東亜战争下の文学者たち》(東京青木書店 1995 年版)中的相关文献,当时使用的是他的本名"潘序祖",对其介绍为"光华大学教授、中华日报主笔"。

⑨⑤ 林房雄:《青年·译者的话》,张庸吾译,上海太平书局 1943 年版。

⑨⑥ 章克标:《九十自述》,中国文联出版社 2000 年版,第 46 页。

⑨⑦ 详见章克标:《九十自述》。

⑨⑧ 据尾崎秀树:《大東亜文学者大会について》,载《近代文学の傷痕》,东京普通社 1963 年版。

⑨⑨ 纪果庵:《两都集·自序》,上海太平书局 1944 年版,无页码。

⑩⓪ 见尾崎秀树:《大東亜文学者大会について》,载《近代文学の傷痕》,东京普通社 1963 年版。

⑩① 有关张我军的内容部分参考了田建民的《张我军评传》,北京作家出版社 2006 年版。

⑩② 中岛敦:《李陵·译者底话》,卢锡熹译,太平出版印刷公司 1944 年版,第 1 页。

⑩③ 草野心平:《佐藤俊子さんの死》,《草野心平全集》第 9 卷,第 155 页。

⑩④ 关露:《我与佐藤女士》,《女声》第 4 卷第 1 期,1945 年 6 月,第 7 页。

⑩⑤ 丁景唐:《关露同志与〈女声〉》,载丁言昭编选《关露啊关露》,第 62 页。

⑩⑥ 三神真彦:《わがままいっぱい名取洋之助》,东京筑摩书房 1988 年版,第 267—268 页。

⑩⑦ 草野心平:《作家の自伝 16 草野心平 凸凹の道——对話による自伝》,第 137 页。

⑩⑧ 见草野心平《武田泰淳》,《草野心平全集》第 11 卷,第 315 页。

⑩⑨ 这部分内容,见草野心平的《点·線·天》(東京ダビッド社 1957 年)和草野心平的《我が青春の記》(东京オリオン社 1965 年)中的相关文章、草野心平的《茫々半世紀》(东京新

潮社 1983 年版)。

⑩ 三神真彦:《わがままいっぱい名取洋之助》,第 363 页。

⑪ 同上书,第 365 页。

⑫ 这部分内容,主要参考了三神真彦的《わがままいっぱい名取洋之助》(东京筑摩书房 1988 年版)、白山真理等编纂的《日本の写真家 18 名取洋之助》(东京岩波书店 1998 年版)。

⑬ 草野心平:《嶺南大学の教師たち》,载草野心平:《止まらな時間のなかを》,东京 PHP 研究所 1976 年版,《草野心平全集》第 12 卷,第 66 页。

⑭ 草野心平:《中国、わが青春》,原载《止まらな時間のなかを》,载《草野心平全集》第 12 卷,第 67—68 页。

⑮ 河上彻太郎:《自作年谱》,见大平和登制作的《河上徹太郎年譜・作品リスト》,《河上徹太郎全集》第 8 卷,第 326 页。

第六章

阿部知二：从北平到上海，从上海到北京

第一节　早期的文学活动和思想倾向

1943 年 11 月至 1944 年 2 月，作家阿部知二(1903—1973)受日本文学报国会的派遣在上海生活了三个月左右，其间也曾去过南京和武汉等地。1944 年 9 月应上海圣约翰大学之邀，在该校讲授文学课程一个学期，1945 年 3 月回日本。归国后不久在困顿的生活环境中即开始撰写以上海为舞台的所谓"上海物"系列文学作品，是一位与上海有着颇为奇妙的因缘、在昭和时期的日本文坛上具有广泛影响的重要作家。

阿部于 1903 年 6 月 26 日在今冈山县美作町汤乡出生后两个月，便随着赴岛根县大社町的杵筑中学任教的父亲而举家迁徙，居住在大社町遥堪村。父亲阿部良平虽出身农家，却是一位受过近代教育的博物学老师，主要教授生物、动物、生理等课程。父亲任教的学校此后虽也几经变动，但阿部知二的孩童时代都是在岛根县的乡村度过的。1913 年 4 月，父亲前往兵库县立姬路中学，一家也随之迁居姬路市，在这里阿部不久升入姬路中学，在姬路度过了将近七年的少年岁月。自小学至中学，阿部一直是成绩优良。大约在小学三四年级时，他开始涉猎父亲所藏的《日本百科大辞典》，这本浩瀚的大书后来一直伴随着他的成长，他日后有关西洋美术和建筑的知识最初即来自于此。1915 年新年的时候，上小学五年级的阿部读到了一部兄长借来的《西游记》的江户时代的汉语译本(应该是口语体小说的古汉语译本，江户时代乃至明治和大正初年，受过教育的日本人大致可以阅读古汉语而不谙口语体汉语)，这部小说使阿部大为感奋，

书中奇异怪诞的故事,竟然使他亢奋至流鼻血。由此也可知,阿部具备了阅读中国文言的能力。不过,他自己仍认为:"我虽然读了很多江户小说和翻译过来的古代中国小说,但在我文学性的读书生活中,这并非主流,虽然在我后来形成的文学的观念和意识中也会以某种形式某种比率留下一定的影响和痕迹,但这并未成为主要的元素。"①稍后的中学时代,他广泛阅读了日本近代和欧美的各种文学作品,包括国木田独步的《自然与人生》、《武藏野》和屠格涅夫的《烟》、《父与子》等这一类的作品,在文学和思想上对他的影响更为明显。他在姬路中学的《学友会志》上发表的《吉野》、《忆金谷四郎君》等文章已开始显示出他在文学上的才华。

1920年9月他离开姬路孤身来到设立在名古屋的第八高等学校,考入文科甲类(甲类第一外语为英语,乙类为德语,丙类为法语)。当时的八高,位置还相当偏僻和荒凉,阿部生性比较孤高独立。时值大正时代中后期,他后来回忆说:"每天几乎都是宣扬自由主义和文化主义等如节日一般的日子。学校里也一直举办着热闹的各式体育活动、纪念活动、音乐会和演剧等,虽然羞怯孤独的我并未参加。那时名古屋的街头举行的吉野造作、武者小路实笃和厨川白村三位的演讲会人气高涨,构成了那一时代的象征性的风景。"②不过阿部知二往往是一个人躲在图书馆静静地读书,或是独自一人彷徨在冷清的小巷。通览那一时期的校内《文艺俱乐部》杂志,并未见到阿部的文稿。忧郁中的阿部翌年患上了轻度的肺结核,回到姬路疗养了一年,在此期间他开始醉心于短歌,留下了一册168首短歌的手稿集,阿部求学期间的八高《校友会杂志》上刊登了他的诗作一首、译诗两首和短歌十二首,可见他在日本传统文学方面也有相当的造诣。这一时期他爱读的还有托尔斯泰和契诃夫等具有人道主义思想的俄国作家。

1924年4月,八高毕业的阿部升入东京帝国大学英文科。此时正是左翼社会运动和左翼文学运动高涨的时期,同年6月创刊的《文艺战线》

标志着后者达到了一个高潮期,核心人物是金子洋文、小牧近江等,1927年成了劳农艺术家联盟的机关刊物。与此相对抗的是 10 月《文艺时代》杂志的创刊,主要的成员是川端康成、横光利一等,标举的是艺术派的旗帜,反对文艺抹上浓烈的意识形态的色彩。学生时代的阿部,对于左翼运动一直并无多大的关注,对于左翼的思想,也缺乏深刻的了解。他回忆说,大二大三的时候,一位文艺青年的同学在大学前的一家咖啡馆里与他谈起了正在兴起的普罗文学,于是阿部指着桌上的玫瑰花问对方,无产阶级的意识形态能使这玫瑰花显得漂亮么? 对方断言说,若获得了无产阶级的意识形态,这种资产阶级的东西就会变得丑陋。"于是我回答说,那我就不会成为那种意识形态。"③阿部未必是那种金戈铁马与左翼文坛奋力迎战的斗士,但从其自己的人生阅历和思想历程而言,他难以与那种充满了战斗气息的、主义色彩强烈的理论主张产生共鸣。大学期间,受来自英国的老师的影响,他更醉心的是 19 世纪英国浪漫主义文学。1925 年,他加入了东大文艺部的机关杂志《朱门》,并在上面发表了他的处女作《化生》,小说的故事有点偏离日常的人生,表现的主题多少也有些神秘主义的色彩,他对此解释说,正如钟表停摆的时候人们才可真正理解它的意义一样,"对于人生的理解,偏离了正常的轨道之后往往比过着'所谓健全的生活'时更能触及真正的人生。"④这一思想,应该与他青年时期孤独忧郁的心境有关。

1927 年他自东大毕业,毕业论文是用英文撰写的 *Edgar Allan Poe as a Poet*(《作为诗人的爱伦坡》),爱伦坡在其著作《诗的原理》中所主张的美是诗的一切、美是由理智的运作来构成的思想对阿部的影响显然不小。毕业后一时难以就业,翌年才在日本大学的附属中学和预科中谋得一份工作,1932 年起担任明治大学的文艺科讲师。不过在文坛上他依然勤于耕耘,在非左翼派的"新人俱乐部"的机关杂志《文艺都市》发表了不少小说和评论,而刊载在 1930 年 1 月号上《新潮》上的《日德对抗竞技》,

获得了同人圈之外的广泛好评,标志着他正式受到了日本文坛的认可,另外,新潮社在这一年作为"新兴艺术派丛书"出版了他的两本小说集《恋爱和非洲》、《海的爱抚》,这套丛书收书 24 种,明显带有与改造社出版的"新锐文学丛书"相抗衡的色彩,后者有七成左右是左翼作家的作品。

比较重要的是 1930 年 12 月厚生阁出版了他的第一本文学评论集《知性文学论》,诚如书名所示,这差不多是他一生矢志不渝的文学主张的宣言书。他认为,文学上的知性,应该是与古典主义的精神相联系的。它的永恒的主题,是表现人性,因此,人性,或者说人文精神,是文学家最应重视的基本元素。文学不应受到社会性的、功能性的驱使。它并非排斥情感,但却需要对情感有一个理性的把握。阿部引用英国人赫伯特·里德(Herbert read)的话说:"Intelligence(知性)就是本能的具有把握 reality(真实)的能力。当我们把握这 reality 的时候,我们必须以最佳的能力来对此加以表现。——对其非理性的部分,我们必须进行感情上的降服。"⑤此后,阿部出版了《文学的考察》(1936 年)、《文学论集》(1938 年)、《文学论》(1939 年)等多部文学理论著作,从中可以看出,他反对文学带有强烈的主观功利性,也批判了明治末期以来的"心境小说"、"私小说"一流的那种陶醉于个人体验的狭隘视野。也许,阿部一生的文学创作,也未必彻底贯彻了自己的文学主张,但是以知性的姿态来表现繁复的人性,是他终生不渝的文学追求。

奠定了阿部昭和时期重要作家地位的,是他自 1936 年 1 月开始在《新潮》上连载的长篇小说《冬季的客栈》。作品通过对乡村客栈的男女主人迥然不同的人性的描写,来反观主人公内心世界的感应和感悟,同时融入了大量的自然景物的细致的描写,使整部小说充满了浓郁的抒情诗意味,问世后立即获得读者和批评界的赞誉,成了阿部一生中最受好评的代表作。此外,阿部还是一位多产的翻译家,在战前他翻译出版了《拜伦诗集》、莱蒙托夫的《农民》、梅尔维尔的《白鲸》、爱伦坡的作品集等十多种译著,也撰写过拜伦和梅尔维尔的传记。

在大正后期和昭和前期(约 1920—1945 年间),在文学上阿部知二主张以人本主义、人文主义的知性态度来探求和表现人性,注重作品的艺术价值,这使得他无法与左翼的注重社会功能的文学思想发生共鸣,同时也必然会对日益法西斯化的日本当局对文学的掌控和利用政策产生反感;在政治思想上,日本的近代多元的社会思潮和英美文学的专业背景,培植了他比较坚定的自由主义的观念和人道主义思想,这也决定了他既不会成为左翼阵营的一员,也不会成为当局战争政策的同调者和积极的吹鼓手。这样的一个阿部知二,当他与上海,或者说中国发生因缘时,会呈现怎样的一种面貌呢?

第二节　从北平到上海

从以上对阿部知二前半段的文学生涯或人生轨迹进行简略的描述时,我们的感觉是,阿部似乎是一个与中国缘分很浅的人,除了在他少年时读过《西游记》以外,在既存的文献中,我们颇难找到更多的中国元素。他日后在大学中攻读的专业以及在各大学所讲授的课程,都是英美文学。但事实上,我们从他以后撰写的有关中国的作品,尤其是长篇小说《北京》和"上海物"中,可以察知其实他对中国的历史和现状有相当的知识和关切。

1935 年夏末,应该是 8 月下旬吧,阿部知二乘船离开神户,到北京(当时称北平)和中国东北一带(当时已成了伪满洲国的地盘)旅行了一个月左右。选择这样的时期,大概是利用他在明治大学文艺科任专职讲师的暑假吧。英美文学出身的阿部,何以会选择中国,尤其是华北和东北作为他首次海外旅行的目的地,阿部本人虽未明言,但归国后不久他在 1935 年 10 月下旬的《读卖新闻》"文艺栏"上连载的《邻国的文化——从北平的印象谈起》中有这样的表述："我想要写的,是西洋的文化是如何以不同的路径侵入到可称之为'东洋的故乡'的中国与我们日本来的旅行记式的印象。"⑥从中也许可以部分地窥见阿部到中国来旅行的动机,即考察西方文化在中国和日本各自不同的影响,当然这未必是他到中国来游历的全部动机。

除上述的引文之外,他在日后所发表的《支那的眼镜》(刊于 1935 年 10 月 25 日《文化学院新闻》)、《从北京到新京——摘自日记》(1935 年 11 月《月刊文章讲座》)、《北京杂记》(1935 年 11 月《塞班》)、《美丽的北平》(1935 年 12 月《新潮》)中记叙了自己北中国之行。这次在中国,尤其是北平的游历,显然有许多令他内心无法平静的感受。经过了差不多一年的思考和准备,他以自己在北平的见闻、经历和感悟为素材,撰写了中篇小说《燕京》,发表在 1936 年 1 月号由改造社发行的杂志《文艺》上。半年之后,震惊中外的卢沟桥事件爆发,标志着日本全面侵华的开始。相对于日本舆论界汹涌如潮的时局评论,阿部只是静静地发表了回忆性质的《文学家所见到的支那》(1937 年 10 月《新潮》)和《支那女性一瞥》(1937 年 10 月《妇人画报》),对于这场战争本身,阿部未置一词,也许,此时的政局,已使他难以直接地吐露自己的心声。此时他正在埋首进行的,是对中篇《燕京》的改写和扩充,1938 年 4 月,由第一书房出版了篇幅是《燕京》三倍的长篇小说《北京》。

在初版本的"跋"中,劈头第一句就是"这部小说,不是时局性的文章"。阿部坦言,自己在北京期间的感受,最深的有两点,"(首先是)北京的美丽和深湛的情趣比以往所听说的更为醉人","我如同一见钟情似地被在夏末秋初的澄明的大气中闪烁着光辉的北京所吸引了。那时为这位迟暮的美人所痴迷的我,也许已经爱得失去了判断力,但我至今仍然认为,这没有什么不好。如果说为其魅力所迷醉、多少能够丰富自己的感觉的话,那我甚至感到这反而要比头脑清晰地对其加以批判更为幸福。但是另一方面,凭我这个游子的嗅觉,从这看上去很安闲的北京的空气中,我能分明地感觉到这里面蕴含着可怕的即将到来的暴风雨。来自东、西、南、北的民族的力量、政治的力量、思想的力量正在华北汇聚成一个漩涡,翻腾冲撞,说不定什么时候华北就会成为一个活剧或悲剧的舞台。我已经看到了时刻在迫近的雷电的风云……因为政治空气动荡不安,就使得美丽的东西在我心中越发美丽,也正因为它的美丽,险恶的政治空气就越加痛楚地鞭打着我的内心。因此,要将这两者融为一体写成一部作品,就是一项极为艰难的劳作了。"⑦

《北京》的主题,或者说主线,正是这古都的美丽和政治空气的险恶这两个极不和谐要素的对峙和交织。这一主题,是通过日本某大学的讲师大门勇来北京做中国美术品考察的故事渲染出来的。阿部在作品中以这样的笔调描写了主人公大门初抵北京时的印象和感受:

> 这是一个何等鲜亮、澄明的春天呀。窗外紫丁香的白紫色的花瓣闪耀着光辉,在杨柳和槐树茂密的浓绿之上,是一片开阔的湛蓝的碧空。大门急不可耐地叫了人来带他上街。安闲的、宽阔的大街。紫禁城金黄色与碧琉璃的、朱红色、紫色的屋脊和高墙,在碧天的背景下茫无际涯地连成一大片,发出灿烂的光芒。从北海公园的白塔上放眼望去,展现出的是一个满是蓊郁的树木、绿水和宫殿的大平原中的壮丽的大都,令人赏心悦目——确实,北京是一个美丽的都城。不仅只是空气清新宫殿绚烂。桃花、梨花、杏花虽已凋谢,但是杨柳、柏树、槐树的浓绿,绽出了花房的金合欢、芍药、夹竹桃、石榴,在这晚春初夏的时节,满眼都是绚丽的色彩。男人女人都是那么鲜丽。在宫殿之中,有着让人感到美得不敢喘息的陶瓷器——大门觉得内心有什么东西涌了上来。以这巨大的大陆为舞台,已经一再上演了无数的规模宏大的历史活剧,越是探查,就越加激发起他的兴趣,在这

历史的里面所造成的文化的性质,强烈地激起了他的好奇心。他觉得,连中国的思想,也不是像他在日本的时候所想象的那样平板,而是一种拥有奇异的伟大的生理、拥有在这一世界的任何其他地方所难以看到的独特的性质。他看到的,感受到的,思考的,知晓的,实在太多了,一时间从四面八方向他袭来。⑧

第一次到中国的阿部,对北京豪绅的住宅也表现出了浓厚的兴趣。据其写给妻子信函的地址,他当时居住在"北平东城遂安伯胡同九号"⑨,据阿部的自述,这是一处与日本人有关系的黄某的住宅,颇为典型的多进四合院式的大宅:

> 卧室的前面,是一条铺着石板的称之为天棚的宽阔的走廊,一排苇帘挡住了阳光的阴凉处,摆放着藤椅……天棚之外,差不多已是阳光灿烂的正午了。明亮得令人眩晕的苍穹中,亮白的阳光垂直地照射下来,纹丝不动的高高的枣树,在被照射成黄白色的纹理细致的庭院的土地上,投下了如同泼墨一般的鲜明而疏落的树影。在这明丽的阳光中,石榴的巨大果实绽了开来,泛出鲜红的光泽,向日葵如燃烧般地挺立着,满洲紫丁香的浓密的树阴下,大丽花、凤仙花、夏菊等的红、白、黄、紫诸种颜色,如玉一般透发出光亮……在庭院入口的树阴下,秋千在摇荡着。⑩

当然,这只是有钱人的宅邸,阿部也见到过人力车夫们居住的低矮破落的房屋、底层民众集聚的臭气满天的肮脏小巷,但整体的感觉却是安闲而懒散,整座古城像是停滞凝固了一般。

不过就在这沉滞的表象下,中日之间严峻对峙的暗流正在激烈地涌动。阿部在中国北方游历的时期是1935年的夏末秋初。1931年9月日本向中国东北的驻军发起进攻,随之占领了东北并在翌年扶持建立了由其掌控的伪满洲国,1933 年 2—3 月,关东军南下进攻热河,占领承德,4 至 5 月,关东军越过长城侵入关内,逼近北平,迫使中方签署《塘沽停战协定》,1935 年 6 月,日方又屡屡挑衅,逼迫中方签署《梅津·何应钦协定》,南京政府步步退让,国民党势力全面撤出北平。尽管如此,日本方面依然在摩拳擦掌,试图掌控整个华北。这样紧张的政治气氛,即便平素对时局并不十分关注的阿部,也在这看似沉寂的夏末的烈日下,明显地感觉到了。在北京的日本侨民势力的扩张(日本人经营的娱乐场所、料理店的迅速增加等),在北京的各色日本人(使馆外交人员、媒体记者、浪人等)的频频活动,都使日本成了一个古都上空挥之不去的阴影。小说中的浪人加茂公然叫嚣:"如今,长城才是日本民族新的积极意义上的生命线。"⑪ 而在东交民巷一带,则可看到"挺立不动、手持上了刺刀的步枪的日本兵营的哨兵"。⑫ 与此相对的,是中国有识之士对目前局势的焦虑和抗争,其代表人物,就是小说中在北平某大学教授哲学的王子明,看似温文尔雅,且与大门有着良好关系的这位三十来岁的青年知识人,却时时在为国家的前途担忧,时常与三五同人聚谈日益紧迫的政治形势,暗地里在策动一些抗日的活动,当大门见到王子明的屋内明显有许多客人来过的痕迹时,王坦率地对他说:"今天也从下午直到刚才,大家仿佛忘却了中秋的明月似的,一直在争论救国的问题。"⑬ 在表面上看似沉寂闲静的背后,"一场可怕的暴风雨正在酝酿生成"⑭,正可谓山雨欲来风满楼。

作为一个富有良知、崇尚人本主义的日本知识人,阿部对中国古都的美丽景象以及自己的祖国日本正在对此步步逼近的险恶局势,内心难免会感到痛楚和矛盾,他到了北京,并不只有异邦的感觉,更有"故乡的情趣"⑮。当他完成这部小说时,卢沟桥事变已经发生,北京已经沦陷,日本人成了北京的占领者,可是阿部的内心却丝毫没有一般日本人的狂热和喜悦:"事变已经剧烈地改变了这一'迟暮的美人'的面貌了吧。今日的北京,已与小说中描绘的不同,其风物、住在那里的中国人、在那里活动的日本人,都不一样了吧。但是,正因为如此,我愈加怀念已成为昔日的、旧日的场景将不会再现的那个时候的北京。我内心甚至有一种强烈的冲动和欲望,要写出我所见到的北京。因此,我所写的都是我那时的感受。"⑯

这一次的中国之行,可谓是阿部与中国因缘的真正开始,从他所撰写的一系列的旅行记以及长篇小说《北京》来看,他虽然自幼浸淫于欧美文学的氛围,但对中国的文史,却也相当的熟稔,他特别震惊于中国文明对于周边以及入主中原的满蒙诸民族的融合力,因此他很怀疑日本对中国的统治力,对于这场战争的结果,他并未表现出丝毫的乐观情绪。

此后阿部差不多一直在思考中国问题。1938年4月发表的《支那以及支那人观的三个坐标》是他思考的结果之一。他觉得与日本和西方相比,中国是一个独特的民族和国家,"他们所怀抱的人生的目的、幸福、正义、诚实等,都与众不同……持有这种独特标准的中国人,在世界上是一个孤独的存在。他们是地球上孤独的民族。是难以以任何其他的民族来加以类推的。这就是古来中国引以为无限'自豪'的原因所在,也是其'悲剧'所在,更是无穷的中国'魅力'的源头所在。因此,若是能理解认同独特的中国人的人生尺度的外国人,就会无限地喜欢中国,而无法认同他们的尺度、或者无法理解他们的外国人,就会讨厌中国。"⑰阿部进而认为,理解中国之所以困难,乃在于认识中国必须要持有三个坐标,一为为政者即统治者的中国,二为庶民的中国,三为知识分子的中国,这三者是不同的。阿部的这一中国认识存在着机械论的局限,他虽然看到了中国的独特性,却割裂了中国与其他文明的关联性和交融性;他虽然意识到了中国的不同的侧面,却忽视了彼此之间叠合互动的内在关联。

1939年春天,阿部知二又去华北和东北旅行,在哈尔滨的时候,当地的日文报纸《哈尔滨日日新闻》举行了以他为中心的座谈会。这次旅行,他仅留下了一篇《北满的妇女们》(《妇人公论》1939年8月号)。

太平洋战争爆发前夕的 1941 年 11 月,他与当时很多的作家一样,接到了当局下达的征用令,被征调为陆军报道班的班员,于翌年的元月被派往印尼的爪哇,享受的是奏任官待遇,月薪 260 日元,在当时是相当不错的薪水。尽管如此,接到调令时他的感觉是"仿佛被送入北海道的煤矿"⑱。事实上除了抵达爪哇时遭遇到了雅加达海战、所乘坐的船只遭到了对方鱼雷的袭击而落海的险情之外,他在爪哇度过的将近一年的岁月中,几乎没有遭遇过战火,他在那里只是担当图书和学术文化机构的调查,有限地接触到了当地居民的生活和荷兰人统治的痕迹。一年期满后的年底,他经新加坡回到了日本。回国后的阿部,担任了位于仙台的东北帝国大学英文科的讲师。

随着战争的日益扩大,日本当局对舆论的管制和利用也越加深入。1942 年 5 月,以内阁情报部为主导、并有陆海军报道部参与的"文学报国会"成立,前提是强行解散了日本国内所有的文学团体,几乎将全国的文学界人士都网罗在其麾下。除了永井荷风等极个别的文学大佬外,各种政治色彩的作家、评论家几乎都或积极或消极地匍匐在当局的淫威之下。也许是阿部知二远在印尼爪哇的缘故,他没有被选入报国会内任何下属机构的要员,也未参加阵容庞大(在国内的作家几乎都被动员起来了)的各地演讲团。然而在 1943 年 8 月举行的第二届大东亚文学者大会上,阿部被选定为大会的日方议员,亦即正式代表,参加了整个大会的活动。

1943 年秋至 1944 年初,阿部到以上海为中心的中国长江中下游地区待了三个月左右。对这次的海外游历,他除了两篇奉命而作的前线报道文之外,几乎没有什么文字留下,年谱中也仅有"秋,到上海去旅行"寥寥数字。日本国内的研究者,对这段经历几乎也未涉及。我在对当年报纸的查阅中,发现了若干片段的记录。最初有关阿部访华的消息,出自当年 10 月 17 日《申报》的报道。该报在一篇报道中日文化协会上海分会(有关该组织,本书将在有关武田泰淳的章节中论述)举行的文艺座谈会的新闻中提及："又据该会议,日本文学报告会事务局长久米正雄,将在下月来华考察,又该会派遣作家阿部知二、久保田太郎,亦将联袂来沪,小住一二月,研究新中国文学动态,闻文协方面已开始准备接待事宜。"⑲由此可知,阿部来上海一事,在 10 月中旬大抵已经决定。

对阿部来华报道比较详细还有由日本军部在上海创办的日文报纸《大陆新报》(创刊于 1939 年 1 月 1 日,停刊于 1945 年 9 月 10 日)。1943年 11 月 13 日有篇题为《阿部知二氏来宁》的报道,不很长,全文译述如下:

> 日本文学报告会派遣的"文化使节"作家阿部知二氏 11 日下午 9时 20 分坐列车自上海抵达南京,在下榻的首都饭店卸下行装。阿部氏是继今春来南京的林房雄氏之后的第二批文化使节抵达此地的。其目的是与中国方面文士的交流、并通过其擅长的文笔向日本传递"战斗的中国"的真实形象。他将在秋高气爽的南京逗留十天左右。根据临时的计划,其间,将在中央大学作有关日本文学史的讲课,与中国方面的文士的交流会,并在面向日本同胞的由报国会兴亚部举办的演讲会上做演讲。该项日程结束后,将再度回到上海,在那里逗留二十天左右,为由文学缔结的日华亲善以及促进文化合作作出贡献。

由此我们可知,第一,阿部这次来中国,乃是受文学报国会的派遣,身份是"文化使节",不是一般的旅行;第二,他是 11 月 11 日由上海来到南京,这意味着他是先到达上海,抵达上海的时期大约在 11 月上旬。来上海的途径是坐船还是坐飞机,不详。其时太平洋战场美军已逐渐占据优势,日本人通过海路来往于上海等地,已开始出现危险,1944 年下半年以后,不得不改走华中—华北—东北—朝鲜半岛—日本的远道。

《大陆新报》在 11 月 15 日又刊出题为《决战下的日本文化——阿部知二氏在首都的演讲》的报道：

> 由报国会兴亚部举办的阿部知二演讲会 13 日下午七点开始在第一国民学校举行。晚上的会场上集聚的听众约七百人，在行了国民礼仪之后，登上讲坛的阿部氏作了题为《决战下日本文化的现状》的演讲，他从自己一年南方作战的从军经历，讲述了胜者和败者文化的差异，谈到了由民族和民族、人和人之间的纽带所酿成的和形成了决战下的强有力的文化，他强调，这种由和形成的文化正充溢在整个亚洲。他在一个半左右的时间里详细论述了在亚洲起领导推进作用的日本文化的使命，特别要求在当地的日本侨民应有文化的自觉。八点半演讲结束后，部分有兴趣者以及文学研究会成员又围着阿部举行了座谈会，就决战的形势下如何发扬文化精神进行了座谈，十点稍过活动结束。

作为文学报国会派遣的"文化使节"，阿部知二在南京的公开活动、或者说公务大抵如上。私下会见了什么人，游览了什么地方，目前可知的文献中未有记载，大概明孝陵、玄武湖、鸡鸣寺一带应该去走过吧。在日本时，阿部与已在汪伪政府宣传部担任专门委员的诗人草野心平也不熟，此时是否有交往，暂无发现记录。

同样据《大陆新报》的报道，阿部在南京待到 18 日，当日自南京来到上海，配有阿部照片的题为《探索中国文化——阿部知二氏来沪谈》的报道如下：

> 作为日本文学报告会派遣的文化使节来华中访问的作家阿部知二氏，18 日自南京来沪，下榻于华懋饭店（今和平饭店）。他说："我是

怀着探索东洋文化的心情来到这里的。"然后,作了如下的表述。

北京已去过几次,华中这次是初访。大东亚战争爆发后,我去了爪哇,至去年年底一直在那里从事文化调查和对外广播等的工作。要探求东洋文化,仅仅做些日本和南洋文化的对比研究是远远不够的。一定要结合中国文化的研究进行三次方程式的探讨。从这个意义上来说,这次是怀着探索东洋文化的心情来到这里的。同样,中国的文化人也怀着这样的心情去了日本,我也应该竭尽自己的绵薄之力。来到这边也有各种各样的安排,恐怕难以悠然展开,但我想以上海为一个据点,好好地学习研究一下。日本国内的文学家已经做好了决战下的充分的思想准备,一般国民对于文化的需求也极为真挚。此前举行的大东亚文学者大会,三天会期中旁听席上都坐满了听众,气氛热烈。会议本身也开得十分认真。总之,建立日华文化交流的基础是一件重大的事业,我也要怀着真诚的态度切实对待。

阿部氏将在 23 日再赴南京,根据总军报道部的安排随某某方面的作战部队奔赴前线,下个月的 10 日左右再度返回上海,计划在上海待到明年春天。⑳

同一天的《大陆新报》上还刊出了《阿部知二讲演会》的启示:

值此明治大学教授、日本文学报告会委员阿部知二氏来沪之际,上海兴亚报国会将于 22 日下午 7 时起在横浜桥青年馆举行演讲会。讲题为《日本文化的动向》,免费入场,欢迎各位听讲。

另据《申报》的报道,18 日阿部抵达上海的当日,中日文协上海分会为其举行了欢迎宴会,报道如下:

中日文化协会沪分会,因盟邦日本著名文学家丰岛与志雄氏、暨日本文学报国会派遣来华考察的著名评论家、小说家阿部知二氏,先后抵沪,为表示欢迎及增进中国文化出版界、文学界与盟邦之感情联系起见,昨晚特设宴欢迎,并邀请本市文化名流陶晶孙、鲁风、周越然、潘且予、周黎庵、关露等,及盟邦文化界该会常务理事中田碧千代暨冈田隆平、小宫义孝、小竹文夫、小池新二等出席,由该会事务局长周化人,参议林广吉,处长林雨生,横田正雄,高桥良三等热烈招待。席间由周局长首先介绍两主宾,丰岛氏系日本著名小说家兼评论家,现年五十四岁,东京帝大毕业,著作甚多……阿部氏系小说家、评论家,亦系东京帝大毕业,文学界杂志同人,著有冬季的宿舍、北京、光与影、旅人等书,并历任明治大学、东北帝大教授,去岁曾从军南洋,专事各种报道,有声于时。现由日本文学报国会派遣来华考察。继代表本市中日文协致欢迎词后,丰岛、阿部两氏相继致答词,对中国文化出版界及文学界,具抱有莫大之热望与同情,并即席举行座谈会,讨论出版文化与文学界各具体问题,情绪极为欢洽。㉑

这次阿部到上海等地来,纯为公差,负有日本文学报国会的"文化使节"的使命,在南京上海两地均有日本兴亚部或兴亚会以及中日文协上海分会的接待安排,每到一地,都要说些应景的官方话语。当时的《申报》和《大陆新报》分别具有汪伪政府和日本军部的背景,报道中的那些战时宣传用语,正凸显了那个时代独有的氛围。对于上海本身,阿部当时完全没有留下相关的文字,作为文人而言,这一个寻常的现象,或许止表现出了他胸中的复杂心绪。

据阿部自述,他是在华懋饭店见到了来中国访问的由日本扶持的印度临时政府主席钱德拉·鲍斯的第二天离开上海前往汉口的㉒,据《申报》等上海媒体报道,鲍斯是在 11 月 21 日上午自南京抵达上海,22 日离开上海飞赴马尼拉的,联系到22日下午阿部在横浜桥青年馆还有一场演讲会,那么阿部离开上海的日期应该在11月23日。此时日本正在进行所谓打通粤汉铁路的作战行动,对中国在湖南一带的守军展开了猛烈的进攻,阿部是以报道员的身份跟随日军前往武汉和常德一带的,事后他撰写了《重庆的门扉》和《暴风雨的鼾声》两篇类似前线报道的文章,附和军部的声音,颂扬日军的坚韧,抨击重庆国民党军队和美国空军的军事行为,然而他对战场一带所描绘的"废墟一般的村庄里……鲜血淋漓的水牛倒在了水沟里……战争之后,村里的寺庙和房屋差不多都倒塌了"㉓的情景其实同样也印证了日军挑起的这场侵略战争给中国人民带来的深重灾难。

阿部大约在12月中旬回上海,据阿部1949年的回忆,在这一年,即1943年的年末,曾在高等学校时代的同学、后来被征召至上海日军司令部报道部供职的M中尉的陪同下,以去杭州大学做演讲的名目,到杭州做过短暂的游历。杭州在阿部的心目中一直是个名胜之地,但那年的冬天之旅,感觉却并不佳。一则由于天气寒冷,景物萧索,但更重要的原因是被日本占领之后,杭州一直笼罩在战争的不安气氛之中,可谓万象萧然。阿部记述道:"城内的街上,商店等都极为冷清萧条,只见穿着污旧衣服的人们,神情黯淡地行走在污迹斑斑的街巷中。这与我原来想象的典丽的城市形象大相径庭,令我很失望。不过,这荒芜的景象也是很自然的,据M的小声述说,走出城外,湖对岸的山峦间,就经常有国府军和共产军的游击队出没,产业和商业都已停滞不前,人们在战祸中苦苦挣扎。"㉔

连景色秀丽的西湖,在人迹稀少的冬日黄昏,似乎也失去了往日的魅力:"在湖上的冬季天空上,低垂着一大片厚厚的钝色的云层,看不见一丝落日的光辉。湖水的颜色(有关的书上形容为'卵色'),却显得既不是泥浆色也不是绿色,只是呈现出微白色,反射着天空的模样,在一阵阵掠过的寒风下,不断地翻腾着小小的三角形的波浪,涛声不息。周边低低的山峦(多是秃山),并未闪耀出紫色的晚霞,而是呈现出交杂着褐色的淡淡的墨绿色,正在黄昏的暮霭中渐渐褪去。低低的湖岸边和堤防上,伫立着高大的杨柳等树木,掩映着别墅模样的一幢幢房子,显得幽暗朦胧。"㉕

关于阿部在上海的住所,他在撰写于1945年末的以上海生活为题材的小说《陆军宿舍》中写道:"我在去年冬天也在当地游玩了两个月左右……去年因当地文化团体的热情招待,住在法租界的华懋公寓。"㉖由此推测这次他的下榻处是华懋公寓(今锦江饭店北楼),"当地的文化团体"很有可能是中日文协上海分会。当然,法租界已在阿部抵沪前的1943年7月底撤销,租借地的管辖权移交给了汪伪的上海市政府,但在习惯上人们仍然称此为法租界。此后的活动,阿部自己没有记载,当地的报纸似也未有报道,具体内容暂不可考。大约在1944年的1月下旬或2月初,阿部回到日本。

1944年,日本在太平洋战场连连溃败,6月,美军开始从中国基地轰炸日本本土,日本国内一片风雨飘摇。阿部知二将家人疏散到兵库县的姬路,自己独自留在日渐荒凉的东京。物质和精神都陷入困境的他,这一年几乎没有像样的作品发表。10月初,他获得在上海圣约翰大学教授西洋文学的机会,再度来到相隔半年的上海。他曾假借小说中的"我",吐露了自己想要离开日本前往上海的缘由:"置身于国内窒息般的空气中,周边一片动荡和混乱,与其说是自由,不如说是秩序涣散,这时对上海这座氤氲着浓郁人间气息的城市的回想又深深地吸引了我,虽然这时海外旅行已经颇为困难,我还是决定克服艰难到上海去。"㉗

自日本启程时,前来送行的他的友人、《朝日新闻》社的铃木文史郎以无言的表情向他表示:"在日本行将战败的时刻,还会有人特意跑到国外去吗?"阿部也以奇妙的表情回应说:"我知道这样的趋势,我倒是想在上海体验一下这样的事件。"㉘

阿部何以会到圣约翰大学任教,其前后的经纬,他1949年在《追忆》一文中有非常详细的记述,《追忆》一文后来并未收入他的全集,在日本本土也不易寻得,就资料性而言有相当的价值,兹将相关部分译述如下,也许有些冗长:

　　我之所以去了那所大学,可以说是事出偶然——在上一年的旅行中,我曾出席了那里的一次座谈会,与几位教师和学生彼此产生了好感,这成了后来那场因缘的开始。后来将我叫到上海去的,是O和S两个朋友。O是我高等学校时的同学,后来在东京的一所大学担任哲学教师,结果受到了征召,在当时的上海(日军)司令部里担任中尉。他从事的是文化方面的工作,为避免圣约翰大学成为(日军)弹压的牺牲品,他在暗中做了不少保护工作。他知道了我在日本过着窘迫孤独的生活,或许他自己也想在上海有一个聊谈喝酒的伙伴,于是就想把我叫到上海来,并将这想法告诉了(上海的)日本基督教青年会的S氏。S氏在战争中曾经挺身而出,保护了在上海的中国各基督教团体和教徒,当然也极受圣约翰方面的信赖,S校长回答他说:“我们学校在教师任免方面,也从未接受过国民政府方面的命令。因此,他要是日本军官推荐的,我们一定会拒绝。不过,想到去年他来出席座谈会的情景,他到这边来如果没有政治上的目的,作为一位朋友,我们会欢迎他。但是,在他回国之后,不要因为这个位置出现了空缺,就随便再送一个人过来,这我们要说好的。”我觉得这位校长说话很有勇气。就这样,我加入了这异端者的行列。㉙

我在上海市档案馆所藏的上海圣约翰大学档案中查寻到1944年阿部来此任教时的一张登录卡片,文字为打印的英文,仅在右上角有似用毛笔书写的汉字“阿部知二”。卡片的内容显示,阿部的到职年月为1944年

9 月(DATE OF JOINING INSTITUTION: September 1944),地址一栏内,Permanent(永久地址)为空缺,Present(通讯处或现住处)填写为 Cathay Hotel The Bund(外滩华懋饭店),联系电话为 11340。后两项为手写,可能是阿部自己或工作人员填写的㉚。不过据 1944 年 10 月 6 日日文报纸《大陆新报》题为《对中国学生讲授文学论——阿部知二氏再度来沪》的报道,阿部是 10 月 4 日抵达上海的。据阿部的"上海物"系列小说的描述,他到了上海后,开始曾在几处旅馆(可能也包含卡片上填写的华懋饭店)内寄寓,后来落脚于位于南京路的日军中下级军官宿舍的"陆军宿舍"内,地理位置在"南京路的跑马场前面"㉛。《陆军宿舍》中对此描写道:"这里战争以前称之为'外国人基督教青年会馆'(根据原作中这几个汉字旁的假名注音,可解读为 Foreign YMCA——引译者),作为单身白人的宿舍,这是一个很理想的地方,也相当出名。这里有餐厅和咖啡室,虽然并不豪华,却相当整洁干净,还有会客室和大会议室,甚至还有游泳池和健身房,是一个极为舒适的地方。不过现在已经被接收,成了'陆军宿舍'。"㉜据我的查考,这里应该是位于现在南京西路 150 号的原"西侨青年会",由美国人洛克菲勒等筹款建造,1932 年竣工,楼高十层,面层和三层有粗细巨柱以及穹形大长窗,四层以上则采用凹凸条装饰手法,配以规则的芝加哥风格的窗户,远远望去,整个建筑犹如树立的星条旗,供各国的单身会员居住,因此楼内各种设施完备,尤其是 1928 年落成的室内游泳池,为上海最早的温水游泳池,至今仍在使用。1941 年 12 月太平洋战争爆发后,这里被日军强行接管,被改造成陆军宿舍(现为上海体育运动俱乐部的所在地),"原本为下级士官的居住地,而现在大部分为军内的文官人员、官营公司的员工所占有,此外也有几个中国的官吏以及几个赖着不走的中立国的人。"㉝但 1944 年底时,随着战时经济的恶化,住在里面也并不舒适,尤其是冬天,既无暖气也无热水供应,阿部只能蜷缩在盖着两条毛毯再加上外套的被窝里度日。大约在 1945 年 1 月中旬,在太平洋战场上，美军已占据绝对的主导权，日军担心美军将在上海一带登陆，于是将华北乃至东北的部分日军紧急调至上海，如此，"陆军宿舍"中便人满为患，阿部无法在此久居，于是一位中国朋友（其具有自传体色彩的小说《邻人》和《远来客》中的名字是"吴心波"）邀请他到苏州河岸的一处临时住所内居住，直至3月他归国为止，在此大约居住了两个月。

据《追忆》的记述，除阿部外，当时在圣约翰大学任教的日本人还有三名基督教徒：曾当选日本众议院议员、后担任日本基督教联盟常议员、1943年3月来到上海的具有自由主义倾向的田川大吉郎（1869—1947）；早年毕业于上海东亚同文书院、曾在美国加州当过牧师但大半生精力致力于日中友好的坂本义行和在大学的中学部教授日语的佐藤。"坂本氏差不多已年近七十了，最初毕业于同文书院，除了有一个时期在美国加州做牧师之外，在中国将其大半生都献给了两国的友好事业，已故世的夫人和女儿也长眠在上海的墓地中。在中学部教日语的佐藤，最初是应征来中国的日军士兵，在服役期间，他目睹了日军对待中国人的行为，有所促动，于是在应征期满后，就志愿来此当一名日语教师。他用的教科书是内村鉴三（日本明治时期奉行和平主义的思想家，无教会主义基督教的创始人——引者注）的著作——当然，这三个人在当时上海的军官和（日本）侨民的眼中是被视作异端者的。"㉞

其中阿部与之交往较多的是在校园内的教师公寓内借居的坂本义行，"这屋子好像是战前一个美国教师居住的，他在这里自己勉强做饭度日，生活清贫。我被叫去喝茶时，他总是会谈及日本和中国的事情。在寒冷的屋内的墙壁上，挂着一幅不知谁书写的字迹遒劲饱满的'爱'的匾额，这也许是这位和蔼而谦逊的老人的座右铭吧。他从不抱怨自己生活的穷苦，平时说话声音平和，只有在说及日本军国主义时，才会表现出激烈的愤怒。"㉟阿部后来在撰写以上海为舞台的长篇《大河》和中篇《绿衣》时，坂本成了作品中的重要人物伴野万城的部分原型。

阿部在大学中每周授课三次,分别向初年级和高年级学生以及英文科的两个班学生用英文讲授"小说研究"和"文学概论"两门课程。他对圣约翰大学的校园留下了美好的印象:"校园里,在树丛和草坪之间,耸立着礼拜堂和教学楼等建筑,宛如公园般美丽,甚至比公园更为静谧。这里弥漫着和平安详的气氛。"③⑥这里的授课,对他而言是一种愉快的体验:"(上课时),战争也罢,作为一个流浪者的不自由的孤独的生活也罢,以及昨夜的烂醉也罢,暂时的都忘却了,在这温雅有教养的教师和男女青年中,能度过这样的半天就很知足了。"③⑦

他从"陆军宿舍"或苏州河岸的居所去大学授课,有时坐黄包车,或搭乘一段电车,有时则径直步行去学校,往往穿过兆丰公园(今中山公园),单程费时一个多小时。对于阿部而言,在战争和通货膨胀双重阴影笼罩下的上海,秋季的"英国式"的兆丰公园差不多是一个世外桃源般的存在:

> 公园在九月十月的时候,宽阔的草坪的四处,开满了各种美丽的鲜花。来到了这里,就顿时觉得来到了另外一个天地,与刚才所经过的充满了战争的恐怖和物价飞涨痛苦的喧嚣的市廛相比,这里是一个迥然不同的世界。但是不久,这里的草坪上也开始出现了穿着国民服(一种在战争时期创制出来的类似日军军服的男装——引者注)扛着木头枪的日本侨民在军人的指挥下进行军训的场景。③⑧

据阿部撰写的纪实小说《花影》,在上海期间,他与明治后期的女作家、此时在上海编辑华文杂志《女声》的佐藤俊子(详见本书第五章中有关佐藤的论述)等常有往来,该小说就是对佐藤在上海生活的一段素描。《花影》中对佐藤的描述,成了后来濑户内晴美的传记《田村俊子》中有关佐藤在上海生活的主要文献来源。

据武田泰淳的长篇纪实小说《上海的萤火虫》的描写,阿部有时也去中日文化协会走走,与武田等饮酒闲叙。"阿部知二那时还留在上海,继续在一所基督教大学教课。作为一名自由主义的文学家,他的人气不衰。总有年轻的女性围在他身边。穿着雪白的兔毛上衣、模样如同小白兔一般的女孩子等,出神地望着阿部的脸。不过,那时阿部手头的钱也所剩无几了。"㊴武田的笔调稍稍有些揶揄的意味。事实上,阿部一开始不敢和学生们主动交往,原因就是他"身后背负着一个'日本'",阿部深知,在大学里,无论是教师还是学生,对占领者的日本均无好感,他怕学生因为跟他这个日本人交往而遭人睥睨,他也怕被别人怀疑自己是日本当局安插在这里的间谍,而事实上日本驻上海领事馆的警察也曾要求他报告大学内的左翼动向,当然遭到了他的拒绝。"我觉得自己就像是一种恶病的带菌者一样,自己主动避免接触这里的学生应该是一种正确的选择吧。"㊵但是,快到冬天时,就有一个学生带着自己写的英文短篇小说向他来求教,还有一个法科专业的学生,回家与他同路,于是就与他一起步行回家,途中在咖啡馆小坐,彼此谈论鲁迅等中国现代文学,这位学生战后成了参加东京国际审判的中国代表团的书记员,还专程从东京到阿部那时居住的姬路来看他。逐渐地,与阿部交往的学生就多了起来,"三十几个人的两个班的学生,不知不觉中有一大半跟我成了朋友。"㊶其中有一个叫法蒂玛的锡兰(今斯里兰卡,当年被看作印度的一部分)父亲和中国母亲的混血儿(中国名字叫獏梦),在香港求学时期与同在香港读书的张爱玲成了闺友,香港沦陷后张爱玲不得已回到了上海,但与在圣约翰念书的法蒂玛依然保持着亲密的友情。有一次法蒂玛拉着阿部去见了张爱玲。关于这次经历,阿部是这样记述的:

由印度珠宝商的父亲和中国母亲生育的女学生 M(应为法蒂玛中文姓名獏梦的第一个拼音字母——引译者注),她在考试结束后的春假期间,来到住满了日军文官的煞风景的我的住所来访我。她用一口难以听懂的语速很快的英语向我毫不掩饰地表示了她对日本和日本人的厌恶,然后将我带到了她的一个朋友、从香港逃到上海的女作家的家里。那位称之为 C(张爱玲姓名的英文标示是 Chang Ai-ling——引译者注)的年轻作家,过着贫穷的生活。据说她是李鸿章的曾孙,服饰考究,但给我和 M 喝的只是白开水,我们在没有任何暖气的公寓的一间屋内谈论了文学。几天后,我受邀去看了她的一部戏剧。剧情不是很看得懂,但可知晓这是一出以日军侵入香港为背景、讲述一个年轻的女子与海外华侨恋爱故事的戏剧。[42]

　　1944 年底至 1945 年初在上海上演的张爱玲的戏剧是她的代表作《倾城之恋》,由张爱玲自己将小说改编成剧本。此后,阿部好像未与张爱玲再有深入的交往,至少目前尚未发现更多的相关史料,但这次短暂的交往和观剧,后来在他的"上海物"中曾有描述。

　　1944 年 11 月,第三届大东亚文学者大会在南京召开,阿部作为日方代表出席了这次会议,同在上海的佐藤俊子、武田泰淳不是正式代表,但他们作为来宾或观察员也一起去了南京,以解异乡的寂寞。阿部后来回忆说"那时候的佐藤和我,想到能见到故国来的文人,心情激动,就从上海去了南京。一天,在湖风已带着寒意的玄武湖上,一起划船游穿过残荷的湖面,我与她同坐的一条船上,记得还有温良敦厚的法国文学研究家 T 氏、中国文学研究家 O 氏和剧作家 H 氏(据该次会议的相关文献,这三人应该分别是丰岛与志雄(1890—1955)、奥野信太郎(1899—1968)、北条秀司(1902—1996)——引译者注)。"[43]阿部还与小说家高见顺、剧作家北条秀司一起被推举为大会宣言的起草人之一,参与了宣扬大东亚精神的宣言的起草,战后的阿部说及这些往事时,自认为是"甚为羞耻的回忆。"[44]

　　1945 年 3 月,阿部在圣约翰大学的签约期到了,其间校长夫人渐渐成了他的朋友,还曾到他的教室里来听课,"到了三月份,她热心地劝我说,

再在此校留任一个学期吧,但是我心里牵记着日趋猛烈的空袭之下的家人的安危,不得不谢绝了她的好意。"㊺

1945 年 3 月底,上海与日本之间直接的航路因美军的空袭已告中断,阿部坐船离开上海前往青岛,并经北平从中国北部绕道回到了日本,此时已是 4 月末。

第三节　"上海物"中展现的人物和意念

阿部回到日本后,在空袭的氛围中在仙台的东北大学教了几个月的课,随即赶到遭到大规模空袭的家人所居住的姬路,携带家人疏散到了稍微偏远的津山,在这里获悉了天皇接受波茨坦公告的广播讲话,11 月又回到了姬路,担任了姬路文化联盟的会长,与战前只是默默在文坛耕耘的姿态不同,在笔耕的同时,阿部还成了为进步与和平而奔走的活动家。

与武田泰淳、堀田善卫等作家一样,阿部在战后发表的文学作品,大部分是以上海为舞台而展开的"上海物"。第一篇也是他战后发表的第一篇作品是发表在 1946 年 1 月号《新潮》上的中篇小说《绿衣》,完稿应该在 1945 年的 12 月之前;短篇《陆军宿舍》发表在 1946 年 3 月的《改造》上;短篇《死之花》发表在 1946 年 7 月的《世界》上;短篇《邻人》发表在 1946 年 12 月的《新潮》上;长篇小说《大河》由新潮社于 1947 年 5 月出版;短篇《远来客》发表在 1952 年 4 月的《心》上。此外,1948 年 10 月由实业之日本社出版的长篇《夜人》中也包含了一部分上海的内容。

就像阿部也写过有关印尼爪哇的题材一样,选择上海作为作品的舞台,首先是因为作者觉得自己在上海体验了可以成为作品素材的生活,其次是作者试图通过"上海物"来表达自己(一个具有人文主义精神的日本知识人)对上海乃至中国或中国人的感受和理解。与同时代的日本其他作家不一样,阿部的"上海物"几乎没有任何刻意虚构的曲折的情节和刺激的故事，他的"上海物"中，叙述者几乎都以第一人称出场，无疑的，这第一人称的叙述者身上，也更多地投射出了作者自己的心灵影迹。因此，考察阿部的"上海物"，实际上就是审视这一时代的日本知识人对上海和中国的认知。

一、《绿衣》

《绿衣》以 1944 年冬天来上海逗留的"我"为故事的叙述者，主要描写了三个人物：在日本以庚子赔款开设的上海自然科学研究所供职的医学博士桧原遵三郎，"兴趣爱好广泛，也擅长运动，此外也喜欢绘画、演剧和音乐等"[46]，后因去日军与国军交战的洞庭湖一带调查传染病而失踪；桧原的朋友和学生、曾在东京有短期留学经历的沈明华小姐，父亲在重庆做官，几个兄弟参加了抗日的航空队并先后牺牲在空中战场，而她自己却留守上海，献身于演艺事业（后以艺名李媚为一般人所知，本书此后只用"李媚"）；将自己人生的一半献身于中国的农学士伴野万城，在一所私立的日语学校担任顾问的同时，还在西郊的圣约翰大学兼课，自称落魄的"中国浪人"。

《绿衣》的故事背景具有浓郁的上海地域色彩。叙述者"我"曾居住在法租界上的华懋公寓，"南面是十几层高的峻岭公寓（今锦江饭店中楼），堪称上海第一的高级公寓，西面是可称为上海社交界中心的法国总会（现为花园饭店的一部分），北面据说是战前英国人戏剧爱好者舞台的精致可爱的兰心剧场"[47]；桧原所供职的上海自然科学研究所是一个"位于法租界南面稍偏远的宏大的研究所（今上海生物化学研究所）"[48]；伴野则寄居在戈登路（今江宁路）上一个中国朋友的房子里；李媚在法租界虽然拥有一幢大房子，但却居住在愚园路的一处两居室的公寓内，而演戏的舞台则是在跑马厅附近的一个剧场里"[49]。作者所标示的这些地名，既具有一种符号的意义，又包含了独特的历史内蕴，凸显了上海这座近代都市多元混杂的面相。

李媚无疑是小说的中心人物。富家女出身,能说一口流利的英语,因在东京呆过一段时期,也粗通日语。在日本期间,闻悉卢沟桥事变爆发,毅然决定一个人渡海回到战争中的祖国,来向桧原告别时,"双眼充满了愤怒"。本想回到上海,因无船只,暂去香港,又转到广州,经父亲朋友的介绍在海关谋得一份工作,一个英国青年迷恋上了她,但最终无果。"我"经桧原介绍认识了她,在上海街头见到她的印象是:"以一个中国女子而言她的身材是比较高挑的。从毛皮的大衣内可瞥见绿色的具有古典风情的衣服。银色的衣摆下露出一双婀娜修长的腿。即便穿着大衣,也可感觉到她整个的身体长得柔嫩而丰满,不过她的双肩有点往上耸,一张皮肤细腻的瓜子脸上,脸部的肉也稍稍有些下垂。脸色显得有些苍白,犹如透明一般。鲜红的嘴唇微微有点往上翘。修长的眉毛下的眼睛,或许是因为近视的缘故吧,使人觉得像是被一层浅色的膜罩住了似的,朦朦胧胧的像是有些睡意,从眼梢流盼出来的淡淡的目光,即便是与初次相识的我们见面时,也内含并摇曳着一种艳丽的妩媚。更准确地说,她的整个的身体,即便是完全伫立不动的时候,也充溢并流荡着一种艳丽的风情。"[50]在上海的社交场上经常能见到她的身影,她抽烟,饮酒,喝咖啡,常向街头乞讨者行善,她日常的收入,主要来自法租界华屋的租金,她虽未专门修习过演艺,却与友人组建了一个业余演剧团,"我"曾去观过一出名为《传说》的"由当今流行的女作家撰写的戏剧","据中文报纸记述,这部戏描写的是日军进攻香港前后当地男女青年恋爱故事,出色的女伶李媚是本戏的看点。"[51]这里借用的是作者自己观看张爱玲戏剧的经验。大幕拉开后"我"才惊讶地发现,原来李媚就是沈小姐,但舞台上的李媚却像是脱胎换骨变了一个人:"'沈小姐'的柔媚上增添了敏锐的神经,艳丽上增添了悲哀的气氛,明丽上增加了力量,犹如撒娇孩子般的任性上增加了豪迈的意志。"也就是说,"沈小姐消失了,诞生了一个新的李媚。"[52]实际上,看上去柔媚的沈小姐本身,其内心原本就蕴含了李媚的坚毅和刚强。后来,李媚以出演《飘》的女主角而蜚声沪上,小说中的另一个人物桧原在手记中这样描绘了李媚在该剧中的表演状态:"李媚的演技,即便谈不上是洗练精致的艺术,但不能说她的手势动作是在做体操。有一股什么样的火在燃烧。从她穿着红衣的身体上,会有一种鲜灵生动的肉感,像火花一般迸发出来,攫住你的感官,最后渗透到你的腑脏之内……李媚的身上,并不只是燃烧着甜腻的情欲的火焰,在其底部,闪现着一种急迫的激烈的心灵震颤。而且,这不是一种疯狂的情绪,而是包含着一种向着某种明确的目的冲去的凛然不可侵犯的力量。"㉝不久,"在街上出现了李媚将在近日出演革命烈女秋瑾的色彩鲜艳的海报。"这就更加凸显了李媚的内在精神,当时沦陷区的正义之士,试图借这出戏剧来表达抗日精神,讴歌如秋瑾这样的爱国志士的革命事迹。事实上,在阿部逗留上海的时期,确实上演过彰扬民族精神的《党人魂》(即《秋瑾与徐锡鳞》),具体为:1944 年 11 月 23 日—12 月 1 日,梅阡编剧,集体导演,综艺剧团演出,兰心大戏院;1944 年 12 月 8 日—1945 年 2 月 11 日,同上,卡尔登大戏院,虽然实际的演员未必是李媚。

阿部试图通过李媚这一人物来表达出他对上海新女性(或是近代中国新女性)的理解,在阿部的心目中,上海的新女性,虽然秉承了传统中国女性的秀美(李媚的父亲后来在重庆病逝,为解救母亲的经济困境,她毅然卖掉了法租界的华屋,自己迁居至简陋的小屋,作者是想借助这一细节来体现她传统的"孝"的精神),但她们已经具有了现代社会的人性的自觉,她们不再(或不甘)是男人的依附,而试图以自己的言行来担当起社会的责任,因此,李媚与革命家范士杰获得了高度的精神共鸣,演剧是她找到的一条投身社会的途径,在《飘》的女主角和秋瑾的身上,她的内心世界与出演的角色融为一体,迸发出了新的生命华彩。日本近代社会的实质性的启幕,虽较中国为早,日本女子的近代教育,也先于中国,然而日本女性的近代性自觉,却较中国、尤其是中国近代都市女性为弱,这一点,差不多同一时期来到上海的作家佐藤俊子也深有感慨。

就笔墨而言,作品中花费篇幅最多的应该是桧原,作品篇幅的一半之多是以他的手记形式出现的。他在手记中这样自述道:"我不是一个非爱国主义者。前一时期还相反地被人认为是法西斯主义者。某些算是'知识分子'的人曾说日本目前的颓势是'活该'。我也觉得从某种意义上来说这是确实的,但我对这样的说法很反感。我并不在日本的'外面',而是在其'里面'。要是对日本觉得不满的话,应该参与到这里面去,从里面来改造它,这才是日本人应该做的吧。"㉞这段自白,道出了他内心的政治倾向。他在东京一所美术学校兼授人体解剖课时,李媚是他学生,出于男性的本能,他有点爱慕这个美丽的中国女孩,但彼此并无深厚的情感。离别多年后,他来到日本占领下的上海供职,李媚从报上获知后来访他,此后双方便时相往来。一日,李媚来邀他观看戏剧《文天祥》,李媚自己的剧团也打算上演该剧。桧原在手记中写道:

> 文天祥一剧的满场也真是可笑。内容正如所料想的那样,是一锅被受虐者心理的油炒得烂熟的大杂烩。我在剧场中所看到的,南宋的忠臣文天祥也罢,观众也罢,都是精神病患者。当然这样的感想没有对旁边的沈说。只是,当奸臣与元讲和的时候,我轻声说了句"这是和平运动呢",这时沈笑着应答道:"是吗? 和平是件好事呢。"我想沈很清楚该如何跟日本人打交道……(当局)认可意图如此明显的戏剧,是表明了日军败给了上海的"自由"浪潮呢,还是企图以此来给人们打开一个情绪的宣泄口呢,还是企图通过设置这样的陷阱来获得抓捕和镇压的手段呢? 我完全不知晓。也许其动机中这一切都有。㉟

不过,桧原还是对"这出毫无情色意味的戏剧的爆满场景和观众的狂热的情绪"感到惊讶不已,"剧场中始终充满了观众的叹息和唏嘘,没有一分钟停息。倒真是从未见过如此群体哀叹的场面。"但是,桧原并不愿意跟坐在一旁的沈一起涕零感动,"这样的行为是滑稽的。我是日本人。也许我只需冷眼观察这出'悲剧'就行了,不,作为一个'爱国者',我也许应该对这满场的眼泪抱着敌意。"⑤

　　李媚对桧原的感觉也是矛盾的。作为一个有教养的男人,他当然不无魅力,但作为占领国的一员,李媚对他怎么也无法产生亲爱的感觉,这一点桧原自己也很清楚:"置身于无论在时间上还是在空间上都可谓是无际无涯般巨大的民族的复杂的格局中的这一孤身一人的女子,即便在今天这昏暗的灯影中与自己贴身而坐,我也觉得她与自己完全是两个世界的人。"⑤就内心而言,桧原对于自己侵略国和占领国一员的立场也是非常清楚的。他经常会听到李媚在低声自语:和平,何时才会到来呢?"每当我听到这一心灵的声音时,我就会萎缩。"⑤桧原后来知道了李媚对革命家范士杰的情感,自然充满了失落和沮丧。1944年底,洞庭湖一带发生了疟疾等传染病,桧原前往当地调查,误入国军管辖地的边境,从此失踪。

　　伴野是一个着墨不多却是作者想要倾力表现的人物,在日后的长篇《大河》中又作了充分的展开。这一人物身上一定程度上沿承了明治以后日本的"大陆浪人"(实际上大陆浪人是一个非常复杂的集合体)的血脉,或者说更倾向于为孙中山革命贡献了大半精力的宫崎滔天一流的类型,阿部在《大河》中把他定位为"新浪人"。这一类日本人大抵认同中国文化对于日本文化具有母体性的意义,认识到在西力东渐的近代日本和中国具有某种命运共同体的连带性,但在中国日益衰败、日本迅速崛起的背景下,他们觉得对中国更多是负有指导和改造的使命,这样的人物在阿部的

《北京》中已有出现。以伴野为代表的所谓"新浪人",是真心祈望"日中亲善"的,因此对于日本在中国挑起的这场战争,他们内心深感痛苦,并在私下无情地批评日本当局的侵略政策。

伴野早年毕业于著名的札幌农学校(今北海道大学的前身),一半以上的生涯在中国度过,"在他看上去有些老土甚至寒碜的风貌底下,却渗透着一种难以描述的优雅和谦逊,"⑲在学生多半是富家子弟、基督教气氛浓郁、反日情绪强烈的圣约翰大学竟然受到了大家的喜欢。他试图将近代的农业知识传授给中国人,以期促进中国农业的进步,他暗中倾慕并竭力支持试图改造中国的所谓"革命党人",他利用自己的人脉,在各种场合力图做一些"日中亲善"的事情。典型的一例是,他所教过的一个学生,后来参加了苏北的新四军,后来与数十名同志在一次行动中被扬州的日本宪兵逮捕,也许是因为他不同寻常的气度,在其他同志均遭杀害的情况下竟然幸存,其间他的母亲数度自上海前往扬州探望并求情大概也是一个原因。该人后来为日本宪兵所用,为当局维持治安,但伺机脱逃,返回新四军营地,日军却将来扬州的他的母亲抓住作为人质。伴野获悉后立即赶到扬州,希望利用自己的人脉来释放这位母亲,未获成功,又再度赶往杭州,寻求他在军内的老友的帮助,也希望渺茫。在作者阿部看来,伴野是一位富有古道热肠和侠义之心的堂·吉诃德式的人物,虽然他只是一个并不起眼的民间人士,年近耄耋,他为实现理想的行为也屡屡踬踣,但他始终没有放弃自己的理想。自然,伴野这一类人物在近代日本的舞台上,无法成为主角。作者对此流露出了强烈的遗憾和无奈。

《绿衣》中还有其他一些人物,但上述三人已经较为充分地表达出了阿部对于当时的中国和日本的诸多思考。

二、《陆军宿舍》

作品也是以第一人称叙述的方式展开,其主要人物是在《绿衣》中几乎一闪而过的"曹小姐",她在李媚的剧团中担任舞台装置。"我"在八个月之前(即1943年至1944年的秋冬)的第一次上海之旅时,经编辑华文女性杂志的S.T.(佐藤俊子罗马字的大写)的介绍,认识了曹小姐,初见时的印象是:

> 一个身材瘦小的姑娘。她没有穿可谓是上海年轻女性制服般的毛皮大衣,而是身穿素雅的褐色的苏格兰呢外套,脱了外套,里面是灰色的毛衣和哔叽的长裤,都是非常素朴的服饰。有些细长的脸上略带苍白,一双眸子总是静静地含着笑意,脸上完全不施脂粉。头发也很随便。一双手小小的,宛如小孩似的……会说一点日语,北京话说得相当好,英语也不错。微笑的时候看上去像是二十岁左右的少女,在一旁静静地观察我的时候,有三十岁的感觉。实际年龄也许是更接近后者吧。⑥⓪

曹小姐似乎对于"我"颇有好感,有一天在凛冽的寒风中她骑着自行车来邀请"我"到她们的剧团看戏,热情地将演职人员介绍给他。她经常与"我"一起在咖啡馆喝茶或在街上散步,有时只是在街头的一家小店吃碗馄饨。"我"邀请她去看《大陆新报》社举行的一个画展时,她也淡淡地应允了。也许是语言的阻隔,她的话一直不很多,时常会聊些无关紧要的话题,几乎从来不谈及自己的身世。只隐约听说她曾去过江西红色苏区。有一次曹小姐冷不防地问"我"道,你要是中国人,现在你会在这里呢还是在重庆?又有一次她在窗口呆呆地望了一会儿说,我想去遥远的地方。"我"对这位衣着素朴、举止文静的中国姑娘也产生了强烈的好感:"倘若我自己因某种缘由不再回到国内和家人的身边而在中国长久放浪漂泊的话,哪怕曹小姐对我毫不表露真情,至少我很希望拥有这样的一位朋友,这样,多少都会减轻我寂寥的痛苦吧。"⑥①

但曹小姐的身世对"我"一直是个谜。

在"我"回国的前两天,曹小姐来看"我",说一起散散步怎么样,可到了门外突然叫了辆三轮车将"我"拉到了当时上海顶级的 K 饭店(从小说的描述来看应该是国际饭店)。途中,三轮车在一条逼仄的小马路内拐弯时车身大幅度倾斜,曹小姐不觉轻声惊叫起来,并将头探向倒毙在路边的一具用稻草遮盖了一半的尸体,那目光就像看到了恐惧的深渊一般。到了饭店后,惊魂初定的她熟练地将"我"带到了高层的一间奢华的房间,说是她的哥哥想见见他并请他吃饭。此时"我"才恍然大悟原来曹小姐出身富家,她哥哥是上海著名的银行家,也是这家饭店的大股东。在晚上觥筹交错的酒宴上,珠光宝气的银行家夫人说起了日前在法国总会参加的一次规模上千人的高官子弟与电影女明星的豪华婚礼,同桌的堂妹向曹小姐问道,你何时举行这样的婚礼呀?战争结束后,一定会举行比这更热闹的婚礼吧?"曹小姐刚才已频频喝了许多杯酒,眼睛放射着光芒,但眼神内还是透发出一种虚无的平静,从斜对面向我问道,刚才在小路上看到的惨象在这个国家里会消失吗?我答道,会的,然后借着酒意滔滔说了起来,在不远的将来上海将比现在百倍地富有而清洁,街上行驶的不再是三轮车而是轻快的小汽车,到处都是优美的音乐、绘画、戏剧和电影吧,到那时你就会举行隆重华丽的婚礼吧……曹小姐脸上依旧浮现着亲切的微笑,用日语说了一句:'这样就很幸福么?'话语中并无诘问和侮辱的意味。但这句话却在我的心胸中强烈回荡,让我感到羞愧,酒也一下子醒了。"⑫

1944 年秋冬,"我"再度来到上海,已经见不到曹小姐的踪影了。彼此的熟人间见面,也没有人再提到她。有一天我却在陆军宿舍内举行的所谓日军战捷的展览上,看到一幅中国军队野战医院的图片,一个微微低着头的护士,容貌与曹小姐非常相像,尤其是举止神态。这一帧并不清晰的图像,一直在"我"的脑海中萦绕不去,那句"这样就很幸福么"的话,也深深地嵌入了"我"的心中。

除了曹小姐以外,阿部还描绘了自己在圣约翰大学接触到的年轻人。

圣约翰大学行将毕业的赵君和魏君,一时找不到工作,又厌倦上海的喧嚣,萌发了在自己的家乡无锡开设一所学校的念头,他们并非盲目的冲动,而是对诸事做了充分的考量和谋划,由赵君的家里拿出一部分资金,借用魏君家里空闲的大房子,再利用刚刚倒闭的一所女子私塾的桌椅,差不多可以筹办起一所乡间学校。但在日军占领时期,必须获得日本方面的批准,于是经过作品中的"我"与相识的苏州驻军联络部的S少尉和县顾问O氏的斡旋通融,终获允准。"我"对这两个中国青年在这非常时期的奋斗精神十分感佩。据战后阿部所写的《追忆》,这是两个实有的人物,叙述的事迹大抵也是事实。

《陆军宿舍》中描绘的人物,都是中国人,曹小姐是李媚之外,阿部所塑造的又一个中国现代女性形象。姣好的容貌、良好的学识修养、强烈的社会责任感和献身精神,几乎是她们的共同点。这些人物中,体现了阿部作为昭和时期具有人文主义精神的日本知识人对中国现代青年、尤其是现代女性的理解和评价。

三、《邻人》和《远来客》

这两篇作品是同一题材同一故事同一人物,只是发表时期不同,第一人称"我"叙述的时间也相异。本书主要论述《邻人》。

《邻人》中描述的人物相对比较单一,脉络也颇为清晰,作品写的就是一个人吴心波。吴与"我"在日本毕业于同一所学校,虽然要晚十几届,两人的相识是在上海的校友会上。吴十岁左右时父母自中国去神户做生意,吴在日本自中学一直念到大学毕业,专业是工程技术,却对音乐和美术都有相当的造诣,弹得一手好钢琴。数年前回上海,在市政府的土木工程局供职。当吴得悉"我"已无法在陆军宿舍继续居住时,便慨然邀请他迁居到自己的住所来。

所谓吴的住所也是才迁入不久的,位于苏州河垃圾桥(苏州河上原有两座垃圾桥,现浙江路桥称老垃圾桥,西藏路桥称新垃圾桥,两者相距约几百米)附近的南侧,原本是建于1868年的关押外国人的"西牢"⑥,后废弃不用,部分被改为市政府土木局的仓库,平素除了一对看守的老夫妇外,杳无人迹。吴原本住在法租界的一所大房子内,不知何故,在去年夏天,将仓库内的一所房屋稍作打扫和改造后,私下搬到了这里,如今自己居一楼,二楼给"我"住。某日午后,吴雇了两辆三轮车,帮着"我"将行李搬入新居。三轮车穿过喧杂的南京路,又从新垃圾桥旁的巨大的煤气包边折入沿河的一条道路,"'就是这里。'他叫三轮车停下来,我们在河边的一条石子路上下了车。斑驳陈旧的黑乎乎的高大的砖墙间,有一个小小的铁门。他拿出钥匙打开了铁门,一个穿着警察一样制服的五十岁左右的大个子男人,帮我把行李扛了进去。"附近有个粪码头,高低不平的石子间,满是斑斑粪迹,"河水本身看上去也像是粪尿的颜色。"⑥

走进去一看,有一个被同样高大的砖墙围着的小小的院子,还有一幢旧得有点发黑的两层楼的房子。院子里,有几株落尽了树叶的蔷薇树,其他空无一物……房子里面暗暗的。但毕竟有一个硕大的壁炉台,周边还有几把厚重的带扶手的靠背椅,虽然已经相当破旧了。还有一个大桌子。桌子上,摊着好像是吴君正在画制的设计图。书架上,排放着很多科学的文学的哲学的书籍,英语、德语、法语、日语的都有。墙壁上,挂着一幅现在已经去了延安的吴君日本留学时的好友所画的笔触遒劲的静物画。靠着另一面墙的,是一架钢琴。⑥

作品几乎没有对吴的容貌的正面描写,而是通过这种背景性的描绘,来烘托出主人公的特性。这是一个不同寻常的中国人。他自幼在日本受教育,受日本文化的熏陶,在日本的环境中长大,具有了日本中产阶级以上的教养，养成了一般日本人的理念和生活习惯。但是他生性孤僻，好胜心强，多怀疑，喜诘问，大学时期受到了周遭日本人的冷落和打压。回到中国后，又与中国当时的环境格格不入，看不惯周边中国人的言行举止，因而很少与中国人，甚至是家人往来。他的兄长想让他娶南京政府的一个大官的侄女为妻，如此则可荣华富贵，但他断然拒绝了，因此与兄长发生了争吵，回来后对"我"愤愤而言："从今往后，无论是大官，还是有钱人，我都与他们一刀两断。"然而作为一个被占领国民的他，虽然言语举止与日本人无异，在日本人的圈子内，他的内心却始终无法感到愉快，"在这战争期间，处于他这样境遇的人，不可能有一天是愉快的。"虽然他的好友去了延安，但他与北边的新四军保持着距离，有一次去南通出差，被新四军捕获，他趁机逃了出来，遭到了枪击，"我现在也会想，那个时候就那样投身到那里去，也许要好得多"⑥⑥。但他终于逃了回来。他开始变得愤世嫉俗，甚至有些神经质，往往会在夜深人静时一个人坐在钢琴边毫无顾忌地弹到很晚。"说他是个外国化的日本人，倒不如说他已是一个将日本人的诸特性融合在了自己身上的人。或者说他在拼命地挣扎，力图将日本的元素从自己身上剔除出去。但是他在中国人中间也无法得到安闲和放松。恐怕没有人比他更加热爱中国人、更加痛恨日本人了。但是他不知道该如何将这样的爱传递给中国人……无论是在家庭里还是在社会中，他的爱找不到一个宣泄口，他就这样地挣扎着，呻吟着。"⑥⑦后来，他的上司看中了他现在的住所，强行要他搬离，恰好"我"也要启程回国，吴与上司之间虽发生了些冲突，最后好像也妥协了。

　　1952年发表的《远来客》可谓是《邻人》的续篇，出场人物和所叙述的故事完全相同，只是当时的吴心波七年后突然来热海访问了"我"，对吴此后的人生稍有展开，用吴自己的话来说，"中共来到上海时，本想就这么留在上海，但后来还是去了台湾，就这样在那里一直做一份工程师的工作。"虽然吴的父亲开设在神户的贸易公司生意颇为兴隆，但吴此次到日本来并非就此在神户定居，不日仍将返回台湾。"我"对七年后的吴的感觉是比以前开朗和成熟了（虽然内心深处依然留存着深沉的忧郁），虽然经历了战争和动乱，但他似乎并未被苦难压垮，"是因为这些苦难使他得到了锻炼、变得坚强，比我年少许多的他已具有了我难以企及的智慧呢，抑或这并不是'个人'的问题，而是遍布全世界的中国人，无论遇到怎样的事态，总能超越政治思想的对立纷争，这种中国人整体的生命力，如今正变得越来越强劲呢?"⑱也许，阿部的结论更倾向于后者。

阿部将对吴个人的观察提升到了对整个中国人民族精神的思考，虽然有些牵强，但他的态度是认真的，他确实努力在探讨近代以来与日本发生了如此深刻关系的中国人的国民性，尤其是生活在上海这样现代都市中的知识男性和女性，他试图以此为参照系，从中为日本国家和日本民族未来的命运寻求一些参照的价值。

四、《大河》

《大河》差不多可说是一部长篇小说，收录在集子中有 175 页的篇幅。副标题是"新浪人传"，中心人物是两个在中国很久的日本人。"浪人"，这里应该是指"大陆浪人"，它不是一个十分缜密的概念，被视作浪人的群体也比较复杂，彼此间也未必具有严密的组织。进入明治时代的 19 世纪下半叶，相当一部分中下级武士失去了往昔的特权和地位，他们往往不为明治新政府所重用，但大多怀有改造日本社会乃至东亚的抱负和雄心，他们虽然并不拒斥新兴的西洋文明，但与主张"脱亚入欧"的一派相比，对于东亚的传统有更多的怀恋。他们的本意是希冀日本强盛并因此而促进整个东亚的复兴，同时将日本的势力拓展到整个东亚，尤其是中国。当他们在崇尚西洋的日本主流社会中难以找到施展拳脚的舞台时，就选择了去中国闯荡，或试图鼓动各地的帮会势力来改造既有的社会结构，或协助中国的革命党通过武装手段（起义和刺杀）来推翻现有的政权，或受日本军部的派遣来中国收集经济和军事情报、调查社会现状。这些浪人中,比较著名的有荒尾精、宫崎滔天、山田良政、北一辉等。事实上他们的色彩并不单一。这些浪人的一部分,最终往往成了日本在中国扩张势力、攫取利益的鹰犬。不过,在阿部的心目中,"大陆浪人"似乎是一个比较正面的概念,他认为:"他们这些人,既未受谁的命令也未受谁的嘱托,不求任何的名利,只是出于一片义气而投入了邻国民众的苦难之中"⑲。在对《大河》的论述中,这里暂且依从阿部的这一理解。

作为新浪人的典型,作品中塑造了两个主要人物。一个就是在《绿衣》中已经出现的伴野万城。通过伴野之口,再次对浪人的特性作了表述:"他们这些人既无地位功勋,恐怕也无名气金钱甚至学识。不仅如此,他们中间也许还会混杂些无赖流氓。我并不否定这一点。但他们心中都怀有一种情义,出于这种情义,他们从直观上感觉到两国民众必须维系在一起。几十年来,两国之间尽管出现了种种纠葛,但如今看来,他们的这种直观是非常正确的……现在是每一个在中国的日本人必须全力以赴的时候了。其武器是什么呢? 就是一个诚字。"⑳伴野甚至认为中国原本就是一个浪人之国,如汉高祖那样历代王朝的创建者都是浪人,孙中山也是浪人,孔孟也是浪人,甚至如今的延安也如同昔日水浒传中的水泊梁山一样,以侠义精神在收揽人心。"要打破现在的困难局面,引入清新的空气,倡导一种真诚的情感,就只能是浪人精神了。"㉑

伴野自己就是这样一个人物。他虽已年近七旬,寄居在一个中国朋友借给他的逼仄的小房内,几乎穷困潦倒,但却依然怀抱着满腔的激情和高远的理想。他欣赏梁漱溟的乡村改造运动,尝试着以自己所学的农业知识来改良中国的土壤和农作物;他目睹圣约翰大学的中国同事一家挨饿的情景十分痛心和同情,试图募集资金来救助他们;他依然孜孜不倦地在著书立说,努力在弟子中传播自己的思想,虽然在现实中,他的理想屡屡受挫,连他自己也被同胞的日本无赖所蒙骗。

另一个日本浪人形象,是鸟巢仁一。他是伴野旧友的儿子,伴野对他慈爱有加,视同己出。但他很少在伴野的身边,而是在中国各地四处漂泊,多半时光在蒙疆等西北地带的矿区度过,受过各种磨难,虽说得一口流利的中国话,平素却是少言寡语,只是默默地在观察和体验着中国的社会和民众的生活状态。七七事变爆发后不久,他曾作为日军的一等兵在战场上负过伤,这一段经历很少有人知晓。此次,他受伴野的嘱托,到南京去看望中国志士范士杰的家人,又只身前往武汉,与范士杰及其他的革命同志取得了联系,暗中给予他们有力的支持。他受范士杰的委托,只身前往沙市和荆州打探范的表弟蓝国良的消息,蓝以前曾前往柏林和莫斯科考察左翼戏剧,也心怀变革中国的梦想,战时居住在重庆,对范的革命主张虽未必认同,但愿意共同探讨中国的前途,某日突破封锁试图到武汉来会见范的同志,不意在宜昌一带受阻,恐怕已落入日本宪兵之手。鸟巢以日本人的身份,以某种公干的名义,飞往沙市,一路所经的所谓云梦之国,使他联想到了许多三国时代的英雄故事,历史与现实迭相交映,不觉浮想联翩,不能自已。夜里自沙市潜行至荆州,打听蓝的下落,经多方努力,得知蓝果然已经被便衣的日本宪兵带走了。后来蓝奇迹般地被一个宪兵释放,屡经困顿抵达了武汉。而鸟巢则受日方之命去洞庭湖一带寻访因考察疟疾而失踪的桧原,出生入死,历经风险,找到了桧原的部分遗物,返回武汉后又来到了伴野的身边。

　　鸟巢这一人物,似乎虚构的元素较多,在实际生活中,阿部与这样的人物未必有深入的交往,但也不是完全没有接触。他在《北京》中就已描写了一个类似于鸟巢的浪人型人物加茂,但这个口口声声号称要去解救中国农民苦难的年轻浪人,最终却蛮横地对待要求增加车资的中国洋车夫并导致他的倒地死亡,阿部在家茂的身上赋予了较多负面的意义。但鸟巢却是一个默默无闻的实干家,他内心认同伴野的思想,平素虽然少言寡语,内心却相当成熟且足智多谋,为了所谓的中国革命,往往会不畏艰险甚至不惜生命。在鸟巢的身上,更多地赋予了阿部自己对于浪人的理解。

小说中的另一个中心人物是范士杰。范在《绿衣》中就已经登场。他早年是伴野在北京授课时的弟子,"他以雄辩见长,撰写论文,书写新诗,为人极具棱角,好与人争,却也相当富有魅力,有不少人为之倾倒。他四处行走,在各处刮起一阵旋风。他曾在香港、马来、南洋等地参与报纸的编辑,在(卢沟桥)事变发生前,也曾在政府机构做过官吏。听说事变后就以旧书店老板的面目蛰伏在上海。他不屈服于任何权威,为了中国的复兴统一放言奔走,也因此引起了各方面的不快,曾经被投入监狱,甚至生命也屡屡遭到威胁。"⑫伴野对他钟爱有加,将他视作孙中山一样的人物,对自己的友朋弟子竭力推介和赞扬他。范已经结婚生子,在南京有家庭,但为了所谓的革命,他抛妻别子,四处游走,并且在上海与李媚结为同志和情人,伴野因此而恨透了李媚,将她看作可能给范带来祸害的狐狸精。在《大河》中,范已经离开上海,在武汉办一份报纸,鼓吹自己的政治主张,伴野担心他的安危,派遣鸟巢前去探望,鸟巢见到了范的本人,其外貌不觉令他大失所望:"小个子,肤色黑黑的,脸上严重的凹凸不平,完全没有美男子的风采。唯有眼睛不时闪耀着锐利而炽热的光芒。"⑬

范士杰居住在汉口一个中国人街区的一家烟杂店的楼上,他周边的同志,是一些记者、作家、演剧人等不甚得志的知识人,他们自然不满日本占领军的压迫,似乎也不赞同重庆国民党的方针,同延安的主张也保持着距离。范试图树立起自己的旗帜,他应该是有自己的政治理论的,但内涵似乎并不明晰(恐怕作者阿部自己也不甚了了),但从小说的描写来看,似乎和者不众,势单力薄,也无具体明确的政治行动。其实在 40 年代前期,中国早已诞生了国民党和共产党两大具有自己明确的政治主张和政治势力的政党,游离于两者之间的所谓自由知识分子,也组成了中国民主政团同盟等颇有影响力的组织,活跃于国统区内,也与延安保持联系。当时的敌占区内，几乎难有反日本、反汪伪而又与国共不同调的政治势力生存，孙中山革命的时代也早成了往昔。对范士杰这一人物的塑造及其革命活动的描写，倒是显现了阿部作为一个日本知识人改造变革中国社会的热情和对中国社会实状理解的浅薄。

《大河》中对李媚的着墨也不少，但大多与《绿衣》中的形象叠合，此处不论。

综上所述，阿部的"上海物"中描写的中国人主要有李媚、曹小姐、吴心波和范士杰，日本人主要有桧原、伴野和鸟巢，展开的舞台主要是在上海，间或有武汉及周边地区。

李媚和曹小姐大抵可以归入一类人物，即都是富裕阶级出身、容貌姣好、受过良好教育、也有一定的日本游学经历，她们熟悉现代上流社会的种种奢华，却未流于肤浅的都市摩登女性，她们的内心一直燃烧着为祖国和民众服务的激情，在日本侵华的黑暗年代，她们的内心充满了痛楚，尚未确立明确的主义和政治选择，彷徨在上海、重庆甚至延安之间，有时不免迷茫，陆军宿舍内图片展中一幅在国军战地医院服务的曹小姐的朦胧图片，隐约昭示了她们最后的归宿。毕竟由于实际生活的疏隔，她们在人物塑造上未必十分成功，但却清晰地表达了作为具有人文主义精神的日本知识人阿部对以上海为中心的中国现代女性的欣赏和感佩，这里其实包含着与近代以后日本女性的比较和思考。

作者所接触和描写的吴心波，一直挣扎在痛苦的境地中，但吴的痛苦，除了个人的秉性酿成的之外，更多的是时代的境遇所导致的。在中日政治关系如此畸形和扭曲的时代环境中，他在日本所接受的教育和成长的经历，也就是他身上所蕴积的日本元素，与他中国人的身份认同和自己的祖国处于被日本奴役和占领的状态，自然会发生深刻的冲突，这使得他无论在日本人中间，还是在中国人中间，都难以找到精神上真正的归宿，常常处于紧张不安的状态。这也许是一个虚构的人物，也许并不具有一般的典型意义,但也绝不是凭空杜撰,中国现代知识分子中的陶晶孙,在人生经历上就与吴有相当的相似性,整个沦陷时期他一直生活在上海,与日本人虚与委蛇,胜利后去了台湾,并在国共彻底决裂的政治氛围中选择了日本作为自己的归宿地。只是陶晶孙的个性至少在在外表上比较温和,但是我们从沦陷时期乃至移居日本之后他所发表的文字和言行中,处处可感觉到这种内心的痛苦。两方面的知识修养越高,人文的思考力越强,其内心的痛苦程度就越深切。

在阿部所描写的所有中国人中,范士杰的虚构性最强。在他的身上,也许投射了阿部对于孙中山理解的影子。囿于阿部本人对于中国近代社会和革命理解的程度,范士杰身上所表现出来的革命精神难免流于肤浅甚至荒唐。在当时的中国,已经形成了清晰的国共两大政治阵营,连具有相当影响力的自由主义知识分子也难以组成一个与之鼎立的政治势力,既无明确的政治诉求,也无民众基础的范士杰之流,只是凭借了一腔革命热情和献身精神,是难以拓展自己的政治空间的,更何况还时时处在日本宪兵的政治高压之下。在范士杰这一人物的塑造和表现上,也正显现出了阿部自己对于中国近代社会理解的不足。

伴野和鸟巢是阿部所比较欣赏的具有正义感的日本"新浪人"形象。伴野是有原型的,这类人物阿部在北京和上海期间应该有所接触过,但这两个人物形象,还是具有相当的虚构色彩,在他们身上其实更多地体现了阿部对于这种超越了狭隘的民族国家利益之上的仁爱侠义精神的向往和讴歌。在阿部战后所撰写的涉及战争的作品中,都或含蓄或直接地表明了他对日本军国主义的厌恶。所谓近代的日本军国主义,是占据了政权主导地位的军部势力和财阀势力互相交织在一起后形成的恶性膨胀的民族扩张主义势力利用政权的力量将全体民众动员起来并以武力手段来实现其利益诉求的政治力量和军事行动。战争期间,阿部自己也不得不为军国主义所驱使,并且在某种程度上也成了军国主义势力的一分子,但他早年从俄国文学和英国文学中所培育起来的人道主义或人文主义精神，使得他较早地对日本的侵华战争萌发了批评和批判的态度。他对伴野等人物的着力描写，是想告诉人们，即便在战争最黑暗的时期，也并非所有的日本人都泯灭了良心。

桧原这个人物也许有一定的原型，也许纯粹只是出于虚构。他应该是阿部在上海期间所交往的日本人的一个缩影。阿部之所以要描写这样一个人物，目的恐怕是要表现出战争期间在海外，尤其是在中国上海的日本人对于日本在海外的军事行动以及被占领地区的人们的态度和立场。桧原并不隶属于任何军部系统，从其职业和身份上来说他是一个专业知识分子，也就是说他原本可以有自己比较理性的立场。当然，这场空前的战争几乎将所有的日本人都卷入了漩涡，超然物外几乎是不可能的。在上海的桧原也或主动或被动地出演在海外的日本人的角色。桧原他们具有明确的日本人的身份认同。出于左翼或右翼的视角，他们对于现实的日本也许持有一定的訾议并试图改造它，但在当局推行的对外战争中，他们会比较自觉地坚持自己日本人的立场。这一人物应该表达了阿部对于在上海的一般日本人的理解。这样的人很清楚，作为日本人在上海乃至中国所呈现的角色，也许并未表现出很多飞扬跋扈的一面（至少在桧原身上），但他们对于日本在中国的行径几乎没有深刻的反省和思考，在民族认同的逻辑上，他们的日本人立场非常鲜明，因此他们对于包括上海市民在内的中国人的民族情感，尤其是对于作为侵略者和占领者的日本人的内心的愤懑和厌恶，或者无法理解，或者不屑理解，但其内心，也并非没有痛苦。他最后不顾自己的生命只身闯入日军和中国军队互有进退的区域乃至尸骨无存，也许是为了寻求一种精神上的解脱吧。

作为"上海物"的系列作品，自然有许多有关上海场景的描写，阿部试图通过这样的描写来向日本读者营造出浓郁的海外地域气氛，以确立"上海物"之所以为"上海物"，但我更感兴趣的是，这些描写传递出了作者对上海怎样的感觉。

这是从陆军宿舍（西侨青年会）五楼房间的窗口望出去的景象：

> 南京路对面的跑马场上，有三四小马正在进行练习。一旁的十
> 几层的大酒店的门口，与往常一样，穿着奢华服饰的中国男女，从汽
> 车和三轮车上下来后，走入酒店。这已是我几个月来见惯的风景，望
> 着奔跑的赛马，也没觉得怎么有意思，想象着大酒店内嚼食着珍馐佳
> 肴然后踏入舞池的人们时，既不会涌起新的感动，也没有了羡慕和
> 愤激。㉔

还有发生在同一地点的战时的特殊景象。

阿部在上海时，经常到各个剧院观戏或欣赏音乐会："兰心剧场里几
乎每个礼拜天的夜晚都有上海交响乐团的演奏。数十名乐手差不多都是
来自俄国、德国、意大利、匈牙利等国的西洋人，听众有五成是日本人，三
成是外国人，两成是中国人。饱受通货膨胀之苦的那些乐手们都是空着
肚子，演奏时也无多大的激情，只是习惯性地演奏着音乐而已，气氛比较
沉闷。"

上述的这段描写意味着，尽管太平洋战争爆发后英美的势力被日本
人驱逐出了上海，在充斥着防空头巾和国民服的日本本土欧美的洋腔洋
调几乎已被扫荡一空，但在日本占领下的上海，依然有着浓重的国际都市
的气氛。

当然，上海从来就不是只有光鲜的一面。1945 年 1 月末，小说中的
"我"雇了两辆三轮车自陆军宿舍搬迁到苏州河畔的临时住所，沿途所见
的是如此的景象：

> 那是一个阴沉的寒气刺骨的日子。我们的车子穿过南京路上拥

挤的人流向前行驶,不一会儿向北折入一条有些肮脏的小巷……路上,散落着一地沾满了尘土的豆子,大概是卡车上震落下来的吧。好几拨妇女和儿童,趴在地上一颗一颗地捡拾。"这一带,到了夜里满街都是妓女……"吴君说……煤气包的后面,是一条沿着浑浊的苏州河的道路。我记得河的对岸,是一座似曾相识的建筑物。后来才终于想起,这就是在电影和图片中好几次见过的四行仓库,"上海事变"的时候,十九路军一直坚守到最后的那座仓库。⑦⑤

战争时代的上海,虽然 1937 年后未再出现滚滚硝烟,但依然有一种独特的令人不快的战时风景:

这一恐怖的情景已经持续十天了。从早上八点开始到天黑,房间窗口的斜角上,一个大扩音器不停地在叫唤。音色破裂而奇怪,但响到周边一平方公里都可以听到的程度,交替地使用着汉语和英语,对着南京路上熙熙攘攘的人群狂轰滥炸般地大声吼叫,一刻也没有停息,其间还会播放几种电影的主题歌。破裂的声音所叫唤的具体内容听不大清楚,但我想一定是为眼下正在陆军宿舍的三楼大厅内举办的"日军战捷纪念展"招揽观众。⑦⑥

每周三次,我从市内寒碜的住宿地出发,或坐电车,或步行,或坐人力车,前往城市西端的学校去授课,其间要穿过兆丰公园、也称为极司菲尔公园的英国式公园,学校就坐落在公园的那一头。公园到了九、十月份时,宽阔的草坪上开满了各种美丽的花草,一走进这里,就仿佛从战争的恐惧和在物价飞涨的痛苦中呻吟的城市的喧嚣中解脱了出来,来到了一个完全不同的世界。但是,过了不久,这里就出现了穿着国民服、扛着木头枪的日本侨民在军人的指挥下在草地上进行军事训练的情景。去学校上学的青年男女们（这些学生都是些潇洒的青年绅士和淑女，曾有这样稍带贬义的说法，说是上海的流行都是始于圣约翰）以非常冷漠的眼光望着这一场景，形成一个队列从一旁走过。留着长发、穿着西服的我，带着几分惶恐的心情，混杂在学生的人群中从他们身边走过。⑦

由上述的断片缀成的上海场景，向我们展示了阿部心目中的处于战争后期的上海映像：富有阶级灯红酒绿的奢华生活与下层贫民饥寒交迫的艰难营生互相交杂的世界；英美的势力虽然遭到了驱逐但西洋的色彩依旧浓郁的近代都市；虽然没有弥漫的硝烟但战争的阴影时时笼罩在人们心头的非常岁月。这些场景，构成了日后阿部对上海的沉重而复杂的历史回忆，也成了十余年后他重访上海时的重要参照系。

第四节　旧·新中国的体验对于阿部知二的思想意义

阿部知二与中国的因缘并未止于战争的结束。

日本近代的对外政策以及作为政策实施的对中国的扩张和侵略乃至规模更大的太平洋战争，其带来的严峻的后果，促使阿部等一代有良知的知识人对日本的命运和世界人类的前途做出深刻的思考。战前以知性的带有自由主义倾向的人文主义者著称的阿部，在战后不久，即逐渐展现出了左翼的色彩，并且成了一名对日本现行体制（或整个资本主义制度）的批评者。不少人对此感到意外和不解。其实，促使阿部的思想发生深刻转变的，恐怕是那场使日本和亚太地区的人民遭受深重灾难的大规模对外侵略战争，在国内，阿部已亲身感受到宪兵、特高警察的飞扬跋扈，感受到令人窒息的精神压迫，在海外，他又亲眼目睹了日本占领军对当地人民的凶狠残暴，从爪哇回来后，他就开始对这场战争产生怀疑，并在内心痛恨那些同为日本人的法西斯军人。曾在东京文化学院听过阿部授课的青地晨后来回忆说:"那是老师受到军部的征用、以报道班员的身份被派到爪哇去再回到日本不久的事,大概是昭和十八年年初的时候吧。我与老师在电车上偶然相遇,我问起了他对军人的感想。那时老师的回答极为干脆明了:军人都是些无聊的家伙!我不觉大为震惊,下意识地环顾了一下周边。老师说这话时,语气激昂,仿佛是在发泄积郁在心头的愤懑。我没想到老师会这样回答。赞美颂扬军人是当时的社会风潮,连那些曾经属于无产阶级文学阵营的作家也不例外。而且在电车中说这样的话在当时也是非常危险的。每每说及老师在战后的'转变',我就会不由得想起那件事。"⑱战争期间,阿部无法在公开发表的文字中表述他的内心世界,青地的这段回忆,昭示了阿部至少在爪哇期间或回来后就已经萌生了对于主导当时日本社会的军部势力的憎恶。

阿部早年的基本思想,包括他的人生观、文学观和政治倾向,其资源主要来自 19 世纪的俄国现实主义文学、18—19 世纪的英国文学和部分的 19 世纪末至 20 世纪初的美国文学,其主轴是人文主义或人道主义(humanism),在政治立场上,则更多地具有崇尚个性的自由主义色彩。因此当 20 世纪 20 年代具有鲜明的党派和阶级意识的无产阶级文学在日本文坛崛起时,一直沉浸在西方人文主义或人道主义理念中的阿部,自觉不自觉地与其保持了距离,而他在此期间发表的文学理论和作品,也使得外界更多地将他划在新兴艺术派(如横光利一、川端康成等)的阵营。但是 1930 年前后,军部主导的法西斯主义日益嚣张,日本的政党政治已经完全瓦解,与此相关的极端的国家主义成了日本社会的主导力量,这使得自由主义知识分子在精神上感到了史无前例的压迫,他们的思想空间不断地受到挤压,最后被逼到了喘息的境地。对华全面侵略战争爆发后,知识分子的尊严更是受到严重的蹂躏,他们已沦落成军部手中的工具,或被强行征召入伍(如武田泰淳和竹内好等),或作为报道班员被派往中国和其他被侵占的国家（如阿部自己等）。武田泰淳在上海看到了横尸遍野的惨象，阿布则在爪哇震惊于美丽的异国自然和蛮横的日本军人之间的强烈对比。而所有这一切，与作为阿部精神支柱的人文主义或人道主义是严重冲突的。至少从那时起，他已对那场战争和日本的命运开始了痛苦的思考。此后为了生存，他也不得不屈从于军部的淫威，在一定程度上依然听从他们的调遣，这就有了他的第一次上海之行。但他依然被排除在主流的文坛之外，甚至作品一度遭到禁止刊发。为了在精神上获得喘息的空间，也是为了谋求物质上的存活，他私自通过友人的斡旋第二次来到了上海，在自由主义气息比较浓厚的圣约翰大学谋得一份教职。

从战后立即发表的一系列"上海物"小说来看，他的基于人文主义的反战思想、和平主义的理念和对于中国文化的基本认同和赞赏，并不是在战败之后瞬息之间的突然转变和迸发，而是在人文主义或人道主义思想的基础上逐步演进的表现。一个重要的标志，就是自战争末期起，他开始对这场由日本挑起（军方主导、全民参与）的对外战争进行反省，尤其是对华侵略战争。无论是 1935 年夏天的北京之旅，还是战争后期在上海的长期逗留，他都亲眼目睹并亲身体验了日本人在中国的实际行径。战争结束不久发表的一系列"上海物"作品中，就已表现出了他对战争的反思和批判，在尔后发表的各种演讲和文章中，他更是直接将日本的对华战争斥之为"侵略战争"，我们试举如下的言辞：

30 年代刚开始，日军就侵入了东北，不久又将战火扩展到华北以及全中国。世界大战爆发，太平洋战争爆发，整个中国被卷入战火之中。⑲

我们对于过去，也就是对于过去的侵略，还没有做过任何的清算，在还没有得到清算的情况下，又碰到了新的难题。对于核武器，作为一个核爆炸受害国的国民，我们毕竟无法放弃彻底否定的态度（此处指中国 1964 年原子弹爆炸成功后阿部参与的日本知识人发表的批评声明——引译者）。但是，为了要表明这样的态度，我们对于过去发动的侵略战争，多少也应该做出清算和了结吧。⑧

需要指出的是，类似阿部这样的认识，在战后的日本知识界或舆论界，虽非罕见，却也不是主流。对于近代以来日本的对外侵略战争，一部分的知识界人士曾通过自己的文字和言论表示了深刻的反省和批判，如作家武田泰淳、大江健三郎，历史学家井上清、家永三郎等，但这一问题始终未得到彻底的清算，乃至时至今日，仍然有诸种沉渣泛起，企图来掩饰或文饰日本过去的战争罪行。

基于这样的认识，此前埋首于书案、专心于文坛的阿部，在战后罕见地开始投身各种社会活动，陆续担任了人民文学派的日本文学学校首任校长、日本文化会议议长，还频频参加国际笔会、亚非作家会议等带有左翼色彩的国际文化活动。

人文主义或人道主义的思想，本身就包含了民主主义和社会主义的元素，只是在战前，人文主义或人道主义在阿部的身上更多地表现为崇尚个性、追求社会良知的自由主义，这一点，终其一生，也没有在阿部身上泯灭，但作为对于战前法西斯主义和战后以美国为首的西方世界强硬的反共政策的反动，其民主主义和社会主义的元素在逐渐扩大，或者说阿部自觉不自觉地从左翼的思想资源，包括民主主义和社会主义的思想中来汲取精神养分。

1954 年秋天为期三周的新中国之旅，使得阿部思想中的民主主义和社会主义的因子进一步地放大和强化，也使得他的左倾面目显得更加的清晰。

1954 年 9 月末，受中国科学院、中国文学艺术界联合会和中国人民对外文化协会的邀请,阿部作为日本学术文化访华代表团的一员,前往北京参加中华人民共和国建国 5 周年的庆典,同时访问了北京及周边地区以及西安和上海。该团的团长是东京学习院大学的校长安倍能成(一位研究康德的自由主义哲学家,曾在战后的币原内阁中担任文部大臣),团员中有曾于 1920 年代末期在北京游学两年、在中国语文和文学上卓有建树的东京大学教授仓石武四郎、1940 年代在北京居住多年的中国文学研究家和随笔家的庆应大学教授奥野信太郎、在中国史学和考古学研究上成就斐然的京都大学教授贝冢茂树,还有几位其他领域的学者和画家,也堪称一时之选。据竹松良明所著的《阿部知二》中的年谱,访华团一行是在 9 月 27 日离开东京的,其时中日尚未建交,也无直接的航线,一行是经由香港飞往北京的,据 9 月 30 日《人民日报》的记载,他们是 29 日下午乘飞机到达北京的,同一时期应邀来到北京参加国庆典礼的还有日本工会代表团和日本(社会党左派)国会议员访华团,当然更多的是苏联东欧诸国的政府代表团和文化代表团。

对于在战前和战争时期与中国有着复杂因缘的阿部而言,在共产党取得政权建立了一个新的中国同时与日本的官方处于严峻对立状态的背景下,中国之行绝不是一次简单的观光旅行。作为一个富有良知的知识人,阿部始终在思考日本和世界的命运,他希望这一次的中国之行,能够为自己的思考求得某种答案,至少能因此而获得一些启示。他表示自己的访华有两个目的,一是作为在近代与中国恩怨深重的日本国民,"我在考虑与中国人之间是否能建立起一种和平的纽带?"另一个是作为知识分子的阿部更为关切的,那就是"在社会主义社会中,人到底变得怎样了,是被解放了呢,还是受到限制压迫了呢? 也就是说,人文主义或人道主义是得到伸展了呢还是遭到萎缩了呢? 亲眼去考察这一现状是我此行的重要目的之一。"㉛同时,阿部也坦言,他是抱着如下的态度前往中国的:

对我而言,这是第五次去中国……我在考虑,我应该怀抱着热爱或善意的态度来观察中国,或者抱着祈愿发展的心情,当然对所有的国家都应该是这样的态度,但是对于曾经(对中国)做过这样的坏事的日本人来说,就特别应该抱有这样的态度,这是我的信条。㊷

据10月6日《人民日报》的报道,代表团一行在5日上午拜会了邀请单位的中国人民对外文化协会会长楚图南和中国科学院、中国文联的负责人,晚上,与日本渊源深厚的郭沫若设宴欢迎一行访华。此外,还受到了周恩来总理的长达三小时的接见。在京期间,代表团除参加庆典外,参观了文物古迹、学校、农村和官厅水库,并与文化界人士进行了广泛的座谈。16日,代表团在离京前夕,以团长的名义发表了一通题为《向北京告别》的文书,告别书中有如下的表述:

(各处的参观)让我们看到了新兴中国的前进方向和它所指向的理想以及为实现这些的行动和工作。在很短的日子里,我们虽然不可能详细了解它的内容,但是,对于到处可以看到的、中国人民在毛主席的领导下,齐一步伐,向着工业建设的大道明朗而健康地行进中的雄姿,唯有表示敬佩和羡慕。我们所接触到的有各界的领导者、大学和教育工作者和学生,他们对待我们都很直率亲切,我们能够忘记了自己昨天曾经是敌国的国民,给中国带来过许多灾难,而和他们一见如故,握手言欢,这对我们来说实在是幸福的体验……我们还看到了中国现在以新的姿态站立起来,同时进行各种新的钻探和发掘,更感到意外喜悦。我们也看到了新中国绝不仅仅是破坏旧文化,而且经过探讨旧文化来愈益巩固其根基……我们最后所望于中国的是,中国现在在武装的方面也已成为世界的强国了。根据我们的幼稚见闻,"武"这个字的构成就是"止戈为武"。过去所常用的所谓"武装和平"的话,大概与此相当。可是,在世界历史上,强国的武装往往成为战争的原因,却很少成为和平的原因。中国的几千年的古国,现在正在维新中。如果中国能用行动来表示它的武装是为了和平,并以废除武器为理想的话,那么中国也许不仅能够证明"光明来自亚洲",而且也许能够使这种光明从亚洲照耀到全世界。我们热烈希望新兴中国的雄心更广更大,并祝毛主席和中国人民健康,我们深切希望我们和诸位的友谊能成为中日两国正常关系的开始。㊿

引文有些长,从并不十分通达的中文来看,告别书原文也许出自日本人之手。除了个别礼节性的表述外,大抵真切地表示了包括阿部在内的这些与中国因缘深厚的日本知识人在战后对新中国的认识和期待。

1954 年的中国,距中国共产党执政之前的旧中国仅有五年之遥,但中国的社会,无论是外貌还是内在,都发生了深刻的变化,虽然已出现了一些过分的政治行动和偏激的社会改革,但剧烈的政治运动尚未全面铺开,上层的政治结构还处于比较稳定的时期,与苏联和东欧社会主义诸国还保持着较为稳定的蜜月期,旧时的积弊和陋习在短时期内遭到了基本的革除,因此整个社会呈现出上升时期的欣欣向荣的姿态,大部分的中国人对未来充满了自信和期望。尽管只是三周左右的由中国方面组织的走马观花式的访问,阿部等人还是充分感受到了这一新气象,尤其是在战前的 1935 年和战争时期的 1943 年至 1945 年间在北京和上海分别有过较为深切的中国体验的阿部知二,1954 年秋天的这次新中国之行,不仅加深了他对中国这一巨大邻邦的历史和现实的关切,还激发了他对作为政治理念和国家实态的社会主义的强烈的兴趣,他开始以新中国作为一个可视的参照系,来思考战后日本的命运。

自中国回来后,他在各种场合发表演讲,在报刊上发表文章,表述他对新中国的观感。归结起来,大致有这样几个方面。

一是对社会主义新中国总体的感觉。阿部认为,对于新中国的评判,不能简单地用好和坏来下结论,立场不同,结论也相异。若是工人,会觉得好,若是资本家,会觉得坏。但是作为知识人的自己,就应该从独立的立场对各个方面进行深入的思考,三星期的考察访问,"从结论上来说,我见到了很多好的地方。"㉞阿部的视点,一个是从大多数人的立场出发,另一个是出于与自己经历过的旧中国的比较角度。因此他的感觉是,"过去的一百年来,中国在所谓'帝国主义、封建主义、官僚资本主义'的统治之下,颓败潦倒,我甚至想要用散发出恶臭的濒临死亡的躯体来形容,(但如今的新中国)从那样的状态中彻底地站立了起来,取得了独立,现在虽然水准还不高,但人民的生活安定,且正在努力使之提升。"具体而言,大学生上学免费,还有生活补助,享受免费的娱乐,大学毕业后,人人都有工作。又比如,"上海的三十六家影剧院,都是人民的财产。医院、铁路、旅馆等,都是如此。"㉟"前几天我去了上海。昔日这是一座极度的奢华与极度的贫穷同时并存的城市,位于市中心的跑马厅,如今成了园池和广场,那座宏伟的建筑,成了博物馆和图书馆,许多人(主要是青少年)出入其中。"㊱中国人的衣着,外观上还相当的素朴,几乎毫无美艳的迹象,"即便是年轻的女子,也全都穿着黑的蓝的灰的卡其色的上衣和裤子,在忙碌地工作着。"阿部对此的理解是,一是缘于布料衣服还处于配给的状态,二是社会(或者说国家)倡导清洁健康的审美理念,解放了的妇女,在素朴的衣着中,依然可以透发出健康的美㊲。在上海,阿部一行还参观了刚建成不久的曹杨新村,给他的感觉是:"很多劳动者居住在一起,拥有共同的剧场、学校、公园,成千上万的人一起劳动生产,而且其汗水的结晶不会成为别人的财富,而是还之于他们自己,由此他们的生活得到了提高。"㊳阿部尚无法确认事实是否真是如此,但他觉得从理论上来说是这样。这样的社会,正是他当年受影响较深的托尔斯泰所追求的梦想,也曾是受西方的大同(乌托邦)思想的鼓舞、大正时代曾试行过新村运动的有岛武郎、武者小路实笃等一批白桦派作家的理想家园,作为人文主义或人道主义知识人的阿部,在思想的主脉上,许多是与他们相通的。作为一位知性的作家,他当然不会轻易地陶醉在新中国的现实中,但三周的中国之行,他觉得自己看到了一个不同与往日的新天地:"今天的中国,正怀抱着宏大而全面的构想和理念,朝着一个目的——社会主义建设而迈进。"⑧在此时阿部的语境中,"社会主义"基本上是一个正面的词语。

二是对新中国文学艺术的理解。作为一个思想资源主要来自近代西方的人文主义或人道主义作家,阿部十分关注共产党执政以后的文艺政策和新中国文学艺术界的现状,留意人们的自由程度,并在三周的访问中作了较为详细的调查和观察。

阿部注意到了毛泽东的《在延安文艺座谈会上的讲话》成了新中国文艺界绝对的指导方针,苏联的文艺理论也在中国被奉为圭臬。阿部曾阅读过这一讲话的日文版,对苏联的理论也稍有涉猎。他觉得,既然在社会主义国家中劳动者已经成了主人公,文学作品以劳动者为主要的描写对象,应该也无可厚非。但是,绝对地强调所谓"政治第一,艺术第二"的标准,以国家的政治力量来支配整个文学艺术界,这对于"我们这样的我行我素的人来说,还是觉得有些过于严苛。"⑨这里的所谓"我行我素",实际上是基于自由主义和人文主义精神的知识分子对于思想自由、艺术独立的基本诉求。

阿部非常关注中国古典文学和外国文学在新中国的命运。阿部对于波澜壮阔、起伏跌宕的数千年的中国文明史一直怀有浓厚的兴趣,而中国的古典则是中国文明的光辉结晶,同时他自己是英美文学出身,对于源于希腊精神的西洋文明也一直心存好感,自己翻译了二十几种欧美文学作品,他觉得这些都是培育人文主义精神的滋养物。幸好,中国的同行告诉他,古典文学在中国依然很受重视,各种文本依然在出版,不过会有各色各样的批判性的注释,以帮助读者辨别封建性的糟粕。至于外国文学,也没有被全盘否定。他在北京、上海和广州会见了几位从事英美文学研究的大学教授,他们尴尬地承认,自己正在进行思想改造,要变换姿态来重新认识英美文学。不过,包括英美在内的外国文学,在中国依然有人在研究和翻译,也有各种文本在出版。作为日本人,阿部尤其关心日本文学在中国的现状,据他调查的结果,江户时期的近松门左卫门、式亭三马,明治时期的二叶亭四迷、樋口一叶、森鸥外、国木田独步、田山花袋、岛崎藤村、石川啄木、有岛武郎、志贺直哉等都被列入了将要出版的作家作品行列,这使阿部感到颇为欣慰。他还欣喜地获知,北京、上海、广州的几个大学内,都有几十上百的学生在英文系攻读。他还了解到,共产党政府对各色知识分子都予以宽厚的待遇,曾以汉奸罪入狱的周作人,现在从事文学翻译工作,衣食无忧,以湘西小说驰名的沈从文,如今政治倾向有问题,但仍安排在博物馆工作,而对共产党政策有异议的东北作家萧军,虽在矿上劳动,但仍鼓励他写作矿工生活的作品,最近的新作将要出版。这些消息使阿部很受感动。于是他得出结论说:

> 中国人民充满了建设的激情,热爱自己的祖国,并无不自由的感觉。而且也在积极地阅读古典作品,政府也鼓励大家的阅读……(中国的社会)对人非常宽厚,大家可以自由地阅读古典作品。学生也在积极地上演莎士比亚等的剧作。人们很珍视世界文学的遗产,尤其是怀着爱国心来对待自己本国的遗产,由这样的精神出发,今后应该会有宏大的作品问世吧。⑨

由于有对旧中国的深刻体验,共产党执政后五年的新中国,在阿部的眼中,几乎已接近了理想中的乌托邦:"现在的中国正在蓬勃上升,既无富人也无穷人,大家都在平等中共同迈向更好的生活,而且也享有广泛的自由。"⑨

在整个 20 世纪 20 年代以及 30 年代前期,阿部与日本的左翼,尤其是左翼文坛一直保持着距离,他的作品的基调,主要是表现中产阶级的生活场景,表现他们的日常营生和情感,无论是人物内心还是外在的自然环境,描写大多细腻而精致,荡漾着一种淡淡的哀怨,具有抒情诗的风格。日本对外侵略战争的爆发以及随着战争的扩大而带来的社会情势的恶化,以及阿部自己所遭受的战争苦难,使得他对日本社会以及所谓的“国策”逐渐产生了怀疑和反省,尤其对主政的军部势力萌生了日益强烈的憎恶,他的这一时期作品,开始出现了较多的思考,也每每流露出痛苦的情绪。战后,作为对战争时期猖獗的法西斯主义的反动,左翼思潮重新复活并在一定程度上主导了日本的思想界。日本战败后,经历了长达六年的美军占领期,虽然整个社会正在逐渐复苏,较之战前,战后在美国人主导下建立起来的政治和社会结构也具有明显的优良性,但冷战后的世界格局和日美安保条约等,却使得日本在各个方面不得不依附于美国,或者说在相当的程度上成了美国的附庸。这种有些屈辱的状态,使得相当一部分强调独立思想自由人格的日本知识分子,对美国产生了一定程度的抗拒意识。在这样的背景下,阿部原先思想中的人文主义和民主主义中所蕴含的社会主义元素开始被激活或放大,或者说,他对资本主义对立面的社会主义产生了兴趣,但这一时期,社会主义还不是他思想的主流,其时,社会主义在他的脑海中,更多的还只是些抽象的概念和模糊的影像。1954年秋天在中国三周的所见所闻,使得他的头脑中的社会主义变得清晰和具象起来。

在思考日本近代,尤其是战后日本的命运时,无论是从哪一个视角,中国始终是一个巨大的参照系。阿部等具有人文主义思想的日本知识人,对近代以来因外压和内乱所导致的衰败与凋敝固然感到哀叹和痛惜,同时他们也或清晰或模糊地意识到四千多年积淀起来中华文明的强大的内在力量,1935年阿部初到北京时,就惊异于北京宫殿的宏阔深厚和华北黄土高原的粗粝壮伟,惊叹于武英殿、文华殿内陶瓷器藏品的夺人心魄的瑰丽,虽然历史上中国也曾遭到外族的征服,但中华文明却具有"将所有的(外来)思想和权力吞噬进来,用无边无际的充溢着中国人气息的巨大的湖沼将其包围笼罩,直至消融的同化力"⑬。虽然其时主流的日本社会从中国的衰败和凋敝中激发了日本的扩张意识,试图借日本人之手来"改造"和支配中国,阿部等却在 1935 年时就已隐约地感觉到,日本人进入中国后,很可能如同一头大象陷入无尽的泥沼之中。如今,在战乱平息的短短五年之后,经过中国共产党人强大的组织能力和行动能力,中国已一扫昔日的衰败和凋敝,成为或正在成为一个欣欣向荣的社会主义新中国,这使得阿部等大受鼓舞,不仅古老的中国文明正在复兴,而且出现了崭新的社会主义新面貌,如果这样的新气象可以称之为社会主义的话,阿部自然要成为一个社会主义的赞美者了。可以说,1954 年的中国之行,使得阿部思想中的社会主义元素进一步放大,1959 年与左翼文艺评论家青野吉季等联名发表了反对日美安保条约的声明,1966 年又与英美文学研究家和评论家的中野好夫等发表了反对越南战争的声明,这一系列的左翼行动,应该说大部分都是基于社会主义的思想理念。

需要指出的是,成为某种主义的赞美者或倾向者是容易的,不过,一个真正的思想家或思想者,应该始终怀抱一定程度的怀疑和批判精神。对某一事物或事态轻易地发出赞美或愤慨的时候,往往也会夹杂着一定程度的天真和浅薄。1954 年的中国之行,与阿部在 1935 年的北京之旅和1943 年至 1945 年的上海生活不同,都是由中国官方安排和引导的,阿部们在新中国的所见所闻,虽然都是通过自己的耳目,但所得的,未必都是实像,尤其是通过中方陪同人员获得的信息,往往是真伪参半。以今天的史实来审视当年阿部们获得的新中国意象,可以说是实像和虚像交杂的图像。不错,1954 年的中国,总体上呈现的是一种新的气象,大部分的劳动者,体会到了翻身解放的感觉,整个的国家,迈入了朝气蓬勃的社会主义建设新阶段,但日后爆发的种种弊病此时已开始胎动,所谓知识分子的思想改造运动已经展开,毛泽东已经发动了对电影《武训传》的批判,对俞平伯红楼梦研究的批判也在1954年的秋季拉开了序幕,紧接着的是更猛烈的胡适思想批判,以至于到了1957年夏季,整个中国被卷入了一场铺天盖地的"反右"狂潮,不久又掀起了一场带来三年"自然灾害"的"大跃进"运动,到了后来,民众很大程度上只能是上面决策的响应者甚至是盲从者,人们在国家意志和集体意志(有时候体现为领袖意志)的强有力的支配下,逐渐丧失了个体意志的自由,失去了迁徙和就职的自由。尽管在1954年秋季,这一切似乎还不是十分彰显,但都已端倪初现,而外来的阿部们似乎并未敏锐地察觉到。

此后,阿部对新中国一直表现了友好和亲近的态度。1963年11月,巴金率领中国作家代表团访问日本时,阿部热情地邀请他们来自家做客,主客欢谈,气氛和睦。

1964年12月12日,阿部作为团长率领东京都各界代表日中友好团(此为阿部年谱中的表述,正式的全称是"日中邦交恢复三千万署名运动东京都各界代表团",《人民日报》报道中的表述是"日中友协东京都各界友好访华团")抵达北京,他们受到中日友协副会长赵朴初、秘书长赵安博等的迎接,此后赵朴初和中日友协会长廖承志先后宴请了访华团一行,12月22日上午,"全国人大副委员长、中日友协名誉会长郭沫若接见了由阿部知二率领的日中友协东京都各界友好访华团的全体成员,同他们进行了亲切友好的谈话。"④与1954年的访问相近,他们除了北京外还访问了上海、杭州等其他地方,历时约一个月。

1964年年末的中国,处于一种错综复杂的状态。一方面,三年"自然灾害"的阴影已经逐渐褪去,国民经济逐渐得到恢复和发展,五年前建成的"十大建筑",巍然矗立在北京市中心,与阿部十年前的访问相比,建设的成就已部分显现,而经过了十余年的努力,昔日的旧风陋习得到荡涤,世风相对淳朴,治安状况良好;另一方面,经历了"大跃进"的折腾,早年画在蓝图上的社会主义美好远景已现出破绽,而在政治上,美国依然是头号敌人,而曾经的"兄弟的社会主义国家"苏联,已经分道扬镳,"阶级斗争为纲"成了基本方针,对思想界、文艺界的清算和控制较前更为严厉。对于这一面,身处政治漩涡之外的阿部,当时恐怕尚难以辨识。其时,日本已进入了长达十余年的经济高度成长期,摆脱了战后经济困窘状态的日本,正在迅速地跨入喧嚣的商品消费时代,对个性的强调带来了个人意欲的膨胀,对消费的鼓吹也导致了商业广告的绚烂。对资本主义已心生反感的阿部,他更多地看到了社会主义中国光明的一面。在新建成的民族文化宫的顶楼,他望见了这样的景象:

> 天空高旷辽阔,闪耀着光辉,大地茫茫一片,无边无际。置于这样的天地之间的北京市,也同样的雄大壮伟。首先在城市中央,是其面积规模可与一座城市相匹敌的故宫,金黄色的琉璃瓦高低错落,如波浪般上下起伏,其周边有几处如湖沼一般的水面,绿树浓密,周遭的往昔留存下来的古老的街区,都得到了重新修缮,或得到了明显的扩展,宽阔的大街从这些街区穿过,通往郊外的大学园区和产业园区……如今的北京,已经不是往日羸弱的女子,而已成了被阳光晒得黑里透红的健壮的青年……这一切使我感到,北京同时包含着悠远的静寂和不断的鼓动。⑨⑤

1945 年元月,他在上海曾去看过一家日本人经营的棉纺厂,看到了中国工人居住的拥挤不堪、又脏又暗的小屋,印象深刻。"二十年以后,这次我还去了上海,他们带我们去参观了昔日生活在社会最底层的人赖以栖身的棚屋密集的地方,那里有一对二十年以前以乞讨为生的夫妇,如今当上了工人,住进了工人新村,他们的儿子上了大学。"⑨⑥同行的一位年长的律师对当时中国的印象是"路不拾遗夜不闭户",阿部的感觉也是,虽然人民生活的提高程度没有他预期的那么理想,但考虑到"最近三年的大灾害、苏联援助的停止"等诸因素,中国人的生活还是"有了很大的提高。虽然没有令人瞠目的奢华,但基础相当的稳定。令人感到,整体的水准,在一点点地自下往上走。"阿部的希望是,"资源丰富人口众多的中国大规模的经济建设能够与日本的精密的工业能力结合起来。"㊲阿部眼中的中国,"几亿人民大众中,无论是老弱还是病残,都受到了无微不至的温暖的照顾。"㊳在他归国后的演讲或文章中,频频使用了"解放前"、"解放后"这样的词语。

时隔十年的中国之行,阿部依然带着美好的印象回来了。他对社会主义的信心没有丝毫的动摇,他所描绘的社会主义中国的图像,依然是实像与虚像乃至幻象交杂的混合体。

终于,1966 年 6 月,由毛泽东发动的"文化大革命"爆发了。其规模之宏大,其气象之热狂,其程度之惨烈,可谓史无前例。相关的报道不断传到了日本。有人兴奋,有人困惑,有人责难。作为一直在关注中国的知识分子的阿部,撰写了两篇长文来表述自己对此时中国的认识。一篇是《中国的文化革命与人类的历史》,另一篇是《如何看待中国的近现代文学》。

首先,阿部认为眼下的"文化大革命"是中国宏大而漫长的革命过程中,其革命的意识形态达到极端程度的一个表现,类似的情况以前在法国大革命和苏俄革命中也曾出现过。"这次中国的文化革命,可以说是一场第二第三阶段的新的革命,因中国与帝国主义对峙状态引发的临时性危机而导致的多元叠合性的升温行动,或者说目前的中国需要这样一场革命。"对于这样的革命,完全是中国内部的事情,外人不宜轻易置喙,"以前日本对中国的武力侵略,也都是对中国革命的干涉。"我们的当务之急,就是要防止任何外部势力(包括日本政府)对中国的任何形式的干涉,对于中国发生的一切,"我们必须持以冷静而长远的目光来加以关注。"⑨⑨

阿部认为，目前正在进行继续革命的中国，尚未处在无政府主义的状态，相反，中国依然拥有强有力的国家统制，"这意味着中国以一种崭新的姿态出现在了革命的历史上。这样的一个中国，将会如何来面对革命和战争的问题，将会采取怎样的行动，这将是今后会书写在历史上的一页，而这一页内容，今天却完全无从知晓。"⑩⑩这也表现了对于当时风起云涌的"文化大革命"，阿部也无法加以清晰地预测和判别。他觉得当前中国人采取的方法也许有些令人费解，也许有些激进，但他相信其根本的目的与世界的潮流是一致的，最终还是求得没有帝国主义战争的世界和平。纵观几千年的中国文明史，阿部相信中国的前景不会悲观：

> 四千年来，他们形成了一个拥有同一文化的巨大的民族社会，经历了各种各样的条件，一直持续至今，并且不断壮大，这一情形（在世界历史上也）是非常罕见的。中国历史上曾有历代专制王朝兴起而灭亡，也屡屡有外敌来进犯，对此，中国人采取了或战或和及其他各种态度来加以应对，而其生命力则越发蓬勃强大。不得不说，这是一个决定性的因素。这次的文化革命，其方向也将是一场广泛的大众运动吧。⑩⑩

不过，阿部还是对中国新近出现的舆论动向感到困惑：

> 我在初夏出版的《北京周报》中读到的一篇文章，将自由平等博爱这一法国大革命的理想标语当作资产阶级的东西来批判，认定其是有害无益的，这使我感到颇为震惊。就我自己而言，这三点对于近代的人类来说，已经是常识性的理念了，因此感到震惊。当然，这最初是资产阶级提出的，但这与资产阶级的颓废并无直接的关联，而是

资产阶级处于上升时期的积极精神的体现。倘若中国的文化革命要将此彻底否定的话，那就很有可能意味着要将西洋的文艺复兴时代以来的人的观念都一概摒弃了。⑩

阿部自青年时代起，就在西方近代思想的熏陶下，成了一个坚定的人文主义者，自由平等博爱是他对人类社会的信念，也是他追求的理想，人文主义的精神体现在他所有的作品中。战后出于对日本侵略战争的反省和对资本主义世界的重新审视，更由于他比较深刻的中国体验，他思想中社会主义的元素开始逐渐放大，尤其是通过 1954 年和 1964 年的两次访华，他对社会主义的中国留下了积极的印象，在他的理解中，自由平等博爱这样的理念与社会主义应该是可以兼容的。如今，文化革命兴起后的中国却表示要摒弃这样的理念，并且对此大加挞伐，这不得不使阿部感到困惑和不解。他认为："我们受到了古希腊和希伯来这些传统精神的浸染，又本着文艺复兴的世界观和人生观，然后将近代的自由平等博爱的精神作为自己的信念，并以此作为核心来肯定个我，这样的意识已经贯穿了我们整个的心灵，当然在文学中也是追求这样的意识，不过我们若是回过头来检视一下的话，也很难断言我们已经取得了这样的成果（这里要说明的是，恐怕谁也不会认为，文艺复兴的精神、自由平等博爱的精神等在西方已经完全成了现实。说起来，近代的文学，在强烈追求这些精神的同时，有时也会表现为因理念和现实的矛盾而引发的苦闷甚至是绝望。而日本的'近代文学'，总体上来说，可以说是更倾向于后者。）"⑩ 不过，在对中国的历史和现实进行了仔细的审察后，阿部也对革命中国的想法，表示了一定程度的理解，他意识到，在现代中国人看来，"人类——至少其大部分，即便没有体验过西方文艺复兴时代以来的历史，也完全能够建设起一个强盛的社会，拥有先进的科学和技术，并且形成崭新的人类社会，"⑩ 或许这种可能性也未必没有。

阿部关注中国的最终目的,毕竟还在于日本自身。在他看来,作为一个在历史和现实中与日本有着千丝万缕密切关联的邻邦中国,是一个在思考日本命运时的巨大的参照体。在审察了中国的历史和现实之后,他得出的结论是:

在百年之中,行走了一条与中国人不同的道路、并将继续行走下去的我们日本人,一直都在细致入微地学习西洋的近代文学,然后经历了(类似西方的)文艺复兴时代或中世纪的岁月,逐渐把握了古希腊和希伯来世界的精神,我们要是真的具有学习西方的意志,恐怕也未必不可达到西方世界的境地,进而也未必不能汲取和掌握具有很大普世价值的西洋的人生观。但是,即便如此,还是会有未解的问题。即,我们如何来发现我们自己?也就是说,我们日本人的价值观、日本人的面目到哪里去了?用泰戈尔的话来说,就是"人的完成"怎么样了?要回答这个问题,最终我们还得对于我们这个充满了矛盾的近现代社会的基本特性从根本上加以彻底的反省和批判。这种批判,既是对近现代社会的"老师"西洋文化的各个方面的主体性的批判,同时也必定要对我们自身的传统进行严厉的批判。如果这样的想法成立的话,我们就应该认为,这项工作与中国人业已完成的进程,以及正在进行的进程,在很多方面都有密切的关联。我们要承认,日本的文学和中国的文学,在其性质和状况上彼此都有许多不同点,而且两者在过去漫长的关系中还有许多尚未整理的遗产。在承认这一实况的基础上,我们既不必抱有无条件的亲近感,也不必抱有无条件的疏远感,而是根据客观的事实,对近现代中国文学的诸问题加以不懈的关注、探求、经常保持深切的关系,只有这样,这两个民族的文学,才能取得具有实质意义的收获。[109]

很显然,阿部的这一认识和结论,已经完全不限于文学的领域。这也是他经历了中年和晚年的种种体验和思考之后,对于中国之于日本的意义,作出的一个总结性的阐述。

1973年4月23日,阿部知二因患食道癌在东京去世。他有幸见到了中日邦交正常化的实现。

注释:

① 阿部知二:《中国の近代・現代文学に面して》,原载《文学》1967年3月号,《阿部知二全集》第11卷,东京河出书房新社1975年版,第353页。

② 阿部知二:《名古屋の追憶》,原载《ABC文化》1946年第4期。

③ 阿部知二:《友情の同人雑誌》,载《出世作のころ》,东京读卖新闻社1969年版。

④ 阿部知二:《寸言欄》,《朱門》1926年第1期,引自松竹良明《阿部知二 道は晴れてあり》,神戸新聞総合出版センター1993年版,第80页。

⑤ 阿部知二:《主知的文学論》,载《昭和文学全集》第13卷,东京小学馆1993年版,第312页。

⑥ 阿部知二:《隣国の文化——北平の印象から》,《读卖新闻》1935年10月27日。

⑦《阿部知二全集》第2卷,东京河出书房新社1974年版,第386—387页。

⑧ 阿部知二:《北京》,《阿部知二全集》第2卷,第290页。

⑨《阿部知二文庫目録——阿部知二遺族寄贈寄託資料》,姬路文学馆1995年版。

⑩ 阿部知二:《北京》,《阿部知二全集》第2卷,第282—283页。

⑪ 同上书,第294页。

⑫ 同上书,第366页。

⑬ 同上书,第329页。

⑭ 同上书,第294页。

⑮ 阿部知二:《北京・跋》,《阿部知二全集》第2卷,第387页。

⑯ 同上书,第388页。

⑰ 阿部知二:《支那及び支那人観の三座標》,《セルパン》第87号(1938年4月1日),第6页。

⑱ 见,松竹良明:《阿部知二 道は晴れてあり》,第156页。

⑲《中日文协昨开文艺座谈会》,《申报》1943年10月17日。

⑳《大陆新报》1943年11月19日。

㉑《中日文协昨欢宴日本作家 丰岛与阿部两氏均出席》,《申报》1943年11月19日。

㉒ 阿部知二:《嵐のいびき》,《週刊朝日》1944年3月5日号。

㉓ 同上书,第6—7页。

㉔ 阿部知二:《幻妖談——西湖の追憶》,《芸術新潮》第1卷第2号(1950年2月),第134页。

㉕ 同上书,第 135 页。

㉖ 阿部知二:《陆军宿舍》,东京《改造》1946 年 3 月号,第 90 页。

㉗ 阿部知二:《绿衣》,《阿部知二全集》第 5 卷,东京河出书房新社 1975 年版,第 139 页。

㉘ 见松竹良明:《阿部知二　道は晴れてあり》,第 167 页。

㉙ 阿部知二:《追憶》,东京《ニューエイジ》第 1 卷第 6 号(1949 年 6 月),第 73 页。

㉚ 该卡片收入上海市档案馆编号为 Q243-1-1444 的文档内,卡片编号为 33。

㉛ 阿部知二:《隣人》,原载东京《新潮》1946 年 12 月号,见《阿部知二全集》第 6 卷,第 266 页。

㉜ 阿部知二:《陆军宿舍》,东京《改造》1946 年 3 月号,第 90 页。

㉝ 同上书。

㉞ 阿部知二:《追憶》,东京《ニューエイジ》第 1 卷第 6 号(1949 年 6 月),第 73 页。

㉟ 同上书,第 74 页。

㊱ 同上书。

㊲ 同上书。

㊳ 武田泰淳:《上海の蛍》,东京中央公论社 1976 年版,第 209—210 页。

㊴ 阿部知二:《追憶》,东京《ニューエイジ》第 1 卷第 6 号(1949 年 6 月),第 76 页。

㊶ 同上书。

㊷ 同上书,第 77 页。

㊸ 阿部知二:《花影》,载《小夜と夏世》,东京池田书店 1951 年版,第 107 页。

㊹ 同上书。

㊺ 阿部知二:《追憶》,东京《ニューエイジ》第 1 卷第 6 号(1949 年 6 月),第 77 页。

㊻ 阿部知二:《绿衣》,《阿部知二全集》第 5 卷,东京河出书房新社 1975 年版,第 127 页。

㊼ 同上书,第 129 页。

㊽ 同上书,第 127 页。

㊾ 同上书,第 141 页。

㊿ 同上书,第 131—132 页。

51 同上书,第 141 页。

52 同上书。

53 阿部知二:《绿衣》,《阿部知二全集》第 5 卷,第 158 页。

54 同上书,第 168—169 页。

55 同上书,第 144 页。

56 同上书。

57 同上书,第 147 页。

58 同上书,第 154 页。

59 阿部知二:《绿衣》,《阿部知二全集》第 5 卷,第 137 页。

60 阿部知二:《陆军宿舍》,东京《改造》1946 年 3 月号,第 97 页。

61 同上书,第 99 页。

62 同上书,第 100—101 页。

63 在木志内诚编著的《上海历史地图》2011 年 12 月的增补本(东京大修馆书店出版)上明确

标注了"西牢"的所在位置,即在今西藏路桥和浙江路桥之间的南苏州路上,原址现为上海城市排水管理处。

○64 阿部知二:《隣人》,《阿部知二全集》第 6 卷,第 268 页。

○65 同上书,第 269 页。

○66 同上书,第 271 页。

○67 同上书,第 277—278 页。

○68 阿部知二:《遠来客》,东京《心》1952 年 4 月号,第 77 页。

○69 阿部知二:《大河》,载小说集《大河》,东京新潮社 1952 年版,第 4 页。

○70 同上书,第 9—10 页。

○71 同上书,第 12 页。

○72 同上书,第 18—19 页。

○73 同上书,第 85 页。

○74 阿部知二:《陸軍宿舎》,东京《改造》1946 年 3 月号,第 92 页。

○75 阿部知二:《隣人》,《阿部知二全集》第 6 卷,第 266—268 页。

○76 同上书,第 90 页。

○77 阿部知二:《追憶》,东京《ニューエイジ》第 1 卷第 6 号(1949 年 6 月),第 74 页。

○78 青地晨:《錯覚》,原载《阿部知二全集月報 9》,见《阿部知二全集》第 12 卷,1975 年版。

○79 阿部知二:《中国の近代・現代文学に面して》,原载东京《文学》1967 年 3 月号,见《阿部知二全集》第 11 卷,第 353 页。

○80 阿部知二:《盧溝橋三十年の重い流れ》,东京《展望》1967 年 9 月号,第 49 页。

○81 阿部知二:《文化と人間》,东京《世界》杂志第 109 号(1955 年 1 月),第 157 页。

○82 阿部知二:《文化と人間の誕生——中国を見たまま》,东京《日本文学》第 4 卷第 3 号(1955 年 3 月),第 148 页。

○83 《日本学术文化访华代表团离开北京》,《人民日报》1954 年 10 月 17 日。

○84 阿部知二:《文化と人間》,东京《世界》杂志第 109 号(1955 年 1 月),第 158 页。

○85 同上书,第 158—163 页。

○86 阿部知二:《「文化の日」に思う》,原载《朝日新聞》1954 年 11 月 3 日,见《阿部知二全集》第 12 卷,第 207 页。

○87 阿部知二:《中国の女性たち》,东京《婦人公論》第 39 卷第 12 号(1954 年 12 月),第 60—61 页。

○88 阿部知二:《中国から帰って》,载《歴史のなかへ》,东京大月书店 1955 年版,第 182—183 页。

○89 阿部知二:《中国の女性たち》,东京《婦人公論》第 39 卷第 12 号(1954 年 12 月),第 60 页。

○90 阿部知二:《友好の道は近い》,东京《改造》杂志 1954 年 12 月号,第 5 页。

○91 阿部知二:《文化と人間——中国見たまま》,东京《日本文学》1955 年 3 月号,第 154 页。

○92 阿部知二:《私の見た中国 自由を謳歌する人々》,东京《朝日経済新聞》1955 年 3 月 6 日。

○93 阿部知二:《北京》,《阿部知二全集》第 2 卷,第 299 页。

○94 《郭沫若副委员长接见日本客人》,《人民日报》1964 年 12 月 23 日。

⑨⑤ 阿部知二:《楼上から北京を見る》,东京《日中友好新聞》1971 年 1 月 1 日。

⑨⑥ 阿部知二:《中国から帰って――あの偉大で不思議な国》,东京《NOMAプレスサービ
ス》1965 年 4 月 5 日号,第 20 页。

⑨⑦ 同上书,第 19 页。

⑨⑧ 阿部知二:《日中のあいだがら》,东京《わだつみのこえ》第 27 号(1965 年 4 月 5 日),第
13 页。

⑨⑨ 阿部知二:《中国の文化革命と人間の歴史》,东京《世界》第 252 号(1966 年 11 月 1 日),
第 153—155 页。

⑩⑩ 同上书,第 157 页。

⑩① 同上书。

⑩② 同上书,第 154 页。

⑩③ 阿部知二:《中国の近代・現代文学に面して》,原载东京《文学》1967 年 3 月号,载《阿部
知二全集》第 11 卷,第 364—365 页。

⑩④ 同上书,第 365 页。

⑩⑤ 同上书,第 365—366 页。

第七章

武田泰淳："上海的萤火虫"

第一节　武田的中国因缘

在二战以后日本的文坛上崛起的新作家群，或者称之为"战后派"的作家中，无论从其个人经历还是其作品中所关注的对象，武田泰淳（1912—1979）恐怕是最具有中国色彩的一个人，或者说在战后崭露头角并有着卓越成就的作家中，像武田泰淳那样与中国有着密切因缘、对中国怀有深刻情结的人是十分鲜见的。

不过，武田泰淳并非在战后才初次登上文坛。事实上，他最早发表在杂志上的作品，可以追溯到 1933 年《明日》上发表的长篇怪奇冒险小说《世界黑色阴谋物语》，但一来《明日》只是一个影响非常小的同人杂志，二来作品本身只刊登了第一回就中断了，除了范围有限的同人外，几乎不为外人所知晓。尽管如此，自此武田泰淳基本上就没有脱离过文坛，尤其是他作为发起人之一的中国文学研究会成立以后，他的大部分的活动，几乎一直与中国文学或者中国本身有着极为密切的关联，并在战前的 1943 年出版了可称之为长篇评论的《司马迁》，但以小说的形式登上文坛并为世人所瞩目的，则是在战后。

日本战败之前，准确地说是大正和昭和前期（1912—1945），出于历史、文化和政治情状的原因而关注中国的日本作家为数不少。比如 1916年至 1920 年曾在辽东半岛生活了将近 5 年、撰写了《大同石佛寺》、《支那南北记》、《支那传说集》等的诗人、剧作家和小说家的木村杢太郎（1885—1945）；自幼浸淫在中国文化之中、写了不少以中国为题材的小说并以《支那游记》一书引起世人物议的小说家芥川龙之介(1892—1927);少年时代起就具有浓重的中国趣味、两度来中国游历并以江南为题材撰写了不少小说随笔、与中国新文坛交往广泛的作家谷崎润一郎(1886—1965);以中国通自居、在中国古典上具有相当修养并曾与田汉、郁达夫等有着深厚交谊、参与鲁迅作品翻译推介的佐藤春夫(1892—1964);20世纪20年代至30年代曾数度来中国生活和游历、将中国比作恋人、出版了以描写上海的《魔都》为代表作的10来部有关中国作品的村松捎风(1889—1961)等。但在日本侵华战争爆发前后,这些作家或者去世,或者退离文坛,或者发自内心或迫于压力而为当局的侵略政策摇旗呐喊,乃至于在战后,重新复出文坛的作家,也许是因为自己在战争中的不当言行,也许是因为对新中国政治和文坛的隔膜,几乎都切断了自己与中国的情缘,在战后问世的作品中,几乎找寻不到中国的印迹①。

被视作战后派的大部分作家,如野间宏(1915—1991)、椎名麟三(1911—1973)、梅崎春生(1915—1965)和大冈升平(1909—1988)等,早年成长的岁月,对中国的憧憬早已不复存在,汉文教育也已逐渐废除,他们中的不少人虽也曾参加左翼运动而被捕入狱或被迫入伍走上战场,但这些左翼运动与中国大抵已无关联,战场的经历则多为南洋的菲律宾等,在大学中选择的专业,也多为英文法文等与西方文学和哲学相关的领域。出于早年的经历和战后的政治环境,他们的目光一般都没有投注于中国②。

就战后崛起的作家而言,武田泰淳的中国情结也许并不具有很大的代表性,但这绝不意味着在他那一代的文人(包括作家在内的评论家、文学研究家和翻译家等)中,他只是一个突兀孤立的存在。在战前和战争中所经历的与中国相关的刻骨铭心的人生履历,战后对战争因果的深刻反思,使得很多的日本知识人时时在关注、检讨中日之间(包括民族、文化和历史)的诸问题,以中国为一坐标轴或参照系来思考日本的命运和未来。

以竹内好(1910—1977)为内核的形成于战前的中国文学研究会的内外围成员就是其代表性的群体之一。

因此,本书的展开,固然将充分注意到武田泰淳的作家身份,他的作品也是本书的主题要考察的主要对象,但这一章将不会是一篇纯粹的作家论,对其作品,也并不重在文学性的分析。本书更关注的是战前、战时、战后这样的一个日本知识人群体对中国的认识和中日关系的思考。武田泰淳是这样一个主题的个案之一。就武田泰淳而言,来自文物和文献的知识信息在他的头脑中构筑起了一个或清晰或模糊的中国意象,而战争时期和战后他又以各种形式实际接触到了中国的实像(或部分实像,或是实像与意象交织的混合体),这是他的中国思考和中国叙说中的一个极为重要的元素。

武田泰淳 1912 年(明治四十五年,亦为大正元年)2 月 12 日出生于东京市本乡东片町的潮泉寺(属净土宗),幼名觉。父亲是寺院的住职,名大岛泰信,武田的姓氏,是自其父亲的师僧武田芳淳承袭而来。武田自幼在寺院的环境中长大,少年时爱读侦探冒险小说,中学时英文成绩不错。

他与中国的因缘起于何时,尚难以确定,不过在寺院的环境中,他应该读过一些佛经。佛教公元 6 世纪中叶自朝鲜半岛传入日本,用的一直是汉译佛经,净土宗虽然是法然 12 世纪时在日本创建的宗派,但其经典《选择本愿念佛集》等大抵都用汉文撰写,在如此气氛的熏陶下,武田已培养起了阅读汉文(与中国的文言文大抵同义)的能力。这一点与他同时代的人颇不相同。在江户末年至明治时代成长起来的日本文人,大都具有汉诗文的造诣,即便如留学德国的森鸥外(1862—1922)和留学英国的夏目漱石(1867—1916),皆留下了可观的汉诗文作品③。但大正年间成长的日本人,一般已难以阅读汉诗文,即便后来考入东京帝国大学中国哲学文学科的竹内好,也并不具备汉诗文阅读能力④。1928 年,武田进入浦和高等学校文科甲类,上课并不热心,经常钻在图书馆里阅读"国译汉文大成"本的《红楼梦》及鲁迅、胡适的作品,并试作了二十篇汉诗⑤。不详武田此时所读的鲁迅等作品是中文原作还是日文译作,因1928年时鲁迅等的作品还只有极少量的日文翻译。1930年他18岁时,还前往住所附近的一所私立外语学校学习现代汉语。从他日后的行为来看,这一时期,他应该已对中国文学或中国真正产生了兴趣。

翌年,他考入东京帝国大学中国哲学文学科。同级的同学中有竹内好,高一级的有冈崎俊夫(1909—1959),这三人后来成了中国文学研究会的主要发起人。东京帝国大学当然是日本最高的学府,但中国科却不大有人要读,相对而言,进入的门槛比较低,同时代的文学评论家本多秋五(1908—2001)曾不无揶揄地说:"据我所知,昭和初年的中国哲学中国文学科不是个有人气的学科,进去的不是和尚的儿子就是出身汉学家庭的子弟,一般人若无特殊的情况,是不会想进这样的学科的。"⑥

从浦和高等学校开始,泰淳开始阅读马克思主义的书籍,思想倾向左翼,加入了反帝组织。进大学后,依然参加左翼组织的活动,因在中央邮局散发鼓动罢工的传单等前后遭到三次逮捕,并在本富士警署被拘押了一个月,也很少去学校听课,第二年开始不再交纳学费,由此中断了学业。不过这一时期,他开始与来日本留学的中国学生有了交往,经常去东京神田北神保町中华留日基督教青年会馆内的书店翻阅或购买中国图书,结识了几名留学生,后来圈子逐渐扩大,互相教授中文和日文,这是他与中国人交往的开始。

1932年,他进入芝·增上寺的加行道场,改名泰淳,取得了僧侣的资格。而在这之前,他父亲也自潮泉寺转入目黑区中目黑的长泉院担任住职。据武田后来回忆,在增上寺期间,他与一位来寺院修行的中国僧人彼此用笔谈的方式讨论了社会主义与佛教的问题,他觉得对方在佛教上的造诣很深⑦。由此看来,这时的武田还不具备用中文交谈的能力,但从其稍后对中国现代文学的评论介绍来看,已经具有了现代汉语的阅读能力。

在武田早年的中国因缘中,最具有意义的恐怕是参与发起中国文学研究会的成立以及以后在研究会中的活动⑧。这一组织的缘起,主要是出于对当时东京帝大等的汉学教学和研究现状的不满,武田在1943年回忆说:

我们从学生时代开始,对汉学这样的东西抱有反感。与其说是抱有反感,不如说是完全没有兴趣。通过汉学来接触中国的文化,总不能获得满足,在感觉上也很不喜欢。倒也不是说对汉学的本质已经看得很明白,而是对由汉文所笼罩的这种气氛,由汉学所散发出来的儒教的冬烘气,怎么也无法适应。作为日本人来说,研究中国应该还有其他的途径……于是我们在昭和九年(1934年)开始了中国文学研究会,对中国的现代文学、中国的学者的业绩,展开了调查。⑨

中国文学研究会的核心人物无疑是竹内好,在他所撰写的"会则"中,将这一组织定位为"以中国文学的研究和日支文化的交驩(原文的汉字为'交驩',通'交欢',意为在和睦友好的气氛中的愉快的交流——引译者注)为目的的研究团体"⑩。有关武田对该组织发起的实际参与情况,竹内在当年的日记中有如下记载:

1934年(下同)1月24日……十一时许,武田(泰淳)来,谈两小时左右归。劝其参与中国文学研究会。对其已阅读相当数量的(中国)现代小说颇为感佩。

3月1日。横山、佐山、武田、冈崎来访,举行中国文学研究会第一次的准备总会。决定会名为中国文学研究会……决定每月1日、15日举行两次例会,出杂志。⑪

研究会于 1934 年 8 月 4 日假借由研究会举行的北京大学教授周作人、徐祖正欢迎酒会的场合,对外正式宣布成立。翌年 3 月,开始发行机关杂志《中国文学月报》,作为主要同人的武田,从第 2 号开始为杂志撰写文稿,内容兼及中国古典和新文坛两个方面,至其被应征入伍前往中国的 1937 年 10 月止,共发表了《钟敬文》、《今年度的中国文化》、《关于唐代佛教文学的民众化》、《昭和十一年中国文坛的展望》、《袁中郎论》、《抗日作家及其作品》、《关于李健吾的喜剧》等 16 篇,此前在 1934 年 1 月还在《斯文》上发表了他第一篇有关中国新文学的文章《关于幽默杂志〈论语〉》。由此大抵可知他早期对中国文学的兴趣所在以及有关中国文学的知识结构。

1935 年前后,武田与来日本的几位中国作家也有不同程度的交往,其中有在千叶的市川流亡的郭沫若和以《从军日记》闻名、两度来日本留学的谢冰莹。

有关武田与郭沫若的交往,主要见竹内当时的日记。1934 年 11 月 9 日记道:

> 上午武田来,同去访问郭先生。在京浜百货公司购买点心带去。装了书的包裹颇重。呼吸到了久违的郊外空气。郭氏的神态语气如旧。说起请他在中国文学研究会做演讲的事,私下允诺。获赠《文学》十一月号和《现代》十月号。因为他基本上不读。杂谈。大众话问题,承蒙教示。说话非常有气势。我想他不愿折节,不愿妥协,故埋首金石研究。近十二时辞出。⑫

竹内和武田等酝酿已久的演讲会终于 1935 年 1 月 26 日举行,这也是中国文学研究会的第三次例会活动。竹内的当天日记比较详细记载了演讲会的情况:

令人热泪盈眶的盛会。出席者 104 名。(一桥)学士会馆第二号室,充溢着听讲者,座椅不敷使用。人人都在称赞会议的盛况。高田教授与竹田副教授均来。郭氏的演讲,一时半开始,逾三时结束。郭氏自己似也极为亢奋。一户(研究会主要成员——引者注)司会,极拙劣,然亦无可奈何。留学生出席者数十名,大多似见报而来。郭氏忘带衬衫袖扣的金属扣,将自己的借给他。郭氏演讲至高潮处,眉间紧锁,目光如炬。逾三时演讲结束,备茶果恳谈。⑬

翌日下午,竹内又会同武田、冈崎去访郭沫若,抵达时,"已近四时。郭氏热情相迎。商议文稿刊发《思想》和《同仁》事宜。借阅《楚辞》研究原稿。郭氏拟出日文版,请我们与书店交涉。聆听其有关《楚辞》和'天道思想'的高论。我们给他的演讲费原封归还,作为给研究会的捐助,对研究会给予了热情的支持。郭氏对众多的留学生来听讲亦甚感喜悦。辞行时一再挽留,并屡屡邀请今后常来玩。"⑭

顺便提及,这些来往,郭沫若在有关流亡日本的文字以及郭沫若的年谱和传记中均未有任何记述。

武田与当时来到东京的谢冰莹有颇为深入的交往。以《从军日记》出名的湖南作家谢冰莹 1931 年曾来日本呆了四个月,九一八以后回国。第二次来日本大概是在 1934 年的秋天。不久就开始参加研究会的活动。在研究会的第二次例会上,主持人武田泰淳正式向大家介绍了她。在 12月 9 日举行的研究会的第一次恳话会上,请谢冰莹主讲了"我的文学经历"。位于长泉院内的武田的家述算比较宽敞,每周总有两三次,有中国留学生到他这里来,谢冰莹也常跟着去,谈论各种文学或其他话题。

后来谢冰莹对武田说想迁居到目黑一带,于是武田就给她介绍了一处朋友开设的小公寓,在那里谢与一位姓黄的研究生物的男子同居了。这一年的 4 月初开始,谢冰莹与黄姓男子一同到武田家里学习日文。不料,武田却因谢冰莹而卷入了一场政治漩涡。大约在第二次或第三次结束之后,武田送他们两人回住处,并在那里逗留了一会儿之后回到家,正在沐浴时,特高科的警察上门将他带到了目黑警署,并因此入狱一个半月。

自20年代末起,日本社会的白色恐怖日益浓厚,共产党等左翼组织被数度镇压,有共产主义或自由主义倾向的人士屡屡受到警察的调查。武田泰淳本人在学生时代就曾参加左翼活动被警方三度拘留,可谓是一个有"前科"的人了。在日本的中国留学生,也经常受到警察的追踪和调查,谢冰莹的言行早就受到警方的注意。1935年4月末,伪满洲国皇帝溥仪来日本访问,日本当局怕受到中国留学生的抗议和袭击,就将他们认为的危险分子一概抓捕起来,谢冰莹和黄姓男子就在那天夜晚被抓到了警署,在受到审问逼供20天后释放了,武田则被关了45天才放出来。关于这段经历,谢冰莹在1940年出版了日记体的《在日本狱中》,武田则在战后撰写了《谢冰莹事件》,刊登在复刊后的1947年的《中国文学》101号上。

这一事件对武田打击颇大,他后来回忆说:"我这样老实本分、这样消极地生活竟然也会受到怀疑,我在研究会的工作中所怀抱的光明的希望,与留学生交往的乐趣,这些充满了甜美梦想的日常人生,突然被丑恶的现实都撞碎了。"⑮

1937年10月,其时日本侵华战争已全面爆发,武田突然收到当局的征召,被编入辎重输卒队派往华中地区。在此之前,对于有志于中国研究的武田自然是期望有朝一日能踏上中国的土地,却不料竟然是以这样的形式,内心的苦楚可想而知。战后他自己反省这一段经历时说:"那时,我内心是反对战争的。"⑯他觉得当时自己的身份是"侵略者"⑰。那年11月初,他在上海的吴淞登陆,被分配在卫生材料厂做后勤事务,后来又或坐卡车或坐小船辗转嘉兴、湖州、杭州,再自南京渡过长江北上徐州,一路途经安徽,目睹了"如小孩一般的中国士兵,懵里懵懂地被抓了俘虏,砍了头"⑱的惨景,也曾在慰安所里买过春,又沿着长江抵达了九江、南昌和武汉,一路可谓戎马倥偬,却也因此而踏勘了中国中部的许多地区,并在战争间隙大量阅读了西洋的哲学、日本的文学和《论语》等多种中国古典⑲,1939 年 10 月退役返回日本。

这一段人生经历对于武田而言无疑是刻骨铭心的,他后来在谈到这一战争体验时说:"对我而言,这是非常可耻、痛苦和令人厌恶的"⑳。竹内好后来评论说:"那一时段的体验和在中国的思考,可谓在很大程度上决定了他日后的人生。"㉑"武田的精神的转换——也可称之为生的自觉,是由出征这一体验所带来的。两年的兵营生活,让他变了一个人。"㉒

回国后,武田陆续将他在中国草拟的笔记整理成《庐州风景》、《关于支那文化的信函》、《杭州的春天》发表在了《中国文学月报》上,并与小田岳夫合著了《扬子江文学风土记》。作为研究会的主干,他继续向日本读者介绍臧克家和卞之琳、巴金、沈从文、曹禺等中国新文坛的作家。这一时期武田以中国的历史和现实为题材撰写了数篇小说,不过除了《E 女士的杨柳》之外,大部分都在战后才得以付梓。1941 年 10 月起,武田进入日本出版文化协会(后改为日本出版会)文化局海外课中国班供职。此外的大量时间,武田躲避在父亲的寺院里阅读了大量哲学、文学、佛学和陆续发掘出来的敦煌资料等,这些都增加了他思考问题的深度和广度。

在战前武田与中国的因缘中,最重要的作品应该推 1943 年 4 月由日本评论社出版的《司马迁》。日本评论社当时推出了一套"东洋思想丛书",经人介绍向武田组稿,武田选择了司马迁。他在 1942 年 12 月为该书所写的序文中留下了这样的文字:

我开始思考《史记》,始于昭和十二年,即出征以后。在严酷的战地生活中,我深切地感受到了经过了漫长岁月后依然留存至今日的古典的强大生命力。汉代历史的世界,仿佛如同今日一样。当我们在思考历史的严峻、世界的严峻也就是现实的严峻的时候,我们可以在《史记》中获得某种依靠的力量。在有限的闲暇我耽读于此书时,我越来越为司马迁的世界构想的广度和深度所震惊……我将史记的世界置于我的眼前,我想以那世界的喧嚣,来试炼我自己的精神。㉓

这部书为武田赢得了相当的声誉,许多历史学家都对此书给予了较高的评价。著名文艺评论家山本健吉(1907—1988)由此引荐他加入当时水准较高的《批评》同人圈子,这是武田正式踏入日本文坛的第一步。

第二节 "上海的萤火虫"

1937年11月㉔,武田在上海的吴淞登陆,到达上海南市的中山医院,被分配在卫生材料厂做后勤事务。在上海期间,他曾去了北四川路上的内山书店,购买了法国哲学家本格森的《时间和自由》等书刊。他在当时致研究会同人、鲁迅《中国小说史略》译者的增田涉的信函中这样描述了自己在上海初次所见到的中国:

> 我第一次见到的中国的房屋是弹痕累累的断壁,我第一眼见到的中国人是已经腐烂了难以用言语表述的尸体。学校里倒塌了的课桌上是满是尘泥的教科书,图书馆内全套的《新青年》、《历史语言研究所集刊》等杂志被雨水打湿了。这场景显然象是令人心碎的文化破坏。㉕

1944年3月间,日本的败局基本已定,国内政治愈益黑暗,经济状况愈益窘迫,同时美军开始大规模空袭日本本土,日本已经一片风雨飘摇。

武田很想脱离如此动荡而压抑的日本,去海外求得喘息。于是中国文学研究会的同人小野忍(1906—1980)试图将其介绍至上海的中日文化协会供职,该机构也表示愿意接受。但因武田过去参加左翼活动而屡遭拘押的"前科",目黑警察署不同意他前往海外。后经在大东亚省供职的研究会同人增田涉(1903—1977)向警察当局的请求和交涉,终于从警视厅外事课获得允准㉖,经长崎坐船于6月9日抵达上海。

武田供职单位的正式名称,应该是中日文化协会上海分会文化资料编译馆(也称东方文化编译馆)。中日文化协会是汪伪政府成立之后,经由日本方面的动议,于1940年7月成立的,由日本驻汪伪政府的大使阿部信行(1875—1953,曾在1939年出任日本内阁总理)担任名誉理事长,汪伪政府的行政院副院长兼外交部长褚民谊(1884—1946)担任理事长,汪伪政府的各路政要担任常务理事,并在汪伪政府所控制的广州、武汉、杭州等地设立分会,初时上海分会的名誉理事长为伪上海市长陈公博(1892—1946),理事长为伪警政部长李士群(1905—1943)。但实际主持日常事务的,是日方的常务理事林广吉(1898—1971)和中方的常务理事陶晶孙,1944年6月建立的文化资料编译馆的馆长是《申报》社长陈彬龢(1897—1945),副馆长是曾任上海东亚同文书院大学教授的小竹文夫(1900—1962),实际主事的则是小竹㉗。事实上,编译馆与上海分会是连成一体的,办公机构均位于当年自英籍犹太人马勒(Nilse Moller)手中强行接收来的马勒别墅。武田日后记述了自己见到这一建筑时的感觉:

> 这是一幢异常豪华的、似乎在童话中出现的建筑。与其说是终于发现了它的喜悦,不如说是一种意外的惊讶:这就是我赴任的办公楼吗?这是真的吗?我恍如在梦境中一般……不仅由彩色砖瓦堆积起来的楼房的外廊极为奢华,内部每一个细部的制作也都极为讲究。我踏上了擦得铮亮的木楼梯。㉘

所谓上海的中日文化协会以及编译馆无疑具有战时御用机构的性质，但据武田日后在《上海的萤火虫》中的详细描述，当时整个的气氛还算平和，武田在该机构的工作，事实上也未必与当局的策略相吻合。有日本研究者指出：

中日文化协会和集聚在那里的人对于文化政策的态度，未必是向国策一边倒的，倒不如说来到这边的人是这样的一个群体，既有像泰淳那样的试图从国内（言论）闭塞的状况中逃脱出来的人，也有想反过来利用国策机关所具有的便利性来满足自己文化欲求的人，或是借着文化政策的名义，被与战争状态下的国内相隔离的享乐空气所吸引过来的人，他们的各色活动构成了各种力量互相搅动的日中文化的大熔炉。[29]

武田在上海居留的 1944 年 6 月至 1946 年 2 月的一年零八个月，大致可分为两个阶段，前一阶段即抵达上海后至 1945 年 8 月日本战败，这一时期他活动的主要范围在昔日法租界地区。第二阶段是战败后至归国。根据接收上海的国民政府方面的规定，他随所有在上海的日本侨民集中移居至虹口地区，其活动的主要范围也在虹口一带。

前期他在上海的住所，主要借宿在小竹在安和寺路（Amherst Avenue，现新华路）上自美国富商手中接收来的一处花园洋房，武田对此有过这样的描述："（小竹）博士的家在安和寺路上。离旧交通大学[30]比较近，是周边都是外国人宅邸的一个闲静的街区。被称为哥伦比亚圈的这一住宅区里，无论是楼房还是街道、居民，几乎都感受不到中国的风情。"[31]"这是一幢非常舒适的三层洋楼，也有车库和佣人的房间。博士夫人和两个男孩和博士住在一起。"[32]小竹本人的描述则更为详细：

原本这并非是我这样一个贫穷的大学教授所能居住的,这是一个大都居住着中国和外国的大实业家和要人的高级住宅区。住宅大都散落在宽阔的林荫路两边的横道内,我家的旁边住着汪政权的宣传部长林柏生,对面是中国实业家的第二号人物,其旁边是某外国人实业家的宅邸。我们的这条小路内就伫立着这四幢房屋。都是砖瓦建筑,有宽广的庭院,当然还有车库。我家也有车库,不过里面空无一物。[33]

1944 年 12 月底,经小竹文夫的介绍,武田移居至由东亚同文书院管理的惇信路上的福世花园 19 号。武田在上海供职和居住的所在,都是在战时的东京所罕见的高级洋楼,当时虽说处于战争状态,但整个上海相对还比较平和,除了物价高昂之外,物品的充裕和一般人生活的相对自由,与处于严格的战时管制、物品极度匮乏的日本本土形成了鲜明的对比。一年多编译馆的工作,只是主持翻译出版了小泉八云的《一个日本女人的日记》和一册通俗科学读物而已。武田有大量的闲暇,他先后请了两个中国女青年来教授他上海话,下班后则常常一个人骑着自行车在上海西区的街巷中闲逛,也去踏访过龙华古寺和鲁迅墓,间或也与同伴去犹太人或白俄开设的酒馆内买醉,或去大世界游乐场去体会中国人的日常消遣。除了与内山书店老板等有些交往外,他很少去日本人集聚的虹口地区。他的足迹,大多在以旧日法租界为中心的上海西区一带。这一点对他在这一时期形成的上海认识非常重要。

他平素交往较多的日本人除了小竹等外,还有先他来上海、同在文化协会内供职的小说家石上玄太郎(1910—　),明治末期大正年间曾以小说和演剧出名、其时在上海主编中文刊物《女声》的田村俊子,1945 年 4 月来国际文化振兴会上海资料室供职、日后成为小说家的堀田善卫(1918—1998),不久与后者成了终生的至交,其时尚在上海圣约翰大学任教的小说家阿部知二也时有过从。中国人中,留在上海与日本方面合作的小说家张资平曾数度来协会造访,给他的印象是"穿着华美的服饰,体态肥胖,气色也好。但其内心的落寞我立即就察觉到了。"而担任着协会常务理事的陶晶孙"则穿着日本小学校长那样的素朴的灰色衣服,瘦瘦的,与他私下谈话时,语气相当恳切。"㉞

武田或武田们在上海经历的日本战败,是一段对他或他们的内心产生极大震撼的体验。在上海接触到的所谓失去祖国而流亡在此的白俄和犹太人,常常使他思索民族或国家"灭亡"的问题。1945 年 8 月,武田在上海迎来了日本的战败。关于他此时的心境,他本人鲜有具体的记述,但据堀田善卫去世十年后公开的这一时期的《上海日记》的记载,8 月 11 日外国通讯社就已经发布了日本接受波茨坦公告的消息,他和武田等在上海看到了这样的场景:

> 随着电车渐渐从静安寺驶近南京路,从车窗向外看,商店几乎都关上了门,不时地从里面一个个挂出了青天白日旗。尽管南京路的商店全都打了烊,但满街都是人⋯⋯人们带着异样兴奋的表情在行走。确实这是不容易的⋯⋯(有人带来了《中华日报》的"和平号外")坐在那里的我们这些日本人,人人都面色凝重,同时一种说不出的苦涩涌上心来,眼睛不知往哪边看好。武田睁大了眼睛,全身心地读着号外。我也读了⋯⋯天黑了,我和武田一起回家。回去的路上,两人一时默然无语。过了一会儿,武田慢慢地说道,日本民族也许会消灭,倘若今后自己留在中国的话,就会告诉中国人,以前东方曾经有过这样一个国家,必须要有我们自己来告诉别人。㉟

这段当时的日记非常真实地记录了武田们的内心世界。

根据中国陆军总司令部于 9 月 30 日颁布的《中国境内日本侨民集中

营管理办法》,原先居住在上海以及日本投降后陆续进入上海的大约 10 万日本侨民㉟于这一时期先后集聚于虹口北四川路一带的地区,武田等也随之迁居于此,寄居在曾在印刷厂供职的友人野口家的类似三层阁的小屋内,以为日侨撰写中文书函为生。但日侨集中地不称集中营而称集中区,除了出门必须佩戴日侨的袖章外,并无特别严厉的限制,生活虽颇为艰难,但并未遭到中国人的袭击或辱骂。武田日后回忆说:"从重庆飞来的中国年轻的宪兵,相当亲切和蔼,在这边住下后,觉得日本人集中的街区也颇有滋味,集中区内不那么自由的生活,我也过得很开心。"㊲武田也因此对虹口一带的情形有了较深入的了解。此时武田开始认真阅读《圣经》,并四处搜罗了各种中文版的《圣经》,思考民族和国家灭亡的问题。1946 年 2 月 11 日,他随患病的日本房东乘坐运送病员的船只"高砂丸"离开上海回日本。

1961、1964、1967 年他三次随日本文化代表团来中国访问,每次都曾在上海停留,但对新中国的上海,他并无太多的描述。

第三节　武田的"上海物"和上海意象

所谓"上海物",是一个日语式的词语,指曾在上海逗留或居住的日本作家以上海为题材撰写的文学作品。武田虽很早染指中国文学的介绍和评论,1941 年也曾发表过一篇小说体的作品《E 女士的杨柳》,但并未引起日本文坛的注意,倒是他的评论作品《司马迁》为其赢得了相当的声誉。白上海回国后不久,他陆续以上海的经历为题材发表了一系列的"上海物",这些作品与其他作品一起为他在日本奠定了"战后派"代表作家的地位。

1946 年 12 月发表在《文化人的科学》第三号上的《秋天的铜像》,应该是武田"上海物"系列的第一篇作品。这是一篇更有些纪实风格的散文体小说,描写了位于毕勋路(Route Pichon,现汾阳路)、恩利和路(Route Henri Rivere,现桃江路)和祁济路(Route Chisi,现岳阳路)三路交汇处上的普希金铜像为中心的中国人、犹太人、白俄人等杂居的街景和民风,一家堆满了酒瓮的中国酒馆成了中国人的店主一家与白俄老太、有昔日将军风的希腊老人、衣衫褴褛满脸胡子的意大利男子、当然还有日本人社交的舞台,在落寞颓唐的秋天的氛围中演绎着各国小人物的故事。

1947年4月发表在《批评》上的小说《审判》,是一个比较长的短篇,出场的人物虽然基本上都是日本人,故事发生的舞台却是在上海的虹口甚至更广阔的中国。主人公"二郎"在侵华战争时期曾作为非正式战斗员的补充兵来到中国,虽并未在战场上与中国军队直接交战,却曾在长官的命令下参与了对两名无辜中国农夫的集体枪杀,并在突然的冲动下单独一人枪杀了一名风烛残年的老农夫。在战后居住于虹口期间,他幡然醒悟到了自己的罪行,终日遭受良心的责难,寝食难安,于是痛下决心与恋人分手,拒绝返回日本而一人独自留在中国赎罪。参证各种史料,这实际上是武田对自己战争罪行的告白和忏悔⊗,笔调相当沉痛。

自1947年8月起分三期在《进路》上连载的《蝮蛇的后裔》,应该说是武田"上海物"中较为重要的一个中篇小说。这是一篇以作者战后在虹口的生活为背景的虚构作品。主要人物为蛰居在虹口日侨集中区以为日本侨民代写中文诉状谋生的第一人称的"杉"、因请"杉"代写诉状而与其结识的日本女子、患病的女子丈夫、战败前在日军宣传部主掌实权的辛岛,展开的场景主要在北四川路和杨树浦一带。日本占领上海期间,飞扬跋扈的辛岛看上了姿色姣好的那位女子并霸占了她,同时利用权力将女子丈夫差遣到了汉口。战后奄奄一息的女子丈夫回到了上海,但辛岛想利用自己的余威继续占有女子,女子便央求"杉"利用与辛岛会面的机会结果他。一个月色朦胧的冷僻的街头,就在"杉"对辛岛举起斧子的一瞬间,已有人先他对辛岛动了手,"杉"只听到了离去者的一阵轻快的脚步声。

按故事发生的逻辑，刺杀者应该是那女子。故事多半是虚构的，但那气焰
嚣张、霸道强悍的代表着日本占领者的辛岛的形象，却未必是出于作者纯
然的想象。

大约是在 1948 年春季（具体月份不详）发表在《思潮》上的《圣女侠
女》，小说的舞台也在战争结束前后的上海。主要人物是以第一人称出现
的、具有侠女风骨的"梅女士"和具有圣女形象的玛利亚，两者都是在战争
时期上海的日本男人世界里讨生活的日本女子。前者从军部获得资金经
营着一家收容中国孤儿的工厂，以其刚烈的性格和浓艳的风姿迷倒了一
大批执掌大权的日本男人，内心则充满了对男人的鄙视和憎恨，后者是一
个欧美派基督教徒的女儿，以其纤弱柔美的身体成了各种男人（甚至包括
中国人）的尤物，在遭到了男人的玩弄甚至羞辱欺凌之后依然没有任何的
憎恶和仇恨，她一生中最后的一个男人，战前曾在日本大使馆里供职、战
后却立即摇身一变为国民政府的对日宣传机构服务的"岸"，是一个自私
而羸弱的男人，被他抛弃后处于濒死状态的玛利亚对愤愤不平的梅女士
的最后愿望便是恳求她不要再欺负岸。这是一篇通过两个女人的遭遇来
展示上海的日本占领当局种种丑陋世相的小说，圣女玛利亚的身上，留有
战争时期曾在上海长期生活的室伏克拉拉的明显影迹。

1948 年 12 月发表在《人间美学》上的《月光都市》，是一篇纯粹描写上
海的小说，作者个人体验的痕迹明显，小说的叙述者是在之前的作品中出
现过的"杉"，场景是在日本战败之前的上海，叙述的人物主要是在协会办
公楼内做女佣的基督教徒"阎姑娘"。19 岁的阎姑娘说不上是一个温顺
的教徒，只是与同样耽读《圣经》的杉经常会有些共同的话题，杉也因此请
她担当过自己的上海话老师。办公楼内经常会听到她一口生脆的宁波
话，对其他的男仆女佣往往会表现出颐指气使的做派，语气尖利甚至有些
跋扈，周边的中国人和日本人都有些讨厌她。在一次人员调整中，阎姑娘
成了解雇的对象。当晚，在中秋明朗的月光下，杉在西区的街头邂逅了正

在与父亲一同走向徐家汇教堂的阎姑娘。杉原本以为遭到解雇的阎姑娘会满脸的怨嗔,不意她竟表现得相当平静,表示基督徒应该是一个好人,皎洁的月光下她的神情也显得有些圣洁。这篇小说还花了一半以上的篇幅详细描绘了大世界游乐场等中国人的日常生活场景。这是一篇故事情节散淡而市井风情浓郁的作品。

同年同月发表在《改造》上的《梦的背叛》,借战败不久因连续腹泻而瘫软在病床上的日本宪兵山田的视角,描绘了战争时期日本宪兵在上海横行霸道的种种暴行。山田本人曾枪杀过一名试图暗杀汉奸分子的中日混血女子,该女子临死不惧,依然高呼"中华民国万岁"。在山田尚能呼风唤雨的时期,有一个叫"王妈"的女佣一直跟随着他,甚至还与他同床共眠,但在日本战败后,王妈表面上虽然还是不动声色,内心却决心丢弃这个作恶多端的日本军人,在用药让他处于昏睡状态之后,与长期被迫与她分居的丈夫一起搬走了山田囤积的大量布匹物资,远走他处。

《F花园十九号》是由1950年9月起分别发表在《文学界》等杂志上的四个短篇构成的中篇小说。作品以上海极司菲尔公园(今中山公园)附近的一幢花园洋房F花园19号馆(武田本人曾在惇信路的福世花园19号居住了大半年)为主要舞台,叙述了日本战败不久在上海所发生的一段神秘而有些血腥的故事。太平洋战争爆发后由日本人自英美企业家手中接收来的这幢带有宽敞花园的三层楼洋房内,三楼住着一个三十岁左右姓谢的美丽的中国女子,往日曾在日本的中国(应该是汪伪政府)使馆内工作过,而主要的居住者则是一个名曰"丘"的在南京路上开了一家美术商品店的日本人,两人之间有着肉体上的关系。某日,谢被人在寝室内神秘地杀害了。杀人者应该是与她有着恋人关系,同时在政治上也是同道的吴,他日本留学归来后在汪伪政府的上海军警部门担任了要职,曾参与处死来自重庆和延安的抗日分子。小说在扑朔迷离的氛围中描写了两个出于私利而与日本人合作的中国年轻人的阴暗病态的心理,同时也展示了战后日本侨民在上海的生活图景。

《野兽的徽章》发表在 1950 年 10 月号的《新潮》上。小说主要叙述战争时期一个王姓中国青年的汉奸历程。王在日本留学时期就已野心勃勃,试图在政治舞台上一展拳脚,回上海后立即向日本权力阶层靠拢,并因此进入了权力和油水甚大的米谷统制会。但他内心对日本并无忠心,只是想借日本的权势来获得自己个人的利益。抗战胜利前不久,他去了江南的一个小城,担任了由日本军部做后盾的自治会的会长,镇压过抗日的农民。抗战胜利后他四处潜逃,最后辗转来到了日本,为躲避当地华侨的追捕,他乔装成日本人四处藏匿,生活虽然动荡落魄,内心却毫无悔改之意。小说借了作品中日本人的口吻对产生汉奸的日本方面的责任作了反省,但对为了牟取私利而不惜出卖民族和国家的行为还是感到不齿。

1950 年以后,以上海为舞台的作品基本上就从武田的笔下消失了。直至他去世的 1976 年,这一年的 2 月起他开始在杂志《海》上连载发表了自传体长篇《上海的萤火虫》,详细叙述了 1944 年 6 月以后在上海生活的日常故事,可惜由于他的突然去世,小说尚未述及日本的战败就以未完成的形式戛然而止了。他动笔撰写这部自传时,距离他自上海归国已过去三十年。他在人生的最晚期对这一段人生依然抱有深刻的眷恋,时隔三十年之后,他甚至对往昔上海的每一个细部都留存着鲜活的印象,同时这部作品也镌刻了以武田为代表的一部分昭和知识分子战争结束前后在海外的心路历程。

武田的"上海物"还可以举出一些,比如《淑女绮谈》等,较重要的,大抵如上。

与 20 年代 30 年代初期日本作家的上海描述相比,武田的"上海物",至少有如下的几点不同。第一,武田自中学时代起即与中国结下了深刻的因缘。尽管芥川龙之介自孩提时代起即浸淫在中国文物的氛围中,但芥川在踏上上海(上海是他中国之行的首站)之前,浮现在他脑海中的,通常只是由古典和南画等营造出来的中国意象,而武田少年时代即开始修习现代汉语,阅读和译介中国现代的文学作品(尽管他在中国古典上造诣也不浅),以有些左翼色彩的眼光关注同时代的中国,更多的,他是将上海作为现实中国的一个缩影来观察的。第二,除去 1937 年秋天在上海的经历不算,1944 年 6 月起他在上海居住了将近两年,以其基本可通的中国话,与本土的中国人有着较为深入的交往,因此他的"上海物"中所展现出来的上海意象,既有一个来自东洋的外来者的印象式的素描,同时还有出于一个上海居住者日常体验的内在审视,并且与战前或战争初期的日本人不同,武田在上海生活的范围,是此前绝少有日本人涉足的西区,这一区域所独有的都市氛围,也在一定程度上左右着武田的上海意象。第三,武田所体验和观察的上海,已非常时的上海,而是其母国日本所占领并实际统治的上海,他恰好在上海经历了日本由占领者而转为战败者这一历史剧变的时期,因此在他展现出来的上海意象中,也交织着他作为一个日本知识人的心灵震颤和思考印痕。在武田的"上海物"中所体现出来的上海意象,是一个交杂着各种元素的复合的意象。另外需要注意的一点是,他的"上海物",不是现场的即时速记,而是时过境迁返回日本若干岁月后对上海体验的回忆和整理,尤其是他离开上海三十余年后撰写的《上海的萤火虫》,由此再现的上海意象,无疑是在武田的脑海中烙下了印记而再由其主观凸显放大的意象。以下,分成若干部分对武田笔下的上海意象进行考察。

一、本土中国人的生活内蕴

尽管上海的核心地带租界是由西洋人建设起来并由西洋人管辖的,但租界内的主要生活者是来自各地的本土的中国人,据工部局的统计,1915 年居住在租界内的外国人为 1.46 万人,而中国人为 52.6 万人[39],此外还存在着旧城的南市和新开辟的虹口、闸北乃至稍偏远的杨树浦和江湾地区等。武田在上海所留意、所关注的,还是本土中国人的日常生活场景,以及在其背后所含蕴的中国传统文化。

他在游乐场的"大世界"中察觉到了中国人日常生活中的浓厚的道教元素:

> (大世界北端的)挂着"灵云四照"匾额的济公殿内,参拜者寥寥。有一个算命者,端坐在没有顾客的桌子的里面,旁边贴着的一张纸上用毛笔写着"哲学博士"。在(济公)牌楼下,随意堆放着好几张倒放着的椅子。面朝着白铁皮的房顶和脏兮兮的墙壁、积满了红尘的这座庙,似乎已被人们所忘却,孤立在游乐场的一隅,甘受着这无情的命运……但是走进(游乐场)的屋内,夹杂在仿佛是在举行庙会似的喧嚣的游客人群中,"灵云"就立即布满在大世界的深处了。"幻境"呀"别有洞天"呀"宛如天仙"等这些用红色和黑色写在黄色的剧场大幕上的文字,就这样变成了现实向杉(作品中的日本主人公——引译者注)袭来。到处挂满了绍兴文戏、笑飞剧团、国风剧团、童子军准扬戏以及松竹梅或者花鸟的水墨画画框,周边有打康乐球的,看西洋镜的,剧场内满是金石纸竹的纷纷扰扰的声音,眼前晃动着华丽的服饰和怪奇的音调,似乎来到了另外一个世界。⑩

在对中国的体验中,武田清晰地意识到老庄或由此演变的道家思想在左右中国人日常生活的态度上所产生的影响完全不弱于儒家思想,其基本的出发点或归结点都在于人或人间性:"中国人对于人的生活态度、生存方式的近于异常的关注和研究,对于所有的世相和物象都从以人为中心的视角进行观察审视,热衷于此世的生的欢愉,此世的子孙繁荣。"⑪上述大世界场景的描述,就是对他这一认识的注解。上海虽然号称十里洋场,但日常生活的主角,却大多是来自江浙城乡地区的普通中国人,他们的生活方式中虽也融入了部分西洋近代的元素，更多的却是具有数千年历史的传统的沿承，而在中下层的民众生活中，道教的神仙思想依然还是他们的信仰之一。

当然，作为一座近代都市的上海，在近百年的历史演绎中，也有了自己独特的都市性格，武田的下一段描绘中，人们读到了上海独有的都市元素：

> 位于公共墓地（又称外国人墓地，现为静安公园——引译者住）高墙右侧的那个广场，已完全没有了暴雨的痕迹。在电车和公共汽车的终点站，集聚着等车的市民的人群。其服装，也在秋天的阳光下呈现出柔和的色调。车站边，一个肥胖的主妇买了一份报纸后立即阅读了起来，脸上显出了复杂而严肃的神情。一个富有的商人，手里提着昂贵的大闸蟹，在一旁斜着眼扫视着报纸。用稻草串扎起的蟹，舞动着愤怒的蟹爪，蟹身在微微地挣扎。这一当令季节的水产品，其鲜艳的绯红色，映照在菜馆的玻璃门上。旋转式的玻璃门，闪耀出令人感到亲切的光亮。透过闪光的玻璃门，可以看到里面笔直站立着的穿着白色上衣的服务生，一双锃亮的皮鞋正对着熨烫得笔挺的中间裤缝，眼睛望着门外。㊷

这是 1945 年秋天的上海一角，这样的都市场景，每一个细节都明白无误地令人联想到了上海，汇聚了诸多典型的上海元素。同时具有电车和公共汽车终点站的城市，在当时的中国可谓屈指可数，大闸蟹的情景也许并非上海所独有，但一定是江南地域的，而有阅读能力且在公共场合买报阅读的主妇，则大抵是近代城市诞生后的现象，至于既有旋转的玻璃门映照、同时又有服饰整洁、皮鞋锃亮的服务生的餐馆的风景，当时在上海这样的摩登都市之外可谓难以寻觅。武田在 1937—1939 年的从军生涯中,足迹到过江淮的大半区域,在与其他地域的比较中,他准确地捕捉到了上海的典型风貌。

卖臭豆腐的小摊,又是一个典型的中国的元素,而在武田的笔下,则充满了上海弄堂的市井风情:

> 弄堂的石板路被雨水打湿了。透过两边满是逼仄的三层楼的中国式房屋的间隙,可以望见被切割成片断的暮色渐起的灰白色的天空。一个漆黑的小锅子内,滚沸着茶褐色的油。用筷子夹着四方形的豆腐放入锅内,立即发出吱——的声音。臭豆腐特有的浓重的油炸味充满了整个弄堂,有两三个日本小孩在买着吃。卖臭豆腐的大叔是一个穿着满是污垢的黑乎乎的蓝衣、戴着一顶脏兮兮的旧软帽、肤色黝黑、嘴唇厚厚的丑陋的男子。脸上浮现着愚钝的笑容,慢吞吞地用稻草将臭豆腐串了起来,再涂上红色的辣椒酱。

这显然是虹口一带弄堂内的情景,而日本小孩的身影,表明这应该是他在 1945 年秋季迁居到虹口后的体验和观察,有着明显的时代烙印。

二、上海意象中的西洋元素

在上海的西区生活了一年多的武田,大概比一般的日本人要更能体会上海意象中的西洋元素。虽然那时太平洋战争已爆发多年,英美的势力已被清除出上海,且在 1943 年的 7—8 月间,公共租界和法租界也在名义上归还给了中国,但自 19 世纪中叶积存起来的欧美元素却并不会随之销声匿迹。武田这样记录了 1944 年他刚抵达上海时对外滩一带的印象:

> 过了外白渡桥之后,沿江排列着高大厚重的建筑物。西洋式的银行、商社、官厅、报社、酒店等,如同排成队列似的挺着胸膛,肩并肩

地耸立着,宛如一堵城墙,接受着江风的吹拂……欧洲式的明朗、欧
洲式的色彩,欧洲式的街景和人影显现在我的眼前。与东京的银座、
外国人众多的横滨都不一样。这里,白人的势力已经完全渗透了进
来。来到了中国的我,像是进入了另一个异国的城市。时髦的商业
街两边是一长溜的行道树。用上海话发音、混杂着汉字和罗马字标
注的霞飞路以及法租界其他的欧洲式的地名。㊸

1937 年随军队在吴淞匆匆登陆后,武田没有机会领略租界上海的一
面,在这里,武田看到了上海的另一面。居住于西区的武田,随时会与这
些西洋元素邂逅:

　　从霞飞路(今淮海路)的电车道向左折入,是一条两边是优雅的
洋楼的闲静的街道,秋风飒飒。街上行人很少,不时可见像是夫妇模
样的西洋人挽着胳膊迈着有韵律的脚步在街边走过。街边法国梧桐
树的树叶,向着朱红色的屋顶、奶白色的墙垣、灰色的门,还有杳无人
迹的庭院和运动场投射出了明亮而寂寥的色彩。二楼三楼对着街面
的打开着的形状各异的窗户,花费了各种心思设计出来的有趣的大
门,还有自大门到房屋门口的石子和水门汀的道路铺设,荡漾在楼房
与楼房之间的静逸和洁净,在在都打动了他的心。㊹

在西区生活期间,他对法国公园(今复兴公园)留下了较深的印象:

　　刚洒过水的公园的沙土,显现出其特殊的鲜亮的红色。仿佛是
与这沙土互相映照似地,花坛上的鼠尾草属的一串红,散放出火焰般
的亮红色。沐浴着这夕日西下时的灿烂而又安详的阳光,不知是法
国人还是俄国人,那些身着洋装的女子,坐在长椅上放松着修长的美

[368]

腿。山田发出了仿佛要打乱周边宁静的粗粝的脚步声,向公园最里边的被葡萄架围着的喷水池走去。水池是圆形的,从四面向中心喷射的细长的水柱与池中心垂直向上喷射的水柱交汇在一起。风大的时候,四面的水柱就会向一边倾斜,闪烁出美丽的光芒。一个漂亮的法国姑娘,摇曳着形态优美的桃红色的长裙,在水池周边闲走。⑤

不过,这毕竟是一个与梢风当年不同的时代,40 年代前期上海的西洋元素,未必都是如此的优雅,如此的鲜亮。英美人被逐出上海之后,在上海生活的欧洲人,主要是流落至中国的白俄人、犹太人以及希腊人、意大利人等,在日本人的管制之下,大多数人也只是狗苟蝇营而已。在西区的小酒馆里,武田经常会遇见那些也许昔日曾是白俄将军的干瘪的老头整齐地穿着旧衣服在细细地品味着一杯透明的液体,或是衣衫有些褴褛满脸胡须的希腊人来卑躬地讨一杯酒喝,而那些小酒馆,大多也是由白俄或犹太人开设的家庭式场所,阴暗而狭小,每每还是卖淫的巢窟,飞涨的物价,也给西区的洋人蒙上了一层浓浓的暗影。

三、上海意象中的日本影迹

1866 年初次来上海的岸田吟香大概是最早的在上海长期定居的日本人之一,但在 1880 年之前,整个上海城市社会中,日本人的角色可谓微乎其微。1875 年 2 月,三菱汽船会社开设了上海至横滨间的定期航路,一年多之后,以低廉的票价击垮了英美两家轮船公司,垄断了日本各港口至上海的航线,来往于各地与上海的日本人也因此逐年增加,并出现了相当数量的在上海定居的日本人。据公共租界工部局的调查统计,1870 年在公共租界内居住的日本人仅有 7 人,1875 年增至 45 人,1885 年猛增至595 人⑥。1910 年时达到 4 465 人,1920 年升至 10 521 人⑦,1935 年 4 月增至 26 817 人⑧,在上海的虹口一带形成了日本人的街区。1937 年 11 月日本全面侵占上海以后,在上海的日本人约在 7.5 万人左右⑭,这已经是相当庞大的一个数字,日本人开设的旅馆、照相馆、料理店、杂货铺等云集在吴淞路四川路一带,俨然成了一个日本人的街区。因此,在上海的意象中,无疑会令人感受到日本的色彩,尤其对日本人而言。而武田西渡时的1944 年,上海名义上还有傀儡政府,实际上却完全处在日本人的占领和统治之下,这时候的日本元素,就不只是日本的话语、日文的店招、日本人的身影了,到处都可感觉到作为占领者的日本的威压了。

1944 年 6 月武田下了轮船后首先接触到的就是虹口一带的所谓"日本租界":

> 我与他在街上并肩行走,街边排列着说不清是中国式的还是日本式的房屋,那应该是砖瓦结构的中国式的民房吧。但在那里进出的都是日本人。我们俩走进了其中的一家。"哎呀,是哥哥呀,什么时候回来的?",一个像是主妇的日本妇人叫道……于是我们走进了被改造成日本式样的室内。⑩

不过,在上海最初的一年多岁月,他对日本人云集的虹口一带并无多大的亲近感。

> 居住在沪西的我,与外白渡桥那边的日本租界熟悉起来,是在战败以后那里成了日侨集中区以后。昭和十九年 6 月我抵达上海时,曾去了北四川路底的净土宗的(日本)寺院,翌日又去了内山书店。外白渡桥上,全副武装神色森严的日本宪兵在检查着来往的行人,全无一点浪漫的情趣。狭窄的苏州河上,浮着装载着棺材和满是污物的船只,沿着宽广的黄浦江边满是楼厦的外滩走近外白渡桥时,立即有一种鼻子堵塞的感觉。⑪

说起日本宪兵,青年时代曾受到左翼思想浸染的武田一直心生厌恶,他在作品中以第一人称勾画了一个日本宪兵在上海的飞扬跋扈:

> 那时的我钱随便花。因为我是一个绝对的权力者。想做什么都可以办到,因为我是一个可以任意宰割别人的武士。到电影院看电影,可以无票任意进入,醉了就躺在椅子上呼呼大睡,打着呼噜从这一场可以睡到下一场。一个教养良好的青年带着衣着光鲜的淑女来到我占着的座位前,于是我就像野蛮人一样地瞪他一眼,事情就完了了。饭馆也好跑马场也好酒店也好,只要我稍稍亮出一下我的身份,一切全都搞定了。在上海,我住在自己的老家都没见过的英国式的洋房,坐着汽车到处转。⑫

趾高气扬的日本宪兵,某种程度上也成了战时上海意象的一部分,虽说是虚构人物,却是产生于武田实际感受到的日本宪兵的暴戾言行。

1945年秋天他不得不移居到虹口一带去时,日本已经投降了,他看到的更多的是日本人作为战败国国民的落魄破败相:

> 日本人经营的商店橱窗内也挂上了青天白日旗和蒋主席夫妇的照片,底下弄堂传来了来收购日本人物品的中国人的近似斥骂的声音。出售方的日本人的声音则是轻声低气的,似乎不知如何是好……只有在弄堂里游玩的日本孩子的声音,依然响亮而欢快。这反而使他们的父母亲越加感到紧张和不安。⑬

这又是那个时代所特有的上海风景。

武田与上海的因缘,说起来有点戏剧色彩。当他对中国、中国人、中国文学感受到强烈兴趣时,却被迫以一名侵略军的身份来到了上海,当他试图到上海躲避国内窒息的政治空气时,却又在上海迎来了祖国日本的战败。在这座以中国居民为主体的现代都市里,他无疑感受到了一个鲜活的中国,传统的色彩随处可见,却似乎又缺少了几许历史的厚重感。在沪西一年多的平民生活,他又时时会碰触到各色的西洋元素,这些异色的元素有意无意间在消解着中国的基调,有时让人感到优雅,有时让人觉得紧张。此外,无论在沪西还是在虹口,日本人的交游圈又使他始终感觉到日本的存在。我们在武田的"上海物"中所感受到的,除去偶尔流淌着的些许优雅和安闲外,更多的是一种骚动不安的气氛,一种阴湿狭隘的空间,一种略带污浊腐臭的气味,同时还夹杂着几缕日常营生的温暖。对于武田而言,上海是一个让他感受到有些亲切而又陌生的中国、一个光亮而又破碎的西洋、一个非常而怪异的日本的都市空间。在武田所表现出来的上海意象中,也许有相当部分与近代大部分日本知识人的上海感觉交错叠合,但与上海的这一段深刻的因缘,也处处凸显了武田自己独特的审视。

第四节　武田的中国叙说和中国认识

1947 年,武田出版了生平第一本短篇小说集《才子佳人》,里面收集了他在战争时期就开始陆续撰写、但大都无缘问世的有关中国的小说,并从这一年开始,他陆续在杂志上发表了以上海的经历为素材的小说(所谓的"上海物"),在这些作品中除了对上海这座华洋杂处的大都市的细腻描写之外,更多地关注了战争结束前后生活在这座城市中的中国人、日本人乃至西洋人的命运,倾注了作者更为宏观的思考。1952 年,武田开始在杂志上连载长篇小说《风媒花》,这部以中国文学研究会成员的战后活动为经纬、探讨战后初期中日关系的作品,为他赢得了广泛的读者,被新潮出版社印行了三十几次。这些作品,奠定了他作为战后派重要作家的地位。当然,武田战后作品的题材并不只限于中国。

1961 年 11 月,受中国对外友协的邀请,作为日本文学代表团的一员,与堀田等去中国访问了一个月,足迹遍及北京、洛阳、西安、重庆、上海、杭州等地。虽然其时中国正处于经济困难时期,但阔别 15 年之后再次踏上中国的土地,还是使武田感到很兴奋,从日后发表的《菊花、河、大地——中国之旅》中可看出,新中国给他的印象基本上是光明的。1964 年 3 月又随访华团前往中国,这次的感觉更为正面。1967 年 4 月,正当中国的“文革”处于高潮期的时候,武田随访华团再度来到中国,绍兴之旅,是他此行的最大收获,虽然一路的所见所闻,多少让他有些困惑,但他对“文革”的评价,基本上还是正面的。这一年,他开始在杂志上连载长篇《秋风秋雨愁杀人——秋瑾女士传》。还在日本占领的上海时代,武田曾观看过历史剧《秋瑾传》,当时就颇为惊讶在日据时代竟然还能上演这样的革命戏剧,“这部戏分明是借了冒着性命反抗清政府权力的秋瑾形象,来表达对于日本军国主义的反抗。”他后来之所以为秋瑾所吸引而撰写了这样一部传记,主要乃在于“她是一位曾在日本留过学、与鲁迅、孙中山、廖仲恺等相关联、与中国革命的源流休戚与共的人物。”[54] 这是一部在大量文献的基础上撰写的具有纪实文学笔法的细腻而冷静的作品,与其说是秋瑾个人的传记,不如说是对辛亥革命前夜中国的一个深刻的剖析。这部作品获得了日本政府颁布的 1969 年度的“艺术选奖”,但武田拒绝了这一褒奖:“倒也不是出于什么深刻的想法,也不是表示什么反抗的精神。只是觉得与我不合适。”[55]

战后,武田继续撰写了许多评介中国新文学的文章,并对中日间的历史、文化和政治关系发表了诸多见解,《黄河入海流》《扬子江畔》等是这些文章的结集。他内心比较崇拜毛泽东,对于“文革”,也有诸多正面的描述。1976 年 2 月,武田开始以连载的方式发表以 1944—1946 年间在上海的体验为素材的自传体小说《上海的萤火虫》,可惜尚未完成就突然去世了。这是一部了解这一代日本知识人心路历程的重要文本,2008年出版了由大桥毅彦等详加注释的研究版本。

纵观武田一生与中国的因缘,他应该是自浦和高等学校时代正式对中国产生兴趣和关注,大学以后的中国情结日趋深切,战争时期在中国的两年"出征"岁月,尽管充满了痛楚和彷徨,却使他对中国的认识突破了由纸面获得的意象,在上海经历的战败岁月,使他对近代以来的中日关系和两国的命运有了更深的审视和思考。总体来说,他一生对于中国的认识,大抵并无质的改变,却有着相当大的度的深化。

下面,本书想从武田有关中国的叙说来考察一下他的中国认识。当然,我们在上文中已经讨论了武田的上海意象,上海意象无疑也是中国叙说的一部分,将两者割裂开来是完全不妥当的,只是,为了论述的方便,这里想进一步展开武田对于上海之外的中国的叙说。

在考察武田泰淳的中国叙说的时候,我想,他如下的三个视角应当给予充分的考虑。第一是历史上几乎在所有的领域内都与中国有着千丝万缕、无法分解关系的日本人的视角;第二是生长在两国关系充满了纠葛争斗的近代的日本知识人的视角;第三是与中国因缘深刻、有着左翼倾向却以侵略军一员等的身份在战时的中国生活了将近四年、以文物文献和实际体验两个途径对中国有着深切感受的日本作家的视角。总之,武田作为一个日本近代文化人的立场应当得到充分的关注。

以下分成若干个部分来加以考察。

一、对中国思想的叙说

这里的中国思想,主要指的是汉民族(当然汉民族本身也是一个历史的融合体)的思想。一个民族的思想,应该可以理解为该民族对于宇宙(中国人的概念主要是天和地)、人类社会、人生以及彼此之间诸种关系的认识,简而言之也就是世界观和人生观,一种价值取向和审美意识。在中国,留存于文献的,早年有先秦的"四书五经"和汉代起成立的官制史书,尔后又有道教的兴起和佛教的传来,上层与民间互动,逐渐形成了儒道释三位一体的所谓中国思想。对于中国思想的理解和评价,实际上就是对于中国内在核心的把握。

中国本土思想的基轴,一般认为是以孔孟为主体的儒家和以老庄为主体的道家,所谓儒家主"入世",道家主"出世"。在春秋末年和战国时代,"同时诞生了老子庄子的宇宙哲学和孔子孟子的实践哲学",但武田认为:

> 在追求人的生存方式这一点上,老庄和孔子并无二致。以日常生动亲切的语言向其弟子讲述具有社会意义的做人学问的孔子的《论语》,与用天马行空式的空想和比喻将有些悲惨的人的社会日常伦理以哲学的意味进行嘲讽的庄子,看上去似乎是大相径庭、互不相容的,但实际上都是力图彻底探究人的质与量的厚重性、人的功能的重要产物,只是一是采用平面行走的方式,一是采用数次跳跃的方式,其终极目标则是一致的。说起无为自然,看上去似乎摆脱了所谓小人君子这些人的习性特点而给人一种在太空中飘浮游荡的感觉,但你若仔细阅读一下《老子》的话,就立即会明白,这绝不是脱离了人间烟火的话语,它并没有舍弃人的喜怒哀乐,他只是告诉人们,人应该以他原本的朴素的方式来生活。㊏

在武田看来,老庄的思想看似虚无缥缈,横空出世,但它最初的出发点和最终的归结点都在于人本身,这一点它与孔孟并无质的差异。因长期固化的封建专制制度的桎梏,中国思想的主流逐渐呈现出了僵硬的一面,但武田认为:"其发生之时,它在理知性、人间性、革命性、鲜活性诸方面,绝不劣于任何西洋哲学,这一点不可忘却。"㊐

武田觉得,以经史子集为形式的中国古典中,史,尤其是司马迁的《史记》非常典型地表现了中国人的世界观。这世界观的核心就是人是世界的中心,人本身是世界的主体,这与西洋思想和日本思想中强调神的至高无上的观念有很大的差异。这一点,许多中国思想史研究家也看到了,比如余英时认为中国思想的主体"道"的第一个特点是"人间性","跟西方相比,中国文化可以说一般是属于人文主义的形态"⑱。西洋思想强调的是神或上帝的主宰力,日本原始思想强调的是神的神圣性和崇高性,但《论语》中的"未知生、焉知死"以及"子不语怪力乱神"既是早期中国人人生观世界观的反映,也奠定了后世中国人的基本生活态度。在《史记》中,人的主体性体现在他的全体性上,而并非集中在少数的帝王将相英雄豪杰中,在人物的记述上,虽有本纪世家列传之分,"但司马迁并不认同统治者的神秘性。他一开始就否定帝制的持续性。实际上,统治者只要不是绝对的神格者,在他身上就会体现出人类的弱点和缺点,胜利之后会有败北,兴起之后会有消亡,所谓万世一系万代不易是不可能存在的。"武田认为,肯定、突出现世的人而轻视(并非完全否定)神怪和虚妄的来世,并力图消解人的神秘性和极端性,是中国思想的一个基点:

　　这种人学的发达,不仅只是对历史的编纂者,而且对一般的中国人也产生了影响。或者倒不如说一般的中国人一代又一代地从自己生活的深层积淀中产生出的人学,构成了这样的历史基盘。中国人对于人的生活态度、生存方式的近于异常的关注和研究,对于所有的世相和物象都从以人为中心的视角进行观察审视,热衷于此世的生的欢愉,此世的子孙繁荣。因此,自然科学乃至于宗教等,都在这种过于浓烈的人的气息的淤积中被搁置在了一边,几乎不被关注。⑲

在武田看来,中国思想的另一基本点是对于均衡、秩序和规则的追求,这也关联到中国人的审美意识。近代以前中国的城邑,无论大小必有城墙,一般的民居,尤其是乡村,都有高深的墙垣,且大多呈四方形,大型的宫城或寺院,皆有整齐的中轴线。"采用了四方的城墙相围的体制,也就自然地决定了其生活的环境。于是形成了左右对称、两边均衡的审美意识和价值观。中国人很不喜欢不均衡和不对称,因为这样会显得不稳定不适宜。与此相比,日本人不大喜欢定型的东西,而比较欢迎有点变形的、破格的、富有流动性的东西。"中国的律诗、绝句非常讲究对仗、平仄,字数均等,在有限的规矩中营造出艺术的生命力。"但人们为了在严格的规矩中活下去,幽默成了重要的拯救方式。因此中国人的生活,一方面有严格的规矩,一方面充满了幽默。"⑩

二、对中国文学的叙说

武田的文学生涯是从中国文学评论家的基石起步的。在他出征去中国之前,已经凭借了良好的语言能力阅读了无数中国古代和现代的文学作品,在中国将近四年的实际体验,又对中国文学的特质和表现方式有了切身的认识。基于武田对中国思想的认识,他认为中国文学的一个基本特质就是它的"人间性"。二十四史中的"列传"以及无数的小说戏曲,试图表现或热衷于表现的就是这一多姿多彩、复杂鲜活的人间性:

> 因为观察人的眼光是冷静的、非匆忙的,所以对于人所具有的弱点和短处往往洞察无遗,这不仅体现在正史中,在民众所比较熟悉的元曲和明代的小说等文学形式中也有充分的表现。⑪

武田举出了《拍案惊奇》、《水浒传》和《红楼梦》等。这些作品所描写的民众生活,绝非儒家的教条所规定的那么刻板,一般人的喜怒哀乐甚至声色犬马,都有鲜活的表现,很难简单地用一般的道德框架去镶嵌。尤其是《水浒传》,里面登场的人物几乎没有一个完人,打家劫舍、杀人放火的场景屡屡出现,然而也时时荡漾着一股浩然正气,人物未必高大完美却大抵鲜活生动,同时"仁"、"义"等一般中国人的道德价值也无形地贯穿其中。而《儿女英雄传》、《白蛇传》等作品中的十三妹和白娘子等,为了实现正义的举动,往往会表现出一种叱咤风云、嫉恶如仇的豪迈气概。至于如《浮生六记》《儒林外史》等,虽无波澜壮阔的宏大场景,却更多的凝结了普通中国人的日常人生,"这些中国优秀的小说兼具了历年储存的陈酒的隽永芳香和大地新鲜蔬果的鲜嫩滋味,确实是一副效能明显的人间良药。"㉒

由以上的分析,武田认为,与别国的文学相比,"中国文学中激越和优美互相融为一体。无论是作品还是作者,激越的要素非常丰富,而优美的世界也并不与此乖离。纤细柔弱的优美,并没有结晶为(日本式的)物哀,却加上了坚烈的钢筋铁骨,文学的形态变得如古鼎一般的安稳,或如金属一般的坚固。虽然也不时会流于咏叹,随感情漂移,柔和地顺应着时节的变化,但更多的却是充满了批判的精神,回归到理知,在空间中确定自己的位置。比起流动的美来,它也许更是一种沉着的美。将五言七言的诗、厚实坚固的建筑与日本的和歌俳句和茶屋样式的建筑相比时,从感觉上就能察觉出彼此的差异,但其中应该具有深层次的矿脉上的差异吧。"㉓在上述的作品中所体现出来的"在善美中也包含了丑的世界,将弱者和强者同时运作了起来,这样才真正启动了整体的运作。中国文学并不沉湎于个别的善美的诗情,而是试图将世界整体开动起来,因此它需要这样的人物是很自然的。比起准确地描述了凡人、弱者的生活片段的(日本)私小说,(中国人)更喜欢被转动的齿轮机油玷污了的社会小说,理由恐怕就在于此吧。"㉔

关于五四前后出现的中国新文学,武田写过不少的介绍和评论文章,他认为这一时期出现了追求个性解放、拯救民族危亡的新元素,但人间性依然是中国文学的基本主题,既有鲁迅那样的犀利、沉痛、冷彻的风格,也有冰心、许地山那样怀有温情、编织梦想的作家,而"萧军、艾芜、沈从文、欧阳山那样的稍稍新一代的作家,则对现实中的人,在山岳、森林、河川和小巷中稍稍像动物般地生活着的人们,也就是带有人类本性的人们怀着较大的兴趣……不管是从哪个角度的追求,他们的人学,其私小说并未停留在私小说的层面,抒情也不只是以抒情而告终,而是以生活原始素材的真实性、谋生智慧的实际功效,来使文学变得更具有人的气息。所谓人学,是有关人的生活态度的学识,也是有关人的生存方法的学识,也因此才成为有关人的本质的学识。"⑥⑤中国文学中所表现出来的人性,比任何有关人的理论都更为复杂、更为丰富。人性或者人间性,是读解中国文学的一个关键词。

三、对中国人物的叙说

本书所说的中国人物,是指武田作品中出现的真实和虚构的人物,作为一个日本人的武田,其对他者的中国的认识,往往还会集中在他对中国人的感觉上。他如何去接触中国人、如何观察中国人、如何体味中国人以及如何表现中国人,大抵能够体现出他对中国的认识。

武田生平第一个有深入接触的中国人,大概是1934年间交往颇久的女作家谢冰莹。他在《谢冰莹事件》一文中对她的描述是:

> 她举止动作并不怎么在意别人,也不左顾右盼,说话很率直,这样判断她也没什么错吧……对她的作品我也没什么兴趣,一次也没读过,对她的性格,也没什么反感。当时我对她感到不满的一点,就是她缺乏一个女子的魅力。一张脸看上去没什么血色,瘦削的双肩斜斜地耷拉着,我当时曾想,她要是再漂亮些就好了。不过,为人很爽直,完全不令人感到不快,即使动作有些粗暴也不会在意……说她

缺乏女性的魅力,倒也不是说她像个老太婆似的邋里邋遢,她只是缺乏女性的温情和柔美,举手投足都散发着活力,一双大大的瞳子里充溢着野性。⑥⑥

在对谢冰莹的观察上,我们并未感觉到他太多的"他者"目光,他就像在叙说一个邻家妹子,虽然此时武田尚未去过中国,但中国人对他而言,似乎并不是一个相隔遥远的异邦人,这里,我们隐约可以感觉到武田内心对于中国在文化上、人种上的某种连带感。

1937年秋武田被派往中国战场,在安徽一带辗转期间,遇到了许多当地的农民。这些中国底层的民众在他心中留下了很深的烙印:

　　　　即便是哭泣或是欢喜的时候,他们的眼睛总也凝视着某个异常的地方。山民的脸被太阳晒得黑黑的,显得朴实无华,但他们的内心却如青黛色的水潭一般,深不可测。连小孩似乎也深藏着敏锐的聪慧。我们这些士兵平素交往的多是怀着这样心灵的贫困的山民。恐怕大部分的中国研究者和来中国旅行的人的眼中都没有留下过这些人的身影吧。但是他们创造出了构成东方文化源流之一的具有亚洲意义的中国。⑥⑦

这是他当时写给朋友信函中的一段文字,及时地传递出了他当时观察的印象和感想,他将那些肤色黝黑、内心深沉的山民与东方文化、中国和亚洲连在了一起,他觉得这些生活在偏远山区的农民,构成了中国社会的底色。

辎重兵时期在杭州他见到了两类不同的中国女性:

　　　　回上海的前一天我拐进了街边的一家中国料理店品尝了包子。

两位美丽的中国姑娘来到了我的桌边。一个穿着紫色,另一个穿着桃色的旗袍。在一旁坐下时旗袍下露出了她们修长的双腿。好像是十八岁左右吧。窈窕的身体散发出了香油的香味,充满了婀娜多姿的风情。她们说不喝酒的我是小孩,不知怎的我也喜欢上了这两个女子,付钱的时候将五十文铜板一个个地给了她们……见过了这样如唐代传奇中的美丽的女性,也目睹过另一个喧阗吵闹的女人。好像是夫妻吵架时遭到丈夫殴打了的妻子。脏兮兮的脸上满是血迹,嚎啕大哭着向在小河石桥上晒太阳的我们走了过来,后面跟着一位像是母亲的老人,脸上充满了焦忧,再后面则是跟着一帮看热闹的人。⑱

　　上述的描述都近于日常生活的白描,虽只是一些非典型的场景片段,却可感受到武田对中国人的感觉。这种感觉,积累起来,就形成了他小说里的人物。他生平发表的第一篇小说《F女士的杨柳》就是以胡适的留美生涯为题材,但那时武田与中国的接触,还只是停留在纸面的阶段,这篇小说虽也很有文学的感觉,胡适的形象却显得颇为苍白,只是一个醉心于欧美的先进、有志于中国自强的非常平面的人物。第一部出版的小说集《才子佳人》,大抵是战时习作的整理修订稿,大部分与中国有关。比较有实际生活气息的人物,出现在他自上海回国后陆续写成的一系列作品中。
　　比如《月光都市》里的在某中日文化机构事务所做杂役的"阎姑娘"。当小说中的日本人"杉"得知"脸上血色不太好,十九岁的年龄却有些孩子模样, 口宁波话,从早到晚喋喋不休,想要其他的杂役都听从她"的阎姑娘是一个基督教徒时,"不觉对她瘦小的个子刮目相看。满口脏话地责骂对方,稍有不满就非要吵嚷一番才肯罢休的阎姑娘,居然是个持有信仰的天主教徒。"虽然阎姑娘这一人物是有原型的,但整个的故事却让我们感觉到小说的结局是虚构的,很明显,作者有意地给她抹上了些明亮色,那个时期,武田自己沉湎在圣经的阅读中,他相信,圣经的力量可以提升所有民族的精神文明。

在《野兽的徽章》中武田描写了一个王姓的汉奸人物。在战败前武田居住在上海的一年多的岁月里,与其交往的不少中国人,在战后都被定为了汉奸。在武田的笔下,"王是一个自日本留学时代起就以头脑明晰而著称的青年,能言善辩,政治上的动作也十分快捷……当决定在上海就职时,就立即给所有的日本贵族院的议员发去问候的明信片,王的这种张扬的做派,自恃才高急于邀功的类型,可谓是被占领地区的某类青年的极端代表。肤色白皙,相貌俊美,微微有些肥胖。"可当他好不容易在上海弄到了某公寓的一间房,却被有军界背景的日本浪人夺去时,他就在私底下大骂所谓大东亚共荣政策。抗战胜利后,为了躲避对汉奸的惩罚,他竟然以其流利的日语而伪装成日本人四处逃亡。武田在小说中虽然也反省了使部分中国人沦为汉奸的日本人的责任,但对王那样的投机分子却并无怜悯之情,因为作者认为,无论是什么国家人,王这样的人物,其基本的人品是负面的,这样的人物,在任何一个民族中都会出现⑥⑨。

四、对中国风物的叙说

这里的风物,主要指留下了中国历史的印痕、具有中国文化印迹的物象,这部分的叙说,实际上也透现出作为一个日本人的武田对中国的历史和现实的切身感受和认识,是他体肤所触及的中国实像和心目中的中国意象的交织。

他初次踏上的中国土地,是上海,但他为战争的惨象所惊骇,当时几乎没有留下描述的文字。辗转到了杭州,他开始触摸到中国的风物:

> 尤其美丽的是西湖。春天仿佛是从围绕着湖水四周的所有的自然中生发出来的。湖心亭里已经飞来了春天的鸟儿。枯草和嫩绿的

新草、春水和枯叶共同在阳光下熠熠生辉。从涂着朱漆的桥上可以望见鱼儿在幽暗的枯草的阴影下瑟瑟地游动着。暗绿色的博览会的纪念塔冷冷的矗立着,但在春天白昼的倦怠中也显得并不苦涩。湖心亭的墙上题写着各种各样的诗句,大概是昔日中国游客书写的吧……登上西湖周边的山丘,桃花和梅花已经绽放出了桃色或红色的花朵。在某一小山脚下阳光照射不到的潮湿的土地上,有一个石造的壮丽的革命烈士墓。⑦

1939 年的冬天和夏天,他曾随军队两度来到了武昌:

"对这座闲静的城市我一开始就感到了一种亲切的感觉。与令人感到不安的繁华的犹如外国一般的汉口完全不同。武昌的街巷具有了一种吸引我的独特的风格。妓女的衣裳固然有其夺人眼球的鲜丽,但武昌的衣裳则是一种与此不同的、自悠长的生活传统中自然生发出来的简约素淡的衣裳……黄鹤楼矗立在武昌江岸的高处,相隔黄褐色的长江,眺望着汉口和汉阳……黄鹤楼的独特之处,在于它的象征力吧。"⑦因为它在此后的历史长河中屡毁屡建,屡建屡毁,"我见到的是用红砖瓦建造起来的近代风格的楼房而已。"尽管如此,武田还是由此联想到了唐代崔颢和李白等吟咏黄鹤楼的诗作,想到了辛亥年武昌革命的风起云涌。"伫立在俯瞰着汉口和汉阳、矗立在江上的黄鹤楼的一侧,我不禁感到了揭竿而起的男子的豪迈气概。心头不禁涌起了即便不能驾鹤飞去,也可乘着时代的风云大干一番的豪情壮志。哪怕像我这样的异国男子也有这样的感觉。"⑦

1944 年 6 月起,武田在上海居住了将近两年,对西区的法租界尤其熟识,虽然洋风洋气是租界的主色调,但在租界的领域,其实际的居民大半仍是中国人,在法国梧桐掩映着洋楼的附近,依然存在着一个充满了中国人气息的世界:"随着暮色越来越浓,两人在耳边满是周边居民喧嚣的声音中走到了环龙路,走进了一家酒馆。这家酒馆的店堂内总是散发着潮湿阴暗的酒瓮的气味。在长长的木板凳上坐下,嘴里啜饮着老酒,投眼向店外望去,对面是一家家摆满了商品的、色彩华丽的糖果店和肉食店,仿佛是遥远的另一个世界。"⑦"长长的木板凳"、"散发着潮湿阴暗的酒瓮的气味",这可说是感受历史和现实中国的两个关键词,中国庶民的生活样态和文化内蕴,差不多都涵盖在里面了。

从以上的述论中可看出,以 1945 年为中节点,大约此前的 10 年和此后的 30 年,差不多在武田生涯主要的 40 多年岁月中,始终与中国保持着不解之缘,在他增补版的 20 卷全集(不包括收录别人评人的第 21 卷)中,几乎有一半甚至更多的文字都与中国相关。这里我想讨论如下两个问题。

第一,昭和时代武田中国情结形成的缘由。

在昭和时代前期,由大正时代的民主主义思潮酿成的政党政治很快就趋于瓦解,日本整个国家走向了帝国主义时代。在国内,以军部势力为主导的法西斯主义倾向在全国蔓延,共产主义和自由主义思想受到严厉的压制;在国外,对中国等的扩张和侵略已经越来越肆无忌惮。中国长期的政局动荡和经济衰败也越来越显出日本在东亚的优势地位。历史积淀起来的中国憧憬已经在日本人(包括日本文人)心目中消解。1921 年的中国游历,使自幼浸淫在中国古典中的芥川龙之介开始用冷眼来审视现实的中国;20 世纪 20 年代至 30 年代曾屡屡踏上中国土地、写出了大量源自中国古典的故事传奇的佐藤春夫,最后不惜以影射攻击郁达夫、郭沫若的方式来坚定地支持政府的对华侵略政策;曾经狂热地喜欢上了中国、并大叫"中国是我的恋人"⑦ 的村松捎风,在 1932 年一·二八事变后,其立场就转向了日本当局一边。在这样的时代氛围中成长起来的武田泰淳等人,何以会酿成深刻的中国情结呢?我想有两个原因可以考虑。

第一个原因是青年时期萌芽的左翼思想,并因参加左翼活动遭到当局拘押而产生的对于当局的愤懑和反抗意识。自思想黑暗的 1930 年代初期起,他在闲静的寺院中阅读了《资本论》等马克思主义的著作。他后来回忆说:"《资本论》无论从其厚重浩大的结构还是生动准确的表现方式,都充分具备足以让人陶醉的魔力。"[75]由左翼文献的阅读和因左翼活动遭受的压迫产生的对于当局的对抗意识,使得他(或他们)对日本的体制和内外政策萌发了怀疑和批判,对于日本的侵华战争,他们内心一直感到十分的苦恼,以至于当后来当局试图强行将他们的中国文学研究会纳入"文学报国会"的体系以配合当局的战争政策时,研究会不得已于 1943 年将组织解散并停刊了机关刊物《中国文学》,以示反抗。我认为由左翼思想而引发的对于当局的内外政策相拮抗的态度是武田等中国情结生发的一个重要缘由,因为,并非早期具有左翼经历的日本文人均会如此。典型的如作家林房雄,大学时代即积极参加学生运动,曾是共产党的理论杂志《马克思主义》的编辑,后来又是日本无产阶级文学运动的一员主将,但被捕以后即彻底转向,不仅抛弃了左翼的思想,而且坚定地拥护天皇制和对外扩张的政策,并且在战后也毫无反省,撰写了两大卷的《大东亚战争肯定论》来为战前日本当局的武力扩张政策辩解。

第二个原因也许更重要,就是早年对于中国文学的耽读、与中国留学生的交往以及在中国战场上的实际体验(这些因素缺一不可),培植并加深了他的中国情结。当然,对中国文献的阅读,并不能直接导致中国情结的产生。明治时期的思想家福泽谕吉少年时读过《论语》、《孟子》、《诗经》、《书经》、《世说》、《左传》、《战国策》、《老子》、《庄子》、《史记》、《前后汉书》等,尤其是《左传》,曾经通读过十一次,有趣的段落都可背诵[76],但他后来却成了一个对以儒学为首的中国思想的激烈批判者和"脱亚论"的倡导者。不过,中国古典和现代文学作品无疑是武田等最初的中国意象的酿造源。就像鲁迅当年对被压迫民族的文学抱有极大的关切一样,身处主流之外的武田对于时风所贬斥的处于弱势的中国反而容易激起共鸣，更何况两千余年来中国文化一直是日本文化的培养基，中国文化的博大精深本身蕴含着无穷的魅力。与中国留学生的实际交往，又使得武田增加了对中国的亲近感。当1937年秋天他被送往中国战场时，现场遍布的民众的尸体让他感到惊骇和痛楚，而一路的山川风物、古迹废墟，也催发出了他对此的凭吊追怀的感伤。上述诸元素的叠合沉积，使得武田内心的中国情结愈加凝重深厚。

第二，武田的中国情结与日本人立场（或日本人身份）的关系。

中国情结，是表示武田因中国文献文物和个人的体验所酿成的对中国的情感。这些情感在本文所引述的"中国叙说"中已可窥其一斑。日本人立场或日本人身份，则是武田对本民族和国家的身份认同和思考问题的出发点。倘若忽视了后者，我们的研究就会变得毫无意义。

作为一个具有左翼倾向并因此而受到压迫的知识人，武田对于当局一直心存芥蒂和隔阂（他在战后对日本政府颁发的"文艺选赏"的拒绝，依然可看作是一种对当局的拒斥行为），但这并不意味着他不具有日本人的立场或日本人的身份。堀田善卫在当年的上海日记中所记述的武田获悉日本战败的消息时内心表露出来的失落和苦涩，充分说明了这一点。

从上海回日本后不久，他发表了这样的文字：

> 我们这些人虽然与中国文艺多有接触，但稍微静下来想一下，还是觉得日本的文艺更亲切。中国文艺犹如他山之石，憧憬的彼岸，异国之花，怎么也无法成为自己的东西。（夏目漱石、森鸥外、川端康成等这些作家）让人感受到一种血缘之亲。与此相比，中国的作品还是有一种隔阂之感。

这些话是真实的内心独白，因为这已是在言论自由的战后，他没有必要去迎合官方的意识形态。但同时，中国也已经切切实实地镌刻在他的心中，他明白无误地将过去的对华战争定性为"侵略战争"，对曾经是侵略者一员的自己深加自责，战后他一直在呼吁日本与中国正式建立外交关系，1958年以后，他甚至主张中日合为一体："我想，中国、朝鲜、日本，不久将合为一体吧……欧共体若能成立的话，从历史的必然性而言，日本和大陆什么时候也会统一的吧。虽然并不抱有实际的期望，但从一个梦想来说，我想中日联合是可能的。"⑰

也许，他最终的梦想，是中国情结与日本人立场自然地融为一体。

1967年他在《扬子江畔》的后记中写道：

> 说起来，若加上战争中的两次经历的话，如今我已经五度伫立在扬子江畔了。对我而言，"扬子江畔"就意味着"中国大地"。但我只是一直伫立在中国的大地上，却决不会融化在其中或沉落在其中。因为这不可能。但是即便我身处日本国内，长江之水，也从没间断在我耳边发出滔滔的流水声，使我不得宁息。我无法躲避开这令人呼吸急迫但又令人眷恋的流水声。每当去中国访问，我总觉得自己仿佛要被那片土地弹飞出来似的。可是，每当离开中国时，我都会感到有一种将我吸引过去的宿命的磁力。⑱

这段话，大概非常生动非常形象地刻写出了武田内在的真实心境，刻写出了中国情结和日本人身份在其内心的纠结。这恐怕也是与他具有相同或相似的体验和经历、持有类似视角的昭和一代人的心声。对于武田而言，日本人的身份或立场是他观察和思考中国或中日问题的基本出发点，而中国情结则是一个深重甚至是巨大的情感元素，这一情感元素在大部分场合会拉近他与中国的心理距离从而增进和加深他对于中国的理解力，但有时候也会削弱他对中国的冷静的审察力和批判力。

需要指出的是,武田在他的时代,虽非日本文化人的整体性代表,却也绝非是一个个案,他是他这个层面、这个集团(这个集团在人数上也许并不庞大)的典型。

如今,昭和时代已渐行渐远,战争留下的阴影日益稀淡,中国文化的元素也在慢慢地被剥离,在新生代的日本人中,武田以及这一代人的中国情结已经渐趋弱化,而日本人意识和日本人立场则愈益强烈起来。尽管如此,当日本人在思考日本和亚洲的命运和未来时,中国始终将是一个难以撼动的坐标轴和参照系。

注释:

① 小说家、评论家阿部知二是一个稍微有点特殊的现象,本书有专门论述,请参阅。

② 战后派的作家中,堀田善卫是一个有点特殊的存在,本书也有专门论述,请参阅。

③ 岩波书店出版有《漱石詩集》(1916 年)、《漱石詩注》(吉川幸次郎注释、1967 年版);《鸥外歷史文学集》13、14 两卷收录了森鸥外的汉诗文作品(岩波书店 2000—2001 年版),另,中国学者陈生保著有《森鸥外の漢詩》(上、下)(明治书院 1993 年版),可参阅。

④ 竹内好曾回忆说:"从此(1932 年——引者注)就想真心研究中国,买了若干的书刊带回来,开始了我的第一步。因为我还无法阅读汉文,于是就从现代汉语开始。"(竹内好:《方法としてのアジア・序章 わが回想》,东京创社 1978 年版,第 16 页。)

⑤《武田泰淳年谱》,增补《武田泰淳研究》(《武田泰淳全集别卷三》),东京筑摩书房 1980 年版,第 596 页。

⑥ 本多秋五:《物語 戰後日本文学史》(中),东京岩波书店 1992 年版,第 251 页。

⑦ 武田泰淳、堀田善卫:《对話 私はもう中国を語らない》,朝日新闻社 1973 年版,第 10 页。

⑧ 关于这一组织的成立和主要活动业绩,我曾撰有《日本中国文学研究会始末及与中国文坛的关联》(《新文学史料》2011 年第 3 期),可参阅。

⑨ 武田泰淳:《司馬遷・自序》,东京日本评论社 1943 年版,此处引自《武田泰淳全集》第 10 卷,东京筑摩书房 1971 年版,第 3 页。

⑩《中国文学研究会会则》,《中国文学月报》第 1 号,1935 年 3 月。

⑪ 竹内好:《1934 年日記》,载《竹内好全集》第 15 卷,东京筑摩书房 1981 年版,第 43—45 页。

⑫ 同上书,第 75—76 页。

⑬ 竹内好:《1935 年日記》,《竹内好全集》第 15 卷,第 92 页。

⑭ 同上书,第 93 页。

⑮ 武田泰淳:《谢冰莹事件》,载武田泰淳:《黄河海に入りて流る——中国・中国人・中国

文学》,东京劲草书房1970年版,第225页。

⑯ 武田泰淳、堀田善卫:《对話　私はもう中国を語らない》,朝日新闻社1973年版,第28页。

⑰ 武田泰淳:《一兵士として行った中国》,载《揚子江のほとり》,东京芳贺书店,第55页。

⑱ 同上书,第57页。

⑲ 武田泰淳:《戦線の読書》,1939年11月《文芸春秋》(时局增刊26)。

⑳ 武田泰淳、堀田善卫:《对話　私はもう中国を語らない》,第38页。

㉑ 竹内好:《〈司馬遷——史記の世界〉解説》,载《司馬遷——史記の世界》,讲谈社1972年版,第230页。

㉒ 竹内好:《司馬遷》,载《武田泰淳研究》(《武田泰淳全集》别卷三),东京筑摩书房1980年版,第272页。

㉓ 武田泰淳:《司馬遷·序》,日本评论社1943年,见《武田泰淳全集》第11卷,东京筑摩书房1971年版,第4页。

㉔ 根据川西政明的研究,武田在上海登陆的日期大约在11月6日。见《武田泰淳伝》,东京讲谈社2005年版,第157页。

㉕ 武田泰淳:《支那文化に関する手紙》,原载《中国文学月报》第58号(1940年1月),载《武田泰淳全集》第11卷,东京筑摩书房1971年版,第241页。

㉖ 据武田泰淳:《小竹文夫先生のこと》,《世界文学大系》58,《史記Ⅱ》,《月報》59筑摩书房刊行中的回忆,当时大东亚省只允许他在上海逗留一个月,抵达上海后经小竹文夫与上海日本领事馆的交涉,得以在上海长期居住下来。

㉗ 有关中日文化协会的内容部分参考了大桥毅彦等编著《上海1944—1945　武田泰淳〈上海の蛍〉注释》,东京双文出版社2008年版,第14—15、30—31页。

㉘ 武田泰淳:《上海の蛍》,东京中央公论社1976年版,第14页。

㉙ 木田隆文:《上海1944—1945　武田泰淳　〈上海の蛍〉注释》前言,第3—4页。

㉚ 即交通大学校园,抗战期间交大被迫迁往四川成都,在上海的校园部分被上海东亚同文书院大学所占有。

㉛ 武田泰淳:《月光都市》,《武田泰淳全集》第1卷,筑摩书房1971年版,第152页。

㉜ 武田泰淳:《上海の蛍》,东京中央公论社1976年版,第40页。

㉝ 小竹文夫:《上海にいた作家たち》,东京《群像》1956年1月号,第191页。

㉞ 武田泰淳:《上海の蛍》,东京中央公论社1976年版,第37页。

㉟ 红野谦介编:《堀田善衛上海日記》,东京集英社2008年版,第17—24页。

㊱ 陈祖恩:《上海日侨社会生活史》第十一章的注解①,上海辞书出版社2009年版,第525—526页。

㊲ 武田泰淳:《ガーデンブリッジ附近》,载《黄河海に入りて流る》,劲草书房1970年版,第370页。

㊳ 见川西政明:《武田泰淳伝》,东京讲谈社2005年版,第223—225页。

㊴ 见内山清等:《大上海》,大上海社1915年版,第40页。

㊵ 武田泰淳:《月光都市》,《武田泰淳全集》第1卷,东京筑摩书房1971年版,第160—161页。

㊶ 武田泰淳:《中国文学と人間学》,原载《望郷》1948年4月(第5号)。见《武田泰淳全集》

第12卷,第98页。
㊷ 武田泰淳:《F花園十九号》,《武田泰淳全集》第3卷,第268页。
㊸ 武田泰淳:《上海の蛍》,东京中央公论社1976年版,第11—12页。
㊹ 武田泰淳:《秋の銅像》,原载《文化人の科学》第3号(发行年月未详)。见《武田泰淳全集》第1卷,第118页。
㊺ 武田泰淳:《夢の裏切》,《武田泰淳全集》第1卷,第179页。
㊻ Annual Repot of the Shanghai Municipal Council(上海工部局年报), 1925, p.176。
㊼ 岛津长四郎编著:《上海指南》(第9版),金风社1921年版,第40页。
㊽ 米沢秀夫等编纂:《大上海 要覧・指南》,上海出版社1935年版,第241页。
㊾ 菊村菊一:《上海事情》,东京博文馆1941年版,第39页。
㊿ 武田泰淳:《上海の蛍》,东京中央公论社1976年版,第9—10页。
(51) 武田泰淳:《ガーデンブリッジ附近》,载《黄河海に入りて流る》,第369页。
(52) 武田泰淳:《夢の裏切》,《武田泰淳全集》第1卷,第174页。
(53) 武田泰淳:《蝮のすえ》,《武田泰淳集》,东京筑摩书房1987年版,第361页。
(54) 武田泰淳:《人民間の文化交流》,原载《日中文化交流》1969年5月号,见《武田泰淳全集》第16卷,第318页。
(55) 同上书,第317页。
(56) 武田泰淳:《美しさと激しさ》,原载《桃源》1947年1月号,见《武田泰淳全集》第12卷,第19页。
(57) 同上书,第20页。
(58) 彭国翔编:《学思答问——余英时访谈录》,北京大学出版社2013年版,第38页。
(59) 武田泰淳:《中国文学と人間学》,原载《望郷》1948年4月(第5号),见《武田泰淳全集》第12卷,第98页。
(60) 武田泰淳:《中国人と日本人》,原载《サンデー毎日》1971年5月9日号,见《武田泰淳全集》第16卷,第475页。
(61) 同上书,第99页。
(62) 武田泰淳:《中国文学と人間学》,《武田泰淳全集》第12卷,第102页。
(63) 武田泰淳:《美しさと激しさ》,《武田泰淳全集》第12卷,第19页。
(64) 同上书,第22页。
(65) 武田泰淳:《中国文学と人間学》,《武田泰淳全集》第12卷、第104页。
(66) 武田泰淳:《謝氷瑩事件》,原载《中国文学》101号(1947年11月)。见《黄河海に入りて流る》,第222—223页。
(67) 武田泰淳:《土民の顔》,原载《中国文学月報》第44号(1938年),见《武田泰淳全集》第11卷,第221页。
(68) 武田泰淳:《杭州の春のこと》,原载《中国文学月報》第59号(1940年),见《武田泰淳全集》第11卷,第246—247页。
(69) 武田泰淳:《獣の徽章》,原载《新潮》1950年10月号,见《武田泰淳全集》第1卷,第107—126页。
(70) 武田泰淳:《杭州の春のこと》,《武田泰淳全集》第11卷,第245页。
(71) 武田泰淳:《黄鶴楼》,原载《揚子江文学風土記》(1941年),见《武田泰淳全集》第11卷,第

　　268—269 页。

⑫ 同上书,第 273 页。

⑬ 同上书,第 119 页。

⑭ 村松梢风:《支那漫談》序,骚人社书局 1928 年版。

⑮ 武田泰淳:《私と共産主義》,原载《中央公论》1956 年 8 月临时增刊,见《武田泰淳全集》第
　　13 卷,第 217 页。

⑯ 福沢谕吉:《福翁自伝》,东京讲谈社 1981 年版,第 16—17 页。

⑰ 武田泰淳:《ひとりごと——日中合体論》,载《揚子江のほとり》,东京芳贺书店,第 416—
　　417 页。

⑱ 武田泰淳:《揚子江のほとり・あとがき》,东京芳贺书店 1973 年版,第 428 页。

第八章

堀田善卫：从上海感知中国、认识日本

第一节　在上海的心路历程

一、来上海的缘起

在本书的论述对象中，堀田善卫(1918—1998)是最迟出生的一位，也是在上海待到最晚的一位。与村松梢风等有点相似，在来上海之前，他对中国的感觉十分疏淡，就其教育背景而言，他与中国的缘分也颇为疏远。但在上海的经历，却极大地改变了他的世界观。用他自己的话语来说，"在去上海之前，安野(自传体小说的主人公)头脑中的世界地图，说得极端一点，只存在日本和欧洲"，但在上海待了一年零九个月之后，"虽然中文还学得不怎么样，但他头脑中以前只有日本和欧洲的世界地图却已完全改变"①。

堀田 1918 年 7 月 17 日出生于日本北陆地区靠日本海的富山县伏木町，父辈经营着一家近海商船的船行，在经济上也算是中上人家。随着近代航运业的兴起，传统的船行逐渐衰微，家道也由此中落，父亲转行投身政治，当过伏木町町长等地方官吏。堀田本人在邻近的石川县金泽市县立第二中学读书时，寄居在圣约翰教会的美国传教士家中，较多地接触到了基督教，并学会了英语和钢琴。1936 年 2 月他 18 岁时移居东京，在考入庆应大学法学部政治学预科读了三年之后正式升入本科。他后来自己回忆说，"学校里的课，完全不去上，只是自己一味读(文学哲学)书而已"，临到考试时，到神田书铺里去买了《六法全书》胡乱准备一下，居然也应付过来了②。一年后，堀田决定转入文学部法国文学科，"换了专业后，我就完全成了一个西欧派,学习象征主义的诗作等。因此,与中国完全没有关系。"③

1942年他在《诗集》上发表了一篇《是……》的诗作,开始接触日本文坛。这一年8月,他接受了征兵检查,第三乙种合格,因此从庆应大学提前半年毕业(日本的大学通常3月份毕业),在国际文化振兴会调查部供职。1934年设立的国际文化振兴会是隶属于外务省的一个对外文化交流机构(也是今日日本国际交流基金的母体),在战争时期具有极为浓厚的官方色彩,实际上也成了为战时日本服务的文化机器,不过在战火纷飞的时代,它实际上也无多少可以施展身手的空间。据堀田自己说,他之所以选择这一机构,是因为觉得"太平洋战争已经开始了,人生也不会长久,既然如此,就尽可能找一个不太忙的、内涵也不大清楚的单位里呆着,读读书,等待征召令的下达。"④进去以后,堀田发现在其内外积聚了许多文人,他相继认识了批评家和小说家吉田健一(1912—1977)、评论家河上彻太郎(1902—1980,本书第五章中有较为详细的论述)、山本健吉(1907—1988)、翻译家和评论家西村孝次(1907—2004)等,堀田也因此加入了以杂志《批评》为主体的文艺圈(武田泰淳也在1943年成了《批评》的同人,不过两人在日本国内时似乎未曾晤面),这是堀田踏入日本文坛的第一步。

在这里,中国第一次进入了他的视野。当时日本的对华侵略战争已进入胶着状态,太平洋战争也在持续,前途一片黯淡。这些文人觉得,所有的这些问题中,中国是一个关键。于是为了熟悉和了解中国,他们组织了一个中文学习会,请了曾在北京做过几年研究、其时已出版《中国人日本留学史稿》的实藤惠秀(1896—1985)来担任中文教员。尽管因诸种原因,中文学习未能持续下去,但堀田却因此对中国有了一些感觉。引起堀田对中国兴趣的另一个要素是鲁迅。他后来回忆说:

我热衷于阅读鲁迅,是在 1942 年的冬天和 1943 年的秋天。这期间我被应召入伍,后来却患了病。这时候,通读了改造社出版的《大鲁迅全集》。到底是鲁迅的什么吸引了我呢?……简单而言,最终是岩波文库版的选集,即现在岩波版的《鲁迅选集》第一卷卷头上的一张鲁迅的照片。那时,对鲁迅小说类的作品,我几乎都没有什么感动。不知为何,我总觉得,比起撰写小说来,鲁迅有更多更重要的事情要做、要思考,对鲁迅而言,写小说只是他无数必须要做、必须要思考的事情的一小部分。鲁迅就是承载了这样的命运的人。我当时挺喜欢改造社版的《大鲁迅全集》中的《社戏》这篇作品。我在十六年前的读书笔记中这样写道:"鲁迅(照片上的)那双最令人难忘的、充满了难以言说的深刻的忧郁、湿润的眼睛里面,深深地镌刻着诸如《社戏》、《故乡》那样的风景。要想描绘出童年时代如此美丽的回忆,就必定要有诸如《阿 Q 正传》、《呐喊》、《狂人日记》中的那样令人心酸心痛、可怕的现实。这是两个互为表里、同为一体的系列。这两个,正是鲁迅的眼睛。"如今十六年过去了,我的想法依然如此。⑤

　　后来堀田还频频引用了《野草》中的一句话:"绝望之为虚妄,正与希望相同。"他对这句蕴含着尼采式的悲剧哲学意蕴的话语极为欣赏。

　　除了鲁迅外,他还阅读了小田岳夫(1900—1976)翻译的茅盾的小说《蚀》(日文译名《大过渡期》,由第一书房作为欧洲新小说丛书的一种出版),这差不多是他第一次读到中国的现代小说,对其叙事的宏大和手法的现代,堀田感到甚为惊讶,他未曾料到中国竟然也有了足以与欧洲小说媲美的文学作品,"中国已有了纯粹的现代文学,即使列在欧洲新文学丛书中,也毫不令人觉得奇怪,从任何意义上来说都毫不逊色。我感到十分惊讶。"⑥这也表明了尽管自 1920 年代末至 1940 年代初,由于中国文学研究会等的努力,中国现代文学作品在日本已经有了相当程度的译介,但除了鲁迅等极个别的作家之外,中国现代文学还未真正进入日本主流文坛的视野,堀田的惊讶和感佩也从另一角度说明了这一现状。

1943 年,堀田自国际文化振兴会转入海军军令部临时欧洲战争军事情报调查部,主要担任解读密码的工作,虽未实际从事战斗,实际上已参加了战争。就政治倾向而言,堀田长大成人后,左翼运动已遭到当局的彻底镇压,本来就很微弱的反战运动也在政治高压下趋于湮灭,因此他与这些反法西斯的政治力量都没有关系。在文学倾向上,他比较认同芥川龙之介、堀辰雄(1904—1953)一脉的艺术至上主义,希望自己成为一个如法国波德莱尔一样的诗人(事实上他确实具有诗人的潜质)。

1944 年 1 月,他与松桥秀结婚,新婚第二个月就接到征召令,被招入东部第 48 部队,可这时却因肋骨骨折而导致胸部疾病,在富山陆军医院里治疗了三个月,5 月,征召令解除,他便在家里静养读书,同时开始小说创作,撰写了三篇短篇和一部长篇小说,手稿未及发表就因美军的空袭而烧毁。1945 年初开始,美军开始全面轰炸日本本土,东京一带,几乎天天有空袭警报,3 月 10 日那天,美军出动了 325 架 B25 轰炸机对东京进行了集中轰炸,投下的大量燃烧弹使东京的主要街市成为一片废墟,有 76 000 多人在轰炸中丧身。之后的一天,堀田在废墟间蓦然遇见了前来视察的天皇,那悲凄的脸神使他印象深刻。堀田在小说《祖国丧失》中借主人公"杉"的口吻对空袭的惨象作了这样的描述:

> 三月中旬之前杉还在东京,他知道燃烧弹落下来时白铁皮屋顶犹如积雪滑落下来般地发出的"刷——刷——"的声音。他也见到过炸弹落在有乐町的日夜银行上时,在四百米开外的地方也有人因此而被无情地炸死的景象。他也知道,很多人忍着饥肠在干活。⑦

过几天,大阪也遭到了灾难性的轰炸,整个日本已处在风雨飘摇之中。堀田决定逃离日本⑧。他自然希望能去憧憬中的欧洲,不过其时欧战未息,他无法实现这一梦想。于是他去了原先供职的国际文化振兴会,看是否有去国外的机会。振兴会表示可以安排一个人去上海的资料室。于是,他决定前往上海。"关于去中国,在疗病期间阅读了改造社出版的大鲁迅全集是理由之一,另外,去中国我当时也有些门路,在想去中国这一茫然的想法中,还存在着要是运气好的话通过上海这个踏脚石前往欧洲的欲念,尽管当时战争还在进行,我脑子里还是有这样的念头。"⑨

由于美军潜艇的封锁和空中的轰炸,日本与中国间的海路早已中断,唯一可以一试的是飞机,但飞机几乎也已断航。事有凑巧。堀田认识在海军报道部供职的松冈大尉。松冈大尉是曾任日本外务大臣、与德国、意大利签署轴心国条约的松冈洋右的儿子。3 月 22 日堀田去访他,请他帮助去上海。松冈大尉告诉他,后天海军就有一架飞机去上海,可设法安排一个座位,但必须当日交付 90 日元的机票钱。堀田觉得机不可失,立即跑到在新桥开运输公司的朋友那里借了 300 日元,解决了旅费。于是在 3 月 24 日,堀田匆匆登上了飞往上海的飞机,于当日降落在上海的大场机场⑩。

上海的经历对于堀田具有怎样的意义,他后来自己表述道:

自 1945 年 3 月 24 日开始至 1946 年 12 月 28 日止,差不多一年九个月的上海生活,对于我,特别是战后的人生,带来了决定性的意义。当然,我此前就已决定自己的一生将以文学作为我的事业。但是,这一段经历,使得我此前根本没有考虑过的中国和日本,进入了我的人生。⑪

二、在上海经历日本的战败

堀田善卫自 1945 年 3 月 24 日抵达上海,至 1946 年 12 月 28 日坐船回到长崎县佐世保港,总共在上海待了一年九个月零四天,是本书所论述的日本文化人中在上海集中居住时间最长的一位。

有关堀田在上海的岁月,除了他自己日后的回忆和小说作品中近似自传的描述外,2008 年 11 月出版的由红野谦介教授整理的《堀田善卫上海日记——沪上天下 1945》是一部考察堀田在上海经历的极为宝贵的文献。2007 年夏天,堀田的家人在家中发现了两本堀田本人亲撰的笔记,经研读,可判定此为堀田在 1945 年 8 月至 1946 年 10 月间的日记,2008 年 6 月,在堀田去世后接受了其大部分原稿、资料和藏书的神奈川近代文学馆中,馆内研究人员发现了堀田 1946 年 11 月 8 日至 29 日的一册日记。在第一册日记封面的右上角写有“沪上天下”的字样。这三册日记原稿经日本大学红野谦介教授的仔细整理后出版。不过有些遗憾的是,日记在日期上并不完整,1945 年 3 月 24 日至 8 月 2 日之间以及 1946 年 11 月 29 日后为空白,即便在上述的日期之间,也有诸多缺失。尽管如此,这已是非常珍贵的文献了。

堀田到达上海后,名义上供职于国际文化振兴会上海资料室,但位于静安寺路麦特赫司脱路口(今南京西路泰兴路口)的麦特赫司脱公寓(今泰兴公寓)内的该资料室,原本仅有毕业于九州帝国大学的主任菊池租(战后曾担任福冈县立图书馆馆长)一人而已,既无经费,也无具体的工作。由于堀田海军部的背景,他曾与本书第五章中述及的同样具有军部背景的名取洋之助的太平出版印刷公司(日本人间习惯称之为“名取机关”)以及另一个不怎么出名的“水谷机关”发生过关系,具体活动不详。

作为一个西欧文学出身、也可算是半个诗人的堀田,无疑身上更多的是文人气质,他很快就认识了在中日文化协会上海分会供职的武田泰淳和比武田早几天来到上海的小说家石上玄一郎(1910—2009),并与前者成了在上海期间关系最密切的友人。其他交往的还有在陆军的南京特务机关供职的、曾出版了几本诗集的会田纲雄(1914—1990)、在上海日本领事馆特别调查班供职的、曾著有《支那工业合作社运动》的刘屋久太郎（?—1946）、《朝日新闻》驻上海的记者林俊夫（1909—2002）及其夫人室伏克拉拉（本书第五章中有论述）等。

1945年，尤其是东京大空袭以后来到上海的日本人已经颇为罕见，在上海的日本人对祖国的情况自然相当关注，经武田泰淳的介绍，甫抵上海的堀田即被邀请到在沪的日本啤酒公司和一家日本保险公司去做演讲，介绍日本最新的情况，从啤酒公司获得的三打啤酒酬劳使喜欢饮酒的堀田欣悦不已。有一个时期，他借居在愚园路福世花园内的武田的寓所，跟从武田学习中文，采用《水浒传》中武松打虎的章节做教材，堀田则向武田讲授陀思妥耶夫斯基。不过，跟从武田的中文学习未能持久，一方面堀田嫌武田的中文发音不够标准，另一方面，中文学习往往会演变为文人间的高谈阔论，学习也就不了了之了。倒是认识了室伏克拉拉之后，堀田跟随她认真学过一阵子中文，他觉得克拉拉的中文流畅而漂亮。大约在6月间，堀田迁居到了愚园路749弄7号内的一处寓所，在这里一直居住到1945年9月17日。因与武田的住所很近，两人时常往来，还经常结伴到周边的白俄或犹太人经营的酒馆去饮酒，往往酩酊而归。这一时期，堀田的活动区域主要在愚园路周边（这一带已在租界之外，俗称越界筑路的地段，虽不属租界，但筑路和市政建设由租界当局实施）以及原本的法租界和公共租界，与集聚在虹口一带的日本人接触较少，与中国人之间几乎没有直接的交往。

来到上海之后，有两点体验使得一直蛰居在日本本土的堀田颇为惊异，尤其是后者，在一定程度上改变了他的世界观。

第一点是上海物资的相对充裕和市面的相对繁荣。上海地处江南，历来物产丰饶，开埠以后，各国货物辐辏云集，成为远东最大的都市。抗战爆发后，虽然经济发展停滞，物价腾飞，但只要手握钱财，万物皆可纳入囊中。市面的景象，虽因战争的持续和租界的废除而渐趋萧条，但霓虹依旧,主要商业街区仍然人流如织。而在日本本土,自1937年日本全面侵华以来,尤其是太平洋战争爆发以后,军需军工成了国民经济的轴心,大批青壮年的应召入伍,严重削弱了日本的生产能力,自1939年起,实行食物和生活必需品的配给制度,且供应日益紧缺,一般民众不得不因此而节衣缩食,咖啡馆、酒吧和稍稍像样的餐馆被纷纷关闭,以英美为中心的西方文化几乎遭到彻底的驱除,妇女的裙装遭到取缔,男子则被要求穿着式样单调的国民服,防空头巾几乎成了人们唯一的装饰物⑫。特别是美军实施空袭以后,城市实行了灯火管制,入夜时分,废墟之上一片漆黑。男人嗜好的酒类,严重匮乏,作家高见顺(1907—1965)在他的1945年日记中详细记录了寻求买醉的艰辛。困居于如此日本的堀田,突然之间来到了霓虹闪烁的大上海,虽然囊中颇为羞涩,但凭借日本人的一点特权,还是经常会有觥筹交错的机会,堀田后来回忆说:"日本遭到了空袭,一片狼藉,但上海却是一片悠然。酒要多少有多少,无论是啤酒还是什么酒,香烟也一样,英国的三五牌或其他什么牌子的,到处都有。我一开始感到很愤怒,这差别也太大了,就仿佛一是在天堂,一是在地狱。"⑬比他早一年来到上海的小说家石上玄一郎证实了堀田的回忆:"当时,上海和日本国内,真的可谓一是天堂一是地域,当国内的人为了吃到一碗混合着羊栖菜的饭而排着长队时,上海的日本侨民却在吹嘘着自己连着数日举行牛肉火锅的酒会,或是饱餐着俄国大菜,或是流连在夜总会等,从国内刚刚来到这边的人,自然要光火了。当时我对堀田最初的印象就是这是一个纯情而富有强烈正义感的青年。"⑭不过,正如石上所预料到的那样,过一阵子他就不会再愤怒了。果然,后来堀田自己也很享受这样的生活了,他在1945年8月11日记道:"逾十一时去访会田,与赤间氏三人去'浜寿司'吃寿司。对我而言,寿司已经睽违两年了,实在是美味至极。鱼鲜好像都是来自长江。"⑮

第二点是战争的现状。堀田在进入中学时九一八事变爆发,在庆应大学求学期间日本全面侵华战争打响，但他一直觉得自己是一个"既不了解政治也对政治漠不关心的文化人"⑯，即使进入了海军军令部的情报调查室，他还是对这场战争的性质不甚了了，他甚至都不清楚日军官兵在海外的行为。但是到了上海，耳闻目睹以及自己亲身感受的，都让他感到震惊和疑惑，虽然上海此时已非战场，他也没有经历过什么枪林弹雨、血肉横飞的惨景，但他却清楚地感觉到："在上海着陆的一瞬间，他犹如遭到闪电击打一般地猛然意识到，战争的性质绝非如在国内时所说的那样。"⑰堀田在战后出版的《在上海》一书中，叙述了他到达上海一周时在住宿地锦江饭店附近的一家白俄人开的酒吧前看到的一幕情景，稍稍有些长，兹译述如下：

从一幢公寓里走出来一位披着白色披风穿着西式婚礼服的中国新娘，与来为她送行的亲友们依依惜别。外面停着一辆来接她的汽车。我从马路的对面望着这一场景。突然，从那幢公寓的拐角边走来了三个戴着公用臂章的日本兵。其中有一个日本兵突然插到了送行的人群中，一把拽下了罩在新娘身上的白色披风，露出了牙齿说着什么，还拿手往新娘的脸上戳了几下。不一会儿，他穿着卡其色军服的手臂部伸到了下面，摸新娘的胸部和下腹部……我觉得自己脸上一下子失去了血色，只记得自己摇摇晃晃地走到了马路的对面。我是个根本就没有什么力气的人，可这时却超常的勇猛，一头撞到了那士兵的身上，结果被他一拳打倒在地，遭到一阵猛踢，颧骨撞到了水泥地上。

我本来是个很迟钝的人。领悟力比较慢，对发生的事一下子弄不明白。尽管如此，对自己觉得明白了的事却非常坚持。在被打倒在地遭到一阵猛踢之后，我终于慢慢地慢慢地明白了，"皇军"的一部分，在现实中，在这边的中国，到底做了什么。被打倒在地的我，怎么也爬不起来。大概是我来上海之前因肋膜骨折而损伤的部位被士兵踢到了吧,他们穿着胶底鞋。在场的中国人和新娘一起把我扶了起来,搀扶到公寓内的一间房间里。

那时的新娘,对自己出嫁时,披风被人拽下、脸上被人指戳、乳房和腹部被人戏弄这样的经历,恐怕一辈子都无法释怀。哪怕那个士兵本身并无太大的恶意,但对我而言,这一经历,是我人生的一个出发点。

战争时期,我自己把自己封闭起来,不愿意面对时局的变化,一直觉得自己是一个艺术至上主义者。我的这一框架由此被打破了……对于日本的侵略主义、帝国主义,我此前并无政治方面的、经济方面的,或是政治史、经济史方面的理论上的认识。我所理解的东西,都是来自诸如上述的个人的经验。⑱

这一段叙述非常清楚地表明了上海的现实在多大程度上颠覆了堀田对于日本海外战争的认识,也使他逐渐从艺术至上主义的封闭性框架中走了出来。不过,细细检阅他的上海日记,我们似乎还不能确定此时的堀田已经对战争有了足够的反省,但至少,包括上述事件在内的上海经历,对他世界观的转变,是一个深刻的开始。战后,他将这段刻骨铭心的经历经过扩充和改编,写在了他的小说《祖国丧失》中,场面更富有戏剧性。

来到上海不久,他与居住在上海、丈夫在汉口的日本女子中山伶发生了暧昧关系,在堀田回国后,这位女子成了他的第二任妻子。

大概在4月中旬前后⑲,通过名取洋之助而认识的在南京汪伪政府宣传部供职的诗人草野心平,邀请武田泰淳和堀田一同去南京作数日之旅,并寄居在草野的家中。一日,堀田与武田去登了南京城墙,尽管在1937年12月日军进攻时遭到了部分的毁坏,但依然有相当一部分留存着。堀田后来回忆道:

那个时候在南京城墙上,眺望着真的透发出紫金色的紫金山,放眼望去,是一望无际广阔无垠的江南的原野,此时,我脑海中作了如下的思想。

"……中国战线,据说是点与线的布局,岂止是点与线,实在是日本的整个战略都出了问题。日本越洋过海跑到这里来,试图以天皇什么的名义来统治如此广大深远的中国及其人民,首先就犯了一个哲学上的大错误。(对中国的进犯)从根本上来说就是一个哲学性的错误……他们有没有从哲学上考虑过天皇和中国大陆之间的关系?那些挂着参谋肩章趾高气扬不可一世的家伙,作为中国研究家而言也许他们是最富有经验的,但是若从知识阶级的角度来区分的话,他们恐怕只是些视野狭隘的技术知识分子而已,也就是说,只是些头脑发昏的技巧派而已……因此,在这边说我们将会取得最后的胜利,这些话且不说中国人民会觉得绝无可能,我们只需眺望一下这片广阔无垠的大陆,你只需有些哲学上的眼光,你就不会对这样的结论产生共鸣……"[20]

堀田所言的哲学性的大错误,应该是指决策层的日本人在空间和时间上缺乏对中国的深刻认识,即对中国国土的辽远壮阔和中国历史的深邃悠远缺乏根本性的洞察和战略上的把握,因而才会作出对中国举兵的贸然行为。

局促在拥挤的上海市内,堀田也许还不能感觉到中国国土的广大和历史的深远,但当他来到了南京,登上了城墙(那时南京城内几乎没有高楼,且不说城外,即便城内也到处布满了田地和池塘),看到绵延不绝的阔大的原野,又联想到漠漠的塞北和更深远的内陆,联想到中国横亘数千年的文明史,他深深地认识到了进犯中国的日本所犯的哲学性的大错误。这也就是阿部知二所说的,犹如一头大象踏进了泥潭,最终只有被淹没和吞噬的命运。

考察日本战败的消息在日本知识人心中激起的反应,是考察这一时期日本知识人精神史的非常重要的一个侧面,尤其是在海外,因为这是祖国的战败。这里,当事人留下的日记和书信也许是最佳的材料。各色不同政治倾向的人也许会有各自不同的表现,但这是一个与祖国命运相交杂的心路历程,想必每一个人都不会轻松。

相比较封闭的日本国内,身在上海的堀田等在 8 月 11 日就通过苏联电台发布的新闻获知了日本准备接受《波茨坦公告》,亦即宣布投降的消息。堀田在他的日记中非常详尽地记录了自己及武田和其他一些日本人在这一天的心路历程,篇幅有些长,兹译述如下。

上了电车后,同盟通讯社的赤间(中国新闻协会)坐到了我的旁边。"好像要来的事情终于来了。"赤间说。我有些不解地问道:"啊?"他说:"你还不知道么?""什么呀?""听说日本投降了。"……

随着电车渐渐从静安寺驶近南京路,从车窗向外看,商店几乎都关上了门,不时地从里面一个个挂出了青天白日旗。尽管南京路的商店全都打了烊,但满街都是人……人们带着异样兴奋的表情在行走……南京路上的青天白日旗一直挂在那里……

虹口方面中国人的商店也都一家家地关上了门,不过日本人的商店都开着……与赤间在四川路桥堍分手后,再次回到了会田的中央书报社,发现武田已经来了。过了一会儿,诗人路易士㉑张开双臂走了进来,神情兴奋,仿佛要和在座的每一个人拥抱似的。一走近我们,立即从口袋里掏出了《中华日报》的"和平号外"分发给我们,一边大声呼叫道:和平!和平!和平啦!

坐在那里的我们这些日本人,人人都面色凝重,同时一种说不出的苦涩涌上心来,眼睛不知往哪边看好。武田睁大了眼睛,全身心地读着号外。我也读了：

根据十日夜东京广播，日本天皇陛下切欲世界和平……㉒

我的心胸觉得一阵难受，不过路易士却以十分喜悦的表情大声说道："今晚我们喝酒吧，我虽然很穷，但可以请大家喝这么一点酒吃这么一点菜（一边用手比划着一点点的量），大家都来吗？"在场的主人会田含含糊糊地回答说，今晚不行，明天和后天也有安排了，如果星期二左右的话也许……

南京路上的人越来越多了。在资料室办公处和蒙多利乐器店之间狭窄的地方已经占好了位置的烟纸店老板，挂出了美国国旗，被（日本）宪兵拉了下来。

终于从各个地方响起了猛烈的爆竹声。人们开始发出欢呼声。戴着战斗帽穿着国防服、裹着绑腿的日本人，露出不知所措的神情在街上行走。人潮似乎从南京路向外滩方向涌动。有些中国人举起手臂向走过的西洋人打招呼。

……在一片喧嚣中天黑了，我和武田一起回家。回去的路上，两人一时默然无语。过了一会儿，武田慢慢地说道，日本民族也许会消灭，倘若今后自己留在中国的话，就会告诉中国㉓人，以前东方曾经有过这样一个国家，必须要有我们自己来告诉别人。我竭力表示，我们要把今天这个时候中国人的变化告诉国内的人，不是光从政策上来讲，而是从人的内心世界的角度，不是谈什么政治理论，而是要讲到人们的心里去，这也是我们这些在上海的从事文学事业的人要做的重要工作。这两者都是很现实的工作……我对中国既没有很多的见识，也没有先入之见，要学习的正是今天这个时候，我相信，我从今天的体验中所获得的，超过了任何的学识和经验以及其他一切。㉔

堀田1945年8月14日至10月12日的日记缺失（或未记），不过在

10月28日的日记中简略补记了8月15日前后的活动，据此可知15日那天堀田是在香港路上被日本人接管的原英商米林顿印刷公司里听到天皇宣布战争结束的广播的：

> 来到印刷公司有收音机的房间（值班室），有三四个（日本）人在那里，有的端坐着，有的耷拉着脑袋坐在那里。收音机里传出了庄重的敕语。当时我并不知晓这是陛下自己在广播，杂音很多，也听不真切，只听明白了一句"朕望臣子衷情知此"。我流出了眼泪。㉕

这里我想同时考察一下几位在日本国内的作家获悉日本战败时的心境。

7月28日，早年具有左翼倾向的作家高见顺从《读卖新闻》上读到了中美英25日发布的敦促日本投降的《波茨坦公告》的要点。翌日他在日记中披露了这样的心迹："心情一片烦乱。不知所措。心绪不定。心里满是怨愤。对谁的？因为什么？没有对象。因此才更加觉得烦躁愤懑。昨天川端（康成）说，斋藤茂吉（1882—1953，和歌作者）将藏书都烧光了，哭了一整天。我理解。真的能理解……我也想哭，心里真想哭。为了人类，为了世界。我现在心里一片愤懑，也是因为有一种想哭泣的冲动。"㉖也许此前已经有了如此的内心挣扎，到了8月15日那天，他的心情倒反而显得很平静，至少表面上是如此："十二点。报时。演奏君之代。朗读诏书。果然是宣布战争结束——终于战败了。已经被战争拖得疲惫不堪了。夏日的太阳灼灼发光。令人眼睛发痛的光线。在烈日之卜获知了战败的消息……车站上，与往常无异。一位中年女子对着中学生问道：'说是中午有重大的广播，什么事呀？'中学生显出尴尬的神情，低下头轻声作了回答。'啊？啊？'那妇女大声追问道。轨交车厢内也与平日无异。比平时稍空些……都在互相欺骗，政府欺骗民众，民众欺骗政府。军部欺骗政府,政府欺骗军部……新桥的站台上出现了宪兵,检票口也站着宪兵。但民众的气氛极其安稳、平静。没有看见一个激动的……呜呼,八月十五日。不管日本将变成怎样的形态,东亚必须获得解放。为了人类的利益,东亚也必须获得解放。"㉗

另一位同样居住在镰仓的作家大佛次郎(1897—1973)在他的 8 月 15 日的日记中如次记述道:"十二时新闻,吹奏君之代,主上自行广播大诏,接着公布波茨坦的建议和开罗会谈的诸条件。台湾满洲朝鲜均被剥夺,暂时允许敌军统治本土……这对世上完全如同一个突然袭击……上床就寝,却无法入睡。这不仅是一前所未有的革命性事件,对于这一屈辱,流血甚多的日本人,尤其是那些少壮军人能够忍受么?"㉘与高见顺相比,他的文辞表述有较明显的不同,也表明了两者心境姿态上的差异。

值得注意的是永井荷风的日记,那一天他正避难至冈山市严井三门町的一处旅舍:"S君夫妇告知,今日正午的广播,公布了日美战争突然停止的消息。是该停止了。傍晚洗染店的老妇携来鸡肉葡萄酒,于是摆开酒宴,庆祝停战,人人皆醉,就寝。"㉙他的反应竟然是举杯庆祝。

高见、大佛和永井三人的政治倾向是有所不同的,高见与武田泰淳比较相近,早年曾醉心于人道主义、无政府主义和社会主义,后因参加实际的左翼政治运动而被捕入狱,在狱中被迫表示脱离革命运动,不再过问政治,但其骨子里一直潜藏着对当局和体制的不满和对战争的疑惑,他的日记中这些逻辑有些破裂的文字,真切地流露出了高见和许多与他具有相似精神轨迹的日本知识人的内在的心灵纠结。而毕业于东京大学法学部政治学科的大佛次郎,早年曾在外务省任职,一生撰写了无数的通俗小说,具有比较强烈的民族主义情结,曾积极参与由军部主导的文学报国会的活动,对于战败的消息,他更多的是觉得屈辱。在明治末期就已在文坛上独树一帜的荷风,战争初起时,就已经是文学界的大佬,却一直游离于主流文坛之外,是坚定的消极反战者,他拒绝加入几乎所有的文人均被网罗在内的"日本文学报国会",以风花雪月、醇酒妇人的姿态与主流阵营保持着遥远的距离,平日不参加当局举行的任何活动,也不读报,在战败消息传来的当天,他居然还有闲心留下了"农家的庭院内夹竹桃盛开,稻田间开着荷花"这样的文字,意味深长。

相比较而言,堀田出生颇晚,早年既无左翼或转向的经历,来上海之前甚至都还没有正式登上文坛,与日本官方的文化机构或情报机构虽有关联,却也没有与当局密切合作的意愿,对日本国家、民族的命运并无深入的思考,他更多的是一个艺术至上主义者。但来到上海之后,所见所闻及自己的经历,使得他对于战争以及日本与中国的问题开始有所思考。与上述所举的三名作家在日本本土获知日本投降消息时的场景不同的是,他在日本侵略战争的对象国和占领国的中国上海,深刻地目击了当地民众对于日本投降的兴奋和喜悦,被奴役压迫了八年之久的上海市民所表现出的狂欢,却是日本本土的国民所无法切身感知的,因此身在上海以及中国的大部分日本人的沮丧、痛苦及由此受到的打击和刺激,较之本土的日本人,恐怕更为深刻和痛切,乃至于武田和堀田等要悲叹和担忧日本国家民族的灭亡了。

涉世未深的堀田还是有些天真,他觉得在这一历史的时刻,自己作为一个日本的文化人,应该与中国的文化人作一个沟通,以期得到中国人的谅解。于是他独自策划了一个"告中国文化人书"的计划。他后来较为详细地叙述了自己这一行为的动机和过程:

受强烈的爱国心的驱使,我打算制作一份《告中国文化人书》,约请当时在上海的小竹文夫㉚、武田泰淳、末包敏夫(牧师)、内山完造、现已故的刘屋久太郎(大使馆职员)等人撰写文稿,怀着最后一次,或者是第一次的心情,对日本陷入如此这般的命运,不要做什么解释,也不要为战争辩解,也不必说些客套性的道歉话,而是要表达自己真切的想法。原稿很快就交了上来,我就委托1948年客死在上海的室伏高信氏的女儿室伏克拉拉将一部分翻译成了中文,争分夺秒地送到了原米林顿印刷公司。在那里偶然听到了天皇的广播。我去军部的广报部,是希望他们提供纸张,跑银行,是希望他们出资金,到航空队去,是希望这份小册子印制一百万册左右后,在日本的飞机还能飞行的时候广泛散发到各地。令人没想到的是,这些交涉竟然都很顺利。③

但堀田到达印刷公司的这一天正是8月15日,对于是否印刷这份小册子,厂里的中国工人意见不一,最后还是拒绝了堀田的要求,他的这一计划也因此流产了,沮丧和愤懑之下,堀田将《告中国文化人书》的原稿丢弃在了印刷厂的废纸箱内。

堀田收集到的这些文章,究竟写了些怎样的内容,因原稿已无存,我们不得而知,就其所举出的文化人,对中国的态度,大致还算比较稳健和温和,大概没有太偏激的内容。堀田的这一行为,表现了在这一非常时期他身上的两个侧面,其一是日本人的立场,他试图在日本民族和国家陷入严重危机的时刻,为日本既有的行为,尤其是对中国的战争行为作出若干辩解(他自己说"不要做什么解释,也不要为战争辩解",其实恰恰是有这样的动机),以减轻日本的罪孽;其二是出于知识人或文化人的良心,他将自己诉诸的对象设定为"中国文化人",他试图以这样的方式与中国的文化人进行精神上的疏通和交流,来谋求中国人、首先是中国文化人的谅解和理解,表明日本也有相当的一部分知识人对中国抱有的真挚的情感(这也许只是我主观的推测,因为当时的文稿并未留存,这只是我根据撰稿人此时的立场作出的推断)。

三、战后的岁月

日本宣布投降后,中国政府指示以汤恩伯为总司令的第三方面军接管上海和南京一带。9月2日，美军开始以每日三千人的规模运送第三方面军至上海。4日，第三方面军副总司令张雪中等飞抵上海，在南京路上的华懋饭店(今和平饭店)内成立第三方面军前进指挥所，6日，第三方面军正式进驻上海，7日，汤恩伯等飞抵上海㉜，在处理战后诸项事务的同时，开始着手日本战俘和侨民的管理和遣返工作。中国陆军总司令部于9月13日发布了日侨遣送事项的规定，要求日侨应集中于指定地区，并在30日颁布了《中国境内日本侨民集中管理办法》，第三方面军依据上述规定，在上海划定了日侨集中区域，同时于10月1日在上海狄思威路(今溧阳路)1177号成立了以王汉光中将为处长、邹任之少将为副处长的"日本侨民管理处"，具体司掌日本侨民的诸项事务。

上海设定了四个日侨集中区，其中的第一区为东自斐伦路(今九龙路)，西至四川北路，南起百老汇路(今大名路)，北至斐伦路河，且在其内部又分为南北两个分区。第二至第四区的地域大抵在今虹口区和杨浦区偏西的部分。战争结束初时，上海约有日本侨民7万余人，后来从汉口、南京等地集结到上海的约有2万余人，至9月底，集聚在上海的日侨共94 441人，按具体的居住地区实行保甲制度的管理㉝。

战争刚结束时，堀田仍暂居于愚园路寓所。9月18日，堀田奉命迁离原来的寓所，暂时寄居于今江西北路崇明路口的上海旅馆，在此居住至28日，然后又投宿于其姑妈的儿子市川定兴在祥德路的住处"绿苑庄"。根据日本侨民管理处的规定，日侨外出，须佩戴表示所在地区保甲编制的白色袖章。堀田自1945年11月1日起开始佩戴"日侨北第一区第四十保第七甲第八户"的袖章㉞。

原本居住在愚园路时，堀田的足迹多在原先的租界一带，他与虹口一带的日本人接触也不多。如今被迫迁居至虹口，屋内屋外满眼都是日本人，他似乎也没有身居于同胞间的亲切感。这一时期，他终日无所事事，内心也没有想要做事的欲望。周边的大部分日本人都在等待遣返，也期待尽早返回祖国。他尽管也有妻儿在日本,却并无热切返国的期望。"近来内心比较烦乱的事情之一,是进入中国方面的机关工作呢,还是无所事事地呆呆地寄居在市川的家里呢?……既没有想为天下国家做点什么事的野心,也没有想为自己个人图谋什么利益的念头。"㉟无聊之中,他依然在跟着武田学习中文,渐渐可以阅读中文报纸了。

堀田还是想通过上海前往欧洲。那时在上海生活了不少流落在此的白俄居民和为躲避法西斯德国的迫害而流亡至此的犹太人或其他欧洲小国的移民,联合国难民署为此在上海开设了事务所,对他们进行难民救济,并为他们的移民提供各种便利。堀田也到了那里申请难民待遇,希望移居欧洲,不料遭到冷言拒绝,理由是你明明有自己的祖国日本可归,怎能称之难民?堀田悻悻离去。

11月12日下午,他应邀去参加了上海日侨管理处召开的文化事业关系者座谈会,王处长致辞之后,身为国民参政会参政员、同时担任中国文化服务社社长的刘百闵也讲了话㊱。会议或讲话的具体内容不详,但堀田显然由此产生了想留在中国文化机构服务的想法。翌日,他撰写了一封致刘百闵的信函,托在国民政府针对日本人而创办的日文报纸《改造日报》社的宇崎带给刘。信函的内容虽然没有披露,但堀田在11月14日的日记中透露出了当时的心情:"渐渐有很多人要回去了,可我不怎么想回去。可能的话,如果像中国文化服务社这样的机构是相当可靠的话,我甚至觉得在里面做个日本联络员也不错。"在这天的日记中他又写道:"陆陆续续听到了一些他们要回国的传闻,可我一点都不想回去。倒不如说我想留在这里,或坐最后一班船回去,这样的想法越来越强烈了。我想要做一个最孤独的人。"㊲

12月13日的日记表明,自那时起,堀田已正式开始为国民党中央宣传部对日文化工作委员会服务,12月21日正式获得了该委员会的工作证,开始每日上班。具体是为其所主办的针对日本人的日文杂志《新生》

写稿并担任编辑,编辑部中,除堀田外还有六名日本文化人⑧。回国以后,他常常表示自己留在中国是因为被中国政府机关"征用",但实际上这个词是不妥当的,整理他日记的红野谦介教授认为是他自己"投怀送抱"⑨,倒是有点一针见血。

堀田想留在中国,并不意味着他喜欢中国。他几乎没怎么读过中国的古典,他对中国的历史相对比较生疏,他也很少感受到在文化上与中国的维系,在上海所感受到的中国,包括中国的知识界和文化界,都未能使他产生强烈的共鸣。这一时期,他对过去的这场旷日持久的侵略战争还没有太多的反省和愧疚,不过他自己的体验以及上海的战争遗迹已经告诉了他:"对日本的憎恶恐怕是过去和今后许多年中国人的民族情感吧,只要看看这些废墟就应该明白了。"⑩他之所以留在中国,只是因为他更不想回日本。他几乎不怎么思念祖国,在日记中也极少提及妻子父母。在他成长的年代,日本已经开始了穷兵黩武的海外战争,法西斯主义甚嚣尘上,他憧憬的艺术至上主义,几乎也没有了生存的空间,而物质上则更加糟糕,到后来,连续半年多的美军空袭,使日本的许多都市变成了一片残垣断瓦。如今,日本已在美国的占领之下,国将不国。他对于祖国日本的感觉可谓是五味杂陈,爱恨交加,但事实上,他对祖国日本的民族或文化认同,在根本上是无法抹去的,只是眼下,他内心很纠结。

堀田在国民党中央宣传部对日文化工作委员会中的工作,起初是将《中央日报》中有关日本的社论和评论译成日文,后来又参与日文杂志《新生》的编辑,1946 年 8 月上旬起,兼任国民党中央广播委员会下设的对日电台播音员,他后来回忆说,节目的名称为"上海中央广播电台 XORA 海外广播",地点在西部的大西路,原是一处德国学校,战后被国民政府接收,一半用作医院,一半用作广播电台的场所,他的工作,是将中国各地的政治经济形势用日语向日本广播半个小时,每天上午十一点开始,当时此项工作几乎无人管理,广播室内的时钟,时间也各有参差,任凭相关人员自行把握,他倒也觉得比较轻松。事后得知,实际上这一广播在日本几乎无人收听,从结果上来说,也纯粹是个形式了[41]。

在宣传部,他曾与中央文化运动委员会主任张道藩、中宣部副部长许孝炎等有过近距离的接触,对前者的感觉是:"说话滔滔不绝、比较平易近人。这是相当不容易的。没有什么盛气凌人的官架子。大概是一个在宦海中久经磨炼的老手了吧。"[42]对后者的印象是:"年纪约四十岁左右,眼珠向前突出,精力充沛。"[43]

除了在上海的日常体验外,对中国的感知,还有来自书面的阅读。这一时期他阅读了孙中山的《三民主义》,林语堂的 The vigil of a nation(原书为英文,中文译名《枕戈待旦》,堀田的日记中先后有英文名和中文名的记录,且注明为上海版,不详所读的究竟是英文抑或中文,堀田对该书做了部分的日文翻译),林语堂著的《京华烟云》(堀田读的是小田岳夫等译的 1940 年出版的日文译本《北京好日》,原书名为 Moment in Peking),罗家伦著的《黑暗暴雨到明霞》,沈从文的《记丁玲》,日文版的何干之著的《近代中国文化运动思想史》,媒体人波多野乾一著的《探究红色支那》,史沫特莱的《八路军从军记》(1939 年的日文译本),斯坦因的《红色中国的挑战》(中文译本),斯诺的《西行漫记》(堀田日记中的记录为英文 Red Star over China,不详其所读的为英文原本抑或中译本),试图从多方面来理解现代中国。

除了书籍外,堀田有关中国的另一个信息源是报纸,据其日记,他阅读的主要中文报纸有《中央日报》、《大公报》和《新闻报》等,间或也有英文报纸。从其日记中可获知,堀田对战后国共双方的动向颇为关注,对日益浓烈的内战气氛感到几分忧虑,在 1946 年 7 月 10 日的日记中有如下记录:

今日的《中央日报》以"共党完成内部四者　各地攻势益趋猛烈"

为标题,作了详细的报道,社论"实践政治民主的步骤"则是如同对中共的最后通牒,或是宣战布告。另,《中央日报》报道说,中共在六月下旬召开军事会议,决定了一切事项,发表了各地总司令的姓名。马歇尔特使也只是会见青年党领袖曾琦而已,并未作具体的什么事,蒋介石将去庐山避暑,就仿佛以前的庐山会议似的。㊹

在 7 月 14 日他又记道:

"是在前天吧,民盟、救国会的七君子之一李公朴在昆明遭到暗杀,昨日闻一多父子又遭到暗杀。犯人都没有抓到。此外据《今日时代》报道,白克路上的一家出版了不少倾向中共出版物的华夏书店,遭到了特务的查抄,左翼方面的图书都被搜走了。今后,城市里的地下恐怖战将会越来越激烈吧。有关苏北、山东、中原的战争都发布了配上地图的报道。蒋主席上了庐山,由马歇尔特使主导的和谈也许已陷入决裂……这一失败,对中国人民而言,恐怕实在是很可悲的吧。"㊺

对国共之间的纷争,堀田基本上不持立场。过去、当时以及后来,堀田都没有表现出明显的亲共或反共的倾向。在堀田看来,日本侵略中国的时期,国民党和共产党都是抗日的政治力量,在日本被迫退出中国的疆域时,国民党和共产党之间却为了各自的政见和利益互相展开了剧烈的博弈,内战的风云正可谓山雨欲来。

所有这些来自亲身经历和书报文献的信息,与堀田个人的成长环境和教育背景乃至个人心性交叠融合,在他的头脑中形成了也许并非体系性的对中国的认知,这些认知后来都通过他有关中国的作品展现出来了。

堀田明白自己留在上海应该做些什么:"我在这里应该做的事情,除了思考、记日记、写作、自我测验之外,还有结识各色各样的文化人,与他们展开对话,也就是说建立起一种交换意见、增进共识的基础,此外还要与媒体建立起联系,以期今后与日本在文化上建立起一种良性的互动,或者是争取赚些钱,至少足够我用来购买书籍。"⑯但中国时局的动荡、对日工作委员会的时常欠薪、迁离愚园路后住所的湫隘、周边日本友人的相继归国、对先期回国的中山伶的刻骨思念、祖国日本前景的黯淡,还有他骨子里的虚无主义思想,这些因素交织在一起,使得这一时期堀田的心情大坏:"眼下,上述这些应该做的事情,我一件也没有做,甚至连积极去做的打算也没有。"⑰他觉得自己只是一个"在上海的国际流浪者"⑱,而他对自己身份的另一种认同是"非皇道性的现代日本知识人"⑲,这个词非常明确地包含了三层意味:非皇道(即非传统的忠君爱国)的、现代(即在一定程度上受到现代西方思想洗礼)的、日本(具有清晰的日本民族国家意识)的知识人。

在上海局促的世界里,他似乎难以感受到中国的博大和深远,与阿部知二、武田泰淳等不一样,对于中国,他更多的是以一种纯然他者的立场来冷眼相待:

> 说到底,我对中国并无一种特殊的关切,也就是说,说得苛刻一点,我只关心自己生命的未来。中国政治的走向,产业的状况,人的命运,对于这些,我只有一半的兴趣。文学和艺术若是没有十分杰出的作品,见了以后我也没有丝毫的感动。⑳

战后中国的现状,使得他对现实的中国感到颇为失望:

> 政府刚刚迁出重庆,四川省已是土匪猖獗,哪里有什么胜利免征,真可谓是土匪凶灾情重还要征税、人心惶惶怨声载道。世上还有

第二个如此糟糕的国家么？这个国家恐怕永远也改变不了了吧。(51)

在我们周边的各种各样的中国机关里，各种令人厌恶的贪污丑闻可谓不绝于耳，结果不得不给人以这样一种印象：中国的所有机关都已腐败不堪。这是令人极不愉快的……我来到这里，没见到过可称之为“美”的东西。若要追寻美，随着年岁的增长，我恐怕会渐渐倾向于古老的中国、古典的中国，因为，要学习“现实的”中国，我觉得这里面实在是潜藏了太多的令人咋舌的东西。(52)

他甚至对中国话也感到厌烦：

周围听到的，都是喧嚣刺耳的中国话，都是令人心绪烦乱的上海话。(53)

确实，他对上海的感觉也完全不佳：

居住在上海的话，感觉不到四季的变化。或是炎热或是寒冷，好过或者不好过，仅此而已。这是地狱……身处上海这样象征着不幸的城市里，时常会清晰地感受到“地狱”的感觉。不过，这也许只是一种无法令人感到愉悦的生活、只是为了生活的生活而已。(54)

上海什么都有，全世界的人种都有。但是，就一样东西没有，那就是文化。在最繁盛的城市里却没有文化，这是现代中国的喜剧。不过，仔细想一下的话，港口城市都是没有文化的。(55)

上海没有文化这一感觉，源于他抵达上海不久的观察，他在战后解释说：

到达上海后不到十天,就有一种近于绝望的忧郁向我袭来。中国——至少是所见到的中国——的文化中心的上海,我只觉得这几乎是一个仅有江河、房屋和人的沙漠……这实在是一个有些变态的状态。差不多所有的报纸和日本国内的报纸几乎没有什么两样,这令我十分惊愕。在日军当局的严密监督下,这恐怕也实在是无奈,总之,中国的报纸没有中国自己的特色,当时的中央电讯社,被强制刊用日本同盟社的电讯,并且不允许有任何的批评,对此我实在是感到悲哀,而且觉得不正常……作为文化事业中最大的机构的报纸尚且如此,其他诸如杂志电影的情况也就可想而知了。中文程度还不怎么样的我发表这样的见解也许过于武断,但当时我观察了一下上海文化界的现状,心情实在是相当的黯淡。㊽

　　战后,日军的管制虽然取消了,但在堀田居留上海的期间,文化复兴尚未出现明显的征兆,由于交通工具的匮乏,所谓大后方的文化人大部分还滞留在重庆一带。

　　不过,实际上堀田对于上海这座城市的体验还是相当深切的,他后来回忆说:

　　　　喜欢在街上无目的地闲走的我,在过去一年九个月左右,在那个混乱期,我差不多走遍了这座城市的每一条街巷。在战争还未结束时是骑自行车,战后是坐电车、巴士和步行等……我几乎记住了所有马路的名字,有特点的建筑我都记得清清楚楚。不知是因为胆子大还是傻乎乎,我甚至去了当时很危险的工厂地区。㊾

　　这样的体验在他后来撰写的以上海为舞台的文学作品中,获得了非常生动的运用。

[416]

1946 年年末,周边的日本人先后登上了遣返轮船,尽管堀田曾表示自己要做一个最孤独的人,但当原先交往的日本人都已离他而去,而借道上海前往欧洲的梦想也不可能实现,这时,堀田觉得自己留在中国已无意义,他期望回到日本后,待日本与世界各国签署了和平条约(1951 年果然在美国人的主导下签署了所谓《旧金山和约》)后,再设法去欧洲,"我来到上海后感觉到了中国和亚洲(的存在),为了将这一认识的价值显现出来,我想要去欧洲。"㊳于是,他辞去了国民党中宣部的工作,于 1946 年 12 月 28 日坐船离开上海,三天后的 31 日轮船抵达长崎县的佐世保港口,1947年的 1 月,他回到了东京。

回国后他在《世界日报》找到了一份职业,与人合译出版了丹麦哲学家克尔凯郭尔的《追忆的哲理》。1948 年 9 月,报社解散,他便迁居至离东京不远的神奈川县逗子町潜心写作,以上海的经历为题材,先后发表了中篇小说《祖国丧失》、《齿轮》、《广场的孤独》、《汉奸》,因此在 1952 年下半年获得日本最高的纯文学奖芥川奖(第 26 届),由此享誉文坛,并被推为"战后派"的代表作家之一。1953 年出版了第一部长篇小说《历史》,1955年出版了长篇小说《时间》,都与中国有关。

1957 年 10 月,应中国作家协会和中国对外文化协会的邀请,与小说家井上靖、评论家中野重治、本多秋五等同访中国,踏访了北京、上海、重庆、广州等,历时一个多月后回国。1959 年 7 月出版了评论集《在上海》。1961 年 3 月,担任亚非作家会议东京会议的秘书长和筹备委员会委员长。同年 11 月,应中国人民对外文化协会的邀请,与小说家椎名麟三、武田泰淳、中村光夫等再一次访问了中国。1973 年 3 月出版了与武田泰淳的对话集《我将不再谈论中国》。这一时期,他频频出访欧洲,圆了青年时期的欧洲梦。

1974 年至 1975 年,由东京筑摩书房出版了 16 卷本的《堀田善卫全集》。1977 年,他完成了四卷本的巨著《戈雅》,获大佛次郎奖,这一年起移居西班牙,至 1987 年年底回国,在欧洲居住了 10 年。1979 年,获西班牙政府颁发的智慧国王阿方索十世十字勋章。1994 年出版了第二版的 16卷本《堀田善卫全集》。1998 年,获得由天皇和皇后颁发的国家艺术大奖——日本艺术院奖,同年 9 月 5 日,因脑梗死去世。

第二节　以上海为主要舞台的作品中呈现的中国意象和中国人形象

堀田在庆应大学文学部求学期间,就立志以后将以文学创作为终生的事业。但在惨淡而动荡的战争后期,他无法实现这一理想。1947 年回到日本后,虽然物质生活艰难,但意识形态上的禁锢都已被打破,创作的自由得到了保障。临时供职的《世界日报》解散后,他一时也无法去欧洲,于是便移居乡间,开始伏案写作。还在上海的时候他就表示:"想用小说等的形式,将自我形成的过程和形态写出来,这样的想法我从未间断。"⑤1948 年开始发表小说,初始的几年,作品都与中国、准确地说都与上海有关,也可称之为"上海物"。本书无意对堀田的作品作任何文学性的分析和评论,我关注的是其作品中所展现的中国(尤其是上海)意象和中国人形象。

一、《祖国丧失》

《祖国丧失》分别由"波浪之下"、"共犯者"、"彷徨的犹太人"、"祖国丧失"、"被革命者"五个部分组成,最初是以独立短篇的形式分别发表在1948 年 12 月号的《个性》、1949 年 5—6 月合并号的《个性》、1950 年 5 月号的《人间》、1950 年 5 月号的《群像》、1950 年 1 月号的《改造文艺》上,在篇幅上可称之为中篇或长篇,共约 15 万字,1952 年 5 月,连续小说集《祖国丧失》由文艺春秋新社出版。

堀田自己说《祖国丧失》和《齿轮》的原稿在上海期间就已完成,后因遭到国民党特务的搜查而丢失。可是我们在他的《上海日记》中没有见到丝毫有关的记载,虽然有部分时期的日记缺失,但篇幅如此浩繁的写作,应该不会在他的日记中未留下任何的记录,真相如何,暂不可考。

小说描述主人公"杉"1945 年日本战败前后在上海的稍稍有些戏剧性的经历,主人公身上明显具有作者自己的身影。其中大约有一半的篇幅描述了与中国相关的内容,出场的中国人主要有后来杉担任顾问的《大学周刊》编辑部内的瘦个子青年朱剑英,西装革履的张光宇和曾在日本留过学的王效中,还有朱的未婚妻倪小姐。

出场的其他日本人,有杉来到上海不久结识的、在上海出生成长、后来嫁给了身在外地的日军高级文官、战争结束后即随丈夫返回日本的公子、杉大学时代的同学、其时在上海日军报道部内任职的立花大尉,杉的旧友、其时在上海一家中文杂志任顾问的宫下。

出场的其他人物还有流亡在上海的白俄、酒吧老板莫洛佐夫,珠宝商同时又是国际掮客的犹太人盖尔哈特,白俄小酒馆老板娘的女儿、后来沦为卖春女的兹雷卡。

整部作品展开的舞台都是在上海。小说并无特别跌宕起伏的情节和完整的故事,更多是杉对日本战败前后的上海乃至中国和世界的感知以及自己内心的独白。鉴于本书的主旨,这里主要就作品中出现的中国人和上海的场景进行论述,以捕捉和把握堀田对以上海为窗口的中国,以及中国和日本关系的认知。

朱剑英等五名青年,在沦陷区的上海编辑《大学周刊》这样有日本人做顾问,并得到日本占领当局许可的偏文艺的杂志,无疑是与日本人合作的行为,但实际上他们都具有重庆或延安的背景,表面上是做杂志的编辑,暗中却在从事情报工作。

小说中着墨较多的是这五名编辑之外的倪小姐。家中七个姐妹中位居第五的倪小姐是四川人,23岁,"声音高亢尖利而又干涩,这是日本的女人所没有的。两眼之间的空间很宽,长得苍白又消瘦,恐怕是肺病的缘故吧,头发蓬松而无光泽,总觉得神色有些凶险。"倪小姐长期生活在上海,这时在西郊的圣约翰大学念书,会讲不错的英语。其时她的父母和另外三个姐妹在重庆。她祖父年轻时曾在日本呆过,也在美国从事了六年的水利研究,却并不喜欢西洋,回到中国后甘居陋巷,潜心研究玄学,五年前已去世。祖母虽然如普通的中国老年妇女那样剪着短发,却长着一张日本人的脸。家里经营着一家作坊式的榨油厂,位于污浊破旧的中国人居住区内,祖母和其他几个孙女就住在油厂的三楼。

一日,朱剑英和倪小姐邀请杉和公子(他们一直以为他们俩是夫妇或情人)来到陋巷的居所参加他们的订婚仪式。他们的行动受到了日本宪兵的注意。出席的还有他们的 10 名友人同学和老祖母。杉也应邀陈述了一番祝福词,不过听起来更像抽象的大道理。在一番的致辞和议论之后,这些中国人却全体肃立唱起了也是国民党党歌的中华民国国歌:"在座的年轻人,抑制不住庄严的、革命的悲壮感和坚定的决心低声唱起了这首旋律高亢、堪与法国大革命之歌媲美的歌曲,大家全神贯注,声调渐趋统一。歌曲的内容,与完全没有期待人民参加的《君之代》(日本国歌)真可谓是天壤之别。简单的歌词,强有力的旋律,可说是表现了早期国民党的胜利精神。"⑩除了对新人的简单祝福之外,他们的话题,几乎都与政治有关,他们对南京的汪伪政府自然十分不满,但对重庆和延安也颇有微词。谈话间,这些年轻人神色有点诡异,间或夹杂着杉和公子听不懂的广东话,不知道在说什么内容。杉后来才知晓,那天夜里编辑部的同人为逃避日本宪兵的抓捕,已逃离上海,唯有迟走一步的倪小姐被抓起来,朱剑英似乎仍潜伏在上海。

翌日,身在空无一人的编辑部内,杉被便衣侦探带到了北四川路的宪兵司令部,"对于沦陷区的民众而言,没有比东洋宪兵更可怕的了。"⑪他从宪兵那里得知:"《大学周刊》的同人都是按照延安的指示在行动,在学生中间建立组织,与苏北的中共新四军取得联系来进行地下工作和暴动准备,这些已通过中国的学生间谍搞清楚了。"⑫杉获悉后感到一点也不惊讶,他已下意识地觉察到了这些青年编辑的背景。他在水泥墙水泥地的宪兵队里关了五个小时。幸好已升任少佐的他的同学立花过问此事,傍晚的时候他得到了释放,同时还依仗立花少佐的力量救出了同样被关在宪兵队并受到拷打的倪小姐:"走到外面以后,倪小姐也依然高耸着瘦骨嶙峋的双肩,脸色苍白表情僵硬地跟在立花和杉后面默默地走着。"分手时,"她刚想要坐黄包车回去,突然想起自己所带的所有物品都被宪兵没收了,就行走了起来。杉从后面追了上去,交给她一些钱,倪小姐歪着脑袋,像是要表示感谢。"⑬

战后,杉被一家极具政治色彩的机关留用,在大西路的中央电台用日语播送中国国内的新闻,不久他私自离开了那家机关,潜藏于旧法租界白俄人和犹太人开设的酒吧间,以演奏钢琴度日。一日在街上行走时,偶然邂逅了朱剑英和倪小姐。从朱的口中得知,倪的被捕,是她自己不愿意随众人北上,并规劝朱也脱离革命活动,朱一气之下,解除了与倪的婚约,抗战胜利后依然担任共产党的特工,曾去东北做策动工作,不久又要前往重庆。"倪小姐跟一年前相比,稍稍丰腴了些,气色也好了些,胸部也丰满了些,"⑭也洗去了不少神经质的脾性,据她自己说,订婚的当日,杉的一番话给她触动不少,觉悟到人生的意义,除了革命和斗争外,更在于娶妻生子那样的日常生活,于是退出了革命活动,并为朱剑英的生死感到担忧。杉还获悉,通晓日语的王效中已进入国民党政府的外交部从事对日工作,穿着时新的张光宇则担任了美军的翻译,也就是说,他们已经脱离了中共而加入了与之对立的政治力量,至少在表面上是如此。

某日,杉在酒吧的走廊里又见到了倪小姐和张光宇,"倪小姐穿着色彩鲜艳的缎子旗袍,脚上穿着一双绣花的丝鞋,在走廊里青白色的灯光下，嘴上的口红与其说是红色不如说是泛着绿色的光亮。金的耳饰如同古旧的银饰一般，给人一种不吉的感觉。穿着一套浅紫色双排扣西服、有些富态的张光宇，面部的表情有些抽搐……他也许是要表现出战胜国国民的威严，挺着胸膛，两手插在西装背心的口袋内。无框眼镜内的双目，毫无笑意。"⑥张表示，他当年之所以进入杂志编辑部，是因为避地重庆的兄长要他留在上海守住家产，为了保住家产，必须获得日军的证明，于是他拿出了一部分钱来资助《大学周刊》，结果，这么些年来，家产还得到了增长。如今，朱剑英在南京被国民党逮捕，张眼下正设法托他的兄长通过国民党的上层进行营救。不久，已在国民党政府外交部供职的王效中也加入了进来，他对杉表示，当局早已知晓杉潜藏在法租界一带，已出具了逮捕令，是自己竭力阻止了逮捕的实施。当他们一起来到万国公墓时，见到了瓷像的下半部已经缺损的鲁迅墓，王效中问倪小姐："如果鲁迅今天还活着的话，还会不会是中共的文化人？"于是又引发了一场讨论。

倪、张、王都觉得，比起战争期间，民众的生活毫无起色，反而越加困苦，所以学生纷纷走上街头反对内战。而眼下的中国，却是内战的乌云密布，山雨欲来。

上述的几个人物，除了倪小姐相对比较生动和丰满一些外，其他的几个人大抵比较苍白和概念化，堀田通过对他们的描述，是要传达出这样一个当时中国的意象：在各种政治力量（国民党、共产党、日本人、汪伪）犬牙交错、互相角力的战时以及战后不久的中国，知识青年或整个知识阶层都或主动或被动地卷入了政治斗争之中，就如朱剑英对刚到上海不久的杉所说的："中国的文化人无法不关心政治，名人都是政治家。在中国，可以说没有文化人和文化。有的都是政治。我们不得不从事政治。想要从事文化运动的人，结果都不得不与政治运动发生关系。"⑥

一个人的视角和立场、个人的生活体验和对外界认知的信息源，往往会决定这个人对某一对象的感知和认知程度，并塑造出某一对象或模糊或清晰的意象,这种意象,有时会逼近对象的本质,有时候也会有较大的偏差。就堀田对中国的认识而言,他的视角和立场是受过现代西方知识教育的日本文化人,他的个人生活体验是日军依然猖獗的战争后期、日本战败(中国抗战胜利)、战后国共互相尖锐对峙的 1945 年 3 月至 1946 年 12 月的上海生活,他有关中国的信息源是自己的所见所闻和有关中国的书籍报刊。由此,他感受到的,以及通过他的作品传递出来的中国意象,就是政治中国。他认为,"政治的两个顶点就是战争与革命"⑥,事实上,20 世纪以来的中国,一直处于战争和革命的旋流之中,而他在上海的这一段岁月,又恰好是战争和革命的漩涡翻腾的高潮期。

这里,我还想用一些篇幅来分析一下堀田《祖国丧失》中的上海意象。自然,上海意象首先是中国意象的一部分,不过上海意象并不等同于中国意象。

20 世纪 20 年代前后来到上海的日本人,大多对英美和法国人管辖的租界区域颇为迷醉,但也许是 1945 年时租界在名义上已被撤除、英美的势力也完全被日本人驱逐、昔时的繁荣大半已经消殒了的缘故吧,堀田笔下的租界,已经没有太多的诗意留存:

> 在白昼耀眼的光亮下绿得都有点感到刺眼的法国梧桐,在临近夜半的现在,也已成了黑郁郁的一片,甚至令人觉得有点阴森可怕。街上几乎没有行人。街的两边排列着被称之为巴黎风的颇为精致的四五层楼的奶白色的公寓,几乎都已熄灯了。住在这里的大概都是有钱人吧。⑥

如今这里的异人,主要是自苏联流亡至此的白俄、遭到希特勒德国驱赶的各国犹太人以及少量的葡萄牙人、匈牙利人、罗马尼亚人和旧日的印度巡捕等,在租界里他们原本的地位就在中下,在战时通货膨胀的年

代,大部分异国人也只是在此狗苟蝇营而已。小说中对白俄人的酒吧有这样的描写:

> (杉和公子)去了一家霞飞路(今淮海路)后面的俄国人开的酒吧,这是立花为了接头或联系而经常去的几家酒吧的一家,也不知叫什么店名,没有任何店招之类的标记,就只一间屋子,有人来喝酒了就成了酒吧,有人来找女人了就成了卖淫窝,有时候两者同时兼有之。说是屋子,也没有铺设地板,光光的水泥地,最多也就十来个平米,搁了两张桌子四把椅子,靠墙的一张床脏兮兮的毫无遮掩地放在那里。⑥⑨

至于中国人集居的老城区,恐怕与1862年高杉晋作等见的并无多大的改观:

> 朱和倪小姐所乘的在前面带路的三轮车,穿过一座铁门进入了上海老城。街路逐渐变窄,两边是污旧的房屋,街上满是光着膀子的工人或是游手好闲之徒,还有光着脚的脏兮兮的孩子和女人。一看就知道,这一切的污秽,都跟食物有关。也许是上海事变(八一三淞沪战争)时遭到破坏的遗迹吧,房屋倒塌的地方成了垃圾丢弃场,在散发着恶臭的小山边,一大群衣衫褴褛的小孩与苍蝇和野狗为伴,在那里翻找煤屑或是什么。街路越来越窄,凹凸不平,两边开着各种店铺,多半是吃食店,到处回响着各种叫卖声和收音机里放着的咿咿呀呀的沪剧唱腔,车夫若不发出动物一般的吼声车子就无法前行。两层三层的人家把晾衣竿伸展到对面房屋的屋檐上,破衣烂衫遮蔽了天空。透过破衣烂衫能望见的碧空,虽然炎热,仍让人有清凉饮料的感觉……对日本人而言,即便在如今还算太平的上海,像老城或南市

一带仍然被看做是最危险的地方,南市的赌博场所是不许日本人进入的。⑦

堀田还在小说中描绘了如下的场景:

> 江西路上,米袋堆得犹如山一样高的大车,在拥挤混乱的黄包车和汽车的车流中毫无畏惧地向前行进。车后跟着一大帮乞丐和流浪儿,拿着空罐等承接着从破绽的米袋口散落下来的米粒,一路小跑地跟着。灌满了一顿饭左右的量走开后,其他的乞丐接着来。健壮的背上滴落着汗珠的车夫,不时发出吼声想要驱赶这些流浪孩子,也不过是做做样子而已。一时被驱散的孩子,马上又聚集在车后了。⑦

上述的上海风情画,是堀田所感知的 1945 年时的上海意象,虽不美丽,却也比较生动地再现了当时部分的场景,堀田自己应该有身临其境的经历,不然单凭想象恐怕难以有如此的描绘。就作者的视线和笔触的情感而言,与 1921 年时来上海的芥川龙之介留下的《上海游记》颇为相似,目光冷峻甚至有些严苛,但堀田的文字,却并无芥川的调侃和揶揄,他更多的是一种风情画式的素描,虽然画面并不美丽。他在日记中用"地狱"一词概括了自己对上海的感觉,但他心里明白,这地狱的造成,也有日本人的一份罪孽。

二、《齿轮》

堀田在 1951 年 11 月初,对《齿轮》写作的缘起和写作的过程作了如下简明的交代:

> 《齿轮》的写作,缘起于 1946 年秋我在国共内战的气氛十分紧张

的上海时候的生活和从一个中国青年学生那里听来的故事,这样的经历和故事犹如一种矛盾论一般,一直纠结于我的内心,1947年回国以后在我的胸中越发膨胀,而且觉得一种压迫般的痛苦,于是在1949年春,做好了泻血的准备,写了这部作品。发表是在两年后的1951年5月号的《文学》第51期上。⑫

这里值得注意的是,堀田在写作和写作的过程中,内心都一直处于一种紧张、膨胀、压迫和痛苦的状态,对于他而言,这并不仅仅是在讲述一个故事,更多的是一种精神冲突、精神煎熬和精神宣泄的历程。

与《祖国丧失》相比,《齿轮》至少有两点不同,第一除了故事的叙述者是日本人伊能之外,出场的人物都是中国人,描述的也都是在上海发生的中国的故事;第二除了伊能身上留有一部分作者堀田本人的影迹外,几乎整个故事都是虚构的,出场人物基本上也没有原型,换言之,这是堀田将自己的上海经历以及种种耳濡目染的信息综合之后炮制出来的虚构作品。我们在将小说的梗概做一个陈述之后,再来讨论堀田何以要撰写这样的一个作品。

战争结束的第二年,来自日本的文化人伊能在上海被一个名曰某某文化运动委员会的机构征用,进去之后,他慢慢了解到这其实是一个隶属军统的特务机构。出场的国民党方面的人物有主任委员何大金,他的秘书兼贴身护卫张爱玲,伊能的直接上司陈秋瑾,共产党方面的人物有魏克典、魏的妻子小黛和着墨较少的黄和贾青年,以抗战时期及之后的中国为舞台的错综复杂的故事便在他们之间展开。

小说的中心人物是陈秋瑾(常简作"秋瑾"),约三十几岁,"宽广的额头前是一排犹如垂帘一般整齐的油光闪亮的刘海,一双眼梢有点往上翘的细长的眼睛里,丝毫没有悲叹的神情,而是闪烁着一种锐利的光芒,这是日本的女性中相当罕见的。"⑬秋瑾年轻的时候与魏克典等一起组织了共产党背景的"抗日救国学生运动",同志中还有一度成了秋瑾恋人的黄,后来运动遭到了国民党政府的镇压,三人均被捕入狱,幸好魏克典的父母多方奔走营救,三人以自首认罪的方式获释,不过魏和黄只是假装自首,出狱后不久魏就与秋瑾女校时的同学、富家闺秀小黛结婚。而秋瑾觉得国民党已经真心抗战,便真的所谓悔过自新,与共产党切断了联系,黄对此大为不满,因为主义的分歧,两人由此分手。后来听说黄去了延安,而魏等则留在重庆。与黄分手后,秋瑾甚感痛苦,其时认识了她以后想起来都觉得厌恶的Z,Z将她拉入了国民党的特工组织,并与他生有一女,女儿无人抚养,不得不送给了昆明的一户人家。秋瑾后来向伊能叙述说:

> 为了逃离与Z一起的生活,我接受了上海的工作离开了内地。来到上海后,发现几乎所有重要的人物都会被缠在由中共、国民政府、南京伪政府、日军这四种政治力量编织起来的网络中,我奉命对游走在各种势力中的要人一一射杀,乐此不疲。有时会想起黄和克典他们,这时胸口会感觉到一阵针刺般的疼痛,感到自己是不是背叛了他们,为了摆脱这些痛苦,我就更加发奋地投入到紧张的工作中去。其实,除了中共的积极分子之外,无论是国民政府方面,还是南京伪政府方面,乃至军人以外的日本人,身处各种政治力量交织的这些有才能的人,原先几乎都是从左翼转过来的。而担任特工的这些勤奋忠实的人,原本大多也是左翼出身。转向的这些人,命运注定了他们要与原来的阵营为敌。[74]

抗战期间,尤其是抗战胜利后,国民党内军统和中统之间也经常发生利益冲突,互相牵制,组织与组织,人与人之间彼此毫无信任感,就在抗战胜利前夕,Z也在徐州遭到了国民党保密局的刺杀。秋瑾在这样的特工生活中感受了太多的腥风血雨,作为一个女子,对于这样的冷血生活,她实在是厌倦了并心生憎恶,她对伊能说:"连我自己都憎恶这个可怜的、所谓'令人憎恶的政治特工'的自己。"⑦可是她又无法摆脱这一庞大而又严密的体系,为此她感到十分苦恼。不久她又接到了何大金的指令,要她监视以前的恋人、受中共的指派潜伏至上海的黄,但秋瑾已决心要救出黄,她希望"通过拯救黄的生命也使自己的灵魂获得拯救,想重新回到普通人的普通生活中去"⑦。而何大金则不仅想从精神上控制她这样的手下特工,还几次三番想要得到她的身体,秋瑾心中对何的憎恶与日俱增,恰在这时,她获悉黄已被何大金抓捕,而且就在何占有她身体的前夜惨遭何的杀害,那个因一再欠薪而离开了文化运动委员会、经克典介绍欲去东北寻亲的贾青年,也因通共的嫌疑被何大金抓捕并杀害了,怨恨、悲伤、痛苦和愤怒一起涌上了她的心头,于是她决定自己出手,设计刺杀了何大金。此事后来被何的秘书和情人张爱玲察觉,便图谋报复,在暗中刺杀她,结果只是击伤了她的手臂。

而就在同一时期,在抗战期间彼此曾有默契并在暗中有过联络的魏克典在战后以中共华侨事务联络处主任的名义携夫人小黛又来到了上海,通过各种社交活动在政界、财界和文化界中物色各种中共可以利用的政治筹码。克典了解到秋瑾的痛苦和艰难的处境,决定帮她逃离这是非之地。而当时的途径只有两个,或者是逃往国外,或者是投奔到中共地区。但秋瑾对于政治实在是厌倦了,她祈求离开这充满了政治的血雨腥风的中国。于是克典设法帮她弄来两本护照,并安排交通工具从海路逃离上海。秋瑾颇有感慨地对克典说:

> 我自己所从事的这种恐怖工作当然不能说就是政治本身,但是包含了这种恐怖工作的政治,起的作用恐怕就是自动地将和平的生活从这地球上驱逐出去了。而且在这机制内的人一旦离开了这样的机制,就很难再恢复到普通人的状态,就仿佛梦游病人一般。⑦

克典和小黛还有伊能、秋瑾坐上了克典他们安排的汽车,在黑暗中沿军工路向吴淞方向驶去,沿途看见黑压压的大批军用卡车,正准备开往内战的前线。在靠近长江岸边时,秋瑾与大家分手,一个体格强壮的年轻人带她穿过狭窄的田埂向小河边走去,那里停着一条舢板,克典说江上有一艘驶往澳门的帆船等着。就在秋瑾他们走上一座小木桥时,突然传来了铁片和铁片撞击的声音,就在这时,火光、枪声和子弹一起射向桥板上,年轻人和秋瑾先后跌落到了舢板里,在三面传来的一阵乱枪中,被击穿孔的舢板在水流中倾覆,顺着湍急的河流冲向了长江的主流中。

小说在有些昏暗不清的结局中戛然而止。

小说在情节上稍稍有些离奇,逻辑上也未必十分顺畅。问题是,堀田为何要撰写这样一个故事,他为何要向日本读者传递出这样一个中国意象? 自然,故事的部分梗概是他从一个中国青年那里听来的,并非完全出于杜撰,但我认为他在上海深切感受到的故事发生的氛围才是这一部作品诞生的主要培养基。在日本战败之前的上海,他已经感受到无处不在的日本宪兵的凶险,他在《祖国丧失》中多次写到了日本宪兵对《大学周刊》编辑部的暗中监视和对杉和公子行动的跟踪,以及日本宪兵对于中国抗日青年的抓捕和拷打,这些情节基本上也是出于他自己在上海的体验。同时在日本战败之前,他已隐约感觉到了国共双方的谍报人员在日本占领下的上海等地的活跃身影,以及国共与汪伪和日本人之间的错综复杂的关系,这在《周佛海日记》中已经得到明证⑳。抗战胜利后,作为一个对战后的中国和日本的命运(他此时已深切认识到了日本的命运与中国具有何等深刻的联系)感应敏锐的日本文化人,他对国共这两大政治力量的角逐和角力倾注了极大的关注,这些我们在堀田的《上海日记》中已经看到了太多的记载。这种来自自身所在环境的大量信息在他的头脑中逐渐积淀并演绎出了一定的图像。而他自己又在国民党中央宣传部下面的机构中供职一年多,实际的职场经历使得他对国民党也积累起了相当程度的感性认识。他回国后,国共之间的矛盾终于爆发为一场规模空前的内战,刚刚从日本的战败中获得的和平又重新归为泡影,中国再一次置身战争的残酷现实中。于是他在上海期间所获得的对于中国的感知,终于在他的内心演变为一幅革命和战争的极端图像:国共之间的激烈争斗,主要是国民党的特工对于共产党的血腥镇压。这样的一幅图像,实际上是在他现场感知基础上的意象再造,于是,"做好了沥血的准备,写了这部作品。"

在对国共这两大政治力量的审视中,堀田比较明显地对国民党持有负面的感觉,当然,就政治倾向而言,堀田从来就不是一个共产主义者,连亲共也谈不上。

在《祖国丧失》中他这样描写了一个国民党宪兵夜闯酒吧抓捕共产党的场景:

> 在杉开始弹奏钢琴的时候,酒吧的舞厅内突然出现了一种异样的气氛,客人们都站了起来。乐手们也都紧张了起来,不过在老板的命令下,大家继续闹哄哄地演奏着。此时五个持着刺刀枪的士兵和两个扣着手枪扳机的宪兵走了进来,将一个男子从角落中拽到了舞厅中央,快速地用绳索把他捆绑后带走了。一个女子大声哭叫着紧抓住男子不放,结果被摔倒在地上,只有倪小姐一个人把她扶抱了起来。"是共产党吧?"底下响起了窃窃私语声。这一瞬间,杉也感到了背脊一阵阵发凉。[79]

对于魏克典等共产党人,虽然几乎没有外貌上的描写,但在通篇的叙述中,给人的感觉是在老成持重之中也不乏一些人情味,不过总的来说形象比较空泛苍白,事实上上海期间的堀田几乎没有与共产党有过直接的交往,共产党人的言行和形象在很大程度上是他在已获知的讯息基础上的想象性塑造。而对于国民党特工的代表何大金,堀田则把他描写为:

"脸色异常的、就好像白垩质一般的苍白,个头瘦瘦的,令人联想到鸦片鬼或是性欲变态者。"⑩厌恶之情,溢于文辞,在何大金等人的身上,堀田放大了对于国民党,至少是国民党特工的负面意象。不过,总体而言,对于国共之间这种对立的政治力量之间的充满血腥的角逐和争斗,或者说,对于充满了政治争斗的现实中国,作为日本文化人的堀田,内心还是充满了疑惑、沉重,甚至是恐惧的感觉。

三、《汉奸》

短篇小说《汉奸》最初发表于 1951 年 9 月号的《文学界》杂志,后收录于翌年出版的作品集《祖国丧失》,16 卷本的全集也有收录。

堀田想要撰写一篇以"汉奸"为题材或主题的作品的欲念,差不多萌发于抗战刚结束的 1945 年下半年。以堀田等日本人的理解,所谓汉奸,就是在日本对华战争期间与日本当局合作的中国人。堀田于 1945 年 3 月才抵达上海,与所谓汉奸的交往,也并不频繁,少数的几个,大概也就止于所谓的文化人,不久日本便宣布接受《波茨坦公告》而投降,因此,他本人与跟日本当局合作的中国文化人之间,并无深入密切的交往。但是,日本战败后,作为侵略方的在上海乃至中国的日本人,与曾经以各种形式与日本人合作的中国人之间巨大的境遇差异,使他感到十分震惊、困惑、不安和痛苦。

8 月 15 日,蒋介石在重庆中央广播电台发表讲话,表示只认黩武的军阀为敌,不以日本的人民为敌,要求民众"不念旧恶,以德报怨"。结果是,以当时的中国派遣军总司令冈村宁次为首的许多在中国的日本军人,都未受到战犯的惩罚,在此后的大约一年之内,大部分日本军人乘坐遣返船回到了祖国(与此相对比,在伪满洲国境内被苏军击败的大约 60 余万关东军官兵,则被苏联人强行带至西伯利亚等地罚做苦役,幸存者在 1950 年前后艰难回国),曾以各种方式为日本当局或军部服务的非日本军人,以上海为例,只是被要求集中居住于虹口一带,日常行动受到非常有限的限制,随后也乘坐轮船陆续返回国内,有一小部分技术人员和文化人士受到了国民政府各相关机关的留用。与此不同的是,国民党当局、共产党和各界人士,均对汉奸表示了极大的愤慨㉛,1945 年 9 月 27 日,公布了国民政府行政院拟具的《处理汉奸案件条例草案》,并在 11 月 23 日颁布了正式条例 11 条,12 月 6 日,国民政府公布了重新制定的《惩治汉奸条例》16 条。与此同时,当局开始了对汪伪政府要员的抓捕工作,1945 年 9 月 12 日,在广州抓捕了伪广东省长褚民谊和汪精卫妻子陈璧君,9 月 26 日凌晨,在南京逮捕了伪内政部长梅思平、伪教育部长兼外交部长李圣五、伪南京市长周学昌等,翌日在上海逮捕了伪湖北省长杨揆一、伪最高法院院长张韬、伪考试院副院长廖斌、伪宣传部长赵叔雍等,在苏州拘捕了伪立法院院长梁鸿志。伪国民政府代主席、行政院院长陈公博一行于 8 月 25 日坐飞机逃亡日本,10 月 3 日被押解回南京。汪精卫死后的伪政府第二号人物(实际上一直是汪伪政府的中枢人物)、伪行政院副院长、财政部长、上海市长、在日本投降后一度被蒋介石任命为军委上海行动总指挥的周佛海及伪社会部长丁默村等于 9 月 30 日被戴笠骗至重庆软禁了近一年后,1946 年 9 月 16 日被押回南京受审。伪政府部长级以上的官员,大抵均被判处死刑,唯周佛海,因念其后期曾暗中与重庆合作及多名国民党要员的求情,将死刑改为无期徒刑,不过周不久即病死于狱中。

　　侵略中国的元凶日本人在中国受到的宽待与跟日本占领军合作的中国人受到的严惩,使日本人的堀田感到非常困惑、不安和自责,据我的研究所及,对此有如此感觉的日本人几乎绝无仅有。他与跟日本方面合作的中国人的接触,仅限于文化界,因日月的短暂,他与他们的交往应该也比较肤浅。除了虚构的小说之外,堀田的文字中提及的这类文人有三个,一是《上海日记》中出现的获知战争结束后欣喜万分的诗人路易士,另一个主要是在评论集《在上海》中述及的柳雨生和陶亢德。路易士的部分,在本章的第一节中已有较完整的引用，此处不赘，有关柳雨生和陶亢德的记述是这样的：

8月11日已在上海获知战争结束的事实。从这一天起，尽管自己既没有金钱也没有能力，但还是在心里（有时也向人说出来）牵记着与日本方面合作的中国人的命运，每当此时，就仿佛有什么锐利的东西刺扎心口一样疼痛。我尤其牵挂着诸如柳雨生、陶亢德那样的曾与侵略者的日本合作的文人，他们曾参加过大东亚文学者大会，而我本人，其实与他们只有一面之缘而已。

……柳雨生当时28岁（我自己27岁），柳、陶两人于1946年因叛逆罪各被处以三年徒刑。在法庭上，他们并没有表示自己的行为是"通敌救国"（许多汉奸经常这样辩解），也没有表现出什么冤屈和不舍。陶的一家，战后马上就行踪不明了，对柳的一家，1946年的时候，我与室伏克拉时常带了回国的同胞所留下的日用品在夜晚偷偷地去看望他们。我与他也没有什么交往，只见过一次而已，但不去看望我内心过不去。要是那个时候被抓住的话，我和室伏小姐大概都要被判为帮助汉奸罪了吧。我对此也有思想准备。跟室伏小姐两个人，警惕地张望着周边的情形，偷偷地走向柳雨生的妻子和母亲以及幼小的孩子所居住的房子，这时我心里想的是，策划和组织了大东亚文学者大会，并且将他们两个人邀请到东京去的日本的那些位高权重的文学家们，如今对这两人的命运，他们会作如何感想呢？㊷

有关路易士和柳雨生，在本书的第五章第三节中曾有较详细的论述，这里不再重复。小说《汉奸》的中心人物，就是以路易士和柳雨生为原型而塑造的"安德雷"，作品诉求的主旨，在上述的引文中大抵也有表现。在该小说发表之前，堀田在1947年发表的一篇文章中对上述的主旨有更加明晰的表述：

在留在上海这个特别的都市，也就是我在这样的地下室内陷入沉思的日子里，对我内心触动最大的是阅读中国称之为"汉奸"审判和有关对汉奸判处死刑的报道……今日称之为"汉奸"的人……说到底，是与我们日本人一起行动的人……今天被列入"丑名"的各个汉奸中，我自己并无一个知己，即便如此，作为一个平凡普通的日本人，每当我看到被枪毙的人的血腥的照片，我还是感到强烈的愧疚之心……今天我们必须彻底明白，将这种惨烈而又极为残酷的命运带到亚洲各地的，完全是我们这些日本人……汉奸这个词若译成英文的话是 Traitor，即背叛者的意思。也就是背叛了自己所出生的祖国和人民及其历史。对这样的人而言，有意义的已只是人、个人命运而已。祖国的兴或亡，与他已无真正的关系。制造了这样的人的命运的原因，另一个国家、另一个民族成为其诱因的问题，这对于今后想要立足于不同民族之间的人，特别是将来要从事调整构筑新的中日关系的人来说，是必须要进行深刻省察的首要问题吧。㊳

小说《汉奸》便是基于这样的认识而撰写的。

安德雷是一个有些潦倒的诗人，38岁，留着怪异的八字胡（从现存的照片看，路易士或者后来去了台湾的纪弦确实一直留着八字胡），"天真无邪，作为中国人而言，可谓不通处世之术，"与妻子和六个孩子挤住在上海老城区的一家名曰"福生油厂"的三楼，一间没有窗户的堆杂物的小屋子就是他的创作室，屋内一口棺木是他日常起居的基地。出生在上海的他，学过一点日语，通过相关日文书籍的阅读，他狂热地迷恋上了法国超现实主义的诗作，在四面板壁的小屋子里创作了旁人难以通解的所谓超现实主义的诗作，还撰写了《诗和诗论》等著作。他对外部动荡而险峻的形势一直有点懵懵懂懂，"安德雷沉溺于读诗写诗的状态，对妻子儿女的生活也无暇顾及，也不听少数的几个诗人同伴对他发出的善意的忠告，也没有想到要参加到抗日运动中去，只是便于读到日本的前卫诗杂志，便当了由日本方面管理的《大华报》的文艺部记者。"㉞当他获悉战争结束的消息时，天真地表现出了手舞足蹈的欣喜（小说中的这部分文字，几乎完全依据了堀田《上海日记》中的记述），但是，在场的日本人却根本无法欣喜起来，"莫斯科的广播，确切地说，拿着印有广播新闻的号外蹦跳进来时见到的日本人的沉重表情，才使得天真的安德雷受到了震撼，时髦的八字胡，一下子垂落到了嘴唇边。"走出屋子与在《大华报》文艺部当顾问的日本人匹田（明显具有作者自己的影子）来到街上时，安德雷大概也意识到了自己处境的不测，打算把自己的文稿交给匹田保管，匹田表示："我们的命运，随着战争的结束，将听由重庆政府来处理了。也就是说，今后我们将要由重庆政府来管理了，所以……"这时安德雷终于明白过来了："手持号外，迅速奔到自己认识的日本人那里，希望与他们共同庆贺和平的他，这时才意识到，对日本人而言，这一号外并不意味着和平与解放，而是意味着战败，他知道了他们的失败也就意味着自己祖国的胜利，而如今祖国的胜利，也意味着他自己灭亡的开始。"㉟他在街头拾到的传单中，有一张写着"消灭一切奸逆分子，欢迎我军收复上海"。

　　安德雷手里拿着这张传单，在纷纷飞落的传单中，呆呆地站着，一动不动。要是在平常，这异样的风景，应该会使这个超现实主义的诗人欣悦不已。……（匹田跟他握手告别，）一开始安德雷那瘦骨嶙峋的手毫无反应。当匹田要松开手时，他仿佛醒悟到了此时的分别所包含的某种意味，他突然紧紧抓住了匹田的手，又把左手也一起紧紧握住，嘴唇在上下翕动着，虽然没有说出话来，那睁大的眼睛，却分明显露了他内心强烈的不安和挣扎。……匹田在街上行走时蓦然将眼光落在了自己的手上。日本的、贪婪的、卑劣肮脏的手,在这双手所伸向的所有地方,制造了成千上万的祖国和人民的敌人。当然,其中不乏借助日本人的力量来迫害自己的同胞、为自己谋取巨大利益的恶棍,但也有像安德雷那样的、恐怕没有做过任何实质性坏事的人吧。……(造成了大批汉奸的罪魁祸首)难道不是以军部为首的大东亚省等的那些鹰犬吗?特别是那些号称对重庆工作、和平工作而来到这里,实际上却是汉奸制造业的那些特别调查班等,才是最应该承担责任的。⑧⑥

8月15日,匹田在上海听到了天皇的停战讲话,"天皇在广播中,对于在各占领地造成的巨大牺牲的责任,只是淡淡地用了不得不表示遗憾之意这种双重否定的句式。他所关心的,只是朕自己和自己的臣民。匹田在这里看到了所谓国家和政治在根本上所包含的利己自私的一面,不觉感到一阵战栗。"⑧⑦

安德雷入狱以后,为减轻作为日本人的愧疚感,已经被国民党的一家机构留用的匹田,带着食物和鲜花去看望了已迁移到郊外的一处垃圾堆积场边的安德雷的妻子和孩子,六个孩子中两个已经死去。当他的妻子看到匹田衣领上别着的国民党徽章时,在惊讶之后,眼神逐渐转为了愤怒,那目光似乎是在说:"如果她的丈夫是汉奸的话,这个东洋鬼子难道不是战犯吗?这个战犯,这个东洋鬼子,难道他不就是使得这个母亲和四个孩子沦落到垃圾堆积场的元凶吗?"⑧⑧

以上是堀田写作《汉奸》的主旨。

小说中的中国人,除了安德雷之外,堀田还描写了《大华报》的总编辑程仲权和文艺部年轻的女助理潘柳黛,程是匹田在日本的大学同学,才华横溢,年纪很轻就被任命为报社总编辑,不过匹田后来才知道,程是共产党,报道停战的号外发出后,报社就立即被全副武装的日本宪兵所接管,是匹田设法帮程逃离了报馆。而年轻美丽的潘柳黛,在日本宣布投降前夕,匹田才获知她来自国民党。当匹田自己的住所被维持治安的汪伪部队封锁时,他向柳求救,柳带来了刚从重庆抵达上海的她的父亲、一个国民党的高官,由此迅速帮他们解了围。在日本国内的日军高级将领或文官,战后一度被战胜的盟军定为战犯,而三年之后,作为抗日战争胜利一方的国民政府的要人,却被在战场上占据绝对优势的共产党宣布为战犯。某日,匹田在某一左翼报纸的第一版上,看到潘柳黛的父亲,也在战犯的名单之列。小说至此戛然而止,结尾带着苦涩的讽刺意味,却引人深思。

堀田在通过安德雷的遭遇来表述主旨的同时,也没有忘却革命与战争的复杂与残酷。

第三节　长篇小说《时间》和评论集《在上海》中的中国与日本

在上海将近两年的经历,对于堀田的文学生涯乃至整个人生都是至关重要的。自上海回国以后,此前所积累的文学和哲学素养,与他在上海期间的跌宕起伏的生活及种种观察、思考(当然也不可忽视他此前的人生阅历)交叠融合在一起,酿成了他蓬勃的文学创作的能量,自 1947 年起,以小说为主体的各种文学作品接连不断地发表在各种杂志上,而后又汇成集子出版,尤其是 1952 年芥川奖的获得,奠定了他作为"战后派"代表作家的重要地位。有一个值得关注的现象是,他至 1955 年止发表的一百多万字的作品中,几乎有一半与中国有关,这足以说明上海经历之于堀田的意义和价值,同时也为我们解读他对中日关系的认识提供了第一手的文献。限于篇幅,在第二节的基础上,本节将主要讨论他的长篇小说《时间》和评论集《在上海》。

《时间》写作的最初的心理动因,应该缘起于 1945 年春天的南京之旅。那次他和武田泰淳一起登上了有些荒凉的南京城墙,放眼四望的感觉令他有些震撼：

> 俯瞰南京城区,城区无疑是美丽的,但一种强烈的人去楼空的感
> 觉却在我心中萦怀不去。这是一座空荡荡的大宅,空荡荡的古城。
> 主人去了哪里? 城区虽然是由人工筑成的,自然却不会说谎。完全
> 像一座空荡荡的大宅。在主人离开的那段时间里,身份不明的人进
> 入到了这里,可他却怎么也无法与本地的自然融为一体,他只是将这
> 座城市变成了一座荒城。这一感觉在我的脑海里萦绕不去。紫金山
> 呈现出美丽而又冷峻森然的姿容,仿佛地球上的人类全都死灭了,一
> 切都灭亡了,唯独它还冷然耸立着。我对中日关系的思考,对于东方
> 命运的哀恸,愈益强烈,这渐渐演变成了我对自己人生的一种悲恸,
> 甚至是绝望。那个时候,我明确感到,中日关系、东方的命运这类庞
> 大的问题已经与我自己渺小的人生、生存的苦恼连为一体了,这使我
> 自己都感到相当惊愕。[89]

那时《时间》还完全没有动笔,甚至都还没有酝酿。后来他明确地讲
述了那时紫金山的深刻印象与《时间》的关系：

> 我完全被紫金山、真的是呈现出紫金颜色的岩石纹理的美丽所
> 打动了,萌发了以后一定要把这种美丽写出来的欲念。但当时完全
> 没有想到,这一欲念后来竟会成为以日军南京大屠杀为素材的拙作
> 《时间》。紫金山的美丽姿容,还有长江(根本不是普通的江河概念)
> 的猛烈壮阔,还有辽阔得仿佛不像是人类世界似的华北旷野,如果想
> 要表现这一浩茫的世象,若不是通过人类与人类历史的恐惧、无比的
> 激烈、残忍、总之是被称之为人类的人的某种最具有内质性的物象,
> 是怎么也表达不出来的。当时我在城墙上产生了这样的认识。[90]

这既阐明了《时间》写作的最初动因,也阐明了《时间》写作的根本动机。

《时间》自 1953 年 11 月开始,分别以"时间"等 6 个独立的篇目先后刊载于《世界》、《文学界》和《改造》三家在日本卓有影响的杂志上,1955 年 4 月由新潮社出版了单行本。在单行本的书带上,有这样几句"著者的话":

> 思想应该没有左也没有右。也无所谓进步和退步。我所追求的是,在当今生存的过程中,能使我们获得生命灵动的母亲一般的思想。这部作品,是我倾注了最大的生命力撰写出来的。好抑或不好,终于写完了。

与堀田所撰写的其他有关中国的作品相比较,这部长篇有如下三个相异点:

第一,整个作品是以一个名曰陈英谛的中国人的口吻叙述的,作者试图假借一个中国人的视角来展现作者对于日本和中国、历史和世界的理解,这在堀田所有的作品中是绝无仅有的;第二,作品采取的是日记体,换言之,整部作品就是由陈英谛的日记构成的,由于日记的体裁特点,作品中充满了大段的内心独白和思辨性的文字,以至于作者自己也无法确定这部作品到底应该称之为小说呢还是随笔⑨;第三,整部作品所展开的背景或者所表现的中心内容,是 1937 年 12 月日军侵占中国首都南京城,或者说日军所制造的南京大屠杀,以及侵占和屠杀事件所酿制的深刻后果。据我有限的知识,这恐怕是日本战后文学史上第一部、大概也是唯一的一部直接描述南京大屠杀的文学作品。不过,我们不能简单地将此理解为这只是一部描写南京大屠杀的作品,作者在如实地、真切地描述了南京大屠杀的同时,更多地给人们提供了关于人性、战争以及日本与中国乃至世界的思考。

日记体的《时间》起讫日期是 1937 年 11 月 30 日至 1938 年 10 月 3 日。小说的梗概大致如下。

主人公陈英谛是一名曾经留学欧洲、经历过 1927 年 4 月国民党在上海实行的血腥的"清党"、后来在南京国民政府海军部供职的文员,已结婚生子,妻子莫愁正怀着第二个孩子。1937 年 11 月日军迫近时,在司法部担任高官的兄长带了妻子儿女和佣人坐了一等舱去了汉口,临行时以命令的口吻吩咐弟弟看管好陈家的房屋和家产。平素往来不算密切的一个叔叔在卫生局当一个中等官吏。

12 月初,其家族在苏州开一家陶瓷作坊的表妹杨小姐在战乱中与家人失散,经过十天的艰难跋涉,满身疮痍地只身逃到了南京来投奔表哥陈英谛。一家三口(算上其妻子肚子里的 9 个月的孩子应该是四口)以及佣人洪嫂,如今还有杨小姐,在越来越密集的日军的炮火中蜷缩在三层楼的、有 19 个房间的洋楼里,战战兢兢地等待着厄运的降临。

13 日,密集的枪声持续了很长的时间,日军终于攻破了中华门、光华门、中山门等,分几路长驱直入南京城内,"后来才知道,那时听到的长时间的枪声,好像是他们将在城外抓获的四万同胞中的一万人用机枪射杀的枪声。还有三万人也……。他们把俘虏集中在长江边的下关,用机关枪进行了处理。他们把一千人左右编为一组进行射杀,然后让另外一组将杀死的尸体丢入长江内,再将这一组杀死。"[92]

当日夜晚,一队日军闯入陈的住宅进行粗暴的搜索,原来是门外的路上停着一辆出了故障的坦克,日军以为陈宅内藏匿着国军的士兵,幸好搜查没有获得结果,日军占据了对面的一座主人已经逃离的空房屋,但这胆战心惊的夜晚,却是一家人此后厄运的开始。

一日,陈英谛他们被强行带到了附近的马群小学,"学校的后院里,堆积着尸体,垃圾燃烧时才会发出的恶臭直冲鼻子。堆积着的尸体,有些完全是赤裸的。这些尸体，身躯部分没有任何体伤，手脚也健全，只有肩膀部分因痛苦而扭曲着。可是，这些尸体都没有头部。"㉝原来是自凌晨开始被日军砍杀的国军士兵的遗体。有的其实未必是士兵，"附近有一个男子，根本就不是士兵，只是每天用擀面杖擀面团，手指上生出了老茧，结果被说成是因训练使用步枪而长出来的，被刺刀捅死了。"㉞日军对被带到这里来的人群中的十五六岁到四十岁左右的男子，逐一检查他们额头上是否有戴过军帽的痕迹、手掌上是否有使用枪支的茧子、衣服是否有军装的模样，只要日军觉得有一丁点的迹象，就立即被拉到小学后门外的小河边刺杀，无数的尸体滚落到了河里。剩下的青壮年，日军便用刺刀逼迫他们将昨日被残杀的尸体搬运到河边投到水里，现状惨不忍睹。"下午四点，日本兵再次把我们男子集中起来，这次是叫我们去收拾学校外倒下的尸体。有小孩，有女人，有头部被打碎的，有上半身赤裸的，有下半身赤裸的。将这五十来具的尸体集聚起来后，浇上汽油，在田野中焚烧。这里边也许还有人没死。恰好这时风吹了过来，狂风怒号，黑色的浓烟裹挟着尸体的气味左右乱窜，遮蔽了血红的夕阳惨淡的光芒。……这天夜里，城里各处都有大火。"㉟

他们一家后来设法躲到了设在金陵大学内的国际难民救济委员会的安全地带，心想如此大概可以逃过一劫，但在 12 月 19 日下午，所有的男子还是被带了出来遭到检查，陈英谛因左手上有刀伤，被认定为军人，其实在安全区担任了联络员的他的叔父完全可以站出来为侄子证明，但他却完全退缩了，装作不认识，最后陈英谛还是与其他被怀疑为军人的男子一起，双手被电线反绑后被强行推上了卡车，带到郊外后被集体屠杀。幸好陈英谛在枪声中装死倒下，后来趁夜色从尸体堆中爬了出来，幸存一命。而已经怀孕 9 个月的妻子，后来也受到了日军的凌辱，突然出现了阵痛，结果遭到了踩踏，连同腹中的婴儿一起命归西天。失去父母的五岁的儿子英武，沦落成了流浪儿，与众多的难民乞丐一起聚集在日军的炊事房的后门,期待获得一点残羹剩饭。一日,被人群中飞出的瓦砾击伤的炊事房的日本哨兵,拿着刀枪愤怒地冲进人群一阵穷追猛打,幼弱的英武被击倒在地,瞬间断了气,"光着的双脚已经冻伤溃烂,衣衫褴褛,身上满是污垢,头发盖住了耳朵,深深凹陷的眼睛依然睁得大大的。手上还紧紧地抓着空罐口,罐内什么也没有。嘴上和下腹部正流着血。"⑯途经这里的陈家原先的佣人洪嫂恰好目击了这一幕惨剧,强忍悲痛在麦田里挖了一个洞,埋葬了幼小的英武。而杨小姐最后也没能逃过被日军强暴的厄运,身心受到了极大的摧残,几次寻求短见,幸被熟人救下,被送往苏北新四军地区疗养,为了麻痹剧烈的身心疼痛,不慎被服用了过量的鸦片,陷入了严重的中毒状态。

半年之后陈英谛重新回到了南京的老家(从死尸堆中逃脱后去了哪里,这次又是从何而来,小说中都没有明晰的交代),他的住宅已经被一个名曰桐野的日军中尉占据,他甘愿在这里充当仆人,为中尉做饭,其实他还负有另外一个重要使命,就是在夜深人静的时分,潜入住宅下面一个不为外人所知的地下室里,通过电台向重庆方面发送情报。之后他陆续知晓了妻子和孩子的最终消息,悲痛欲绝,几乎万念俱灰。夏日的黄昏,他神情恍惚地游荡在麦田里,试图找到英武的坟冢。在路上看到形貌有些类似莫愁的女子,呆滞的目光便久久地跟踪着对方。南京沦陷前在南京市卫生局任职的他的叔父,此时摇身一变成了伪政府卫生部的官员,偷偷地干着贩卖鸦片和海洛因的勾当,他当然知晓陈英谛的真实身份。那个好像曾是大学教授的桐野中尉,大约从他叔父的口中获知了他的真容。一日,他通过勤务兵转告陈,当晚他要招待宾客,需烹饪一桌上等的中国菜。结果他要宴请的宾客,正是为他做饭的陈。他表情庄严而又恭谨地请陈入座,用生硬的英语与陈进行交谈,并请他回到自己原先的三楼卧室去居住。陈谦恭、冷漠、坚定地拒绝了他。陈后来从一个伪装成磨剪子的新四军联络员那里获悉了杨小姐的近况,在获得桐野大尉(此时已晋升大尉)的允准后,准备将杨接到这里来调养。陈将杨带回来的那个夜晚,大尉正襟危坐,一直等到很晚,但是,"杨面对大尉,脸上没有任何反应。她一言不发,随意瞥了他一眼,大步地从他面前走过。"㊲因种种悲惨的经历以及过度服用鸦片等毒品,杨小姐遍体都是脓伤,她很少说话,从来没有笑容,也没有悲哀,甚至都没有痛苦,有一天,却悄无声息地服药自杀,幸好被陈英谛及时发现,连同大学医科毕业的、磨剪子的联络员一起先行救助后再送到了美国人开的医院,挽回一命。事实上,杨此前已经投过河,上过吊,都被人救了过来。在护送和救护的过程中,杨和联络员彼此萌生了好感,在谈到今后的出路时,联络员当然是要到延安去,而杨则想前往正统政府的重庆,而在重庆,陈英谛在司法部任高官的兄长,近来据说因为营私舞弊正在受到追查。

小说的故事,大抵如上。

桐野大尉是小说中出现的主要的日本人。从日本寄给他的信函中可感知,他似乎不是一个职业军人,以前好像当过大学教授,大概是被征召入伍的。在他的居室内,摆放着一些诸如美国著名的汉学家欧文·拉铁摩尔等研究中国的西文著作,虽然他自己有关中国的知识并不丰富。他能阅读英文、法文和德文,虽然说得都很差,但这却使曾留学欧洲、通晓几种西文的陈英谛甚至对他多少产生了些亲近感。桐野平素不苟言笑,无粗野之气,却与文弱也完全不相干。他带了一个勤务兵,单独住在陈家大宅内,时常外出。"桐野大尉近来正因自己的同胞士兵强奸妇女、烧杀掠抢的行径而变得极度神经质。"㊳一天,他把陈英谛叫了去,发表了如下一通谈话。就一部长篇小说而言,对桐野的着墨并不很多,如下的部分,我认为颇能体现他的内心世界,或那一时期既是知识分子,又随同日军一起进犯中国的日本人的东亚观或世界观,虽有些长,但比较重要,兹译述如下:

桐野大尉穿着日本式的夏季浴衣,坐在榻榻米上。胸口的部分松开着,样态看上去很放松,核心的部分却一点也不轻松。他向我敬烟,这是他看见我国人民互相交往时的习惯而学会的。我不抽烟。如果我嗜烟的话,在地下室里恐怕十分钟也呆不住了。他把我的家改成了日本式,我则使他记住了中国的习惯。他有点醉。

沉默了一会儿,随后,他指着墙上挂着的草绿色的军服,对伫立在一边的我说:

"我们知道,有的人见到这军服,只是光看一眼心里就会不舒服。大概是觉得有一种异样的东西,比如说蛇或者蜥蜴爬进了自己的家里吧。但是,只要与我们合作,就不会不舒服了。"

语调低低的,像是自言自语。

我没有出声,站在一边就像影子一样,但尽可能不使自己的沉默包含有其他的意思。

"实际上,我们在南京干了相当的事情。"

桐野从桌子下面取出了一叠上海的租界发行的诸如《纽约时报》、《曼彻斯特卫报》等英美系的报纸,砰的一下扔到了我的脚下。每份报纸都有照片和 RAPE(强奸),MASSACRE(大屠杀),NANK-ING(南京)等印得很大的词语。

"是这样,是吧?"

他歪着脸。是在感叹么? 还是被这杀戮成性的行为所震颤呢? 无法判断。也许两者皆有吧。

"我们并不认为我们受到了很多人的爱戴。我们的使命,就是要打倒傲慢的蒋政权……"

他停顿了一下。也许是心里想到了什么吧。

"即使对我们的使命表示敬意和理解的人,也尽量不想跟我们扯在一起。对此我们也明白。但是,在这南京,不,我军的占领区里,因为我们的管理,我们的援助,还有我们的慈悲而得以存活的人们中,如果允许他们抨击我们的话,这不也太过分了吗?"

这是宣战通告。大尉是用英语说的,而且这些英语并非日常词语,而是只有书中才有的表达形式,所以意思清晰明了,也并不失礼。还差点被他蒙骗了。在他的话语里面,激荡着强烈的憎恶、轻蔑、还有极端的劣等优越的情结。此前我是多么的愚钝,就像岩石或金属那样的迟钝。猛然间我意识到,这个人曾经自己直接下手拷问过别人,或者,今天才刚刚拷问完回来!所以他心神不定。他的嘴角在轻轻地痉挛。剃成了板寸头的脑袋,渐渐显得狰狞起来。他用浴衣的下摆擦拭了一下眼镜。汗水从脸上滴落了下来。

"我们是同文同种的……"

这些都是陈腐的套话。同文同种?他们只是借了我们的文字使用而已,至于同种,则根本是捕风捉影。不过,我的脸上没有表现出任何的情绪,哪怕有一丝的表情,就足以激起他的劣等感。

"即便是发生了事故,哦,不,事实上已发生了,致使你的家人遭到了不幸,但是,在你们自己国家的历史上也发生过诸如太平天国这样的屠杀事件吧?"

你只是为了寻找借口才去学历史的么?以向后看的姿态去学习历史。这样的人也是向后看的预言者。

"总之,我们要倾注我们国家的全部力量来担当起亚洲的责任。"

责任?其实质就是强压、说服、贿赂,也就是恐怖行为、政治宣传、收买。还有在这里以低声表述的威胁。

他停顿了一会儿,然后提高了声音说:"我真的难以置信呢,像你这样去过海外的知识分子(他对海外非常在意),虽说是为了守住兄长的财产,竟然甘于在这里做仆人!你这样不是很吃亏吗?我倒也不是说要你加入政府,但你至少可以去做买卖嘛。不管你遭到了多大的不幸,变得如何的厌世,但你这样做也对不起你死去的家人。"

事实上在不久之前,我确实考虑过要逃往一个金属岩石的非情世界,或草木有情世界。我决定说一句话,可以藉此离开这房间。我声音很低地说:"我爱我的妻子儿女。我就想在这里呆着。……财产也很重要。"

"……"

这次轮到桐野不出声了。也许他想起了他的妻子儿女了吧。

我将他扔过来的报纸收拾好,出了房间。⑨

这一段文字,将此前面目一直不大清晰的桐野大尉的对华观念以及对这场战争所持的态度比较清楚地表述出来了。自八一三淞沪抗战开始至攻陷南京以后日军在中国的所作所为以及真相,能够阅读英美系报纸的桐野比一般的日本军人和国内的日本国民要了解得多,但这丝毫不能改变他作为占领军的盛气凌人的姿态,也许,这就是明治以来大部分日本人所追求的日本在东亚的霸权感觉。

除了桐野之外,在小说中登场的日本人还有笔墨寥寥的桐野的两个勤务兵,一个是二十出头的矮矮胖胖的岛田,"一个纯朴的、来自农村的青年。不过我也知道,虽然看上去淳朴,但是比起城市的工人或是其他人,他们要残忍得多。"⑩ 在桐野请陈英谛吃饭以前,他对陈一直是吆五喝六的,自那天以后,他也显得恭敬起来。没事总在哼着像是美国黑奴歌曲的什么歌。有天夜里,他趁桐野醉酒沉睡之际,穿着不知从哪里掠夺来的宽宽大大的中国绸衣,到城内的妓院去买春,但自后就未能再回来。在妓院的门口被刺杀了。另一个是接替岛田的谷中,原本是矿工,做事情慢吞吞的,经常偷大尉的酒喝。大尉已经向他说明了陈的身份,所以平素对陈的态度还好,"与岛田的一个共同点,就是老是哼着那种短调的哀怨的歌曲。"⑩

上述的描写,虽然以一个中国人的日记形式表达出来,实际上却是出自日本人的堀田之手,它表现的是堀田自己对日本人、至少是战时入侵中国的日本人的认识,耐人寻味。

小说的整个故事,全都集中在日本兵在南京的暴行以及在此前后中国人的种种形态,但堀田的本意,也许并不在,或者说并不都在揭露暴行本身。在这部小说已经完成大半的时候他这样表示:

> (正在写作的《时间》)对于南京屠杀事件,对于发生了这样的事情,作为日本人,觉得应该在文学上将其记录下来,这种说起来有些一本正经的想法不是没有,但与此相比,我更在意的是如此这般的条件和人,在如此这般的条件之下的人本身将会怎么样。这里所说的如此这般,其实就是现代的意思。或许也可说是在一个更加现实的、同时也是极度抽象的舞台上的思想训练。……就像加缪的《鼠疫》,虽然故事很现实,但实际上是一部很抽象的作品。[102]

细读这部作品,我也完全可以体会到作者的本意,但诚如作者所说,以文学的形式记述南京屠杀事件,也确实是他作为一个日本知识人的初衷之一。鉴于本书的主旨,这里主要藉此考察作者对于这场旷日持久的、给近代中日两国带来极为深刻烙印的战争以及与此有关的中日关系的认识。

堀田在1968年出版了一部卷帙浩繁的自传体作品《年轻时代的诗人们的肖像》,只写到他去上海之前的岁月。诚如他自己在很多场合所说的那样,自己多半只是沉浸在凡尔哈伦、波德莱尔、里尔克这些西欧现代派诗人的艺术氛围中,崇尚艺术至上,对于自己实际的生活环境,对于实际正在如火如荼般展开的日本对外战争,他很少想去感觉,也很少想去思考。去了上海之后,严酷的现实、占领者的身份和被占领地上海的现实迫使他开始考试思考这场战争的性质和意义。从本书讨论的他的一系列有关中国的作品来看,他对这场由日本挑起的战争的罪恶,是有比较深刻的反省的,但倘若我们仔细考察一下他的《上海日记》的话,实际上他在后来所表现出来的认识并没有在上海期间就达到了比较成熟的形态。事实上,在现在所留存的他的《上海日记》中,我没有读到比较明晰的忏悔或反省的话语,相反,可以看到如下的记录。

1945 年 12 月 14 日,他和武田泰淳在虹口胜利戏院观看了一部美国电影,正片前放了一部新闻电影:

> 新闻片是在美国军舰密苏里号上举行的日本投降文件的签署仪式。拄着拐杖一瘸一瘸、模样悲惨的重光(葵)和梅津(美次郎)元帅等,带着难以言说的悲惨的表情,也就是毫无表情地站在那里,在听了大概是米尼兹吧,也不系领带、上衣也没有上衣样子的美国军人的宣读之后,在投降书上签了名。接着是美英中法等代表签字。真的是相当惨淡。

> 电影 Lady Be Good,这又是一部令人惊愕无语的片子。当黑鬼们开始跳起乱七八糟的舞蹈时,T(武田)咧着嘴大笑起来,我却完全沉浸在悲惨的心绪中。……输给了这样的人。从这里也可感到日本人的悲惨有多深,一阵悲哀袭上心头。文化上的这种悲惨,被占领的感觉,我自己能忍受得了么?⑩

1945 年 12 月 17 日的日记,有如下的文字:

> 近卫死了。这让人有一种空落落的感觉。不过,自杀的方式,确实像一个贵族的临终行为。⑩

1945 年 12 月 16 日,在他担任内阁总理时发动了全面侵华战争、发表东亚新秩序的声明并引诱汪精卫建立伪政府、与法西斯德国和意大利共同缔结了三国条约的近卫文麿,在被盟军定为战犯嫌疑人之后自杀,远在上海的堀田获悉此事,立即发表了如上的感想,"近卫死了"的动词,用的是敬语。在这里,堀田无疑显示出了非常浓厚的日本人的意识,尽管相对于一般日本人而言,深受西方文学熏陶的堀田还是具有一定的国际主义视野的,但当本民族、祖国与他者发生剧烈冲突时,日本人的立场仍然会自然流露出来。

上述的对于日本战败的感觉,与 8 月 11 日时的心情基本无异。在这里我们还未能看到堀田对于这场战争的反省。不过,1946 年 6 月在上海国民党宣传机构主办的日文杂志上发表的《反省和希望》等文章,表明了堀田开始对中日间的历史,尤其是过去的这场战争,开始进行认真的思考,回到日本后,正值在东京开庭的远东国际军事审判陆续进行,里面揭露出来的真相,虽然很多日本人不愿意信服,但却也使不少日本人大感震撼,堀田应该是其中之一,战后最初发表的连载小说《祖国丧失》,就凝聚了作者内心的思索,以至于到了 1953 年,终于有了可谓这些思考的集大成的作品《时间》的问世,作者说,这部小说"倾注了我最大的生命力",这是实话。且不说写作这样一部长篇,在文献资料上需要多大的积累和准备(就实际体验而言,堀田仅仅有过一次很短暂的南京之旅而已,他仅仅对于南京这座城市有一点点直感,对于当年大屠杀的真相和惨状,他完全来自于各种语文的文献阅读),其中大量冷峻而充满血腥味的细节的描绘,连我也每每难以卒读,可以推知,作为日本人的堀田,写作时心头将要忍受何等的鞭笞和煎熬。

顺便说及,除了《时间》,我还没有读到过日本作家直接描写南京大屠杀的长篇小说。

令人稍感悲哀的是,这部极具震撼力的作品,在日本本土似乎并未引起强烈的关注。堀田的不少作品获得了各种奖项并被拍成电影,但他的呕心沥血之作《时间》却并未在各界得到应有的反响,众多日本人偏狭的民族主义立场,是其主要的障碍之一,无怪乎左翼批评家菊地昌典深有感慨地说:"具有讽刺意味的是,这种残忍的行为,受到残害的一方很清楚,刻骨铭心,而施行残酷行为的主体,却并不认为这是一种残忍。"[105]

《时间》出版以后,堀田的作品便很少再涉及中国,其主要的缘由,恐怕是在上海不到两年的生活经历,作为文学素材和生命体验已被得到极大程度的运用,另外,就一个生命个体而言,对于近代中国和日本的思考,作为一种思想经验,恐怕也过于沉重。尽管如此,堀田依然没有停止对于中国和日本,尤其是中日关系的思考。

确实是,在《时间》问世之前,堀田已出版了与中国相关的中篇《广场的孤独》和长篇《历史》,尤其是后者,其广度和深度并不亚于《时间》。自上海回到日本后,中国一直是堀田脑海中无法褪去的巨大的存在。1957年10月,堀田与小说家井上靖、批评家中野重治等应中国作家协会和中国人民对外文化协会的邀请,对北京、上海、重庆、成都、广州等地进行了为期一个多月的访问。其中在上海待了十天左右,而大部分的时间,堀田没有随同其他团员参加中国官方组织的参观访问,而是自己在曾经熟识的大街小巷内随意漫游,以旧有的记忆来观察新上海的变化。到了北京后,在讨论访问地的时候,堀田强烈要求去踏访重庆,这是因为他在上海的时候,重庆作为蒋介石政府的临时首都,对在沪的日本人而言一直都是一个巨大的同时多少带有神秘感的存在,他很想自己能直接踏上这块土地来获得现场的感受,另一个原因是战时在重庆刘家湾有一处日军战俘收容所,有不少战俘死去后以各种他们自报的假名被埋葬在当地的一个墓地,作为日本人,他也想去凭吊一下。结果如愿以偿。

回国之后,堀田没有像大多数的文人(诸如阿部知二等)那样撰写了一系列的纪行文,或在各种场合发表介绍新中国的演讲。有半年多的时间,他收集了许多与中国相关的著作阅读,其中有江户末年的日本思想家佐久间象山(1811—1864)、吉田松阴(1830—1859)、高杉晋作(1839—1867)和明治年间的竹添井井(1840—1917,汉学家、外交官,1875年随第一任驻华公使森有礼来中国,后遍游华中华北,撰有纪录中国漫游的《栈云峡雨日记并诗草》两卷)、北一辉(1883—1937)、宫崎滔天(1870—1922)、内藤湖南(1866—1934)以及同时代的中国研究家贝冢茂树(1904—1987)、竹内好的相关著作[106]进行了认真的阅读和思考。在此前后,除了日文和中文的文献外,他凭借自己娴熟的英语和法语的读解能力,阅读了不少西方作者撰写的有关中国的书籍,这是同时代的日本文化人,尤其是作家中颇为罕见的。在堀田自己的著述中经常触及的西方著作有赛珍珠的《大地》、L. 兰德曼和A. 兰德曼(Landman)的《红色中国的侧影》、史沫特莱的《中国的战歌》、G. 斯坦因(Stein)的《红色中国的挑战》、埃德加·斯诺的《亚细亚的战争》等,这些著作无疑拓开了堀田审视和观察中国的视野,也在一定程度上加深了他对中国,尤其是近现代中国的理解。

将近两年之后,他结合自己在旧中国的经历与在新中国的考察和思考,采用访问记、回忆录、评论和随感互相交织、时空跳跃的形式,撰写了一本小册子《在上海》,1959年7月由筑摩书房出版,以后屡屡再版,成了堀田的一部名著,被作家和评论家、诺贝尔文学奖获得者大江健三郎称之为"日本人在战后所撰写的有关中国的最美丽的著作之一"、"是我自己在根本上受到影响的书籍之一"[107]。

此书的内容,虽然有些斑驳和庞杂,但中心主题是对中国的认识和日中关系的思考,以下以此书为中心,并结合其他的相关论述,对此作一些梳理和分析。

上文已有所论及,在来上海之前,堀田对于中国和日本的对华战争几乎没有给予充分的关注,他的主要兴趣还是沉浸在西欧的文学世界中,在上海的所见所闻所感所思,也包括那次短暂的南京之旅,使他原先的世界观受到很大的冲击,尤其是日本战败之际,他开始思考日本和中国以及东亚乃至世界的命运,战后中国纷扰而动荡的社会现实、国共之间剧烈的政治冲突,使他感到困惑和不安。1946 年 6 月,他在上海的日本杂志上发表了一篇《反省和希望》,对此前日本对中国的行为作了一定程度的反省,他觉得日本几十年来的所谓"国策"的最大谬误就在于"无视人性",即为了追求国家利益的最大化,不仅可以践踏对象国的人性,也可牺牲本国国民的人性。不过在上海期间的堀田,正处于人生思想的一个危机阶段,剧烈的环境变化和内心世界观的局部崩塌以及个人不安定的生活和爱情波澜,都使他感到迷茫和痛苦,对中国问题和中日关系本身,他尚未倾注太多的精力。回到日本后,在个人生活初步获得安定和情感危机暂时得以缓解之后,他决定将自己在上海所感受到的中国以文学作品的样式传递出来,于是就有了一系列"上海物"的诞生。在他撰写这一系列作品的时候,内心时时处于一种紧张和痛苦的状态,最后,他想通过长篇小说《历史》和《时间》等来对自己在中国问题和中日关系方面的认识作一个总清算,想藉此从这些沉重的历史因袭中解脱出来,将自己的思想和关注转移到另外的领域。"但随着日月的流逝,年岁的增长,1956 年冬天去了印度,1957 年秋天与中野重治等受邀去中国进行了旅行,此时,不管你愿意与否,我不得不明确地体认到,日本和中国或中国和日本的问题,已经成了我内心无法消解的一个沉重的存在。"[108]

对于共产党执政以前的旧中国,堀田的内心充满了复杂的情感。来到中国之后,他已体认到了这是一个巨大的、有着悠久的历史和广袤的国土的亚洲大国,且在历史文化上与日本有着深刻的维系。但是,由于近代以来的各种内乱和外患,现实的中国,则是一个充满了连绵不断的革命和战争的国度,战乱和动荡是近代中国的一个基本样态,即便作为民族解放战争的抗日战争结束以后,仍然无法使人确切地把握到一片灿烂的曙光。

堀田回到日本以后,中国共产党和国民党正式展开了决定性的军事较量,最后以共产党的胜利而告终。堀田从来不是一个共产主义者,他甚至与日本的左翼人士也很少交往,在政治上,他的立场与原先的阿部知二等相似,基本上是一个自由主义者,也带有相当的人文主义色彩,因此,他对外界事物(包括政治和社会现象)的评论,更多的是出于自己作为一个近代知识分子的理性和良知。对于国共之间的斗争,他原本并无特别的倾向,他在国民党中央宣传部下属机构的工作经历,虽然不算愉快,但也没有对此产生强烈的反感和厌恶,他的上司,就是一个"出身于贵州省地主家庭的忠诚清廉的国民党员"⑩,但是国民党接收上海的过程以及从报上读到的谋害民主人士李公朴和闻一多等人的行径,引起了他的愤慨和失望,尤其是耳闻或目睹的军统等各种特务机构的恣意妄为,使他对国民党基本形成了一个负面的意象。由于他一直生活在原先的沦陷区及后来的国统区的上海,他与中国共产党人士并无直接的交往,唯有一次,他的国民党上司曾带他偶尔经过马斯南路(今思南路)上的中共驻沪办事处(俗称周公馆),"从那幢漂亮的楼房里,走出来两个穿着粗陋棉衣的男子。当时给我的感觉是,这就是在延安的窑洞里过惯了简朴生活的人,跟上海相比,他们完全能忍受得住艰难穷苦的日子。这是我第一次见到真实的共产党员。总之,在那幢只会有西服革履的人进出的洋楼里,竟然走出来两个身着极不合体的棉衣的人,这一情景深深地烙在了我的脑海里。"⑩当然,他对中共的意象,更多的是来自各种资讯(书籍,尤其是西方人撰写的书籍、报刊以及各种耳闻),由此,他对中国共产党持有一定程度的好感。在他日后所撰写的相关作品中所出现的共产党人,极少有负面的色彩,但因缺乏直接的交往,中共的形象往往是暧昧模糊的,比如《祖国丧失》中的魏克典夫妇,《汉奸》中的程仲权等。

1957年秋天的中国之行,让他看到了一个有些陌生的清新的中国社会,尤其是上海。此前他在这里生活了将近两年,大部分的街巷都曾留下过他的足迹,除了少数繁华的大街和旧法租界的高等住宅区之外,污浊、腐臭、横行的偷盗、泛滥的妓女、满街的流浪儿,成群的"瘪三"(这一词语在堀田和武田等的笔下频频出现,其旁注的注音假名显示是上海话),构成了上海的基本面,"万事混沌",是他对旧上海的总体印象。这次再度来到上海,"除了第一天之外,我几乎都没有参加安排好的参观活动,一个人在街上坐了三轮车,或是乘坐电车和无轨电车,或是徒步,随意走遍了各处的大街小巷。"⑪结果发现,上述的"万事混沌","都清清爽爽地消失了,"⑫"解放后的上海,噩梦一般的东西都被清扫一空,哪里都不再散发出异臭,从各种含义来说都变得干干净净、清清爽爽了,完全变成了一座中国的城市,工业正在发展,满眼都是充满生气的、朝气蓬勃的少年儿童。"⑬最令他印象深刻的一个场景是,他独自来到了以前他在上海的情人(后来成了他的妻子)曾经住院的一家美国教会医院,从街对面眺望这幢熟识的建筑,不意站在窗口的一个三十多岁的护士认出了他,跑下楼来,其实那个护士以前曾与他发生过不愉快,那时他在医院里丢失了一块表,怀疑是那护士所窃,结果当然不是。那护士似乎不记旧恨,两人用英文进行了热烈交谈,"我问她现在的上海怎么样?她并没有用言词直接回答我,而是蹲了下来,两个手掌触地,慢慢地像是要把地面抬上来似的,简单地说了一句:'人民站起来了。'我觉得真是这样。"⑭

在上海游历的期间,有几件事情令堀田印象深刻。某日,他从旅馆出来叫了三轮车去某地,最后车夫叫他付了六角,回来时他走了一段路,自己估计大约相当于三轮车资两角的路程,走得有点累了,再坐三轮车回到旅馆,结果三轮车夫出价四角,来回都没有丝毫的漫天要价,这与以前相比可谓有天壤之别,以前与车夫讨价还价几乎成了例行公事,而如今的车夫都自觉地遵守规矩,这使他深有感慨。又一日,他与中野重治等去游览"上海人民游乐场",他知道这里以前称作"大世界",战败前后曾来过此地,那时的感觉犹如当年村松梢风笔下所描绘的那样,除了各种戏剧杂耍的表演之外,偷盗盛行,妓女出没,如今在照哈哈镜的时候,竟然在一旁看到了一个失物招领处,事实上,确实有人在这里领到了丢失的物品,这让他感到匪夷所思,"在这座人与人之间曾经像豺狼虎豹一般的都市里,到底是什么能带来这样的变化,我在惊讶之余,不禁感到惘然不解。我试图自己解释说,是因为革命,是以中国共产党为核心的民众,但我又觉得,如此的回答似乎又显得过于空泛。"⑮

在上海工人文化宫和北京至上海的列车上,他见到的负责人和列车长竟然都是二三十岁的年轻女性,大学内莘莘学子自己在热火朝天地参与校舍的建设,在苏联人的帮助下,武汉架起了第一座长江大桥,这一切新的气象,使他确信中国发生了巨大的变化:"这是对以前没有法子没有办法哲学的全盘否定。是谁使得那样的否定变得可能呢?是人民自己。我把这样的否定、这样的现实称之为历史。反过来说,以否定、消极的形式郁积着的民族的能量,通过现代的杠杆积极地发挥出来了,这座大桥,不仅连接了长江南北两岸,而且架起了通向未来的光明大道。"⑯他最后总结说:"革命解放,同时也非常强烈和广泛地呈现出了向中国悠久的历史复归的一面,这是我此次到中国旅行逐渐感受和认识到的。在毛泽东的《沁园春·雪》这首词中所举出的秦皇、汉武、唐宗、宋祖等历代王朝的历史中,若要放入中华人民共和国的话,也许该将此称之为人民的王朝吧。"⑰

堀田无意颂扬新中国,他更多的是试图通过这次旅行去理解共产党执政以后的中国,或者是通过新中国来理解中国共产党,虽然最终他也许并未获得理论上的破解,但是与过去他在上海所经历过的旧中国相比,直觉告知他,现在的中国比原先干净、清洁、健康、秩序井然、朝气蓬勃。他对共产党的革命和解放的理解是:"解放的深度,就是使得人们过上了像人一样的生活。"⑱他是一个比较冷峻的知识人,行文中没有太多的感动和兴奋,但内心却为中国的变化感到由衷的欣喜。

不过,他对上海的感觉有些复杂。新上海的清新、整洁让他感到欣喜,但荡涤了污垢和五味杂色的上海又使他觉得单调乏味,"也就是说,都市所具有的气氛,用鼻子嗅过之后才能明白的这些要素,都被清扫得一干二净了。"而新中国的文学作品,大多被罩在一个框架之内,题材和风格也变得整齐划一起来,民族、国家、革命、解放的主旋律几乎成了唯一的音调,个人的心绪、情感和思想几乎遭到了否定,这让崇尚自由主义的堀田不免感到有些寂寥和肃杀。

这里需要提及一下"反右运动"。1957 年夏天,中国经历了一场范围广泛、性质深刻的"反右斗争",有 50 余万人因此而被迫改变了命运,绝大部分是知识界人士或受过良好教育的年轻人。堀田来到中国时是 1957年秋天,"反右"已接近尾声,对其真正的内涵,他所知甚少,他试图通过留在上海的日本人工程师阿部正捷来获知一些实情,但几乎一无所获。其结果,"我对反右斗争的理解是,这是三反五反等思想整风运动的一环,或者是终结性的一个阶段,这好像是一场基层民众批评局长、部长等上层干部的运动。"⑩这似乎还只是运动刚开始时的表象,而事实上,所谓的"反右斗争",从 1957 年夏天以后完全改变了原本的内涵。从《在上海》来看,堀田显然并不了解运动的真相和结果,不然,他对新中国的意象应该会复杂得多。

近代以来日本与中国的关系,是战败以后堀田所一直关注的问题。

从《上海日记　沪上天下》来看,战败之初,堀田并没有从战前的意识迅速转过来,对日本的战争行为,也未表现出深刻的愧疚和忏悔。1946年 6 月在上海刊载的《反省和希望》,似乎是他第一篇公开发表的论述日中关系的文字,文中写道,在上海的中国人民因日本战败而表现出来的欣喜若狂的表情,使他清楚地意识到,日本数十年来的对华政策,"即所谓的中日亲善、同甘共苦、同生同死等的标语终究只是空洞的标语而已,中国的民众对于日本的'对华政策'或'对华新政策',根本就没有赞同过。"⑫

在上海,他切身感受到了作为日本人的自己与中国人之间的立场的差异。对日本官方的近代对华政策,他从漠不关心,逐渐转为困惑、怀疑乃至否定。作为日本知识人,他在批评官方或军方的同时,也试图为日本的文学家与军部合作的行为作些辩解:"从表面上或是从整体上来说,大东亚文学者大会,也许是为了使日本的侵略思想合理化而由官方主导或军方主导举办的活动,但每个文学家,从个人的心愿上来说,也是希望至少在文学的领域内能将扭曲的中日关系纠正过来。"⑫事实是,主动地、热切地为军部作伥的日本文学家并非只是个别。

回国以后,堀田对中日关系有了进一步的思考和反省,于是有了一系列有关中国,尤其是涉及中日关系的作品问世。这些作品的写作,事实上是一种思想的整理,或者说对中日关系认识的整理和表述,堀田觉得对中日问题的思考已经是自己内心精神活动的一部分,因此他时时会有一种压迫、压抑般的痛苦,"事实上,我数度将(日本)与中国之间的问题作为自己问题的一部分来写作,是想对此做一个了结……以拙作而言,《断层》、《历史》、《时间》等,写这些作品时,我都在试图以此做一个了结。我内心在想,背负着如此沉重繁杂的历史因袭,我实在有些苦不堪言,无论费时多久,我恐怕都无法完成能达到自己期待的工作。"⑫

堀田内心痛苦的根源,是他觉得近代以来日本对中国所造成的灾难。《在上海》出版之后的14年,他再次表示:

在日中近代的百年史中,我们日本这一方,是在天皇的名义下对中国的侵略者、杀戮者。在战败之后过去了四分之一世纪的今天,我们迎来了邦交正常化,无论我也好,作为这次对话者的武田泰淳氏也好,胸中交杂着复杂的感慨,这一点与很多的日本国民是一样的。……但是,回顾一下战败后四分之一世纪的岁月,我们做了些什么呢？想到这一点，我就会感到一种自责之念，无法自已。这是因为，比如说在邦交正常化的今天，当比我们年轻的一代想要知晓日中百年之间到底发生了什么的时候，我们能提供给他们一部具有怎样的权威性和客观性的百年史呢？想到这点，我内心就会感到十分不安。⑫

对于中日关系的将来，堀田无疑寄予了深切的期望，基于对历史、民族、文化和世界的深刻思考，他发表了如下的见解：

> 日本和中国之间的，历史的，以及未来的，这一互相交往的方式，并不只是像国际问题那样的冷冷的、外在的关系，而是应该把它看作国内问题，更准确地说，是我们每一个人的内心的、内在的问题。它甚至是我们文化本身的历史，准确地说，恐怕是远古时代就开始的历史本身……我有一种危机性的预感。今天两国关系的处理方式，在不远的将来，恐怕会带来一种今天有点难以想象的危机。恢复邦交是具有决定意义的重大事情……但是，邦交恢复后并不意味着一切都良好了。我所预感到的是，恐怕邦交恢复后更容易出现问题。邦交恢复以后，两国反应的方式，或者是尔后彼此的反动。当今这个时代的两国存在方式的基本差异，虽然有很多，不仅只是体制上的差异，来自于两国国民内心构造上的差异，是更为本质的，当两国国民直接开始交往时会产生的问题，我们从今天开始就必须预测到，并且给予认真的关注。⑫

堀田本人，在中日邦交正常化之际，深感历史因袭的沉重，决定将自己对中日关系的思考做一个彻底的了结，作为一个了结的形式，他与挚友武田泰淳进行了一次有关中国的长谈，题目竟然是"我们将不再谈论中国",虽然堀田此后依然在关注中国,但他真的没有再发表有关中国的文字。

1972年9月两国邦交正常化,尔来四十余年,两国关系始终波诡云谲,七十多年前发生的南京大屠杀,六十年前作为加害方的日本作家堀田基于人类的良知已经做出了如此清晰而详尽的描述,可时至今日,这一事件,在两国间依然是个成为摩擦的话题,这里有太多值得人们深思和探寻的因素,尤其是作为加害者的日本人。

注释:

① 堀田善卫:《断层》,原载《改造》1952年2月号,见《堀田善卫全集》第1卷,东京筑摩书房1974年版,第401、407页。

② 武田泰淳、堀田善卫:《对話 私はもう中国を語らない》,朝日新闻社1973年版,第33页。

③ 同上书。

④ 同上书,第34页。

⑤ 堀田善卫:《上海にて》,东京筑摩书房1959年初版,见东京集英社2008年版,第126—127页。

⑥ 武田泰淳、堀田善卫:《对話 私はもう中国を語らない》,朝日新闻社1973年版,第34—35页。

⑦ 堀田善卫:《祖国丧失》,1948年底开始陆续发表,1952年由东京文艺春秋社结集出版,见《堀田善卫全集》第1卷,第79页。

⑧ 这里用了"逃离"两字也并不为过,堀田自己在《祖国丧失》中借日本女子公子对主人公杉(杉的身上无疑具有作者本人太多的影子)的质问道出了离开日本的实际动因:"你一定是没有办法了才装出负有什么重大使命的样子逃到上海来了吧。"(《堀田善卫全集》第1卷,第61页。)此语可为我的论述佐证。

⑨ 堀田善卫:《上海にて》,第115页。

⑩ 根据《对話 私はもう中国を語らない》和《对談 上海时代》(原载《海 武田泰淳追悼特集》,中央公论社1976年)中堀田善卫的回忆整理而成。

⑪ 堀田善卫:《上海にて》,第9页。

⑫ 请参见拙著《日本饮食文化:历史与现实》(上海人民出版社2009年版)第六章第三节"战争时期民众饮食生活的窘迫状况"。

⑬ 堀田善卫、高开健:《对談 上海时代》,原载《海 武田泰淳追悼特集》,中央公论社1976年版。此处见堀田善卫:《上海日记 沪上天下1945》,东京集英社2008年版,第389页。

⑭ 石上玄一郎:《帰還船の追憶》,载《堀田善卫全集》月报2,东京筑摩书房1974年版,

第 4 页。

⑮ 堀田善卫:《上海日记　沪上天下 1945》(红野谦介编),东京集英社 2008 年版,第 17 页。

⑯ 堀田善卫:《祖国丧失》,《堀田善卫全集》第 1 卷,第 67 页。

⑰ 同上书,第 66 页。

⑱ 堀田善卫:《上海にて》,东京集英社 2008 年版,第 113—115 页。

⑲ 尚未发现这一时期的堀田的上海日记,堀田在 1957 年撰写的《在上海》一书中只是说"春天",考虑到堀田抵达上海的日期以及与武田和名取、草野交往的过程,南京之旅大概在 4 月中旬或前后。

⑳ 堀田善卫:《上海にて》,第 31—32 页。

㉑ 有关路易士,请参阅本书第五章第三节的相关部分。

㉒ 这行字原文为中文。

㉓ 引文中的"支那"和"中国"的汉字表述都一如原文。

㉔ 堀田善卫:《上海日记　沪上天下 1945》(红野谦介编),第 16—24 页。

㉕ 同上书,第 52—53 页。

㉖ 高见顺:《败战日记》,1945 年 7 月 28 日条,东京中央公论新社 2005 年版,第 266 页。

㉗ 高见顺:《败战日记》,1945 年 8 月 15 日条,第 312—314 页。

㉘ 大佛次郎:《败战日記》,东京思草社 1995 年版,第 308 页。

㉙ 永井荷风:《断肠亭日乘》,《永井荷風全集》第 25 卷,东京岩波书店 1994 年版,第 356 页。

㉚ 详见本书武田泰淳的章节。

㉛ 堀田善卫:《上海にて》,第 121—122 页。

㉜ 据韩信夫等主编:《中华民国大事记》第 5 册,北京中国文史出版社 1997 年版。

㉝ 有关上海日侨和日侨管理的内容,部分参考了陈祖恩《上海日本人居留民战后遣送政策的真相》(《社会科学》2004 年第 12 期)和忻平、吕佳航:《"身有所寄心有所托"——战后上海待遣日侨的集中管理》(《社会科学家》2010 年第 10 期)。

㉞ 堀田善卫:《上海日记　沪上天下 1945》(红野谦介编),第 69 页。

㉟ 同上书,第 38—39 页。

㊱ 同上书,第 81—82 页。

㊲ 同上书,第 84 页。

㊳ 同上书,第 104 页。

㊴ 日文原文是"自ら中国側に飛び込んでいこうという姿勢",《上海日记　沪上天下 1945》解题,第 345 页。

㊵ 堀田善卫:《上海日记　沪上天下 1945》(红野谦介编),第 75—76 页。

㊶ 堀田善卫:《上海にて》,第 108—110 页。

㊷ 堀田善卫:《上海日记　沪上天下 1945》(红野谦介编),第 228 页。

㊸ 同上书,第 138 页。

㊹ 同上书,第 198 页。

㊺ 同上书,第 210 页。

㊻ 同上书,第 225 页。

㊼ 同上书。

㊽ 同上书,第 281 页。

㊾ 堀田善卫:《祖国丧失》,这句话是通过作品中一个中国人之口说出来的,实际上是堀田对自己的身份定位。载《堀田善卫全集》第1卷,第70页。

㊿ 同上书,第224页。

51 同上书,第213—214页。

52 同上书,第243—244页。

53 同上书,第148页。

54 堀田善卫:《上海日记 沪上天下1945》(红野谦介编),第306—307页。

55 同上书,第258—259页。

56 堀田善卫:《反省と希望》,原载上海的日文杂志《改造评论》创刊号(1946年6月),见《堀田善卫全集》第12卷,第118—119页。

57 堀田善卫:《上海にて》,第36—37页。

58 堀田善卫:《上海日记 沪上天下1945》(红野谦介编),第262页。

59 同上书,第179页。

60 堀田善卫:《祖国丧失》,《堀田善卫全集》第1卷,第102页。

61 同上书,第108页。

62 同上书,第108—109页。

63 同上书,第111—113页。

64 同上书,第185页。

65 同上书,第187页。

66 同上书,第67页。

67 堀田善卫:《〈広場の孤独〉後記》,《堀田善卫全集》第1卷,第479页。

68 同上书,第61页。

69 同上书,第79页。

70 堀田善卫:《祖国丧失》,《堀田善卫全集》第1卷,第95—96页。

71 同上书,第85页。

72 堀田善卫:《〈広場の孤独〉後記》,《堀田善卫全集》第1卷,第479页。

73 堀田善卫:《歯輪》,《堀田善卫全集》第1卷,第245页。

74 同上书,第249—250页。

75 同上书,第276页。

76 同上书,第273页。

77 同上书,第288页。

78 《周佛海日记》中不仅多处记录了他与重庆方面的联系,也记录了潘汉年与汪伪特工头子李士群的接触。详见《周佛海日记全编》(上、下),中国文联出版社2003年版。

79 堀田善卫:《祖国丧失》,《堀田善卫全集》第1卷,第191页。

80 堀田善卫:《歯輪》,《堀田善卫全集》第1卷,第240页。

81 1945年9月3日周恩来代表中共向国民党方面提交的11项谈判要点中就包含"严惩汉奸、解散伪军";9月6日叶圣陶等成都文化界人士200余人通过《华西晚报》向国民政府提出六项要求中有一条就是"严惩一切汉奸,解散伪军"。

82 堀田善卫:《上海にて》,第119—124页。

83 堀田善卫:《上海で考えたこと》,原载《中国文化》1947年6月号,见《堀田善卫全集》第12

卷,第 125—126 页。

㉞ 堀田善卫:《漢奸》,《堀田善卫全集》第 1 卷,第 368 页。

㉟ 同上书,第 369—370 页。

㊱ 同上书,第 371—372 页。

㊲ 同上书,第 388 页。

㊳ 同上书,第 391 页。

㊴ 堀田善卫:《反省と希望》,《堀田善卫全集》第 12 卷,第 121 页。

㊵ 堀田善卫:《上海にて》,第 33 页。

㊶ 堀田善卫:《私の創作体験》,《堀田善卫全集》第 14 卷,第 68 页。

㊷ 堀田善卫:《時間》,《堀田善卫全集》第 3 卷,第 40 页。

㊸ 同上书,第 48 页。

㊹ 同上书。

㊺ 同上书,第 51—52 页。

㊻ 同上书,第 83 页。

㊼ 同上书,第 132 页。

㊽ 同上书,第 122 页。

㊾ 同上书,第 92—93 页。

⑩ 同上书,第 87 页。

⑩ 同上书,第 101 页。

⑩ 堀田善卫:《私の創作体験》,《堀田善卫全集》第 14 卷,第 71 页。

⑩ 堀田善卫:《上海日记　沪上天下 1945》(红野谦介编),第 107—108 页。

⑩ 同上书,第 109—110 页。

⑩ 菊地昌典:《解説　歴史的現実とモノローグの世界》,载《堀田善卫全集》第 3 卷,第
412—413 页。

⑩ 堀田善卫:《中国を見つめる二つの目》,原载《週間読書人》1959 年 5 月 25 日,《堀田善卫
全集》第 12 卷,第 147—148 页。

⑩ 大江健三郎:《解説——中国を経験する》,载堀田善卫:《上海にて》,第 231 页。

⑩ 堀田善卫:《上海にて》,第 10 页。

⑩ 同上书,第 86 页。

⑩ 同上书,第 88—89 页。

⑪ 同上书,第 64 页。

⑫ 同上书,第 66 页。

⑬ 同上书,第 89—90 页。

⑭ 同上书,第 100 页。

⑮ 同上书,第 117 页。

⑯ 同上书,第 225—226 页。

⑰ 同上书,第 230 页。

⑱ 同上书,第 217 页。

⑲ 同上书,第 101 页。

⑳ 堀田善卫:《反省と希望》,《堀田善卫全集》第 12 卷,第 119 页。

㉑ 同上书,第 120 页。

㉒ 堀田善卫:《上海にて》,第 10—11 页。

㉓ 武田泰淳、堀田善卫:《对話　私はもう中国を語らない》,东京朝日新闻社 1973 年版,第 193 页。

㉔ 堀田善卫:《上海にて》,第 33 页。

图书在版编目(CIP)数据

近代日本文化人与上海:1923～1946./徐静波著.
—2版.—上海:上海人民出版社,2017
ISBN 978 - 7 - 208 - 14317 - 3

Ⅰ.①近…　Ⅱ.①徐…　Ⅲ.①文化-名人-人物研究
-日本-1923—1946 ②文化史-研究-上海-1923—1946
Ⅳ.①K833.135.4 ②K295.1

中国版本图书馆 CIP 数据核字(2017)第 027625 号

责任编辑　赵蔚华
装帧设计　张志全

近代日本文化人与上海(1923—1946)
徐静波 著
世 纪 出 版 集 团
上海人民出版社出版
(200001　上海福建中路 193 号　www.ewen.co)
世纪出版集团发行中心发行　常熟市新骅印刷有限公司印刷
开本 720×1000　1/16　印张 29.5　插页 2　字数 376,000
2017 年 2 月第 2 版　2017 年 2 月第 1 次印刷
ISBN 978 - 7 - 208 - 14317 - 3/K · 2587
定价 78.00 元